一本书读懂中国近代史

邵勇 王海鹏 编著

中华书局
ZHONGHUA BOOK COMPANY

图书在版编目(CIP)数据

一本书读懂中国近代史/邵勇,王海鹏编著. —北京:中华书局,2011.3(2025.9重印)
ISBN 978-7-101-07585-4

Ⅰ.一… Ⅱ.①邵…②王… Ⅲ.中国-近代史-普及读物 Ⅳ.K250.9

中国版本图书馆 CIP 数据核字(2010)第 178712 号

| | |
|---|---|
| 书　　名 | 一本书读懂中国近代史 |
| 编 著 者 | 邵　勇　王海鹏 |
| 责任编辑 | 李洪超　徐卫东 |
| 装帧设计 | 毛　淳 |
| 责任印制 | 陈丽娜 |
| 出版发行 | 中华书局 |
| | (北京市丰台区太平桥西里38号　100073) |
| | http://www.zhbc.com.cn |
| | E-mail:zhbc@zhbc.com.cn |
| 印　　刷 | 三河市中晟雅豪印务有限公司 |
| 版　　次 | 2011 年 3 月第 1 版 |
| | 2025 年 9 月第 21 次印刷 |
| 规　　格 | 开本/700×1000 毫米　1/16 |
| | 印张 20¼　插页 2　字数 300 千字 |
| 印　　数 | 96001-100000 册 |
| 国际书号 | ISBN 978-7-101-07585-4 |
| 定　　价 | 42.00 元 |

# 目 录

# 前 言

英国历史学家卡尔说过:"历史是现在与过去之间永无休止的对话。"

从 1840 年鸦片战争到 1949 年新中国成立的百余年,政局波谲云诡,社会变化急剧,众多风流人物演绎着各种悲喜剧,构成了跌宕起伏而又惊心动魄的历史画卷。这一段历史是我们的昨天,它与现实息息相关。在快节奏生活的今天,如何在短时间内让读者清晰地了解、感知风云激荡的近代中国,是我们编写这样一本通俗历史读物的出发点。

全书按照中国近代史发展的脉络划分为 12 个篇章,采用由点到面、繁简结合的编排和写作方式,立体呈现近代百年历史发展进程。每个篇章由篇章概述、大事年表、历史故事、相关链接等栏目组成。另外,辅以小常识,并插入相关历史图片。这些栏目各自独立,又相互映衬,有机连为一体,以便读者在轻松阅读中饱览百年风云,汲取历史智慧。

写历史,不能没有细节。我们从百余年间繁芜驳杂的史实中撷取近百个细节,在讲清事件的来龙去脉、人物的喜怒哀乐的基础上,力图反映宏观历史的新陈代谢。在内容上,力求真实,绝不虚构;在表述上,力求通俗,生动活泼,而不用文学笔法渲染史实,更不用"戏说"的方式加工历史原料。我们只是如实展现过往历史的变幻,让读者读出历史中的精彩。

需要说明的是,本书虽然是一本通俗读物,但写作过程仍很艰辛。我们特别要感谢的是北京师范大学历史学院的郭大钧教授和李志英教授,两位老师审订书稿,费心操劳,提出了不少中肯的建议,我们深受嘉惠。中华书局的编辑李洪超先生在体例安排、提纲设计、内容取舍、文字表述等方面付出了艰辛的劳动,体现出一位编辑的严谨性和责任感。此外,山东科技大学的叶小青老师正在主持山东省社科规划普及课题《在细节中发现历史——中国近代史事寻踪》,对本书也做了大量工作,提出了不少富有启发性的建议,并提供了部分文稿,此书也算是其课题的成果之一。曲阜师范大学的吕厚轩博士也给予我们热情的帮助。在此,一并表示感谢。当然,由于我们学识有限,书中不妥之处,恳请读者批评指正。

作 者

2010 年 9 月 12 日

# 鸦片战争

　　鸦片战争是中国近代史的开端，也是中国沦为半殖民地半封建社会的开始。19世纪40年代，英国率先完成工业革命，为打开中国市场，将中国变为其商品市场和原料产地，发动了鸦片战争。1840年6月28日，英军封锁广州海面，鸦片战争爆发。战争中，广大爱国官兵和三元里人民进行了英勇战斗。但清政府的腐败以及经济技术的落后，最终导致战争的失败。1842年8月，中国近代史上第一个丧权辱国的不平等条约——中英《南京条约》签订，鸦片战争结束。之后，其他西方列强也趁火打劫，强迫清政府签订了中美《望厦条约》、中法《黄埔条约》等。中国的领土和主权完整开始遭到破坏，中国社会性质、主要矛盾也发生了转变。西方列强获得了一系列权益，如开埠通商、协定关税、领事裁判权、片面最惠国待遇等。但它们不满足于既得利益，为扩大权益，进一步打开中国市场，1856年英、法分别借"'亚罗'号事件"和"马神甫事件"重新挑起战争，清政府战败，被迫于1858年与俄、美、英、法等国签订了《天津条约》，又于1860年与英、法、俄等国签订了《北京条约》。这次战争实质是鸦片战争的继续和扩大，被称为第二次鸦片战争。第二次鸦片战争使中国丧失了大片领土，损失了更多主权，外国侵略势力扩张到沿海各省并伸向内地，同时也改变了中国的政局，清政府与西方侵略者开始勾结。

**人民英雄纪念碑《虎门销烟》浮雕**

　　《虎门销烟》浮雕是人民英雄纪念碑碑座十块大型浮雕的第一块，表现的是民族英雄林则徐领导的广东虎门销烟这一重大历史事件。1839 年 6 月 3 日，林则徐在广州虎门海滩一声令下，200 多万斤缴获的鸦片被投进了销烟池，顷刻间，池水沸腾，烟土销化；民众欢腾，无不称快……该浮雕刻画了 17 个人物，分为左、中、右三组，构图上具有明显的节奏感；人物表情凝重刚毅，体态强健有力。

# "番妇"来华起风波

如今的中国已是开放的中国，洋美女在中国各大城市逛街购物已是司空见惯，习以为常了。可是在闭关锁国的清朝统治下，这些被称为"番妇"的洋美女们的到来却引来了不小的风波，以致双方剑拔弩张，差一点让鸦片战争提前十年开战。仅仅是几个"番妇"来华，怎么能引起如此巨大的风波呢？

1757年，乾隆皇帝发布锁国令，只允许广州一地与外国通商，而且只准"夷商"在城外十三行做买卖，严禁他们携"番妇"入城。后来，两广总督准许"番妇"可以随"夷商"居住澳门，但不能进入广州，让居住广州的男性洋"光棍"们十分恼火，这种事在今天看来不仅显得不近人情，而且还有些荒诞。

那么，清政府为什么要长期奉行"视番妇如猛虎"的防范政策呢？首先是一种戒备心态在作祟。中国传统礼仪规范教导下的国人，洁身自爱、"男女授受不亲"等观念根深蒂固，而西方妇女的服装暴露过多，随意同男人握手、拥抱的行为，"败坏"了社会风俗。其次是出于限制外商的需要。通过禁止洋妇入城，洋商缺少家庭温暖，使其厌倦在广州的单身生活，必然不能长久滞留下去。实际上，这正是清廷故意想让那些外国人知难而退所设下的障碍。1830年（道光十年）广州发生的"番妇"来华（又称"盼师夫人事件"），将中英双方在这一问题上的争端引向了高潮。

这一年的10月4日，英国东印度公司驻广州的大班（东印度公司最高领导之一）盼师偕同几个外国女人从澳门来到广州，坐着绿呢小轿，大摇大摆地住进了商馆。此后，一连几天，年轻貌美的盼师夫人穿着时髦的伦敦时装，带着其他几个衣着光鲜的外国女人，坐在由中国轿夫抬着

英国东印度公司大班和他的家人

1751年
清政府禁番妇来广州居住。

1755年
清政府规定广州华洋交易均由行商办理。

1780年
英东印度公司独占对华鸦片贸易，鸦片进口数量大增。

1793年
英使马嘎尔尼来华，得到乾隆皇帝接见。

的绿呢轿上，到处游览观光。广州民众十分好奇，纷纷跟随围观，欣赏着这些如同外星球来的"洋美人"，惊诧不已。可是谁能料到，她们竟然引起了一场险些酿成战争的外交风波。

中国官府曾明文规定，禁止夷人私带家眷入广州，以及私自坐轿入商馆，可是她们却如此招摇过市，闹得满城风雨。广州地方官员对此非常震惊，四处张贴告示，重申禁令，并禁止中国民众驻足观望。广州将军、两广总督、粤海关监督和广东巡抚还联名上奏，认为此事"有违天朝体制"。道光皇帝知道后，也认为夷商擅违旧制，有碍天朝观瞻，责成时任两广总督的李鸿宾处理此事，务必晓谕夷商，恪遵天朝禁令。于是，一场轰轰烈烈的外交活动就此拉开序幕。

李鸿宾严令外商退回澳门，不许在省城广州停留。英商群起抗议，拒绝服从，他们争辩说：英国实行一夫一妻制，法律严禁纳妾，英商在广州商馆有时一住就是半年，如果不准携带家眷，太不近人情了。李鸿宾对洋商的抗议申诉也不加理睬。最后事态进一步发展成刀兵相见——中方通告：如两三天内，盼师仍不遵命将夫人送回澳门，将派官兵进入商馆，实施驱逐。对此，盼师也不甘示弱，连夜聚集武装水手百余名，将火炮偷运到商馆，准备对抗。

"番妇"问题使中英剑拔弩张，大有一触即发之势。实际上，双方都不愿意把事态弄僵。广东官员怕涉外事件激化，难以向朝廷交代，于是急忙派洋行商人出面疏导。最后，还是英方先让了步，向清官府报告了派兵保护商馆的原因，并说如果中国官方肯保障商馆安全，水兵和枪炮自当撤去。在得到李鸿宾的保证后，英国水兵撤回兵舰去了。但盼师夫人以照顾患病的盼师为理由，并没有立即回澳门，两广总督以此为由奏报皇帝，请求宽缓几日再离开。盼师夫人一直住了50多天，才离开广州回到了澳门。

这一事件虽告一段落，但总要有人来承担责任。曾给盼师及夫人提供绿呢小轿的行商谢五（谢治安）作为替罪羊被革去职衔，发配新疆。清政府也加强了警惕，重新颁布了对"番妇"的种种规定，在以后的十年中，没有再发生西方妇女进入广州的事件。

鸦片战争之后，英国人可以"带同家眷"寄居通商口岸的条文被明确载入《南京条约》。从此，大清帝国的街道上，常常能见到各种各

1816 年

英使阿美士德来华。

## 十三行

清政府在广州设立的具有特许和垄断性质的专业商行的总称，行数并不固定。鸦片战争前，清政府实行闭关自守政策，严格限制海外贸易，只开放广州一口与西方国家通商。清政府规定，外国商人销售商品和购买土货必须经过少数特许的"行商"之手。外国商人为打破公行垄断，经常采用收买、贿赂的手段，而行商之间为争夺商业利润则时常互相倾轧。鸦片战争以后，西方列强在《南京条约》中要求废除公行制度。1843年，广州开放通商，一些行商仍旧营业，但他们对新定的自由通商进行种种抵制，力图保住昔日的垄断地位，未能如愿。1856年，十三行毁于大火。

样的"番妇"招摇过市，成为近代以来城市里的一道亮丽风景，她们的
到来也客观上促进了中西文化特别是中西妇女文化的交流。

相关链接

## 清王朝的闭关锁国

　　顺治初年，为了对付东南沿海及台湾的抗清势力，清政府开始实行海禁政策，严禁居民出海。1684 年康熙帝统一台湾后，曾一度开放海禁。因沿海各处海盗肆虐日趋严重，乾隆年间对居民出海与对外贸易的控制又逐渐变得严厉起来。后来，清政府在英国商船中发现夹带的大量武器，大为震惊。1757 年，为了避免反清势力内外勾结，威胁清政府的统治，乾隆帝下令停止厦门、宁波、云台山等港口的贸易，只留广州一口与外商贸易，并规定外商不得直接与官府交往，一切有关外商的交涉事宜均由"十三行"统一办理。1759 年，两广总督李侍尧又制定《防夷五事》，规定外国商人在广州必须住在政府指定的行商的会馆中，并不许在广州过冬；中国商人不得向外国商人借款或受雇于外商，不得代外商打听商业行情等等。

　　清政府长期推行闭关锁国政策，阻断了中西方的经济文化交流，造成了自身的"闭目塞听"、"愚昧无知"，使中国日益落后于世界潮流。

# 林则徐巡阅澳门

**1833 年**

5月,林则徐与陶澍合奏,主张严禁鸦片。

**1836 年**

6月,太常寺少卿许乃济奏请弛禁鸦片。

**1838 年**

6月2日,鸿胪寺卿黄爵滋奏严禁鸦片,重治吸食。

12月31日,道光帝任命林则徐为钦差大臣,前往广东查禁鸦片,并节制广东水师。

在澳门的三大古刹之一的莲峰庙有一座林则徐纪念馆,该馆建于1997年,是澳门爱国民众为纪念林则徐1839年巡阅澳门而建立的。在纪念馆正门口安放着一尊威严的林则徐塑像:林则徐站在海边举目远眺,展现了林则徐当年以澳门为视窗,了解西方情况,学习西方文化,成为近代中国开眼看世界的第一人的情形。1839年9月3日,林则徐巡阅澳门,不仅是我国近代史上的一个重要事件,也是中葡关系史上的一件大事。

澳门自古以来就是中国的领土。虽然从16世纪中叶葡萄牙人就开始占据澳门,但在1849年葡萄牙殖民者强占澳门以前,中国对澳门一直享有完全的主权,澳门只不过是由葡萄牙人经营的贸易特区,当时成为了葡、荷、英、法、美等西方各国商人的共同居留地,也是在中国闭关政策下了解外部世界的重要窗口。

林则徐使粤前后,通过一系列缜密的调查,逐渐了解和认识到澳门的特殊地位:澳门是鸦片"囤聚发贩"之地,查禁鸦片必须"从澳门清源",而且澳门华夷杂处,最容易探知夷情。有鉴于此,林则徐在虎门销烟之前,就秘密派人调查在澳门的鸦片烟贩。由于澳门葡萄牙人曾私自帮助英国烟贩,林则徐曾下令与他们停止贸易数月。后来在澳门葡萄牙当局改变态度的情况下,才同意与他们继续通商,开展正当贸易。

晚清时期的澳门

林则徐有针对性的举措受到澳葡当局的欢迎,他们协助开展鸦片清查,并驱逐英国鸦片贩子。然而英国侵略者不肯善罢甘休,不断地制造事端。为了惩罚英国人,并树立威信,林则徐决定将英国人驱逐出澳门。没过多久,澳门就基本不见了英国人的踪影。与此同时,林则徐积极组织人力物力财力,从澳门出版发行的英文报刊中摘译有关资料,以便更好地了解各地方的风土人情。

1839 年 9 月 3 日,林则徐会同两广总督邓廷桢一行赴澳门巡阅。其目的是:争取澳葡当局宣布中立,清查户口,察看民情,搜查私自储藏的鸦片,以抚慰华夷居民,也是为了加强对天朝疆土的管治,切实维护澳门主权。林则徐等人,受到澳葡当局的热情接待。

从早上开始,葡萄牙军官士兵数百人,列队欢迎:指挥官四人,穿戎服佩洋刀,士兵肩扛枪,整齐地列于道路两旁。同时有乐队奏乐,以此作为前导。当时的情景是:只见一支长长的清朝官员队伍从前面开了过来,过了关闸,在葡萄牙士兵的护卫下,朝莲峰庙进发,等进入庙前那广阔的庭院时,成群结队的看热闹的人,已经聚集在院外。而院子内,澳门理事官、各级中国官员以及钦差大臣的代表,已在那里恭候多时。各种礼物包括银子、丝绸、茶叶、猪和角上扎了红绸带的小牛等也已摆设在庙的正门口。就在这时,一名军官骑马走在最前面,随后是抬着大锣和扛旗的中国士兵,引导着林则徐乘坐的八人大轿。就在轿旁,还有一队葡萄牙仪仗兵。轿后紧跟着的是其他官员的仪仗队伍。林则徐等人一到,受到恭候官员们的热烈迎接,然后被引进庙堂,在那里稍事休息,并与理事官们举行了会谈。会谈时,葡萄牙的官员摘下帽子,向前倾着身子,甚是恭敬。林则徐提出不许私藏鸦片以及不得收容通缉犯等要求,葡方官员诚恳表示遵守。并与葡方约定贸易,每年运入澳门茶叶 50 万斤。还赠送葡官员们绫绸、折扇、茶叶、冰糖等礼物,对葡兵则赏以牛、羊、酒、面、腊肉,银洋400 元。葡萄牙官员始终甚是恭敬,无丝毫懈怠之心。随后,队伍再次出发,在礼炮声中穿过大门,走上长长的街道。林则徐一行考察了三巴、妈祖阁、南湾各炮台,均受到葡方鸣礼炮十九响的隆重礼遇。林则徐在巡阅后的奏折中也写道:"臣等沿途察看,不但华民扶老携幼,夹道欢呼,即夷人亦皆叠背摩肩,奔趋恐后,恬熙景象,畴载同深。"林则徐巡阅澳门,从上午 8 时至 11 时,前后 3 个小时。最后由澳葡首领恭送至关闸。

特别值得注意的是,与其他官员不同,林则徐一行严令禁止奢侈

**1839 年**

3 月 10 日,林则徐到达广州。

5 月 11 日,林则徐谕示,英商凡夹带鸦片者,船货充公,人即正法。

6 月 3 日,林则徐在虎门销毁所缴鸦片,25 日告竣。

9 月 3 日,林则徐巡阅澳门。

腐化的行为，除了正常的礼仪性接待以外，辞去澳葡当局一切隆重接待。当地的中国居民为了欢迎钦差一行，在好几个地方搭起了牌楼，用丝绸、鲜花以及写满颂词的对联装饰得堂皇雅致。在钦差大人必经的道路上，人们在家门口和店铺门口摆上香案，上面摆满了鲜花等物品。一位居民如是说，这是为了表达他们对大人的感恩戴德之心，是他帮助他们戒除了恶习，又销毁和禁绝了鸦片，从而将他们从一场黑暗之中拯救出来……

林则徐巡阅澳门，亲自看到澳门的城市风貌，体会澳门的风土人情。在视察过程中，他对西方人的屋寓、服色、发式、礼仪、婚配等情况，一一认真观察，可谓细致而周详。而且这个过程也大大加深了他对西方的认识，开启了近代中国开眼看世界的新思潮。他自己说："所得夷情，实为不少，制驭准备之方，多因此出。"

相关链接

虎门销烟

1839年4月10日，钦差大臣林则徐会同邓廷桢等乘船到达虎门，与广东水师提督关天培一起验收鸦片。最后决定在虎门采用"海水浸化法"的方法对鸦片进行集中销毁，以震慑资本主义列强的嚣张气焰。1839年6月3日，虎门销烟正式开始。林则徐带领大小官员亲自前往监督，广州城的老百姓也纷纷赶来观看这壮观的场面。虎门海滩一时人头攒动，群情激昂。一队队兵勇把箱子劈开，将鸦片倾倒在早已挖好的两个大池中，掺入海盐，把大量生石灰撒入池内，用力搅拌。一切准备就绪，士兵们决开水道，灌入海水，生石灰一遇海水，立刻产生高温，鸦片不烧自燃，滚滚黑烟冲天而起，霎时间弥漫了海滩的上空。人们叫好声不绝于耳，无不拍手称快。历时23天的虎门销烟，一共销毁鸦片237万余斤。虎门销烟是中国禁烟运动的一个重大胜利，展现了中华民族戒绝鸦片的意志，向全世界宣告了中华民族决不屈服于侵略者的决心。

# 关天培血溅虎门

"飓风昼卷阴云昏,巨舶如山驱火轮。番儿船头擂大鼓,碧眼鬼奴出杀人。……将军徒手犹搏战,自言力竭孤国恩。可怜裹尸无马革,巨炮一震成烟尘。"这首晚清著名诗人朱琦所作的诗称颂的将军乃是广东水师提督关天培。关天培不顾花甲之年,面对英军的坚船利炮,孤军守虎门,浴血奋战,直至以身殉国。

关天培(1781—1841),字仲因,号滋圃,江苏山阳(今江苏淮安)人,出身行伍家庭,幼时家贫读书不多,26岁时考取武庠生,历任把总、千总、守备、游击、参将等职。1826年,关天培时任太湖营水师副将,自吴淞督押漕米船运往天津,途中突遇惊涛骇浪,险象环生。关天培一路上镇定自若,最终安全抵达,受到清政府的特别嘉奖。

1834年,两艘英国兵船蛮横闯入广东省内河,炮击虎门炮台。道光帝闻报大惊,特授关天培为广东水师提督,以加强海防。关天培到达广州后,深知英国野心勃勃,而广东海防形同虚设。为了加强防备,关天培"公务无分巨细,事事尽心",亲往海洋内河各口岸,考察炮台,布置防务。他根据虎门的险要形势,决定增修和加强虎门炮台,并在炮台前设置大铁链和木排,以阻拦敌船闯入内洋。他又亲自监督铸造大炮,分置各炮台,以加强防守力量。同时,关天培不辞辛劳,亲自驻扎在虎门督练水师,以提高水师的战斗力。广东的海防,经过关天培的精心建设,固若金汤,让侵略者望而生畏。当地民众称颂道:"虎门天台,金锁铜关。入来不易,出去更难。"

1839年,林则徐奉旨到广州查禁鸦片。关天培全力支持,积极参与查禁鸦片船的海上走私活动。虎门销烟成功后,他又与林则徐计议,在南山新增靖远炮台,设置大炮60门,以进一步加强虎门第二道门户的防御。同时命令各要塞进入高度戒备状态,准备随时打击来犯之敌。正当关天培加紧布防之时,英国侵略者伺机挑起事端。9月4日,义律率战舰9艘驶抵九龙附近海面,提出无理要求,然后向中国船只开炮。关天培下令痛击侵犯之敌,将英舰击退。11月,英军又在穿鼻洋挑衅,进攻广东水师。关天培冒死执刀屹立桅杆前指挥,虽手背受伤,仍奋不顾身。在关天培的激励下,水师官兵奋力还击,使英

1839年

10月1日,英国内阁会议正式作出向中国出兵的决定。

11月3日,穿鼻海战爆发。

1840年

6月28日,英舰封锁珠江海口,鸦片战争正式爆发。

7月5日,英军进攻定海,翌日陷定海城。

8月7日,英军舰队驶抵天津白河口外停泊。

8月30日,琦善照会懿律,劝英军退回广州等候谈判,并答应重治林则徐。

10月3日,林则徐、邓廷桢被革职,林留粤以备查问差委。

1841年

2月26日,英军攻陷虎门炮台,关天培壮烈殉国。

舰遭到重创,仓皇遁去。战后,清政府对关天培给予了嘉奖。道光帝在上谕中赞扬关天培"奋勇直前,身先士卒,可嘉之至"。当地民众则把他比作剿倭名将戚继光。

1840年6月,鸦片战争爆发后,关天培督率水师,坚守阵地。英军见关天培在广东沿海戒备森严,无隙可乘,于是按照侵略计划沿海北上侵扰,进犯天津。道光帝大为震惊,却束手无策。他听信琦善等人的谗言,将林则徐撤职查办,派琦善前往广州主持中英交涉。广东大多数地方官吏见风使舵,附和琦善等人的议和主张,而关天培不为所动,仍然坚决主张抵抗。

1840年11月29日琦善抵达广州后,下令撤除珠江口附近的海防设施,裁减水师,撤散已招募成军的壮丁乡勇,以讨好英国侵略者。关天培见辛苦经营多年的虎门三道防线悉数毁弃,感到十分痛心。他一再要求琦善采取积极的备战措施,都遭到拒绝。但琦善的讨好行为并没有阻止侵略者的疯狂野心。1841年1月7日,英军调集了20多艘军舰,2000多名士兵,向只有数百名守军的虎门第一道防线沙角、大角两炮台发动突然袭击,守将陈连升、陈举鹏父子以及守台官兵600余人虽然浴血奋战,但终因寡不敌众,全部壮烈殉国。虎门的第一重门户洞开,使得要塞失去屏障,形势变得万分危急。此时,关天培坐镇虎门,身边只有400名士兵。他深知虎门战略地位的重要性,一面亲自坐镇指挥,一面火速派人请求琦善增兵救援。但是琦善没有真正抗战的决心,竟然拒绝派兵增援。在孤军无援的绝境下,关天培明知"事不可为",难以挽回战局,遂决心以战死报效国家。他派人将自己的几套旧衣与几枚遗齿送回故乡以与家人诀别,表达了与炮台共存亡的决心。

2月26日,英军10只兵船,3只武装轮船,向虎门诸炮台大举进攻。面对强敌,关天培毫无惧色,亲临一线督战。开战不久,英军即攻占了横档、永安等炮台,随后集中兵力进攻靖远和威远炮台。自上午10时至下午7时,关天培亲自点燃大炮,与敌激战达十小时之久,给英军以重大杀伤。无奈寡不敌众,守卫炮台的将士大半英勇牺牲,关天培也多处受伤,周身鲜血淋漓。至傍晚时,英军从炮台背后蜂拥而上,攻入炮台。关天培持刀奋战,被砍伤左臂,后又被枪弹击中。

## 提督与水师提督

清代的军队分为八旗兵和绿营兵两个系统。提督是清代绿营兵的高级将领,武职从一品,每省一人,统率全省的各镇总兵及所有绿营官兵。个别省份由省级长官巡抚兼任。品秩比巡抚略高,与总督同,但须受地方最高长官总督节制。其下所属有标、协、营、汛各级军事单位,有总兵、副将、参将、游击、都司、守备、千总、把总等各级军官。提督还有亲自统率的部队,称为提标。1840年时,全国共设17个提督。其中福建、广东分设陆路、水师提督,分别统辖本省陆路、水师官兵。

　　为了不使广东水师提督大印落入敌手，关天培急令随从将大印带走，随从哭着拽住他的衣襟，请求一同撤走，被关天培厉声拒绝。关天培毅然挺立在炮台前沿，怒目凝视着前方，当众宣誓："人在炮台在，不离炮台半步。"在最后的紧急关头，一名士兵将关天培背在肩上，企图突围撤出阵地。关天培横刀阻止，坚决不从，仍大呼杀敌。忽然，一发炮弹飞来，击中其胸部，关天培"创痕遍体，血漂衣襟"，壮烈殉国。最后，守卫炮台的游击麦廷章等400多名将士也都全部壮烈捐躯。

　　关天培以年逾六十的高龄，以"必死"之心坚守炮台，备受人们尊敬，因此被誉为深具民族气节的一代名将。已被查办的林则徐得知关天培壮烈殉国的噩耗后，失声痛哭，悲痛欲绝，当即写下了"我不如你"四个大字，以示对这位一同战斗的挚友的敬仰与深情。清政府为了表彰这位爱国将领，赐谥号"忠节"，并在他殉国之处建立专祠，以慰忠魂。

---

**相关链接**

## 英国发动鸦片战争

　　1837—1838年，英国爆发了严重的经济危机。为了摆脱困境，转嫁危机，英国资产阶级更加疯狂地对外进行扩张。对中国发动战争，以武力打开中国大门，进而掠夺中国的财富，成为英国扩张政策的重要目标。1839年林则徐在虎门销烟的消息传到英国后，英国政府决定以此为借口对中国采取行动。

　　1839年10月1日，英国召开内阁会议，讨论武装侵略中国的问题。外交大臣巴麦尊表示，对付中国的唯一办法"就是先揍它一顿，然后再作解释"，主张立即调遣军舰封锁中国沿海。陆军大臣麦考莱也坚决主张对华采取军事行动。于是，英国内阁会议作出"派遣一支舰队到中国海去"的决定。1840年2月，英国政府任命乔治·懿律和查理·义律作为同清政府交涉的正、副全权代表，并任命懿律为侵华英军总司令。

　　英国政府对于战争的决定和部署，一直严守秘密，直到4月7日才提交议会进行讨论。在维多利亚女王的影响下，经过激烈的辩论，议会最终以271票对262票的9票微弱多数，通过了支付军费案和派兵侵略中国的对华政策。6月，乔治·懿律率领由兵船16艘、武装汽船4艘、运输船28艘、士兵4000余人、大炮540门组成的"东方远征军"，相继从印度、开普敦等地到达中国广东海面。英军对广州实行封锁，第一次鸦片战争正式爆发。

# 杨芳大摆"马桶阵"

**1841 年**

1 月 26 日,英军占领香港岛。

1 月 30 日,清廷以奕山为靖逆将军,杨芳为参赞大臣,前往广州主持军务。

5 月 26 日,英军进攻广州城。翌日,奕山派人乞降,与义律签订《广州和约》,允退出广州,赔款 600 万元。

5 月 29 日,英军侵扰广州北郊三元里,三元里民众奋起反抗,打死英军多人。

鸦片战争爆发后,涌现出了不少民族英雄,如林则徐、关天培等。但由于清王朝的专制腐败,又长期闭关锁国,与外界隔绝,也造就了一批腐朽无能的官吏。在战争中,这些人盲目虚骄,贻误战机,使清王朝在鸦片战争中失去了取胜的先决条件,而杨芳便是这些昏聩官吏中的突出代表之一。

1840 年 10 月,道光帝认为林则徐举措乖张,将其罢免,改派琦善南下广东,"怀抚"英夷。琦善到达广州后便与英方开始谈判,但他一味妥协退让。1841 年 1 月初,英军击败清军水师,攻占了大角、沙角炮台,并强占香港岛。消息传到北京,一下子惹恼了以维护"国体"为原则的道光帝。他满以为将林则徐撤职,答应英国在广州通商的要求,就可以罢兵息战,不料英方却得寸进尺,大伤天朝大国的体面。他大骂英夷所为实堪发指,痛斥琦善丧尽天良,辜负了对他的宠信,下令将琦善锁拿进京,抄没家产。盛怒之下的道光帝宣布对英作战,并任命湖南提督杨芳为参赞大臣,随同靖逆将军奕山,一起率军开赴广州作战。

说起杨芳,在清廷官员中算得上一位"久历戎行"的宿将。杨芳 1770 年出生,贵州人,出身行伍,在镇压白莲教等农民起义中立下汗马功劳,在平定新疆张格尔叛乱中因功勋卓著而受到清廷的重用,先后担任湖南镇筸镇总兵、广西提督、湖南提督等职。道光皇帝对他更是喜爱有加,1829 年,杨芳应召上京入觐,道光帝召见他 20 余次,并晋封为果勇侯、太子太傅,准许在紫禁城骑马。道光帝还亲笔为紫光阁杨芳画像题词:"黔省之荣,自幼知兵,战功久著,谋而后行。"1830 年,杨芳 60 岁寿辰时,道光皇帝还

三元里抗英民众誓师处——三元古庙

亲自书写"酬庸锡美"的匾额和"福寿"二字赐之。

1841年3月,杨芳率领数千士兵先期驰达广州。当他初到广东之际,人们耳闻他过去的事迹,"所到欢呼不绝,官亦群倚为长城"。不想在他进入广州之后,看到了洋人金发碧眼的模样,也见识了洋炮精准射杀的威力,如此另类的长相、如此准确的炮击令这个懵懂的大清将军百思不得其解。绞尽脑汁后,他突发奇论说:"我在实地,夷在海上,风波摇荡,然而夷炮却能经常打中我,我炮却不能打中夷,肯定夷人有邪术。"于是他想出了一个对付邪术的"妙计":用肮脏污秽之物来破旁门左道之术。于是,他传令保甲收集妇女用过的马桶为"压胜具",盛满排泄物,准备了竹排木筏无数,每排放大马桶20个,内盛棉絮、浸洒毒药、桐油,上面盖上稻草,一齐排列于珠江两旁,等潮退英兵来犯时,让这些"马桶阵"顺水漂下,迎烧英船。然而当双方交战后英军仍然长驱直入,闯入内河。杨芳惊慌失措,连忙退守不出,英军派人与他联系,商谈通商贸易,而此时的杨芳也很快就丧失了初来时的勇气,同意赔款求和。

至此,杨芳的退敌妙计非但没有退敌,反倒留下了千古笑柄。一个曾经百战百胜的名将,却在英军面前一败涂地,沦为可悲的"马桶将军"。事后,有人赋诗讽刺杨芳:"粪桶尚言施妙计,秽声传遍粤城中。"

但这不只是杨芳个人的悲剧,更是整个民族、整个国家的悲剧。究其原因,是由于中国的封建统治者历来重道轻器,把人伦、义理看得高于一切,视科学技术为雕虫小技,再加上长期实行闭关锁国政策,上上下下形成了一种异乎寻常的昏庸和愚昧。因此,杨芳想出"马桶阵"的退敌"妙计"也就不足为奇了。

## 三元里抗英

1841年5月《广州和约》的签订以及侵略军的劫掠烧杀,激起了广州人民的愤怒。5月29日,英军劫掠队窜到三元里一带抢劫并调戏妇女,村民忍无可忍,当场打死几名英国士兵。随后,为了防止英军报复,三元里人民联络附近103乡的群众共同备战。次日,团练民众手持大刀、长矛等武器主动向英军发动进攻,并将其诱至牛栏冈一带。当时天降大雨,三元里人民趁英军火枪失灵,将英军分割包围,经肉搏鏖战,最终大获全胜。6月1日,英军被迫退出广州。

---

相关链接

## 英军强占香港岛

1840年9月,琦善被任命为钦差大臣,赴广州办理中英交涉。12月,谈判正式开始。琦善不积极准备战守,而是一味把希望寄托在谈判上。义律掌握了琦善急于求和的心理,胁迫琦善根据英方提出的赔款、割一岛或数岛等条件缔结条约。

　　道光帝谕令琦善,其他方面均可让步,但是不能割地。因此,琦善对义律所提的其他各项条件几乎都一一允诺,但对割地一事始终不敢答应。谈判陷入僵局。义律侦知广州防务松弛的情况后,决定以武力相威胁,迫使琦善屈服。1841年初,英军发动突然袭击,攻占大角、沙角炮台。英军的突袭行动对琦善造成了很大的压力。他照会义律,表示可"代为奏恩",在外洋给予一"寄居地",作为贸易之所。义律的贪欲则进一步升级,要求割让尖沙咀、香港等处。

　　1月20日,义律忽然在澳门发表了一份公告,声称"女王陛下的全权公使兹宣告他和中国钦差大臣已经签订了初步协议",其中包括"香港本岛及其港口割让给英王"等条款。实际上,这只是义律单方面制定、公布的文件。当时谈判正在进行,双方根本未达成任何正式的协定。义律的这一举动,纯粹是外交讹诈。1841年1月26日,即在义律私自发表公告后的第六天,英军强占了中国领土香港岛。随后,义律又软硬兼施,诱迫琦善在所谓"协议"上加盖关防。2月26日,道光帝接到英军占据香港的奏报后,令将琦善锁拿解京。此时琦善已是自身难保,不敢再提签约之事,谈判再次陷入停顿。

　　英军依靠武力和外交讹诈强占香港岛,完全是赤裸裸的强盗行为。

# 王鼎遗疏尸谏

林则徐厉行禁烟，坚决抵抗外来侵略，不仅赢得了广大爱国军民的爱戴，同时得到了朝廷中许多正直官员的支持，老臣王鼎就是其中最坚决的一位。林则徐被贬遣戍以后，王鼎为了劝诫道光帝收回成命，自挂白绫，上演了一幕"遗疏尸谏"的悲剧。

王鼎，1768 年出生，字定九，号省厓，陕西蒲城人。嘉庆元年（1796 年）中进士，此后 40 年间历经多次升迁，官居宰辅之位，还曾经做过嘉庆和道光皇帝的老师。道光在位期间，王鼎改革河务、盐政，平反冤狱，成绩卓著，深受道光皇帝赏识。王鼎为官以廉洁著称，他刚正不阿，关心民瘼，人称"王青天"。林则徐早年曾经与王鼎有过交往，但两人建立深厚的友谊则是在林则徐被罢官遣戍以后。

鸦片战争爆发后，朝中部分官员不满于林则徐的禁烟措施，又对林则徐本人心怀嫉妒；而沿海各省督抚大员也担心因丧师失地而受责，于是群起攻击林则徐处置不当，惹起事端。在一片鼓噪声中，道光皇帝对委以重任的林则徐产生了不满，当初的禁烟决心和抵抗政策也开始动摇，于是任命琦善前往天津海口与英军谈判。在谈判中，琦善向英国侵略者表示，林则徐等人在广东查禁鸦片"操持过急"，实属"办理不善"，只要英军撤回广东，保证要"重治其罪"。英军认为已经实现了以武力要挟清政府谈判的目的，遂于 1840 年 9 月中旬南撤。

道光帝以为琦善退敌"有功"，派其前往广州办理中英交涉，同时以"误国病民，办理不善"的"罪名"，将林则徐革职查办。1841 年 5 月 1 日，道光帝又令林则徐前往浙江，听候谕旨。正当林则徐奉命赴浙途中，奕山在广州作战失利，与英军签订了屈辱的《广州和约》。道光帝不辨是非，再次把气恼发泄到林则徐、邓廷桢头上，于 6 月 28 日下旨将两人流放伊犁。7 月 14 日，林则徐怀着壮志未酬的悲愤心情自镇海出发，经宁波抵杭州，准备由杭州动身，西行出关。

此时，王鼎正在河南负责治理黄河水患。王鼎一直非常欣赏林则徐的才干，对林则徐的禁烟抗英壮举也十分钦佩。鸦片战争爆发后，他支持林则徐的爱国行动，反对议和投降。1841 年秋，黄河在河

**1841 年**

10 月 18 日，清廷命协办大学士奕经为扬威将军，赴浙江办理军务。

**1842 年**

3 月 18 日，王鼎在林则徐襄助下终于使黄河祥符决口合龙，道光帝下令林则徐仍发往伊犁充军。

7 月 27 日，清廷命耆英、伊里布为议和全权大臣，向英军求和。

8 月 29 日，耆英、伊里布与璞鼎查签订中英《南京条约》。此为中国近代史上第一个不平等条约。

12 月 10 日，林则徐到达伊犁惠远城，见到了早在戍所的邓廷桢。

南祥符(今开封)决口,泛滥成灾。王鼎以大学士被任命为东河河道总督,负责堵塞河口。当时,祥符城四面被水围困,形势万分危急。就在此时,突然传来了林则徐被贬官遣戍的消息。王鼎愤恨奸佞之臣的昏庸误国,更加痛心的是林则徐这样的忠心爱国之才不被重用。为了使英雄能有用武之地,王鼎想尽办法,力图阻止林则徐西戍边塞。他上疏道光帝,奏请留林则徐在河南助襄河工。8月19日,林则徐行至扬州时接到道光帝的谕令,要他至祥符工地"效力赎罪"。

林则徐到达祥符后,不顾路途疲惫,立即考察险情,与王鼎共商抗洪对策。他向王鼎提出建议,认为必须抓住秋天少雨时节,组织受灾农民修筑三道拦水坝,以阻挡水流。王鼎将此意见上奏,随即得到允准。为了保证工程按时竣工,两人齐心协力,不辞辛苦,"朝夕驻坝","急切催工",日夜奔波在工地上,终于赶在翌年春汛到来之前,使决口大堤合龙。

祥符堵口工程大功告成后,王鼎奏报道光帝说:"林则徐襄办河工,深资得力",极力赞扬林则徐在祥符治水工程中的作用。他期待道光皇帝能以惯例论功行赏,重新起用林则徐,至少也可以将功折"罪",赦免流放。但是道光皇帝一意孤行,仍坚持将林则徐发往伊犁。王鼎悲愤至极,又先后多次上奏挽留,终未获准。林则徐不得已从祥符工地起程,重新踏上远赴伊犁的征途。王鼎亲送林则徐至河边,两人依依不舍,涕泣而别。林则徐作诗两首赠给王鼎,以谢知遇之恩。

王鼎挥泪告别林则徐以后,星夜赶回北京。此时,他早已将个人凶险置于度外。在道光帝面前,他慷慨申辩,怒斥穆彰阿、琦善之流阴险狡诈、误国害民,竭力保荐林则徐。然而道光帝对这些忠直良言置若罔闻。道光帝不耐烦王鼎的谏言,抽身欲走,王鼎跪着匍匐到道光帝面前,牵着他的龙袍苦谏:"皇上不杀琦善,无以对天下;老臣知而不言,无以对先皇!"道光帝大怒,用力甩开王鼎的手,转身离去。王鼎报国无门,内心十分痛苦,决心以死打动道光帝。1842 年 6 月 8 日他回到圆明园寓邸以后,写成长达数万言的遗疏,疾呼"条约不可轻许,恶例不可轻开,穆不可任,林不可弃也"。随后,王鼎仿历史上尸谏前例,在绝望中自缢而死。

　　林则徐在伊犁得知王鼎尸谏的消息后悲痛万分,写了《哭故相王文恪公》诗两首,表达了对王鼎的深切怀念之情。王鼎尸谏虽然没有达到保住林则徐的目的,但是他不畏权贵、刚直不阿的浩然正气,永远值得人们缅怀和追念。

---

 **相关链接**

## 《南京条约》的签订

　　鸦片战争爆发后,清政府在军事上接连遭到惨败。1842 年,英军侵入南京下关江面。清政府急忙派耆英、伊里布等人赶到南京议和,中英谈判开始。在谈判过程中,英方屡次以进攻南京相要挟。耆英、伊里布等人在英方强大的军事压力下,被迫全部接受侵略者提出的"议和条件"。1842 年 8 月 29 日在英国军舰"皋华丽"号上,耆英、伊里布代表清政府同英国代表璞鼎查签订了《南京条约》。《南京条约》共 13 款,主要内容为:割让香港给英国;开放广州、厦门、福州、宁波、上海五处为通商口岸;赔偿英国白银 2100 万元;中国进出口货物的关税,都要与英国商定;废除公行制度,准许英商与华商自由贸易。

　　《南京条约》是西方列强强加在中国人民身上的第一个不平等条约。《南京条约》签订后,西方列强趁火打劫,相继强迫清政府签订了一系列不平等条约。从此,中国开始逐步沦为半殖民地半封建社会。

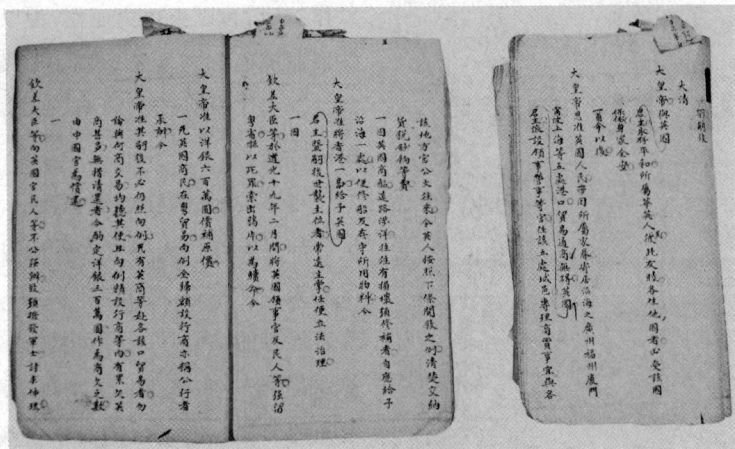

中英《南京条约》抄本(局部)

# 《海国图志》东传日本

1842 年

10 月,魏源编著《海国图志》50 卷,提出"师夷长技以制夷"的口号。

明治维新是日本历史上的转折点,让日本摆脱了外国侵略,走上了独立发展的道路,但很少有人知道,这场运动却与中国近代的一位思想家和他的一部著作有很大联系。这位思想家就是"开眼看世界"的先行者之一魏源,其划时代巨著即《海国图志》。

1841 年 8 月,林则徐在奔赴遣戍伊犁的路上途经镇江,巧遇老友魏源。两人追昔抚今,不禁百感交集。林则徐向魏源倾吐了"患无已时,且他国效尤"的远虑,并把在广州时搜集、翻译的外国资料和《四洲志》的手稿交给了魏源,嘱托他进一步搜集研究外国情况,编撰成书,以开启国人智识。魏源欣然从命,于 1842 年编成 50 卷本的《海国图志》。

《海国图志》是中国近代史上最早的一部由国人自己编写的有关世界各国情况介绍的巨著,该书打破了传统的夷夏之辨的文化价值观,树立了五大洲、四大洋的新的世界史地知识,介绍了近代自然科学知识以及别种文化样式、社会制度、风土人情。魏源对自己的这部作品寄托了极大的希望,他非常明确地说明了编撰本书的目的:"是书何以作?曰:为以夷攻夷而作,为以夷款夷而作,为师夷长技以制夷而作。"他希望国人认真地阅读它,研究它,通过这部书了解外面的世界,学习西方,从而找到富国强民的办法。

可事与愿违,让魏源意想不到的是,《海国图志》问世后却没有在国人中引起轰动,甚至有不少封建士大夫斥之为大逆不道,要将它付之一炬,更谈不上改变中国落后挨打的命运了。《海国图志》在国内仅仅印刷了千部左右,令一些书商非常懊恼。常言道:"是金子总是能发光的。"如果把它带到日本市场上去,又会怎么样呢?事实证明,《海国图志》在日本的命运却是大放异彩,得到了众星捧月般的礼遇。那么,《海国图志》又是怎样传到日本的呢?

魏源像

　　1851 年，一艘中国商船驶入日本长崎港，日本海关官员在对这艘船例行检查时，从船上翻出三部《海国图志》。经检查官审读，认定是禁书。但这些"禁书"还是被幕府官员和学者买去，通过阅读，日本人如获至宝，惊呼：这三部书简直就是天照大神送给他们的礼物，因为此书令他们大开眼界，使他们第一次如此详尽地了解了西洋各国。此后的几年里，《海国图志》仍不断"偷渡"日本。由于《海国图志》极受欢迎，1854 年，日本人干脆在国内翻印了《海国图志》，引起了更大规模的阅读热潮。此后，《海国图志》在日本被大量翻印，一共印刷了15 版，价钱一路走高。到 1859 年，这部书的价格竟然比最初飙升了3 倍之多。

　　为什么《海国图志》在日本如此炙手可热，它又对日本产生了怎样的影响？

　　长期以来，日本实行的是幕藩体制，在幕府统治下，闭关锁国达200 多年，直到 1854 年 2 月，美国将军佩里率舰队抵达日本，逼迫德川幕府签订了《日美亲善条约》。此后，西方列强蜂拥而至，日本被迫签署了一系列丧权辱国的条约。国难当头，岂能无动于衷？日本的有识之士纷纷起来寻求救国之路，《海国图志》的出现，犹如一大警钟，使日本维新变革人士猛然惊醒，也为他们了解世界打开了一座知识的宝库。

　　《海国图志》使日本人对西方各国的史地、政治、经济、军事、文化、宗教、科技、外交等情况有了全面了解，并有力地推动了当时经世思想的发展。比如，书中记述的西方列强的政治体制、社会体制，对于日本人改革幕府体制就起了重要的指导作用。

　　《海国图志》还为开国论者战胜锁国论者提供了精神武器。开国论者读了这本书，进一步提高了认识，增强了辩论的勇气。佐久间象山是当时著名的开国论者，对西洋军事和文化有相当研究。他曾上书藩主，质问道："西洋各国精研学术，国力强盛，就是周公孔子之国，都被他们掠夺，你想是什么缘故？"他视魏源为不曾谋面，但心实相通的海外同志。另一位维新志士横井小楠，也是从《海国图志》中得到启发，与佐久间象山共同提出了日本"开国论"的思想。他们在吸收归纳《海国图志》的精髓后指出，日本发展之路必是"东洋道德与西洋

**1845 年**
姚莹撰成《康輶纪行》。

**1848 年**
徐继畬的《瀛环志略》成书。

**1858 年**
兵部侍郎王茂荫奏请重刊魏源的《海国图志》。

技术的结合"。随着开国论者实力的增长，他们的影响逐渐深入人心，最终导致了倒幕运动。经过明治维新，日本一跃而成为世界强国。

半个世纪后，梁启超在回顾这段明治维新的历史时，曾这样评价：日本维新派前辈"皆为此书（《海国图志》）所刺激"，最终完成了改革图新大业。一部书本身并不能改变国运，但《海国图志》在中日两国的不同际遇却值得国人深思。

**相关链接**

### 魏源编撰《海国图志》

1840 年鸦片战争爆发后，清军连连遭到惨败。魏源悲愤填膺，愤然弃笔从戎，投入两江总督裕谦幕府，参与筹划浙东的抗英斗争。1841 年 8 月，林则徐在谴戍伊犁途中，于京口（今镇江）与魏源相会。林则徐将自己所搜集、编译的全部资料，连同轮船模型一起交给魏源，嘱咐他进一步编辑整理，尽快刊行于世。林则徐希望以此让中国人能够了解世界，以改变过去"闭目塞听"、"愚昧无知"的落后局面。魏源早就有志于此，所以欣然从命。此后，由于清政府在战争中和战不定，主和派昏庸误国，战局更加不利。魏源愤而辞归，立志著述。

1842 年，他以林则徐的《四州志》以及其他中外资料为基础，参以历代史志、明以来《岛志》及当时夷图夷语，编成《海国图志》50 卷，后经修订、增补，到 1852 年终于编成百卷本的《海国图志》。在书中，魏源从抵抗外国侵略、维护民族独立的愿望出发，对清政府长期以来奉行的"闭关自守"政策进行了批判，提出了"以夷攻夷，以夷款夷，师夷之长技以制夷"的主张；他认为，中国要强盛，不仅要学习西方的养兵练兵之法，还应该着手建立近代工业，设立造船厂、火器局制造各种轮船和机器，并允许民间自由设厂等等，所有这些看法、建议都充分显示了魏源的远见卓识。

魏源编撰《海国图志》，提出了向西方学习的新课题，对以后的中国思想界产生了深远的影响。《海国图志》后来传入日本，对日本的学术和政治也产生过不小的影响。

# "亚罗"号事件

中国有句古话:"欲加之罪,何患无辞。"晚清政府腐朽无能,成为任人宰割的鱼肉。为了达到侵略中国的目的,西方殖民强盗从来都不会顾及事实。鸦片战争后,英国为了获取更大的侵略利益,就一直寻找借口以便侵华。1856 年,它利用清政府镇压太平天国的有利时机,抓住了"亚罗"号事件,联合法国发动了新的对华战争。

"亚罗"号事件发生于 1856 年 10 月 8 日。当日,广东水师长官梁国定带领士兵在黄埔进行检查,在一个叫苏亚成的中国人所拥有的走私船"亚罗"号上,逮捕了 2 名中国海盗和 10 名有海盗嫌疑的水手。这条载重达 100 多吨的走私船上所有的水手都是中国人。为了掩人耳目,海盗们处心积虑地聘用一名英国人当船长,并在香港当局登记,以逃避中国政府的检查。但是在 10 月 8 日这一天"亚罗"号走私船被查时,注册证明早已过期,船上也不再悬挂英国国旗。因此,广东水师在中国船上查捕海盗,完全是中国的内政,与英国一点关系也没有。

然而,事情并非如此简单。

英国驻广州代理领事巴夏礼接到船长的报告后,马上气势汹汹地来到关押被捕水手的船上,向梁国定要人,遭到拒绝。于是,巴夏礼虚声恐吓,以武力相威胁,并准备亲自动手放人。梁国定当然不允,于是双方纠缠起来,在纷乱中,巴夏礼挨了一拳。

巴夏礼回到领事馆,心中忿忿不平,立即写了一封措辞尖锐的信,送给两广总督叶名琛。信中硬说"亚罗"号是英国船,还厚颜无耻地声称广东水师上船捕人是干涉英国商人的贸易自由,是对英国政府的不尊重,有损领事的体面。并无中生有地造谣说,广东水师曾扯下了船上悬挂的英国国旗,这不仅是对英国国旗的侮辱,也是对英国的侮辱。巴夏礼还蛮横地要求两广总督叶名琛送回水手,并进行赔礼道歉。他威胁道,要在 24 小时内答复,否则将以武力解决。

同时,巴夏礼还给他的上司——驻粤公使兼香港总督包令写了份报告,添油加醋地说事情发生后,"亚罗"号的船长来报案,他当时

**1854 年**

2 月 13 日,英外相以《南京条约》签订满 12 年,指示英公使包令向中国提出修约要求。

8 月 28 日,英、美、法三国公使会于香港,协商修约问题。

**1856 年**

2 月 29 日,马神甫事件发生,成为法国政府挑起第二次鸦片战争的借口。

10 月 23 日,英国侵略者制造"亚罗"号事件,派海军陆战队进攻广州,第二次鸦片战争正式爆发。

就"派人"去调查。调查的结果显示,"亚罗"号在海珠炮台附近升起旗帜停泊的时候,被中国水师拘捕了差不多全部水手,"还扯下我们的国旗,这对我们来说,真是奇耻大辱"。巴夏礼火上浇油,使事件升级,妄图引发更大的冲突。

面对巴夏礼的无端挑衅,叶名琛一方面根据事实真相对其进行驳斥,另一方面因害怕事情闹大造成不利的后果,迫于英国政府的压力,将逮捕的海盗们押送到英国领事馆,交给英方处理。叶名琛的妥协行为,大大助长了英国侵略者的嚣张气焰。他们说清政府对"水手"们进行了侮辱,借口礼貌不周,拒不接受,连叶名琛送去的信件也拒绝拆阅。

旨在为新的侵华战争制造借口的巴夏礼,不仅不根据事情的真相对事件进行处理,还诬陷清政府的行径不利于两国的正常外交,并上报英国政府。10月23日,英国军舰悍然闯入省河,进犯广州。由于当时英国兵力不足,不久就被迫撤出广州,退据虎门,等待国内援军的到来。

1857年春,"亚罗"号事件的消息传到伦敦,英国首相巴麦尊竭力主张对华开战,并四处发表演讲,鼓动议会议员发动战争的积极性。由于议员对这件事情的态度并不一致,在经过激烈的辩论后,议会通过了对巴麦尊内阁的不信任案。为了达到进一步侵略中国的目的,巴麦尊不惜解散议会,改选议员,并通过政治手段获得了下院的多数席位,最终通过了扩大侵华战争的提案。同年3月,英国政府任命额尔金为全权专使,率领一支海陆军前来中国。与此同时,还建议法、美、俄等国政府一起出兵侵华。

相关链接

## 第二次鸦片战争

鸦片战争后,西方列强最强烈的愿望,仍是扩大对中国的侵略权益。1851年太平天国运动爆发后,列强各国认为这是加紧侵略中国的极好时机,英、法、美、俄等国纷纷提出修约的要求,但遭到清政府的拒绝。于是,他们决定以武力迫使清政府就范。英、法两国分别以1856年"亚罗"号事件和马神甫事件作为借口,发动了侵华战争。这场战争是1840

年鸦片战争的继续和扩大,所以被称为第二次鸦片战争。

从1856年10月到1860年11月,第二次鸦片战争历时四年多,清政府虽然进行了一定程度的抵抗,给侵略者以沉重打击,但战争以中国失败而告终。英法联军所到之处,烧杀抢掠,无恶不作,特别是在北京洗劫和烧毁了万园之园——圆明园,给中国造成了无可弥补的巨大损失。清政府被迫同英、法、俄等国签订了《天津条约》《北京条约》等一系列不平等条约。第二次鸦片战争使中国丧失了大片领土和主权,外国侵略势力深入到中国内地,中国半殖民地化程度加深。

圆明园欧式建筑残迹——花园门。远处是迷宫的亭楼(1870年前后)

# 叶名琛客死印度

在我国历史上，有很多名人志士重视气节的故事。在商周鼎革之际，有至死不食周粟、饿死首阳山的伯夷。在西汉时，有渴饮雪，饥吞毡，苦守 19 年不变节的苏武。在晚清也有一人以伯夷、苏武自诩，这就是叶名琛。在第二次鸦片战争中，叶名琛被英军俘虏关押在印度的加尔各答，他拒食英人食物而活活饿死。然而，叶名琛的死却有些另类，让人慨叹不已。

叶名琛，字昆山，湖北汉阳人。1835 年中进士，1848 年授广东巡抚，1852 年擢升为两广总督。当时英国人多次要求修改商约，并履行入居广州的协议，但均被叶名琛拒绝。因忙于克里米亚战争，英法两国无暇力争，于是叶名琛稀里糊涂地因此而声名鹊起，被封为一等男爵。他颇为自负，喜欢说大话空话，遇到中外交涉的事情，或说几个字，甚至直接不回答。英国人对此愤恨不已，伺机进行报复。

1856 年"亚罗"号事件发生后，英军于 10 月 29 日攻陷广州城。当时，身为两广总督兼五口通商大臣的叶名琛，本应以保卫广州作为自己的天职，奋起反抗。但昏聩顽固的叶名琛不仅不作战争的准备，反而自欺欺人。面对英军攻城，叶名琛毫不在乎，并对他的部下说，什么事都没有，到天黑的时候英国军队自然就走了，还下令对于来犯的英军不做任何的抵抗，致使英军顺利地攻入广州。不久，由于爱国军民的自发抵抗，加之兵力不足，英军只好暂时撤退，龟缩虎门待援。由此，叶名琛对自己妥协退让的方针更加深信不疑。

1857 年 10 月，英法联军抵达广东海面。叶名琛仍然不予重视，并再次拒绝商议善后的事情。12 月 27 日，英法联军发出最后通牒，限 48 小时出城投降。他认为英法军队攻城仅是虚张声势而已，只要假以时日，危机自然会烟消云散。所以，战争伊始，叶名琛对属僚高谈阔论，他还发布告示，称："英夷攻扰省城，伤害兵民，罪大恶极。但凡见上岸与在船滋事英匪，痛加剿捕，准其格杀勿论，仍准按名赏三十大元，解首级赴本署呈验，毋稍观望。"他还采取措施，企图突袭香港，掐断英军的补给线。

然而，叶名琛很快发现清军根本不是英军的对手，但他自诩名

**1857 年**

4 月 10 日，马克思在《纽约每日论坛报》发表《英人在华的残暴行动》一文。

12 月 27 日，英法联军 5600 人作好进攻准备。英、法专使额尔金和葛罗向叶名琛发出通牒。

12 月 29 日，广州失陷。

**1858 年**

5 月 20 日，英法联军攻占大沽炮台。

5 月 28 日，中俄《瑷珲条约》签订。

6 月 26 日，中英《天津条约》签订。翌日，中法《天津条约》签订。

臣,早在咸丰帝和幕僚眼中树立了御夷有方的名气,所以他装作镇静,对属僚说:"十五日(指阴历十一月十五日,公历12月30日)后无事耳。"而无事的预言则来自他的巫术。原来他在总督衙门建了一个"长春仙馆",里面供奉吕洞宾、李太白二仙。英军来犯时,叶在二仙面前占了一卜,其言曰:"十五日无事。"而广州城恰恰十四日沦陷。当时有民谣曰:"叶中堂,告官吏,十五日,必无事。十三洋炮打城惊,十四城破炮无声,十五无事卦不灵。洋炮打城破,中堂仙馆坐;忽然双泪垂,两大仙误我。"这首民谣把叶名琛当时的无奈和可笑刻画得淋漓尽致。作为守土大员,按清朝的法律,弃城逃跑也是死罪。于是,叶名琛只好听天由命。12月29日,英法联军占领广州,叶名琛在衙署内被俘虏。临行前,叶名琛提出要自备大米、银元、书籍若干,服朝服,戴朝冠,选带仆役,摆出一副似乎是被邀请前往访问、做客的天朝大官的做派。英军答应了他的要求。

1860 年

8 月 21 日,英法联军进攻大沽北岸炮台,大沽失守。24日,天津陷落。

9 月 18 日,僧格林沁扣押谈判代表英国参赞巴夏礼等39 人。

10 月 6 日,英法联军败僧格林沁于北京安定门、德胜门外,攻占圆明园。

10 月 24 日,中英《北京条约》签订;翌日,中法《北京条约》签订。

11 月 14 日,中俄《北京条约》签订。

1859 年 1 月 5 日,英军将叶名琛掳到停泊在香港的军舰"无畏"号上。作为两广地方最高指挥官、清朝从一品大员,虽然束手被擒,处境难堪,但据《香港纪事报》载,叶氏仍保持着庄重高贵举止,军舰上所有军官也很尊敬他。该报记者写道:"偶然有人上舰,都向叶脱帽致意,他也欠身脱帽还礼。"直到 2 月 23 日驶离香港,他在小小的军舰上生活了 48 天。

3 月 12 日晚,"无畏"号抵达印度的加尔各答。三天后,叶名琛穿着整齐的清朝官服走上甲板,一边向人们鞠躬致意,一边仪表堂堂地走到接他上岸的驳艇中。上岸后,叶名琛暂被囚禁在威廉炮台,后搬到托里贡的住宅,他写了一首怀念广州镇海楼的诗。诗中写道:

镇海楼头月色寒,将星翻作客星单。

纵云一范军中有,怎奈诸君壁上看。

向戎何必求免死,苏卿无恙劝加餐。

任他日把丹青绘,恨态愁容下笔难。

诗中所写的几个人物,都是中国历史上具有民族气节的名人。"一范"即北宋范仲淹,"苏卿"即苏武,向戎则是春秋时宋国的大夫,他在公元前 546 年发动弭兵运动,亲自劝说晋、楚、齐等 13 国在宋国都城会晤,此后列国间十多年没有战争。叶名琛自比向戎,是要说明自己不死而随英人走的目的。而以苏武自喻也是如此。由此看来,叶名琛是把自己的被俘当成可以觐见英国君主的契机。叶名琛后来对随他去加尔各答的仆人明确地说明了这层意思:"我之所以不死而来者,当时闻夷人欲送我到英国。闻其国王素称明理,意欲得见该国王,当面理论,既经和好,何以无端起衅?究竟孰是孰非?以冀折服其心,而存国家体制。"

4月9日,叶名琛卒于寓所。因为事前叶无甚病痛,当地医生也无法解释其死因。据叶的中国仆人说,早在3月20日,从国内带去的食物已尽,他们打算去购买,叶氏不允。以后英籍翻译官屡次将食物送来,叶名琛都拒绝食用。他实际上是绝食而死的。

叶名琛被俘期间,虽为阶下囚,但始终着总督官服,陷囹圄而不"失节",这种心态可概括为孤高、偏执、迂腐。他至死也没明白清朝屡败,大国受欺凌,大臣受侮辱的原因所在,实在可悲可叹。

**相关链接**

## 沙俄趁火打劫

沙俄对我国东北以及西北地区领土的侵略野心,由来已久。19世纪50年代,沙俄出兵侵入黑龙江,强行建立军事据点。第二次鸦片战争爆发后,中国无力顾及北方边疆,沙俄认为时机已到,公然提出黑龙江以北的中国领土归其所有,并威胁说如果不从,将联合英国对华作战。1858年5月,清朝地方官员被迫与沙俄签订《瑷珲条约》,沙俄强占黑龙江以北、外兴安岭以南60多万平方公里的中国领土。1860年,沙俄又迫使清政府签订《北京条约》,割占乌苏里江以东包括库页岛在内的约40万平方公里的中国领土。在这个条约中,还把沙俄单方面提出的中俄西部边界的走向强加给中国,为继续侵占中国的领土制造根据。

到19世纪80年代为止,沙俄通过一系列不平等条约,总共吞并我国北方150多万平方公里的领土。

# 叔嫂合谋发动政变

慈禧是中国近代史上举足轻重的人物,权倾天下达半个世纪,在家法极严、王权男人至上的大清王朝里纵横捭阖,把众多男人玩弄于股掌之中。而这一切都始于1861年。这一年,她和恭亲王奕䜣,叔嫂合谋,精心设局,不发一矢一枪,发动了辛酉(1861年为旧历辛酉年)政变,铲除了政敌,开启了她掌控中国的政治生涯。

1860年9月,英法联军进逼北京,咸丰帝命恭亲王奕䜣留京议和,自己带着一批亲信大臣和后宫仓皇出逃热河。逃到热河后不久,咸丰帝旧病复发,再加上英法联军攻入北京,火烧圆明园的奇耻大辱,于1861年8月驾崩。咸丰帝驾崩后,他唯一的儿子6岁的载淳即位,年号定为"祺祥"。咸丰帝临终前遗命怡亲王载垣、郑亲王端华、大学士肃顺、御前大臣景寿,还有四个军机大臣即穆荫、匡源、杜翰、焦祐瀛,共八人,为"赞襄政务王大臣",辅佐年幼的载淳。咸丰帝又将两枚刻有"御赏"和"同道堂"的御印,分别赐给了皇后钮祜禄氏和载淳(因其年龄太小,实际由其生母懿贵妃掌管),并颁诏说,此后新皇帝所颁的一切诏书,都要印有这两枚御印才能有效。载淳继位后,尊先帝皇后钮祜禄氏为母后皇太后,尊自己的生母懿贵妃为圣母皇太后。

载淳的母亲懿贵妃叶赫那拉氏,权力欲望很强,野心勃勃。据说当咸丰帝准备逃往热河之时,她就曾公开劝阻咸丰帝说:皇上如在北京坚守,可以震慑一切,自然天下无事。如若圣驾启行出走,宗庙无主,恐为夷人践踏,"昔周室东迁,天子蒙尘,永为后世之羞。今若遽弃京城而去,辱莫甚焉"。据费行简的《慈禧传信录》记载:当初因太平天国起义,军书战报纷杂繁多,咸丰帝常有不堪重负之感,懿贵妃的书法也还算工整端正,于是对于一些军国大事,自己口述,由懿贵妃代笔批答。慈禧刚刚坐上皇太后的宝座,就迫不及待地揽权。八大臣为此加意防范那拉氏干政,加深了双方的矛盾。而且,

**1856年**

4月27日,咸丰帝的皇长子载淳出生,母懿嫔那拉氏晋封懿妃。

**1860年**

9月21日,咸丰帝命恭亲王奕䜣为钦差便宜行事全权大臣,督办和局。

9月22日,咸丰帝自圆明园仓皇逃亡热河。

慈禧太后像

权势日重的肃顺在两宫面前也日渐妄自尊大。为此，在慈禧的提议下，两宫太后设法联络身在北京的恭亲王奕䜣。

奕䜣是咸丰帝的六弟，为人机智、练达，很有才干。相比之下，身为皇帝的咸丰却显得平庸无能，这难免要招来咸丰帝的猜忌。因此，咸丰帝在政治上疏远奕䜣，而重用肃顺等人。奕䜣虽贵为亲王，但没有实权，处处受到肃顺等人的排挤。咸丰帝逃亡热河，命奕䜣留在北京与侵略者议和，一同留下的还有文祥等人。文祥为军机大臣，与奕䜣关系较好，也受到肃顺等人的排挤。后来的八个辅政大臣中，有四个军机大臣，只有文祥被排除在外。所以，奕䜣和文祥对肃顺等人非常不满，欲除之而后快。

经多次申请，奕䜣才得以以"奔丧"的名义赶到热河。9月5日，奕䜣到达热河，在咸丰帝的灵柩前"伏地大恸，声彻殿陛；旁人无不下泪"，但是否发自内心，也只有奕䜣自己知道了。祭奠完咸丰帝后，奕䜣迫不及待地想见两宫太后，这引起了肃顺等人的紧张与警惕。他们出面予以阻拦，"昌言于众，谓（年轻）叔嫂当避嫌，且先帝宾天，皇太后居丧，尤不宜召见亲王"。正当奕䜣不知如何是好的时候，突然有太监出来传旨，命奕䜣赶快入见。奕䜣故作木讷，实则欲擒故纵地对郑亲王端华说："既然年轻叔嫂不宜后宫单独相见，请郑亲王与我共同进见两宫太后如何？"端华不知所措，向肃顺请教，肃顺也没有阻止的办法，只能连忙略带自我解嘲地打哈哈说："汝与两宫叔嫂耳，何必我辈陪哉！"于是，奕䜣得以一人单独进见。

两宫太后与恭亲王奕䜣的这次会见形式公开，内容却是保密的。会见长达两个小时，决非一般的叔嫂团聚会面，所谈的也决非一般的家务琐事，虽然具体内容难知其详情，但从一些片断的史料记载中，还是可以窥见一些端倪的。一是两宫太后向奕䜣哭诉肃顺等人对她们的轻侮，得到了恭亲王奕䜣的同情与支持，双方密商对付他们的策略。二是奕䜣向两宫太后指出，不能在热河解决肃顺等人，"非还京不可"，做出回京后再发动政变的决定。三是奕䜣向两宫太后保证回銮北京后，外国势力不会有任何异议，从而解除了两宫太后有关外国是否会干涉宫廷政变的顾虑。两宫太后与恭亲王奕䜣紧急结盟，共同对付肃顺等八大臣。其中既有双方早已存在的信任基础，又有叔嫂、叔侄间的血缘亲情。

9 月 10 日,奕䜣利用请训回京这一公开而又堂皇的机会,再次会见了两宫太后,确定回銮北京的具体日期等问题。

9 月 11 日,已经密谋好的奕䜣胸有成竹地离开热河。奕䜣回到北京后,又立即笼络了驻扎在京、津一带掌握兵权的兵部侍郎胜保,作好了发动政变的一切准备。同时,两宫太后也向肃顺提出,咸丰帝的灵柩和小皇帝要回銮北京,虽然肃顺等人反对,但慈禧强硬地否决了他们的意见。肃顺等人认为大权在握,对慈禧坚持回京后的危险性没有在意。殊不知,一场惊天大政变正在有条不紊地秘密展开。

10 月 26 日,咸丰帝的灵柩启行回京。为了分散八大臣的力量,也为了能先行到京布置政变,慈禧以皇帝年幼,不能全程护送先帝梓宫为由,把启程队伍分为两路:两宫太后和小皇帝载淳的队伍由间道先行,载垣、端华、景寿、穆荫等大臣随行;灵柩队伍走大路,由肃顺等人护送,同行的还有醇郡王奕𫍽。奕𫍽是咸丰的七弟,也是慈禧的妹夫,早已是慈禧太后的人,他跟随咸丰灵柩队伍主要是为了监视肃顺。11 月 1 日,两宫太后刚到北京,就接见了奕䜣、军机大臣文祥等,共同分析了政治形势,商议了政变步骤。其中心议题是如何抓住机会,突然袭击。

11 月 2 日,两宫皇太后召见众大臣,奕䜣突然拿出盖有玉玺和先帝两枚印章的圣旨,宣布解除肃顺等人的职务,当场逮捕了载垣、端华;又命令将景寿、穆荫、匡源、杜翰、焦祐瀛等撤职查办,严加看管。载垣、端华二人听完谕旨后,厉声质问奕䜣:"我辈未知,诏从何来?"奕䜣将头轻轻一摆,示意侍卫将他们二人拿下。二人大声喝道:"谁敢。"侍卫毫不畏惧,上前摘去二人冠戴,押往宗人府。而同时,到达密云的奕𫍽也接到圣旨,将肃顺捉拿。在宗人府,肃顺看到载垣、端华时,斥责二人道:"如果当初

恭亲王奕䜣

听从我的话，把此贱人早日处死，何至有今日。"三人懊恼不已。

不久，清廷发布上谕，否认咸丰遗诏，下令将肃顺斩首；让载垣、端华自尽；另外五大臣则被革职或充军。接着宣布废除八大臣原来拟订的年号，改明年（1862 年）为同治元年，慈安、慈禧两太后垂帘听政。授恭亲王奕䜣为议政王大臣、军机大臣。

两宫主要是慈禧太后，在奕䜣集团的密切配合下，发动了这场惊心动魄的宫廷政变，年仅 26 岁的慈禧太后掌握了大清王朝的政权。慈禧通过政变，开太后垂帘听政之恶例。后来光绪初年与戊戌政变后，慈禧太后的再次、三次垂帘，何尝不由是而来。辛酉政变与慈禧太后垂帘听政，实是"造成清室迅速覆亡之远因"。

**相关链接**

## 奕䜣、奕䜣帝位之争

道光皇帝共有九子：长子奕纬、次子奕纲、三子奕继、四子奕詝、五子奕誴、六子奕䜣、七子奕譞、八子奕詥、九子奕譓。道光帝立储时，奕纬、奕纲、奕继已早逝，奕誴又过继给了惇亲王绵恺，而奕譞以下均年幼，所以有条件竞争储位的只有奕詝和奕䜣。奕䜣文才武略出众，为诸皇子之冠。但奕詝年长，有仁者风范，又为皇后所生，此其长处；然而，文才武功远不及六弟。究竟立谁为储呢？道光帝久久难以决断。

据史料记载，道光晚年，身体衰病。一日，召两皇子入对，借以决定储位。两皇子各请教于自己的师傅，问询如何应对。奕䜣的师傅卓秉恬说："皇父如有垂询，当知无不言，言无不尽。"奕詝师傅杜受田则对奕詝说："阿哥如条陈时政，知识不敌六阿哥。惟有一策：皇上若自言老病，将不久于此位，阿哥就伏地流涕，以表孺慕之诚而已。"兄弟两人都照着师傅的主意行事。道光帝对奕詝的话很满意，认为皇四子仁孝，储位的事就定了下来。

奕詝即位，即咸丰皇帝。即位之初，咸丰帝对奕䜣较为重用，两人关系较为融洽。但两人之间的芥蒂并未消除。后来，咸丰帝逐渐冷落奕䜣，使其处于被排斥的地位。而奕䜣纵有满腹的牢骚和不满，也只能忍气吞声、俯首称臣。1860 年英法联军攻入北京，咸丰帝留下奕䜣与联军议和，自己仓皇逃到热河。这给了奕䜣一个重返政治舞台中心、充当重要角色的机会。于是，在咸丰帝死后，奕䜣、慈禧叔嫂合谋，演绎了一场对中国近代历史影响深远的宫廷政变。

# 太平天国运动

　　鸦片战争后,西方列强的侵略和清政府的腐败导致中国社会矛盾日益激化,广大农民被迫走上反抗的道路。1843年,洪秀全把基督教的平等观念和中国传统的平均思想结合起来,创立拜上帝会,吸收大批民众入会。1851年,洪秀全领导拜上帝会众发动金田起义,太平天国运动兴起。同年12月,洪秀全在永安分封建制,太平天国政权初步建立。1853年,太平军占领南京,并定都于此,改名"天京",形成和清廷对峙的局面。太平天国定都天京后,颁布《天朝田亩制度》作为其革命纲领。随后,太平天国接连发动了北伐、西征、东征,攻破了江北大营和江南大营,在军事上达到全盛。但是,1856年,天京变乱发生,太平天国由盛转衰,军事上也转入防御阶段。此后,洪秀全重建领导核心,以此稳定局势,并颁布了洪仁玕提出的《资政新篇》。但是,太平天国领导层的腐败削弱了自身实力,与此同时,清政府与西方列强加强了联合,太平天国虽然也取得一些局部的胜利,但总体上处于败势,政权摇摇欲坠。1864年天京陷落,标志着太平天国运动的最终失败。太平天国运动,历时14年,席卷18个省市,沉重打击了中国封建统治阶级和西方侵略者,是中国旧式农民战争的最高峰。

**太平天国天王玉玺**

　　该玉玺系用青玉制成，正方形。玺文四周，上刻双凤朝阳纹，左右刻龙纹，下刻立水纹。玺文共44字，分为上下两部分：上部正中为"天父上帝"；两旁为"玉""玺"二字，又有"太""平"两个小字；"太"的外面，有"恩和"二字；"平"的外面，有"辑睦"二字。下部自左至右依次为"永定乾坤"、"八位万岁"、"救世幼主"、"天王洪日"、"天兄基督"、"主王舆笃"、"真王贵福"、"永锡天禄"。

# 洪秀全创立拜上帝会

翻开中国历史书,自王朝政治伊始,有关下层社会的反抗和起义的记载就层出不穷。秦朝末年,陈胜、吴广揭竿而起,是中国封建统一王朝的第一次大规模农民起义。此后,每当王朝腐败衰微,农民难以生存时,陈、吴式的人物便会发动起义,吸引大批饥民,汇成农民革命洪流,冲击旧王朝的腐朽势力,多次导致朝代的更迭。到了近代,又有一位农民领袖,面对着腐朽的清王朝敲骨吸髓般的剥削和外国侵略势力带来的灾难,借上帝的神力,为广大贫苦农民描绘出了一幅人人平等、共享太平的美好前景,从而引发了十几年农民起义的狂飙。他,就是著名的太平天国领袖——洪秀全。

洪秀全,1814年1月11日出生于广东花县一个农民家庭。他自幼好学,因而得到父亲的偏爱,洪秀全7岁就被送入私塾读书。由于他天资聪颖,勤奋用功,学业很好。家人殷切地希望他能谋取功名,光宗耀祖。而洪秀全也很自负,对科考前途充满了信心。然而,事不随人愿,他曾于1828、1836、1837年三次参加科考,结果每次都名落孙山,连个秀才也没有考中。这对寒窗苦读十余年,身寄全家重望而又有强烈考取欲望的洪秀全来说,无疑是沉重的打击。

据说,1837年洪秀全第三次落榜后,精神彻底崩溃,大病了一场,被人用轿子从广州抬回家乡,一连病卧40多天。在病中,他神志不清,做了许多离奇的梦:在美妙的音乐伴奏下,他乘上一顶华丽的轿子来到一条河边,有人引导他洗净全身的污秽;然后来到一座金碧辉煌的大殿,殿中坐有一位身穿黑袍的金发老人。老人见到洪秀全,双眼流泪,告诉他:世人信奉鬼魔,大逆不道,赐他一柄宝剑,要他斩除世间妖魔;又给他一个印绶,用以镇服邪神;并赐一枚金色美果,洪秀全食之,味道甜美。老人还说,洪秀全是他的二儿子,并引见了他的哥哥耶稣。

这个梦日后经洪仁玕转述,由瑞典传教士韩山文记在《太平天国起义记》里,在《太平天日》里也有详细记载。这个梦荒谬绝伦,当然不可信,然而又有其真实的一面。洪秀全成名心切,然而接连落第,精神上受到打击,大病一场,病中发烧产生离奇的幻觉,也是可

**1843 年**

7月,洪秀全与冯云山、洪仁玕在家乡广东花县建立拜上帝会。

**1845 年**

洪秀全创作《原道救世歌》、《原道醒世训》等。

**1847 年**

3月,洪秀全到广州跟美国教士罗孝全学习。后,洪秀全请求行洗礼,为罗孝全拒绝。

8月,洪秀全至紫荆山晤冯云山,拜上帝会员已发展至2000多名,杨秀清、萧朝贵等均已入会。

能之事。然而梦的内容则多有编造之处,只不过是洪秀全为起义假托迷信制造君权神授的符瑞而已,这和陈胜、吴广大泽乡制造的篝火狐鸣,东汉张角搞的"黄巾当道"的作用是相同的。当然,这场梦也潜意识地表现了他对现实制度的满腔悲愤和反抗意念。

病愈后的洪秀全,在家乡的村塾教书,平静地度过了几年。但是,他自幼深受功名思想熏陶,很难同科举道路彻底决裂。1843年,他再次到广州赴考,仍然落第而归。从此,洪秀全彻底断绝了科举做官的念头。他决心推翻清王朝,创造新朝,不再受科举制度的折磨。就在这一年,洪秀全重读了1836年偶然得到的一本宣传基督教教义的小册子《劝世良言》。该书主要宣传:上帝是唯一的真神,其他偶像都是妖魔鬼怪,必须除掉;世间的人都是上帝的子女,在上帝面前人人平等;它要人们在世间信奉上帝,忍受世间的苦难,死后才能升入天堂。洪秀全读后,想起以前做的怪梦,"遂大觉大悟",决心皈依上帝,他正式开始了拜上帝的活动。

洪秀全的说教首先打动了他的远亲冯云山和族弟洪仁玕,他们各写了忏悔书,焚化以告上帝,又到附近的小河里,灌顶洗浴,再喝下三杯茶水,表示躯体心胸都得到洗礼。至此,以洪秀全为首的拜上帝会形成了。他们四处奔走,积极宣传其宗教,发展信徒。由于在家乡传教受到很大阻力,他们根据《圣经》关于"先知在故乡本家没有得人敬重"的启示,另辟蹊径,决定离开花县,遨游天下。他们首先来到广西贵县赐谷村一带传教,发展信徒百余人。结果,由于成效不大,冯云山动身前往桂平,而洪秀全不久便返回家乡。

1845至1846年间,洪秀全在家乡一边教书,一边传教,并根据自己的认识先后写出了《原道救世歌》《原道醒世训》《百正歌》《改邪归正》等诗文来阐发其宗教教义。这些诗文一方面按《圣经》的教诲,批判社会的腐败,劝人为善,劝人敬拜上帝;一方面描绘了一个合情合理的新天地,号召世人为之奋斗。但所谓新天地,既不是正宗基督教义中的理想境界,又非欧美资本主义的近代世界,而是建立像唐虞三代那样的"门不闭户,道不拾遗"的"大同"社会,最终实现"天下一家,共享太平"的理想。

1847年3月,洪秀全来到广州,在美国传教士罗孝全那里学习基

1851年

1月11日,拜上帝会众金田起义,建国号"太平天国"。

3月,洪秀全称"天王"。

12月,太平军在永安封王,建立太平天国基本制度。

**永安建制**

金田起义后,太平军在广西永安州(今蒙山县)休整补充,并颁行天历,制定各种制度,史称"永安建制"。洪秀全颁布封王诏令,封杨秀清为东王、萧朝贵为西王、冯云山为南王、韦昌辉为北王、石达开为翼王,同时规定,西王以下各王俱受东王节制。太平天国的政权组织初步形成,这对于加强领导、发展队伍都具有重要意义。

督教义,研读《新约全书》和《旧约全书》,但罗孝全认为洪秀全思想不纯,不是"合格"的教徒,没有为他行洗礼。对此洪秀全感到十分郁闷,不久便决然离开广州再去广西找冯云山。其时,冯云山经过两年多的努力,在紫荆山区发展的会众已经达到 2000 多人,其中包括种山烧炭的杨秀清和贫苦农民萧朝贵等骨干分子。抵达紫荆山区时,洪秀全看到冯云山开创的大好局面,信心倍增,往日的郁闷顷刻间烟消云散,于是全身心地投入到巩固和发展拜上帝会的事业当中。首先他和冯云山共同策划、制订了各种宗教仪式和"十款天条",加强对会众的思想和纪律教育,同时又派人四处活动,发展会员,积聚力量。在此期间,洪秀全又撰写了《原道觉世训》与《太平天日》,这些著作除了继续宣扬敬拜上帝的教义外,还提出了"阎罗妖"的概念,把"阎罗妖"看作妖神的代表,号召天下兄弟姐妹共同击而灭之,这些都初步表露出洪秀全的反清思想。

此后不久,随着拜上帝会的不断发展,洪秀全带领着他的信徒们逐步拉开了太平天国起义的大幕。

**1852 年**
6月,南王冯云山在广西全州伤重而死。
9月,太平军攻长沙,西王萧朝贵战死。

**1853 年**
1月12日,太平军攻陷武昌。
3月,太平军攻陷南京,易名天京,定为首都。

相关链接

## 金田起义

1849 年前后,广西连年闹灾,各地农民纷纷起义。经过积极的酝酿和准备,拜上帝会举行起义的时机已经成熟。1850 年春夏间,洪秀全、冯云山要求各地拜上帝会员到金田集中"团营",整编队伍。金田团营前后,会众根据"同食同穿"的精神,变卖田产屋宇,易为现金,并一切概交"圣库",衣食则全由"圣库"供给。各地会众扶老携幼,陆续到金田村会合,途中不断与拦阻的清军和团练发生战斗。先后会集金田的男女老少共计 2 万人左右。拜上帝会会众到金田村团营后,按军事编制建立了一支队伍,与清军展开斗争。12月底,拜上帝会会众击溃前来镇压团营的清军,稳定了金田村的形势。1851 年 1 月 11 日,时值洪秀全 38 岁生日,拜上帝会众举行隆重的祝寿庆典。洪秀全借机誓师起义,向清王朝宣战,建号太平天国,起义军称为太平军。轰轰烈烈、规模空前的太平天国农民战争正式拉开了序幕。

# 林凤祥孤军北伐

太平军孤军北伐，是太平天国历史上悲壮慷慨、可歌可泣的一页。在两年时间里，北伐军历经江苏、安徽、河南、山西、直隶、山东六省，转战千里，连克府、州、县数十个，给清朝统治者以沉重的打击。但最后因孤军深入，清军重兵围攻，不幸失败。领导这次北伐的便是太平天国著名骁将林凤祥、李开芳等人。

林凤祥，广西桂平人（一说广东揭阳人）。因自幼丧母，其父怜爱未加检束，以致放荡不羁。少年之时，但遇不平事，就挺身相助。1848 年因打死县城劣绅，奔走他乡，以算卦为生，并得以结识洪秀全、杨秀清。1851 年参加金田起义，为结拜的 40 个盟兄弟之一。太平军从金田到南京转战过程中，林凤祥被任命为开路先锋，因骁勇善战，战功赫赫，升至天官副丞相。1853 年 3 月，林凤祥又率部首先攻破南京仪凤门，为占领南京立下大功，深得洪秀全、杨秀清的赏识。

定都天京以后，太平天国采取了以重兵保卫天京、同时举行北伐和西征的战略。1853 年 5 月 8 日，洪秀全、杨秀清派林凤祥为首领，和地官正丞相李开芳、春官正丞相吉文元等将领，率太平军 2 万人进行北伐。北伐的主要目标是摧毁清政府的统治中枢北京。太平军计划先占天津，然后等待援军，合兵再攻北京，最终推翻清朝的统治。

5 月 8 日，北伐军从扬州出发。他们依据洪秀全、杨秀清"师行间道，凭疾趋燕都，毋贪攻城略地而磨时日"的指示，以凌厉无比的攻势，一举攻占浦口，进入安徽。在安徽又连克滁州、蒙城等许多州县。在安徽，北伐军得到捻军积极配合，因而进展顺利，很快就攻入河南。太平军紧接着横渡黄河，挺进山西，然后跨过太行山，打入直隶。这时期，北伐军奋勇作战，势如破竹。10 月，跃进到保定附近，迫近北京。北京城里一片恐慌，满朝文武官员、官商富绅及其家眷等，"无不如鸟兽散，王公大臣闻风丧胆，悲哭哀泣"。咸丰帝也作好逃往热河的准备，并已命令各省巡抚将送给朝廷的银钱等解往热河。

但太平军并没有直攻北京，而是按原定计划，向天津进发。林凤祥、李开芳率军水陆并进，10 月底，攻克静海、独流。但是，北伐军因孤军深入，流动作战，既没有足够军备，也缺乏后继增援。而此时，清政府已调集僧格林沁、胜保等率领旗兵主力,并抽调南方战场的部分清军,竭力对北伐军进行阻截。林凤祥见清军重兵来围攻,北伐军兵力不足,便未攻天津,于静海、独流筑垒挖壕,坚守待援。太平军虽然凭坚固工事顽强抵抗百余天,但终因被困日久,援军不至,粮械匮乏,隆冬缺衣,不得已于次年2月5日自静海、独流,突围南走,于3月9日抵阜城,但旋又被清军包围。25日,吉文元战死,太平军处境更加艰危。

　　杨秀清得知北伐军的困境后,派夏官又正丞相曾立昌率领援军北上。1854年2月,曾立昌从安徽安庆出发,但4月打到山东临清时,由于援军中新加入者不听命令而遭到失败。其后,杨秀清又打算派燕王秦日纲进行第二次北援。但因西征战场上战事吃紧,实在抽不出兵来,北援不得已被搁下了。

　　1854年5月5日,北伐军由阜城突围东走,占领东光县的连镇。连镇横跨运河,分东西两镇,分别由林凤祥、李开芳率部据守。当天,僧格林沁即率马队追来,不久步队也赶到,又将北伐军紧紧包围。此时,林凤祥得知了天京援军到达山东的消息,但不知道援军已经溃败,便商定由李开芳率领经过挑选的健卒600余人骑马突围南下,迎接援军,林凤祥则仍留连镇坚守。

　　此时,留守连镇的太平军仅有6000余人,而僧格林沁则拥军近3万人。清军在连镇四周挖掘深壕,构筑土城,严密围堵,企图将太平军困死。雨季到来时,清军又引南运河水,将连镇淹泡。面对万分穷蹙境地,林凤祥镇定自若,一次又一次打退清军的进攻。清军围攻了数月,不但未能取胜,反而损兵折将,士气越来越低,以致僧格林沁不断受到清廷申斥。而太平军方面,虽然英勇作战,但到了年底,粮米断绝,还是出现了人心惶惶的局面。于是,在加紧军事进攻的同时,僧格林沁乘机开展诱降活动。林凤祥试图将计就计,利用僧格林沁的诱降阴谋,派100余人诈降清军,企图里应外合,打破清军的围困。但这项计划被清军识破,诈降的人马全部被害。1855年3月7日,清军向连镇发起总攻,北伐军将士拼死抵抗。林凤祥在督战时身受重伤,太平军士气大受影响。不久,连镇被攻破,清军纷纷突入,太平军将士与敌人展开白刃战。最后,太平军大部阵亡,其余或被俘,或从

## 江南大营与江北大营

　　太平军定都天京后,清政府派琦善率领清兵赶至扬州城外建立江北大营,从北面威胁天京;向荣率清军在孝陵卫一带,建立江南大营,与驻扬州城外的江北大营相呼应,围攻天京。1856年,秦日纲部攻破江北大营。不久,清军复占扬州,江北大营重建。1858年,陈玉成、李秀成率太平军再破江北大营,复克扬州。此后江北军务由江南大营钦差节制,江北大营不复重建。1853年、1856年,江南大营先后被太平军石达开、秦日纲部攻破。不久,江南大营重建。1860年,李秀成率兵进攻江南大营,时值江南大营军饷欠缺,军心涣散,不久即被攻破,全营溃败,江南大营覆灭。

运河潜逃。林凤祥受伤后藏于地道深处,后被清军搜获。

林凤祥被俘后,清军将其押送到北京。清朝官员首先对其劝降,遭到拒绝后,便决定使用酷刑,将林凤祥凌迟处死。史载林凤祥受刑时,毫无惧色,"刀所及处,眼光犹视之,终未尝出一声",让刽子手也胆战心惊,惊呼"真天神也"!林凤祥被害时,年仅31岁。

林凤祥全军覆没后,僧格林沁便移师高唐,围攻李开芳部,李开芳后突围至茌平冯官屯。在冯官屯,李开芳又进行了殊死抵抗。清军引运河水灌入冯官屯,李开芳突围被俘,被押往京师。6月11日,李开芳等人被捆绑至刑场。他们和林凤祥一样,也被凌迟处死。至此,北伐军全军覆没。

虽然北伐军悲壮地失败了,但这支远离天京孤军远征的队伍,在地形、气候、民情均不适应的情况下,忍着饥饿和寒冷,与占据优势的清军进行了近两年的艰苦奋战,大部分将士最后英勇牺牲或慷慨就义。北伐军的鲜血没有白流,他们的长驱北伐,扩大了太平天国革命的影响,推动了北方人民的起义。在山东,就流传着这样一首民谣:"长毛哥,长毛哥,一年来三遍也不多。"

## 相关链接

### 太平军北伐与西征

太平天国定都天京后,为了巩固和发展胜利成果,进行了北伐和西征。

1853年5月,洪秀全派林凤祥、李开芳、吉文元等率2万多人北伐。北伐军出江苏,过安徽,进河南,渡黄河,入山西,直捣直隶,逼近天津,但由于孤军远征,最终失败。太平军北伐,长驱六省,虽为精锐之师,但后援不继,终不免全军覆没。广大将士英勇奋战,震撼清朝心脏地区,牵制大量清兵,对南方太平军和北方人民的斗争客观上起到了支持作用。

在北伐的同时,为了控制长江中游,确保天京安全,洪秀全又派兵西征。1853年5月,赖汉英、胡以晃、曾天养率军溯长江西上,攻占安徽、江西、湖南、湖北的广大地区。特别是在湖南境内,西征将士曾多次打败曾国藩组织的以地主团练为骨干的湘军。但战术上的胜利并不能扭转战略上的失误。1856年9月1日,天京城内爆发变乱,使得太平天国国力大减。太平军西征历时近三年,控制了天京上游安庆、九江、武昌三大重镇,据有赣、皖和鄂东,有效地屏蔽了天京,保证了粮源,为太平天国坚持斗争创造了条件。

# 曾国藩兵败鄱阳湖

"白云悠悠千古事，青史凭谁定是非。"在中国近代史上，曾国藩是最具争议的人物之一。褒扬者称之为"中兴第一名臣"、"洋务之父"，而斥骂者也不乏其人，因其镇压太平天国而送绰号"曾剃头"。20世纪90年代，随着作家唐浩明的小说《曾国藩》三部曲——《血祭》、《野焚》、《黑雨》的流行，一时间神州大地刮起一股"曾国藩风"，《曾国藩家书》、《曾国藩谋略》成为街头巷尾谈论的热门话题。因镇压太平天国，曾国藩在清廷中的地位蒸蒸日上。然而这一切并非一帆风顺，曾国藩也有过失败与彷徨，兵败鄱阳湖就是他心头难以抹去的一块伤疤。

1853年初，洪秀全领导的太平天国起义军以排山倒海之势沿长江东下，冲击着大厦将倾的大清王朝。此时的曾国藩正在老家湖南湘乡为母亲守孝，如果没有太平军起事，一心只读圣贤书的曾国藩也许只是个传统的士大夫，太平天国改变了他的一生。作为封建制度忠实的卫道士，曾国藩对太平天国充满了势不两立的仇恨，同时，他对清朝统治者的腐败无能与软弱散漫也深怀不满。1853年1月，清政府命令曾国藩移孝作忠，以丁忧在籍侍郎的身份帮办湖南团练，以对抗太平天国对两湖地区的冲击。曾国藩认为清政府的主要军队八旗、绿营兵惰将骄，无力对抗太平军，决定另起炉灶，参照明朝戚继光组建戚家军的办法，再加上自己的独创，组建了一支训练有素的湘军。

1854年2月，湘军初具规模，有陆、水两军，共约1.7万人。于是，曾国藩在湘潭誓师，发布《讨粤匪檄》，倾巢出动，同太平军展开血战。一交手，便都感知对手很难对付，双方在战场上互有胜负，开始了长期的较量。

1855年1月，湘军进围九江，气焰大盛，曾国藩声称要"肃清江面，直捣金陵"。针对湘军的强势出击，洪秀全、杨秀清颇为重视，派翼王石达开赶到江西湖口主持战事。针尖对麦芒，水火不相容。但两强相争，还是石达开技高一筹。在石达开的领导下，太平军坚守九江，多次击退了湘军的进攻。曾国藩见久攻不下，便调整主攻目标，

## 1853 年

1月8日，清廷命在湖南湘乡原籍的曾国藩帮同办理本省团练事务。

5月19日，胡以晃、赖汉英率太平军西征。

10月，帮办江北大营军务大臣雷以诚在扬州仙女庙等地开征厘金。

## 厘金制度

厘金又称厘捐。1853年10月，为筹措军饷，帮办江北大营军务大臣雷以诚在扬州设局劝捐。原定税率值百抽一，1%为一厘，故称厘金。厘金分两种：一种称行厘，即通过税，抽之于行商；一种称坐厘，即交易税，抽之于坐商。后各省纷纷效仿，名目增多，且税率极不一致，截至同治元年（1862年）除云南和黑龙江外，厘金制度已遍行于全国。民国成立后继续征收，至1931年废止。

决定采用"越寨攻敌"战术,先取湖口,企图凭借水师优势,扫荡鄱阳湖内太平军水营,切断外援,最后再夺取九江。而石达开鉴于水师敌强我弱的态势,认为一时难于立即取胜,决定采用疲敌战法,用他的话就是"避其锐气,诱敌深入,水上调戏,围而歼之"。太平军不仅在赣江上游积极准备防御工事,又于湖口城下沙洲加建木栅,在江面横系筏缆数道,阻止湘军水师靠近攻城。此后,战斗进行了十多天,攻防双方各有损伤,胜负难分,但湘军的锐气大为削弱。特别石达开的骚扰战术把湘军将士个个弄得昏昏沉沉,坐立不安。曾国藩急得跳起脚来,骂道:"长毛耍的什么把戏?不敢与本帅正面交锋,却干些鸡鸣狗盗的勾当,真是跳梁小丑!"

湘军将领不胜其扰,纷纷请战。石达开要的就是这种效果。1 月 23 日,湘军水师进犯湖口,经过一场血战,湘军烧掉了湖口的障碍,打开了进入鄱阳湖的通道。石达开将计就计,连夜下令将大船凿沉于鄱阳湖口,实以砂石,使湘军的笨重巨舰无法通过,仅西岸留一隘口,拦以篾缆,意在诱敌深入。1 月 29 日,曾国藩命令 120 多艘小船运载 2000 多名水兵从湖口西岸隘口冲入鄱阳湖中。石达开见敌中计,便立刻下令封锁江面。一夜之间,湖口江面神奇地出现两道浮筏,将湘军水师分割为外江、内湖两支船队。曾国藩见中计,大惊失色,感到大祸即将临头:"百余轻捷之船,二千精健之卒,陷入鄱阳内河⋯⋯外江所居多笨重船只,运掉不灵,如鸟去翼,如虫去足,实觉无以自立。"石达开见时机已到,即于当晚派遣几十只小船满载柴草、硝药冲进湘军外江船队放火。同时,两岸数千陆军,纷掷火箭喷筒。霎时间,湖口江面烈焰滚滚,火光冲天,恰似当年的赤壁鏖战。结果,湘军大船被烧毁大半,余者仓惶遁逃。冲入鄱阳湖的湘军轻便小船得知外江船队被烧,急忙掉头回援,这时退路早已被堵,在太平军猛烈攻击下,遭到了与大船同样的下场。

曾国藩不甘心失败,退回水陆两军驻地竹林店,整军备战,企图重新和石达开决战。但还没等曾国藩准备好,2 月 11 日夜,石达开命令太平军罗大纲部、林启荣部各派数十只小船,乘着夜色,出其不意地对曾国藩大营发起猛攻。只听金鼓一鸣,火弹喷筒,百支齐放,火网密布,湘军战船燃起熊熊烈火,慌乱一团,曾国藩难以控制。这时太平军的一支小船,发现了曾国藩的座船,迅速冲上来,杀死他的管驾、监印等官,尽获其文牍。座船为一军耳目所在,湘军水师见座船已失,军心大乱,纷纷弃船逃命。此役曾国藩200多艘船只被烧,多年惨淡经营的王牌,几乎不复成军。

曾国藩因改乘小船逃入罗泽南的陆营才免于一死,想到湘军的失败,他不禁老泪纵横,痛哭流涕,叹息道:"想当年,自己一兵一卒,招募乡勇;日夜操劳,组建水陆;勤加操练,苦心经营,才有了今日的湘军。从最开始的小团小队,到现在的万人之师,湘军哪一步的成长不是自己的心血?哪一次的胜利不是自己的栽培?而如今,湘军竟是如此地不堪一击!"曾国藩越想越伤心,简直万箭穿心,痛不欲生。于是,悲愤至极的曾国藩写好遗嘱,欲策马赴敌而死,慌得罗泽南等人紧紧抓住缰绳,众幕僚寸步不离,经过好一番拉扯劝解才作罢。可怜堂堂清廷大臣,却落得如此狼狈境地。

曾国藩兵败鄱阳湖后,湘军外江水师顿成瓦解之势。曾国藩的水上优势趋于消失,其轻取九江、直捣金陵的美梦也告破灭。

---

**相关链接**

## 曾国藩创建湘军

1853年,咸丰帝令大江南北各省在籍官绅举办团练,组织地主武装,镇压太平天国运动。曾国藩以在籍侍郎被派往长沙帮助湖南巡抚督办团练。他以罗泽南的乡勇为基础,效仿明代戚继光的成法,招募了一支不同于绿营制度的军队,被称为湘军。1854年2月,湘军水陆两军组建完成,共陆师十三营,水师十营,计17000多人。湘军以营为单位,以知识分子为营官;曾国藩还以同乡和伦常的封建情谊作为维系湘军的纽带,选将募勇坚持同省同县的地域标准;士兵由营官自行招募,每营士兵只服从于营官一人,全军只服从于曾国藩一人,形成一种严格的隶属关系;曾国藩还非常注重对士兵进行三纲五常的思想教育和军纪教育。这种"兵为将有"的格局,是晚清军制的一大变化,也是湘军战斗力强的重要原因。

# 石达开身陷大渡河

石达开,是太平天国时期最负盛名的将领,永安六王和太平天国的主要缔造者之一。他一生戎马倥偬,几乎攻无不取,战无不胜。他受封翼王之时,年仅20岁,由此可见其卓越的军事才能。然而,就是这样一位叱咤风云的天国大将军,最终兵败大渡河,不禁让人扼腕叹息。

1853年太平天国定都天京后,统治集团日趋腐化,内部争权夺利的斗争不断加剧,最终酿成了1856年的"天京变乱"。在这个自相残杀的惨剧中,北王韦昌辉先是在洪秀全授意下杀了东王杨秀清及其眷属,接着又乘机作乱,围困洪秀全,捕杀石达开不成而杀其全家。韦昌辉的滥杀激起太平军将士的愤慨,洪秀全率领广大将士,杀死了韦昌辉及其死党,同时召石达开回京。

自此,太平天国的鼎盛局面急转直下。太平天国的六王不是战死,就是被杀,只剩翼王石达开一人。石达开也因此成为仅次于洪秀全的"一人之下,万人之上"的显赫人物,论威望、才干,石达开的确是治国安民的理想人才。但此时的洪秀全却是疑心重重,只信同姓亲属,处处与他为难,被逼无奈的石达开只好率领10余万部众离开天京,自此走上不归路。

1857年6月,石达开率领所部脱离洪秀全的指挥,由江西进入湖南,准备去四川建立基地,自行发展。当得知石达开率部即将入川的消息后,清廷十分震惊,急调他的老对头骆秉章任四川总督,又令两湖巡抚调兵入川,从三面对他进行围剿。所以,当石达开率军入川时,清军早已布下天罗地网,只等他来钻了。

石达开率军一路转战江西、浙江、福建、广东、广西、云南、贵州等省,1863年3月,他再度率军入川,之后率领大军在云南巧家渡过金沙江,由西昌进入冕宁。5月14日,石达开率4万余太平军抵达大渡河与柳林江的交汇处紫打地。他希望渡过大渡河朝泸定县一带前进,找一个休养生息的地方,然后东山再起。但此时大渡河水势很大,由于缺少船只,不能及时渡河。为了突围,石达开选择了强渡大渡河的下策。但大渡河对岸的土司王应元和岭承恩已经被骆秉章赏以重金并许以官爵收买。王应元抢先斩断铁索桥，使石达开无法飞渡。

石达开虽然身处绝境，但仍然表现出破釜沉舟的英雄气概。5月17日，石达开选出精锐千人，分驾船筏，抢渡大渡河。他勉励将士："战必死，降亦必死，均一死也，不如其战矣！"但在清军密集枪炮的射击之下，这支敢死队全部阵亡。21日，他又选出精兵数千人，分乘数十只船筏强渡大渡河。战士们用挡牌护身，含刀挺矛，拼命强渡。其余将士集结南岸呐喊助威，"隔岸呼噪，声震山谷"。但因水势凶猛，加之清军在北岸用大炮轰击，火力很强，有的船筏被击中，引起火药箱爆炸，有的船只触礁沉没，有的被急流卷走。好不容易有几只冲到下游，但因势单力薄也被清军击沉，损失惨重，抢渡以失败而告终。6月3日和9日，石达开又组织了两次强渡战斗，但均未成功。在走投无路之时，石达开隔河射书给土司王应元，许以良马两匹、白金千两为酬，请求让路，但被王应元拒绝。

此时清军步步紧逼，攻势甚猛，而太平军粮食缺乏，士兵给养困难，面临的处境愈加危险。而且紫打地又是不毛之地，"至是战守俱穷，进退失据，死亡枕藉"。经过20多天的苦战，4万余人的队伍只剩1万多人。无奈之下，石达开对伤病难行与参军不久的弟兄给资遣散，剩下的6000余人决心与石达开共生死。6月9日，石达开率领这支队伍，向东血战突围，但旋又为洪水所阻。前无去路，后有追兵，他决心率军死战，但在竭力死战仍然不能突围，而有全军覆没的可能的时候，清军向他承诺如果投降可以令他原籍退隐，他的部下也可以解甲归田，清廷既往不咎。为保全将士生命，他写信给川督骆秉章，表示答应清军的条件，要求杀己一人而保全三军，书信写得极为恳切："大丈夫生既不能开疆报国，奚爱

太平天国《行军总要》

一生？死若可以安境全军，何惜一死？阁下如能依书附奏清主，宏施大度，胞与为怀，格外原情，宥我将士，赦免杀戮，则达愿一人而自刎，全三军以投安。"

1863年6月13日，他带着大儿子和几位部将走向清营，接着他和其刚5岁的儿子被押解到成都。6月25日，石达开和曾仕和等5人被凌迟处死。行刑时，曾仕和"文弱，不胜其楚，惨呼"，石达开制止他说："何遂不能忍此须臾？"而石达开"神气湛然，无一毫畏缩态，至死亦均默然无声"。连骆秉章也不得不赞叹："枭桀之气，见诸眉宇，绝非寻常贼目等伦！"但让石达开没有想到是，清军背信弃义，放下武器的数千太平军将士也被清军残杀在大渡河畔。鲜血染红了滔滔河水，也染红了骆秉章的鲜红顶戴，骆在之后便被清廷赏加"太子太保"。

就这样，石达开带着他的无限遗憾离开了那些一直追随自己出生入死的部下，离开了曾经为之梦想为之奋斗的天国。自此之后，太平天国在清军日渐猛烈的进攻面前更加风雨飘摇。

**相关链接**

## 天京变乱

1853年太平天国定都天京后，东王杨秀清总理朝政，居功自傲，上欺天王洪秀全，下压有功诸将。甚至借代天父立言的身份，杖责天王，并威逼天王封他为"万岁"。洪秀全忍无可忍，急召北王韦昌辉、翼王石达开等回京共商良策。1856年9月1日深夜，韦昌辉带亲信部队3000余人赶回天京，立即包围了东王府。次日晨，韦昌辉及其亲信冲进东王府，将杨秀清及其眷属以及东王府大批人员全部处死。石达开回到天京后，责备韦昌辉不该滥杀。韦昌辉又企图杀死石达开。石达开闻讯后连夜越往安庆，他在天京的一家老少全部被韦昌辉杀害。韦昌辉滥杀无辜激起了天京广大将士的不满。随后，洪秀全接受将士们的要求，处死了韦昌辉，召石达开回京提理政事。但洪秀全对石达开无端猜忌，最终导致石达开率军出走。

"天京变乱"使太平天国初期形成的领导核心土崩瓦解，大大削弱了部队的战斗力。太平天国从此元气大伤，由盛转衰。清军趁机反扑，太平军面临的军事形势更加险恶。

# 洪仁玕"逃亡"生涯

在太平天国的历史、甚至整个中国近代史上，洪仁玕都是一个值得说道的人物，其一生极富传奇色彩。他早年科场落魄，做了乡村塾师，后成为最早的拜上帝会会员。金田起义时，洪仁玕并未参加，但后被清政府缉拿，他只好逃到香港，接触到了西学。1859 年到达天京后被洪秀全委以重任，封为干王，总理太平天国朝政，并提出了《资政新篇》。可以说，他是鸦片战争后中国第一位提出变法维新思想的改革家。其中，在香港的逃亡生活对洪仁玕产生了巨大的影响。

洪仁玕是洪秀全的族弟，小洪秀全 9 岁，两家里巷相接，交谊极深。他自幼勤奋读书，但未能考取功名，只好做了一名乡村塾师。1843 年，洪秀全创立拜上帝会，21 岁的洪仁玕与冯云山，一同接受了洪秀全自创的在家乡小河边举行的受洗典礼，成为最早的会员。1851 年 1 月，太平军在金田起义时，洪仁玕受家人阻挠，并未到达。此后洪秀全曾两次派人到花县迎接洪仁玕。洪仁玕和前来迎接的人发动起义，但遭到失败，洪仁玕也被擒获，按律将治死罪。后来，他乘机逃脱。

1852 年 4 月，洪仁玕逃到香港，住在瑞典传教士韩山文处，在这里他正式接受洗礼入教。他为韩山文口述了一篇《洪秀全来历》，后来又提供素材，让韩山文写出一本《太平天国起义记》，其中对洪秀全的来历、太平军的宗旨和早期历史，有不少翔实的记载。此间洪仁玕还是想寻找太平军，曾经离开香港回到广东，最终无果而返。这时韩山文已经去世，洪仁玕便为外国传教士教授中文，并开始学习西方文化。

洪仁玕踏上香港之时，香港已成为英国殖民地 10 年了。当时有了一条长达 4 英里的马路（即现在的皇后大道），大小商行二十几家，形成了一定规模的商业区。英国资本家还在香港开办了一些工厂、船坞和轮船公司。基督教各差会（即传教组织）先后在港建立据点，开展传教活动，并开办一些文化和慈善事业，出版了中英文报纸。这些无不引起洪仁玕的极大兴趣，特别是看到电报、医院、邮局、新式学校等新鲜事物后，洪仁玕很受启发，思想发生了很大变化。在他脑海

**1852 年**

4 月，洪仁玕去香港，为瑞典教士韩山文述洪秀全事迹。韩据此写成《太平天国起义记》一书，于 1854 年在香港出版。

**1853 年**

11 月，洪仁玕在香港接受洗礼，成为基督教徒。

里,初步形成一个用发展资本主义来改造中国的方案。

1854 年,太平天国已定都天京,蒸蒸日上,洪仁玕决定前往投奔。这年 4 月,他搭上了去上海的轮船,打算从上海取道去天京。但清政府对前往太平天国统治地区的人控制严格,洪仁玕只好逗留上海,寻找机会。在上海期间,洪仁玕在伦敦会英国传教士麦都思处注释《新约》中的《哥林多前书》。据另一位伦敦会牧师艾约瑟记载:"他(洪仁玕)每天和麦都思博士共进早餐之前读书一小时,他们共同阅读《新约圣经》。"洪仁玕对基督教的教义和《圣经》有了进一步的研究,他结识不少伦敦会在沪工作的传教士,除上述两人外,又有慕维廉、杨格非和公理会的裨治文。还和英国领事馆翻译官密迪乐有过交往,这使他和西方的关系扩大到宗教界以外。除了学习宗教,洪仁玕在上海时曾到"墨海书馆"(教会出版印刷机构)学习天文历算。

1854 年冬,洪仁玕由上海返回香港,此后一连四年他都在此工作和学习,他的基督教知识已经得到西方传教士的承认。在理雅各的推荐下,他担任了伦敦会布道会的布道师。他深得理雅各的赏识。理雅各是苏格兰人,伦敦会的传教士,兼任英华书院院长,又是著名的汉学家。作为理雅各传教的助手,洪仁玕结识了伦敦会的许多传教士,并得到他们的称赞。在教会任职期间,洪仁玕利用一切机会学习各种知识,从神学到西方科学以及政治经济学。他不仅熟悉世界历史和地理,而且涉猎机械制造、天文历法等。

洪仁玕的"逃亡"经历,从实质上讲其实就是中国本土文化与西方文化冲撞、融合的过程。他借此机会学习了西方先进文化,为《资政新篇》的出炉准备了条件。

**1859 年**

4 月 22 日,洪仁玕从香港至天京。

5 月 11 日,洪秀全封洪仁玕为干王,总理朝政。不久,洪仁玕提出《资政新篇》。

---

相关链接

## 《资政新篇》的提出

1859 年 4 月,洪仁玕从香港来到天京,被洪秀全封为干王,"总理朝政"。为了应对天京变乱后的危机局面,他向洪秀全提出了一个统筹全局的改革方案——《资政新篇》,其主要内容有:政治方面,主张统一政令,以法治国;各省设新闻官,听取社会舆论,设投票箱,由公众选举官吏。经济方面，主张学习西方，发展工商业，奖励技术发明，兴办保险事业等。文教方面，反对迷信，提倡兴办学校、医院和慈善机构；严禁买卖人口和吸食鸦片。外交方面，主张同外国自由通商，交流文化，平等往来，但不准外国干涉中国内政。

《资政新篇》是先进的中国人最早提出的在中国发展资本主义的方案。它符合中国社会发展方向，具有历史进步性。但是它既非农民斗争实践的产物，也不反映农民当时最迫切的利益和要求，因此得不到太平天国广大将士的积极响应，对太平天国的现实斗争没有起任何积极作用；而且由于处于残酷的战争时期，不具备实行的客观条件，所以它根本就没有实行，也未能给后期的太平天国带来新气象。

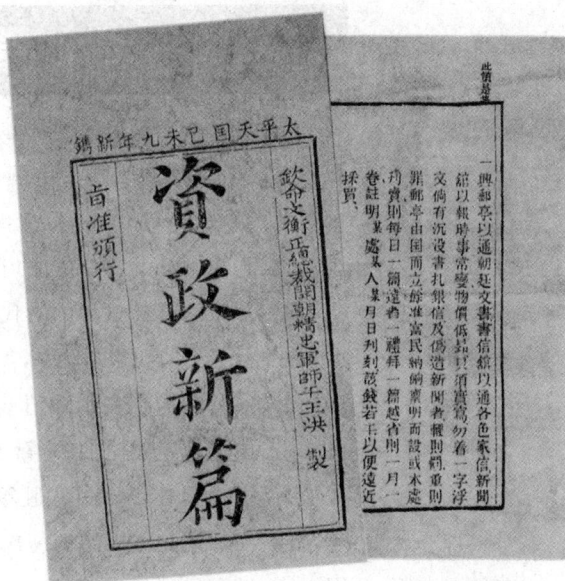

《资政新篇》(书影)

# 太平军击毙"洋枪队"首领

**1860 年**

6 月,美国人华尔建"洋枪队",后改为"常胜军",助清军攻打太平军。

8 月 9 日,李秀成在青浦大败洋枪队。

19 世纪中叶的上海租界是冒险家的乐园,在这个"国中之国"里,西方殖民者享受着凌驾于中国人之上的种种特权。然而,当太平天国运动的风暴席卷而来时,上海地区的地主、官僚、买办以及"洋大人"们极为恐慌。出于共同的利益,上海地方官员同外国侵略者联手,催生了"洋枪队"这样的时代怪胎。

在组织洋枪队的过程中,美国人华尔最为积极。他甘心做清政府的"洋家将",为了表示对清政府的忠诚,还加入中国国籍,做了中国女婿,成了地地道道的"华籍美人"。华尔组建的洋枪队,积极进攻太平军,极为猖狂,号称"常胜军"。但常胜军也有失败的时候,1862年,在浙江慈溪与太平军的一次战斗中,不可一世的华尔最终被太平军击毙,做了异域的鬼魂。

华尔,出生于美国马萨诸塞州,喜欢冒险,大学未及毕业即流浪国外,曾先后在墨西哥、法国从军。1859 年,他流浪到上海,先在航行长江的汽船上工作,后来又在清军水师炮船"孔夫子"号上当过大副。1860 年 6 月,华尔受苏松太道吴煦委派,开始招募在上海的外国流浪者、冒险家、亡命之徒等,组织洋枪队,由他本人任队长,协助清军镇压太平军。

1860 年 7、8 月间,他率领刚刚组建起来的洋枪队进攻松江、青浦,遭到太平军的痛击,大败而逃,华尔本人也受了重伤。华尔逐渐认识到单纯由外国流氓凑成的军队不仅数量少,而且纪律松散,战斗力有限,难以取胜。因此决定扩大规模,招募对象转为以中国人为主,在装备上则全部采用西式武器,即洋枪洋炮,并加强了日常训练。随后,他在松江正式改组、扩充了其军队,并设"教练局",以欧美人为军官。这样,所谓的"洋枪队"实际上成为以中国士兵为主,使用洋枪洋炮等新式武器的中外混合军。11 月中旬,洋枪队人

"洋枪队"统领华尔

数激增,发展到 2000 多人。为了扩大影响,华尔还正式邀请英国侵华海军司令何伯进行检阅。何伯立即表示支持,并誓做"华尔的朋友和同盟者"。至 1862 年春,洋枪队已达 5000 人左右,且配有各种水陆新式武器。

华尔与地方官绅来往密切,清政府对他的表现也十分满意。1862 年 2 月,洋枪队被上海当局赐名为"常胜军",华尔升为副将,官封四品,并加入中国籍。春风得意的华尔还娶了吴煦的女儿为妻。于是,洋枪队正式成为清政府扼杀太平天国运动的帮凶。

第二次鸦片战争结束后,外国列强的欲望暂时得到满足,与清政府的关系也趋向缓和。清政府决定求助于外国军队镇压太平军。1862 年 2 月,慈禧太后以同治帝的名义发布上谕,公然宣布"借师助剿"。中外反动势力正式公开地勾结起来。

在太平天国运动后期,华尔率领的"常胜军"一直是太平天国最凶恶的对手之一。太平军曾经与华尔的洋枪队多次交火。1862 年 6 月,太平军在青浦大败"常胜军",并活捉副统领法尔思德,这对"常胜军"来说是一个莫大的耻辱和沉重的打击。而"常胜军"首领华尔的末日也为期不远了。

1862 年英、法侵略军攻占宁波后,为了增强镇压太平军的力量,又成立了"中英混合军"("常捷军")和"中法混合军"("常安军"、"定胜军"),外国侵略者和清军结为同盟,向太平军进犯。1862 年 9 月 20 日,华尔率"常胜军"配合清军围攻慈溪。21 日黎明,华尔率军炮轰慈溪城西门,同时派部分兵力佯攻南门,自己则带头直接攻打西门,他手里拿着藤杖,指挥冲锋队向前挺进。太平军在慈溪城上对洋鬼子猛烈还击,子弹不断落在华尔脚下。突然,华尔大呼一声:"我被子弹击中了。"随后,他痛苦地

洋枪队

**1862 年**

2 月 8 日,清朝政府批准上海成立"中外会防局"。

6 月 9 日,太平军生擒"常胜军"副领队法尔思德。

9 月 21 日,"常胜军"统领华尔被击毙。

**1863 年**

3 月 25 日,英国人戈登接统"常胜军"。

以右手捂住下腹，向前倾倒在地上。华尔当晚被抬到宁波，先由英军医生诊治，发现伤势严重。随后，他又被送到一家英国教会医院。华尔终因伤势过重，流血过多而亡。

---

**相关链接**

清政府"借师助剿"

1860年《北京条约》签订以后，英、法等国立即撕下了"中立"的伪装，以政府的名义，公开支持清朝统治者，并提出帮助清政府镇压太平天国的建议。英国首相巴麦尊声明要清政府镇压太平天国起义，使"中国内部全局得入正规"。法国公使葛洛表示，要在"海口助中国剿贼，所有该国停泊各口之船只兵丁，悉听调遣"。俄国公使伊格纳提耶夫也不甘落后，面见恭亲王奕䜣，许诺愿意送给清政府一批枪炮。

当时，清朝统治集团中有一部分人，早就有心借助外国侵略军镇压太平军，只因一些人担心外国军队"占据地方，勾结逆匪，阻挠官兵进剿"，而心存疑惧，不敢贸然答应外国的要求。其实，清政府在此前已密令江苏巡抚薛焕指使买办商人与洋商"自为经理"，相机借助外国力量，对付太平军。在上海，华尔组织洋枪队参加对太平军作战，就是这种"自为经理"的产物。1862年2月，慈禧太后以同治帝的名义发布上谕，公然宣布"借师助剿"。随后，曾国藩在其奏折中也表示赞同清廷的这一决策。太平天国运动最后就是在中外反动势力的联合绞杀下而失败的。

# 李 秀 成 自 供 状 之 谜

有这样一本小册子，它是用一个人的全部感情书写而成的，只是我们不知道，这种感情究竟是坚定不移的忠诚，还是不识时务的悔恨。这本小册子就像一杆铁锤，在其作者生命将要结束之时为他的晚节定音。而在这本小册子的字里行间，或许隐藏着一个不为人知的秘密。这个谜团的制造者就是李秀成，这本小册子就是所谓的李秀成"自供状"。

李秀成，广西藤县人，出身于贫苦的农民家庭。他在1851年参加太平军，因作战机智，勇敢过人，接连立功，受到杨秀清、石达开的赏识，在太平军中的地位逐步上升，从一名普通士兵很快晋升为高级将领。1859年被封为忠王，成为太平天国后期著名的政治军事核心人物之一，他和洪仁玕、陈玉成维持天国的残局达七八年之久。

1864年3月，曾国荃（曾国藩之弟）率领十几万湘军将太平天国的首都天京围得水泄不通，意图将太平天国政权彻底摧毁。此时，太平天国已是穷途末路，天京已成一座孤岛，李秀成劝说洪秀全"让城别走"，遭到拒绝。在这个关键时刻，洪秀全身心交瘁，在忧病交加中死去，他年幼的儿子洪天贵福继位成为幼天王。7月19日，湘军千门大炮在同一时间打响，天京城池很快就被打开缺口，密密麻麻的士兵一拥而进。清军大肆抢掠、烧杀，一场天堂之梦在烟焰中化为灰烬。

为了保护天国的希望——幼天王洪天贵福，李秀成亲率数千将士护送幼天王从缺口处突围而出。突围时，李秀成将自己久经沙场的战骑给幼天王使用，以确保其安全。不幸的是，李秀成在突围过程中与大队人马走散。天明时分，李秀成潜抵城郊方山一破庙中暂避，由于他的衣装太过显眼，引起了两个奸民的注意，为得重赏，他们趁李秀成熟睡时将他捉住。23

**1859 年**

6 月，洪秀全封陈玉成为英王。

12 月，洪秀全封李秀成为忠王。

**1860 年**

1 月 14 日，陈玉成联合捻军，大败湘军于安徽潜山。

5 月，李秀成二破江南大营。

8 月，李秀成再攻上海，仍不克，李秀成在战斗中负伤。

李秀成主持会议图

日,李秀成被捆缚至清营。

李秀成被捕后,曾国荃曾对李秀成施以酷刑,用刀锥割其臀股,一时血流如注。李秀成"殊不动",泰然自若,轻蔑地对曾国荃说:"曾妖,咱们各自为其主,而天下事兴亡无常,你今日偶得志何对我如此狠毒?"湘军统帅曾国藩听说李秀成被俘,7月28日急忙从安庆赶到南京亲自审问。李秀成在9天的时间里,以每天7000字的速度在囚笼中亲笔写下数万字的供词,也就是后人所称的《李秀成自述》。令人难以理解的是,他在这份供词中明显流露出乞降求抚之意,对曾国藩和清王朝大加谀颂,甚至提出要亲自出面代为招降太平军余部。这与他之前英勇不屈的表现截然不同。这份自供状究竟是不是李秀成的真迹?如果是,那么李秀成为什么会前后判若两人?他的目的究竟是什么呢?

可以肯定的是,曾国藩将李秀成处死后,对他的供词作了篡改,删除了其中有关太平军爱护人民、扶助生产的正面内容以及对湘军不利的说法,并夸大湘军的战绩。然后将删改过的版本刻印出版,而李秀成的真迹则一直秘而不宣。1962年,台北世界书局影印出版了曾国藩后人秘藏的李秀成自述原稿,取名为《李秀成亲供手迹》,后又将《李秀成供词》的原件影印出版,这才停止了史学界关于李秀成自供状真伪问题的争论。

李秀成曾身经百战,九死一生,是一位叱咤风云、威震四方的农民军将领。他在供词中记述了太平天国的发展历史和他本人的战绩,详细总结了太平天国失败的经验教训。同时,他又贬损自己、美化清廷,提出了"招降十要"。那么,这种做法的动机何在?又应该怎样认识呢?

以研究太平天国而著称的史学家罗尔纲为代表的一派认为,李秀成这是在效法三国时姜维用计伪降,其真实目的是为了保存太平天国的革命力量,转移曾国藩的矛头指向——从对内转向对外,因此投降只是一种策略。而另一派则认为李秀成的表现是"乞活求生",他对革命前途已经失去信心,产生了动摇和妥协。这也从一个侧面说明太平天国后期人心涣散、士气低落,已难以摆脱败亡的命运。探寻李秀成写自供状的动机和原因,关系到怎样评价李秀成的晚节问

**1862 年**

6月2日,李秀成攻占苏州。

5月13日,庐州失守,英王陈玉成于15日被执,6月4日在河南延津被杀。

**1864 年**

6月1日,天王洪秀全病死天京。

7月19日,天京被清军攻陷。

7月22日,李秀成被俘。8月7日,被曾国藩所杀。

题。忠王到底是"忠",还是"不忠",一直到现在都没有定论。

1864年8月7日,李秀成被曾国藩处死。本来李秀成被捕后,清廷在8月1日曾要求曾国藩将李秀成押解进京。曾国藩却抗旨不遵,先斩后奏,将李秀成凌迟处死。曾国藩急于处死李秀成,主要是怕李秀成进京后受审时向朝廷泄露湘军的一些实情,暴露他们在很多奏折中粉饰功绩、掩盖过错的不实之词。为了避免引来杀身大祸,他们只好先杀掉李秀成灭口。李秀成听说将要被处死刑时,谈笑自若,毫无惶恐之态。并且在刑场作绝命诗十句,其中有这样四句诗:"英雄自古披肝胆,志士何尝惜羽毛。我欲乘风归去也,卿云横亘斗牛高。"足见其英雄气概。

"历史的悲剧造成了李秀成的个人悲剧,而不是李秀成的晚节不终造成了太平天国覆亡的悲剧。"不论真相究竟如何,我们都有理由相信:李秀成,这位在太平天国危难时期表现出极高智慧和勇气的农民军将领,无愧于被称为一个"英雄"。

相关链接

## 天京陷落

1862年5月,湘军进逼雨花台。随后,太平军组织的天京破围战与"进北攻南"计划均遭失败。1863年6月,雨花台失守;1864年3月,天京已经被清军团团围困。正在这关键时刻,6月1日天王洪秀全病逝,这大大影响了太平军的士气。7月,城外据点尽失,天京保卫战进入最后关头。在极其困难的处境下,太平军仍然为保卫京城顽强战斗。7月19日,湘军掘地道轰塌太平门城垣20余丈,蜂拥抢入。太平军"舍命抗拒",与敌鏖战数个小时,损失惨重。接着,神策门、聚宝门、水西门、汉西门均被攻破。守城太平军抱定与天京共存亡的决心,与湘军展开了惨烈的巷战。至21日,城内太平军将士万余人,全部壮烈牺牲,无一降者。湘军入城后,肆意焚掠,使繁华的古都南京变成一片瓦砾。

天京陷落,标志着太平天国运动悲壮地失败了。

# 僧格林沁命殒高楼寨

**1855 年**

8 月,捻军在安徽亳州雉河集会盟,推举张洛行为盟主。

**1863 年**

3 月,僧格林沁攻下雉河集,张洛行被俘,旋被杀害。

在太平天国运动轰轰烈烈展开的同时,北方地区也驰骋着一支起义军队伍,他们与太平军相为呼应,这就是捻军。太平军被扑灭后,清政府派出最为倚重的蒙古王公僧格林沁率精锐之师剿杀捻军。在 1865 年山东菏泽的高楼寨之战中,叱咤风云的王爷却命丧一个小小的捻军兵士之手,大清王朝丢尽脸面。

1852 年 11 月,在太平天国运动的影响下,长期活动在安徽、河南、山东、江苏、湖北等地的捻党组织纷纷起义。至 1855 年秋,豫皖边界的捻军推举首领,发布军纪,建立正式的组织。虽然捻军组织不是很严密,又缺少强有力的统一领导,在和清朝正规军队的作战中多次失利,力量受到很大削弱,但是捻军在淮河南北广大地区还是不断地打击清军,有力地支援了南方的太平军。

1864 年 7 月,天京陷落,形势陡转。但是捻军和太平军余部不畏艰险,继续进行不屈不挠的斗争。

在清军方面,这时候与捻军作战的主帅是科尔沁亲王僧格林沁。他率领的清军遭到捻军的顽强抵抗,僧格林沁也差点被杀死。僧格林沁气急败坏,将首先败退的将领予以处决,借以震慑部下,同时他暗暗下定决心,猛追捻军,报仇雪耻。在以后的两个多月的时间里,僧格林沁率领部队尾随捻军,穷追不舍,从豫西、豫中、豫东、豫南,一直追到山东,行程数千里,部队也被拖得精疲力竭,将领士兵死伤数百人,兵士怨言不断。其部将陈国瑞建议调整战术,但他不听,却说功成在即,应一鼓作气。于是,传令继续追击。陈国瑞扯住僧格林沁坐骑,说:"要去你去,我可不想去。"但刚愎自用的僧格林沁怒道:"不去就不去,老子自己去。"

僧格林沁像

1865 年 4 月初,捻军进入山东,进抵曲阜。僧格林沁率领部队仍在后面紧追不舍。山东巡抚也率本省防军进入兖州,妄图两面夹击捻军。为了继续疲惫清军,捻军边打边走,继续拖着清军的鼻子走。到 5 月的时候,捻军进至黄河水套地区,隐蔽在这里的各地起义失散人员纷纷参军,使捻军人数众达数万。然后,捻军驰抵菏泽西北高楼寨的地方,等待清军的到来。而这时的清军已被捻军拖得极度疲惫,僧格林沁本人也因几十天不离马鞍,疲劳得连马缰绳都拿不住,只得用布带拴在肩上驭马。

5 月 17 日,僧格林沁率领部队追至高楼寨之南的解元集地区,陈国瑞再次告诫他说,现在捻军吸收了很多菏泽本地人,此地习武成风,民风剽悍,要小心为好。但僧格林沁不以为然,说:"除了阎王爷,我谁都不怕。"捻军派出少数部队迎战,诱使僧格林沁部队向高楼寨地区深入。

18 日中午,僧格林沁所部进至高楼寨,埋伏在高楼寨以北村庄河堰、柳林中的捻军一齐出击。僧格林沁分兵三路出战,捻军也分三路迎战。经过两小时左右的鏖战,捻军将清军击溃。在后面督队的僧格林沁只得率残部退入高楼寨南面的一个荒圩,捻军乘胜追击,将该地区团团包围,并在外面挖掘长长的壕沟,以防止清军突围。当天夜里三更时分,僧格林沁率少数随从冒死突围,当逃至菏泽西北吴家店时,看到不远处有捻军,只好藏身在麦田中。但捻军还是发现了他们,便搜索麦田。当时捻军里一个十几岁的小孩名叫张皮绠,发现了躲藏的僧格林沁,便大声喝道:"僧妖!你果有今天!"手起刀落,僧格林沁一命归西。据说当地还流传着一首歌颂张皮绠的民歌:"张友绠,真正强,麦稞地里杀僧王。"一世勇猛而谋略不足的僧王,就此永别这晚清的乱世。

僧格林沁战死疆场,清廷上下一片震惊,皆以失去"国之柱石"而惋惜。清廷按照亲王的规格为僧格林沁举行葬礼,同治帝和慈禧太后亲临祭奠,赐谥号"忠",配享太庙,在北京、山东、河南、盛京等地建"昭忠祠"。但是,僧格林沁死后再怎样备极哀荣,也不能掩盖其命丧在一个十几岁小捻军手上的尴尬。

**1865 年**
5 月,僧格林沁在山东曹县被捻军击毙。曾国藩率军赴山东剿捻。

**1866 年**
10 月,捻军分为东西两部,东捻军由赖文光率领,西捻军由张宗禹率领。
本月,清廷任命李鸿章为钦差大臣,取代曾国藩,继续剿捻。

**1868 年**
1 月,东捻在山东胶莱河全军覆没,赖文光被俘。
8 月,西捻军溃败,张宗禹不知所终。

相关链接

## 捻军会盟雉河集

捻军是太平天国时期北方的农民起义军,由民间秘密组织"捻子"发展而来。"捻"为淮北方言,意即一股、一伙。"捻子"原是民间的一个秘密组织,出现于康熙年间,成员主要为农民和手工业者,早期活动于皖北沘水和涡河流域。嘉庆末年,捻子集团日多,小捻子数人、数十人,大捻子一二百人不等。他们经常与官军发生武装冲突。1853年,捻子在太平天国影响下发动大规模起义,被称为捻军。

1853年,太平军连克武汉、安庆、南京,安徽、河南捻众纷纷起义响应。太平天国北伐军经过时,捻军已开始从分散斗争趋向联合作战。1855年秋,各路捻军在安徽亳州雉河集(今安徽涡阳)会盟,当地捻军首领张洛行被推为盟主。雉河集会盟对捻军的发展具有重要的意义。通过会盟,在一定程度上改变了一部分捻军互不从属、各自为战的局面,为进行较大规模的作战提供了条件。同时,由于在会盟期间制定了不侵犯群众利益的纪律,得到了群众的广泛拥护,有利于依靠群众坚持斗争。

# 洋务运动

从 19 世纪 60 年代开始,清朝统治集团内部一部分当权者,中央以奕䜣等为代表,地方以曾国藩、李鸿章、左宗棠等为代表,他们在镇压太平天国运动和同西方列强的交往中,认识到了鸦片战争以后中国面临着"数千年未有之变局",只有变革,学习西方的科技和军事,才能维护统治,才能在与外国侵略者保持"和好"的条件下徐图自强。于是,便把魏源提出的"师夷长技以制夷"的主张诉诸实践,掀起了洋务运动。晚清洋务运动一直持续 30 多年,1895 年甲午战争的失败,宣告了洋务运动的破产。

洋务运动的范围非常广泛,包括编练新式陆军、海军,制造新式枪炮船舰,建立外交机构,派遣外交使节,兴办近代工矿、交通、通讯企业,设立新式学堂,派遣留学生等等。洋务运动的重点前后有所不同。大体说来,60、70 年代以"自强"为口号,以编练新军和创办军事工业为主。从 70 年代起,在继续创办军事工业的同时,为解决军事工业资金、燃料、运输等方面的困难,打出"求富"的旗号,强调兴办民用工业。

洋务运动的实质是在不触动封建制度的前提下,学习西方先进的科学技术,达到强化封建制度、巩固封建统治的目的,是一场统治阶级的自救运动。它没有使中国富强起来,但引进了西方的先进技术,使中国出现了第一批近代企业,为中国近代企业积累了技术力量,为中国近代化开辟了道路。

**江南制造总局炮厂厂房**

　　江南制造总局是清政府兴办的规模最大的新式军工企业。设有机器厂、铸铜铁厂、轮船厂、枪厂、炮厂、火药厂、炼钢厂等。另设翻译馆,翻译西方的科技书籍。雇工达2000多人。产品包括枪支弹药、大炮、钢铁和机器等,并修造轮船。这是该局炮厂的厂房。

# 曾国藩三请容闳

曾国藩以一个手无缚鸡之力的文弱书生最终成为驾驭千军万马的最高统帅，打出了"无湘不成军"的传奇，成为"中兴第一名臣"和"洋务派之父"。梁启超曾盛赞曾国藩，说他"立德、立功、立言三并不朽"，是中国近代以来"不一二睹之大人物"。那么，一介书生凭什么立下千古武功？盘根究底，不外乎七个字："得人才者得天下。"曾国藩自己就说："大厦非一木所能支撑，大业凭众人智慧而完成。"他深知人才的重要性，所以多方延揽人才，为其所用。洋务运动初期，新式人才匮乏。曾国藩求贤若渴，曾三请容闳，在当时传为美谈。

容闳，1828 年出生于广东香山县。因家境贫寒，他父亲在澳门打工，7 岁时容闳跟随父亲来到澳门入西塾读书，14 岁入读澳门玛礼逊学校，后随校迁香港就读。1847 年由该校校长布朗带往美国马萨诸塞州孟松学校；1850 年考入耶鲁大学。在大学期间，容闳刻苦学习，"读书恒至夜半，日间亦无余暇为游戏活动"。他在写作与哲学方面有非凡才华，屡次获得英文演说第一名，蜚声校内外。1854 年容闳毕业，获文学学士学位，成为该校有史以来，同时也是中国近代史上第一位毕业于美国高等学府的中国留学生。

1854 年 11 月，容闳学成回国，成为中国海归第一人。他先后在广州美国公使馆、香港高等审判厅、上海海关等处任职。目睹外国侵略者在中国横行霸道，他异常气愤，热切地期望祖国进步，也能成为像西方国家那样的现代强国。于是他把"力传西学"作为自己终身奋斗目标，并为此做了多方面的努力。1860 年，他抵达南京，想通过太平天国推行西学。他向洪仁玕提出以西方文明引入中国，组织良好军队，设立武备学校及海军学校，建立有效能的政府，颁定教育制度等"治国七策"，但因太平天国"未敢信其必成"而未被采纳。太平天国对他的态度似一瓢冰水泼凉了他的热情，虽然洪秀全授予容闳一枚四等爵位的官印，但他拒绝赐封，并离开了天京。1861 年，有点心灰意冷的容闳干脆在九江做起了茶叶生意。

1863 年 3 月，容闳来到江西九江，为外商到太平天国区域收购茶叶。当时，曾国藩已率湘军攻陷安庆，并驻扎安徽省。作为清朝钦差

1861 年
1 月 20 日，清政府成立总理衙门，以综理各国事务。
12 月，曾国藩创设安庆内军械所。它是洋务派办的第一个军工企业。

1862 年
6 月 11 日，京师同文馆成立。

1864 年
12 月，京师同文馆教习、美国传教士丁韪良翻译的《万国公法》刊行。

## 京师同文馆

简称同文馆,是洋务运动时期设立的专门培养翻译人员的新式学堂。1862年,奕䜣等奏准在北京设立。设有管理大臣、专管大臣、提调、帮提调及总教习、副教习等职。总税务司英国人赫德曾任监察官,实际操纵馆务。先后在馆任职的外籍教习有包尔腾、傅兰雅、欧礼斐、马士等。中国教习有李善兰、徐寿等。该馆最初只设英文、法文、俄文三班,后陆续增加德文、日文及天文、算学等班。

同文馆是中国近代新式学校的发端。前后办理20余年,入馆学员约300人。1902年1月,并入京师大学堂,改名京师译学馆。

大臣、两江总督的曾国藩,听说九江来了一个名叫容闳的人,此人过去曾在美国留学,对西学颇有研究,便急忙想方设法把他请到自己的行营来。曾国藩听说自己的部下张斯桂曾和容闳有过一面之交,便先让张斯桂给容闳写信。张斯桂在信中说奉两江总督曾国藩之命,邀请容闳来安庆。接信后容闳既惊又疑——惊的是,清廷封疆大吏曾国藩竟然想见自己这草根平民;疑的是,邀见他是凶还是吉呢?是不是知道了他去天京的事情?思索良久后,容闳复函张斯桂,以茶叶商务繁忙,婉言谢绝曾国藩的邀请。

过了两个月,曾国藩不见容闳到来,就又让张斯桂再次写信邀请,还特意让数学家李善兰也随寄一信。李善兰和容闳情谊很深,他也是因为是知名学者而被曾国藩招聘到安庆内军械所任职的。李善兰在信中透露,曾国藩将委容闳以重任,并告之以研究机器学著称的华蘅芳、徐寿二人也已接受曾国藩的聘任,住在安庆了。读了张斯桂、李善兰的信之后,容闳慢慢打消了疑虑,准备前往。只是当时手头事务繁杂,一时脱不开身,容闳便回了一封信,答应数月后去安庆。

曾国藩急切地想见到容闳,接到其回信后又赶忙让张斯桂、李善兰分别写信给容闳,催促他尽快前来。1863年7月,容闳收到张斯桂的第三封信和李善兰的第二封信,信中催他速来安庆,并明确转告曾国藩希望容闳"居其属下任事"。曾国藩三请容闳,大有当年刘备三顾茅庐的诚意。容闳深受感动,毅然决定前往。

1863年9月,容闳到了安庆,与李善兰、徐寿、华蘅芳等相见欢谈。接着,曾国藩亲自予以接见,并热情款待了他。曾国藩问容闳:"你能够指挥一支军队吗?"容闳立即回答:"不能,我不懂军事。如果我担任自己不能胜任的工作,于心有愧。"曾对这样的答复很满意,说道:"如果我向一百个人提出这个问题,将有九十九人回答'能',因为不管能否胜任,一只饭碗总是有着落了。"接着问道:"为今日中国计,最有益最重要之事业,应当从何处着手?"容闳提出了自己的想法:中国应建华股之汽船公司,为国家培养科技人才;应派优秀青年学子出洋留学;政府要禁止外国教会干涉民间诉讼,以防外国势力侵华;国家应大力发展地质矿产事业,提供丰富的矿产资源,来发展民族工业等。容闳的回答让曾国藩非常满意,便把创办军工厂的计划告诉了容闳,并问他能不能到外国去做采购机器的工作,容闳很有把握地回答:"能!"于是,曾国藩授给容闳五品军功,拨银 6.8 万两,命他去美国采办机器,聘请外国技术人员,以备创办军工厂。

容闳看到曾国藩幕府人才济济,怀才之士无不毕集,"几于全国之人才精华,汇集于此",他便专心投到曾国藩门下。而容闳也不负众望,到国外购买机器,并帮助曾国藩和李鸿章建成了当时规模最大的近代军工企业——江南制造总局。同时容闳依靠曾国藩和李鸿章的支持,实施了"幼童留美计划",即遣送 120 名幼童赴美留学,开中国近代公派留学生之先河,在中国近代史上产生了深远影响。

**1872 年**
8 月 12 日,中国第一批留美幼童起程。

---

 相关链接

## 幼童赴美留学

19 世纪 70 年代初,早年留学美国的容闳,抱着"教育救国"的志愿,向清政府提出了派学生出国留学的计划。1870 年,经曾国藩同意并向清政府奏准,派陈兰彬、容闳具体办理出外留学事务。1872 年 8 月,第一批 30 名幼童乘轮船离开上海赴美,经费一律由清政府支付。1873、1874、1875 年,每年又各派 30 名。留美幼童在美国成绩优良,品行端正,深得美国社会各界人士赞许。但是,留美幼童热切追求西方新思想和新事物,引起了清廷官僚的恐

首批赴美留学幼童合影

慌。1881 年,吴子登请求清廷将幼童们全部撤回,得到了清廷的批准。从 8 月 21 日起,除少数人抗拒不归外,留美幼童分三批起程回国。

幼童赴美留学培养了中国近代最早的一批造船、铁路、电报等方面的科技人才,不少人成为近代中国历史上的佼佼者,如詹天佑、吴仰曾、唐国安等。这些带着西方新鲜空气的青年回到中国,促进了西方自然科学和社会科学在中国的传播,起了开通风气的作用。

# 徐寿试造"黄鹄"号

**1865 年**
曾国藩、李鸿章在上海设立江南制造总局,这是当时规模最大的兵工厂。

**1866 年**
左宗棠设立福州船政局,这是当时最大的船舶修造厂。

**1867 年**
三口通商大臣崇厚设立天津机械局。

**1869 年**
上海发昌机器厂创办人方举赞开始添设机床,进行机器生产,开近代中国民族工业之先河。

**1872 年**
轮船招商局成立。华侨商人陈启沅在广东南海设立继昌隆机器丝厂。

近代以来,由于腐朽的封建制度的束缚,以四大发明闻名世界的中华民族却鲜有值得骄傲的科学技术成就,然而还是有一批爱国志士不畏艰险,刻苦钻研,为振兴祖国科学文化事业作出了有益的贡献,近代化学启蒙学者徐寿、徐建寅父子,近代数学家华蘅芳,就是其中的典型代表。他们同心协力,依靠自己的聪明才智,成功制造火轮船"黄鹄"号。

徐寿,字雪邨,江苏无锡人,生于 1818 年。5 岁时,其父亲即弃世而去,家道中衰。因此,他不能像其他富家子弟那样学习八股文,顺利参加科举考试。鸦片战争以后,随着西方科学技术的传入,以及经世致用思潮的影响,徐寿一反科技是"雕虫小技"、"奇技淫巧"的传统观念,而肯定科学技术对社会大有裨益,研读格致之学。

1843 年,徐寿与同乡算学家华蘅芳结伴去上海探求新知,结识了在上海墨海书馆做翻译的数学家李善兰,两人经常向李善兰请教质疑,并购买了一些西学书籍和实验仪器,刻苦钻研。1856 年,徐寿、华蘅芳从墨海书馆买回一本叫《博物新编》的科普书籍,书中内容涉及矿物、汽机、医学、物理等最新西学知识。二人得到此书,如获至宝,并深为其中内容所吸引。尤其使徐寿感兴趣的是关于造船技术和汽机原理的介绍,他还曾依照书里的一个略图试制了汽机小样。经过多年坚持不懈的自学,实践试验与理论相结合的学习方法,徐寿终于成为江浙两省中"通晓制造与格致"的"奇才异能之士",闻名遐迩。不仅如此,受他的熏陶,其子徐建寅,也是个博学多才、勤奋好学的学者。

第二次鸦片战争后,以恭亲王奕䜣、两江总督曾国藩、闽浙总督左宗棠、江苏巡抚李鸿章等为代表的洋务派提出"抵御外侮、兴办洋务、增强国防"的口号。根据咸丰帝的谕旨,1861 年秋冬之交,曾国藩开始着手建立中国近代第一座兵工厂——安庆内军械所,并筹办造船事宜。曾国藩知道制造枪炮、建造轮船需要科技人才,他听说了徐寿、华蘅芳等人的大名,便千方百计罗致他们入其幕府。就在这一年,徐寿父子和华蘅芳一道被曾国藩请到安庆。徐寿等人虽然没有功名,但曾国藩并没有把他们当成普通的匠人看待,而是诚恳延聘,始终"以宾师相待"。曾国藩第一次接见徐寿父子和华蘅芳时,就仔细询问了他们的学习经历和技术专长,对他们的科学新知颇为赞赏。接着曾国藩又问他们:"现在洋人的火轮船在长江上横冲直撞,几如无日无天,实为我大清国耻辱。各位都是精通中西格致之学,能不能不请洋师洋匠,完全由中国人造出轮船?"曾国藩的话音刚落,初生之犊的徐建寅便大声说道:"国不强,受人欺。我们自己造火轮船,让洋人看看。"徐寿、华蘅芳也相视点头,答应曾国藩试造火轮船。

接受任务后,他们决定首先试制一个船用汽机模型,以解决动力问题。他们除了参考墨海书馆出版的《博物新编》中的略图及片断资料,还跑到安庆江边,实地观察外国小轮船的运转情况。三人紧密配合,经过几个月的苦心研究,克服重重困难,终于在1862年8月制成我国第一部蒸汽机。蒸汽机试验时,曾国藩饶有兴趣地前来观看,并详细了解其工作原理。他在日记中记载道:"华蘅芳、徐寿所作火轮船之机来此试演。其法以火蒸水,气贯入筒,筒中三窍,闭前二窍,则气入前窍,其机自退,而轮行上弦;闭后二窍,则气入后窍,其机自进,而轮行下弦。火愈大,则气愈盛,机之进退似飞,轮行亦如飞。"他极为高兴,感慨道:"窃喜洋人之智巧,我中国人亦能为之,彼不能傲我以其所不知矣。"位高权重的曾国藩记得如此详细,可见他对徐寿父子和华蘅芳工作的赞赏。

轮船蒸汽机模型试造成功后,徐寿等人立即着手试造一艘小型木质轮船。华蘅芳主要负责测算,徐寿主要负责制机,徐建寅则"屡出奇思以佐之"。徐寿对工作可以说到了痴迷的程度,全身心地投入其中。据记载,徐寿"潜心研究,造器制机,一切事宜,皆由手造,不假外人",轮船上的很多零部件都是徐寿亲手制造的。在大家的共同努力下,从1862年4月起,用了四个月的时间即造成了轮船模型,到这年年底试造成一艘长约二丈八九尺的小火轮,并正式在安庆江面试航,由轮船委员蔡国祥亲自驾驶,曾国藩则坐在船头督看,航行约八九里。曾国藩十分得意地说:"约计一个时辰,可行二十五六里。试造此船,将以次放大,续造矣。"

1864年,徐寿等在此基础上进行放大试制火轮船的工作。1865

## 轮船招商局

简称招商局,是洋务派创办的第一个民用企业。1872年成立。总局设在上海,并在天津、烟台、汉口、福州、广州、香港以及横滨、神户、吕宋、新加坡等地设分局,承运漕粮和其他商货。轮船招商局成立之初,只有3艘轮船,后来发展到30多艘。起初,外商旗昌、太古和怡和公司妄图扼杀招商局,以倾价竞争,由于招商局的坚持,最后迫使三家签订了齐价合同,从而打破了外资轮船公司对中国内河航运的垄断。除经营沿海和内河航运外,还开拓了海外航运业务。

年火轮船放大试制成功,曾国藩将其取名为"黄鹄",把它比作一只健翮凌空的黄鹄,希望中国的造船工业能快速健康发展。1866年4月,"黄鹄"号在南京下关江面试航。试航之日,江岸人山人海。这艘木质火轮船,载重25吨,长55尺,由曾国藩之子近代著名外交家曾纪泽题写的"黄鹄"二字,以金色描绘在船身上,在阳光下熠熠闪光,几面黄龙旗随风飘摆。徐寿亲自掌舵,华蘅芳担任机长。汽笛声中,轮船起航,驶向大江,岸上人群欢呼雀跃。试航时速,顺流28里,逆流16里。当时在上海出版的著名英文报纸《字林西报》对中国自行建造的这艘机械动力船也非常好奇,专门派出记者前来看个究竟,确认船上机器直至螺帽螺钉均由徐寿父子率领工人手工制作,以《中国人的机器技能》为题报道了这一盛事,他们称赞"黄鹄"号的制造成功是"显示中国人具有机器天才的惊人的一例"。徐寿因此被曾国藩誉为"江南第一巧人"。

"黄鹄"号是中国人自行研制,并以手工劳动为主建造成功的第一艘机动轮船,它的试制成功足以让国人自豪,同时也揭开了中国近代船舶工业发展的帷幕。

相关链接

## 洋务派

19世纪60年代到90年代,在清政府内部出现的一部分标榜"自强求富"、倡导洋务事业的官僚集团,被称为"洋务派"。这些人在清政府中央以奕䜣、文祥等人为代表,地方上则以曾国藩、李鸿章、左宗棠等人为代表。后者多为汉族封疆大吏,在镇压太平天国运动过程中,逐渐掌握了实权。

洋务派分为不同的派别,开始主要有以奕䜣等为代表的满族洋务势力集团、以曾国藩为首的湘系集团、以左宗棠为首的左系湘军集团和以李鸿章为首的淮系集团。中日甲午战争前后,又形成以张之洞为代表的势力集团。其中以李鸿章系和张之洞系为前后最大的洋务派别。李鸿章曾一度担任江苏巡抚和两江总督,后任直隶总督兼北洋大臣长达20多年,所办洋务企业最多,遍及北洋南洋,成为全国洋务活动的实际主持者。甲午战争中,北洋海军全军覆没,李鸿章集团势力削弱,而湖广总督张之洞集团势力开始成为洋务派的后劲。义和团运动以后,清政府举办"新政",洋务派作为一种政治势力逐渐解体。

# 王韬讲学英国牛津

近代中国面临着三千年未有之变局,中西猛烈碰撞,新旧激烈冲突,涌现出很多沟通中西、承旧启新的独特人物,王韬就是其中的一位。王韬生性特立独行,年近五十时,膝下仍无子。友人劝他纳妾生子,以延后嗣,他却慨然回答:"人为什么非得儿孙传代!我假如能把写的文章留给后世,使 500 年后,姓名还挂在读者嘴上,则胜一碗祭供的面饭多多矣。"这位独特的思想家学贯中西,对洋务运动乃至近代中国产生很大影响。王韬曾游历西洋诸国,在英国还登上最高学府牛津大学的讲台,成为中西文化交流的美谈。

1828 年,王韬出生于苏州的一个书香门第,自幼毕读群经,博学多识。1849 年,王韬来到上海,受英国传教士麦都思邀请,进入墨海书馆从事编译西学书籍工作,一干就是 13 年。在此期间,王韬的知识结构和价值观念发生了很大的变化,他放弃了妄自尊大的心态,醒悟到要用西学作为中国富强之策。在翻译西书的同时,王韬十分关心时事,不断抨击清政府政治、军事、经济、外交、文化等各种制度中存在的弊端。并多次给上海道和江苏省的官员上书,提出富强之策。然而,由于触及当局痛处,王韬的改革思想并不会为世所用。对此,王韬自叹生不逢时,常常"痛哭流涕,扼腕叹息"。1862年,王韬化名黄畹上书太平天国,把改良政治的希望寄托在太平天国身上。但该信被清廷搜获,王韬落了个通敌之嫌。在英国人的庇护下,王韬逃离上海,开始了长达 23 年的流亡生活。

1862 年 10 月,王韬抵达香港,到英华书院任职。英华书院院长理雅各正打算翻译中国名著,向西方介绍中国文化。对于王韬的到来,他感到非常高兴,认为其学贯中西,是

**1861 年**

冯桂芬撰写《校邠庐抗议》,提出了"采西学、制洋器、善驭夷"的主张,成为洋务思想的先导者。

王韬《漫游随录·巴黎胜概》图

中国少有的大学者,对他优礼相待。在王韬的帮助下,理雅各把中国的四书五经译成英文在西方出版,并引起轰动。1867年,理雅各回国省亲。由于一时无法返回香港,他便邀请王韬"往游泰西,佐辑群书",继续与他合作翻译中国典籍。而王韬也早存漫游世界之心,以亲身体验西方的文明。对于理雅各的盛情邀请,王韬欣然应允,于1867年12月动身前往英国。

此次游历西方,不仅是王韬人生中的一个重要转折点,也是中国人走向世界的重要一步。在他之前,虽然有主张开眼看世界的林则徐和魏源等人,但由于时代局限,他们对西方的认识,还只是"隔着纱窗看晓雾",得到的仅是朦胧的、零碎的西学知识。王韬本人虽然曾大张旗鼓地宣传过西学,但仅限于近代西方的自然科学。这次,他毅然跨出了国门,实地考察欧洲,直接接受西学的熏陶,了解西学的底蕴。

王韬此次"泰西之旅",纵横十万里,历经十数国。每至一地,他总喜欢上岸"览其山川之诡异,察其民俗之醇漓,识其国势之盛衰,观其兵力之强弱",并将所见所闻及其观感笔录下来。这极大地开阔了王韬的眼界。

1868年2月,王韬到达英国,并前往位于苏格兰北部边境的理雅各家乡,继续参与理雅各的翻译事宜。在工作之余,王韬到各地去旅游,扩充见闻,"车辙所至,辄穷其胜"。英国的"机器制造之妙"和"格致之精"给王韬留下了极深的印象,民主政治更让他不胜羡慕,他深感英国的典章制度"迥异中土",不时流露出对资本主义社会的向往之情。

当然,王韬在英国的旅居和漫游是一种双向的文化交流。由于王韬生性倜傥,雄才好辩,非常喜欢演讲。同时,他与理雅各合作翻译的中国经典也使他在英国名噪一时,为学术界乃至整个英国社会所注目,各大学、教会、民间团体竞相邀请他去讲学。一天,王韬接到牛津大学校长的邀请书,希望他能到牛津大学作演讲。牛津大学极富名望,从世界各国来求学的学生,不下千余人。学生们文质彬彬,雍容文雅,虚心好学。对于这样的高等学府,王韬很愿意去演讲。在理雅各的陪同下,王韬前往牛津大学。这是中国学者第一次在牛津

## 早期维新派

19世纪70年代至90年代,伴随着民族资本主义的发展,中国出现了反映新兴民族资产阶级利益的早期维新思想,代表人物有王韬、郑观应、薛福成、马建忠、汤震、陈炽等人。早期维新派起初大都是洋务运动的积极支持者,后来他们逐渐从洋务派中分化出来,开始批评洋务运动。早期维新派具有反对外国资本主义侵略、维护国家主权和民族独立的爱国思想,主张大力发展民族资本主义工商业。他们还具有一定的反封建的民主思想,主张革新政治,建立君主立宪的政治制度。早期维新思想是后来戊戌维新变法思想的先导。

大学作讲演。

王韬使用汉语演说,由理雅各翻译,主题是"中英通商"和"孔子之道"。他谈到,英国早在伊丽莎白时代起,即派人到中国广东等地进行贸易,以后英国人接踵来华,发生了令人不愉快的鸦片战争。为此,他呼吁英国当局停止对华的不平等行为,主张中英两国应该互相尊重,和睦相处。王韬还谈到孔子之道与西方天道,孔子之道为人道,西方之道虽是天道,但传天道还是系于人。他慷慨激昂地指出:东方、西方心同理同,历史嬗递,发展演变,最终将出现一个大同世界。

王韬在牛津大学的演说,获得了满堂喝彩,"是时,一堂听者,无不鼓掌蹈足,同声称赞,墙壁为震"。此后,爱丁堡大学、苏格兰大学及各种团体纷纷邀请他去讲学和参加各种活动,报纸上也进行报道,欢迎这位"东方学者"。在演讲过程中,为使英国听众能具体把握中国文化,王韬还特意吟诵杜甫等人的古典诗词,"音调抑扬宛转,高亢激昂,听者无不击节,谓几如金石和声风云变色",极富感染力,很多英国人为中国文化痴迷。王韬的声望得到极大提高,他的相片和题诗被悬挂在伦敦画室。中国文化在西方得到那么多人的理解和欣赏,也使王韬不禁喜形于色。1870 年归国前,王韬还将所携至英国的部分中国典籍,赠送给牛津大学和大英博物馆,为英国知识界同声嘉叹,推为盛举。

作为中国早期维新思想家,王韬的欧洲之行是一项历史性壮举。他旅居欧洲翻译中国经典,并在欧洲大学讲坛上宣讲儒家文化,这是中外文化交流史上的一件盛事。王韬在欧洲的经历也提高了他的眼界和思维方式。回国时,王韬与友人集资买下一套英国印刷设备,后在香港创办了《循环日报》。这是第一份完全由中国人管理和编辑的中文报纸,王韬也因此成为中国报业第一人。王韬在报纸上发表了大量的政论文章,鼓吹变法,为变法强国制造舆论。

**1868 年**
9 月 5 日,美国传教士林乐知等人在上海创办《教会新报》,后改名《万国公报》。本年,江南制造总局设立翻译馆,是为中国人创办的第一个专门翻译西方书籍的机构。

**1872 年**
4 月 30 日,《申报》在上海创刊。

**1873 年**
郑观应《救世揭要》刊行。

**1874 年**
2 月 4 日,王韬在香港创办《循环日报》。

相关链接

## 王韬上书太平天国

1860 年 8 月,太平天国忠王李秀成率部围攻上海,上海危如累卵。此时在墨海书局工作的王韬忧心忡忡,颇有家国离乱之感。王韬满腹经纶,却怀才不遇,不免对清朝政府产生怨恨。随着对太平军了解的深入,他认识到太平军也并非面目可憎。"良禽择木而栖,贤臣择主而侍。"他认为投身太平天国,获取建功立业的机会将比站在清王朝一边更大。于是,1862 年 2 月,王韬化名黄畹,上书太平天国苏福省民政长官刘肇钧,并请刘肇钧看后转呈忠王李秀成。王韬在上书中建议太平军与洋人媾和,借外力以图中原,并献袭取上海之策。但是,此书并没有得到刘肇钧的重视,刘也未将其进呈李秀成。对此,王韬深感失望。

1862 年 4 月,清军击败刘肇钧部,在其营中搜查到王韬的上书,交给了江苏巡抚薛焕。薛焕"阅之大惊失色",因为王韬长期生活在上海,对上海的民情、地理和夷情了如指掌,也熟知清朝官吏和清军的弱点,他的上书正切中清军的要害。薛焕不敢怠慢,星夜将上书呈报清廷。于是,清廷发布谕旨,指出黄畹为贼策划,欲与洋人通好,于军务殊有关系,令李鸿章、薛焕等人倾力捉拿黄畹。李鸿章很快查明黄畹就是王韬,立即四处张网,着手捕拿。在英国人的安排下,王韬躲进上海英国领事馆避难。10 月,王韬逃离上海,开始了长达 23 年的流亡生活。

1864 年 6 月,太平天国农民起义在血泊中落幕。倘若当初王韬的上书能得到太平天国的重视,并以他的"和戎策"代替太平天国进攻上海的既定政策,专意对付清军,太平天国的历史结局也许会大为不同。

# 中国代表团初使"泰西"

　　1868 年 6 月 6 日,生活在美国华盛顿的不少人看到了几面他们从来没有见过的旗帜——蓝边黄底的旗面上,飞舞着一条巨龙。这是来自遥远的东方古老国度的大清国的国旗——黄龙旗。带着黄龙旗来到美国的是清政府向西方国家派出的一个正式的外交使团。但是,人们更惊奇地发现,这个代表团的团长不是黑头发、黑眼睛的中国人,而是他们的同胞、美国前任驻华公使蒲安臣。人们不禁猜疑,这是怎么回事呢? 为什么刚卸任的美国驻华公使成了大清国的首任外交使团的钦差大臣呢?

　　1840 年的鸦片战争中,西方列强用洋枪大炮敲开了中国的大门。列强的欺凌使一些讲求实际的洋务派认识到新的国际形势已经来临,认识到现代外交的重要性。1861 年,清政府设立总理衙门,负责对外交涉和办理洋务。1866 年,清政府又派斌椿率 5 人的代表团去欧洲游历,以了解西方。随着西方公使驻京和洋务运动的推行,中外交涉越来越多,派出外交使团,去欧美各国修好睦邻、联络外交、修改条约提上议事日程。但是,主持洋务的奕䜣等人放眼整个大清王朝,上上下下并没有能与外国谈判折冲的近代外交人才。没有办法,奕䜣不得不聘用洋员,以解燃眉之急。于是,他将目光投向即将卸任的美国公使蒲安臣。

　　蒲安臣不姓蒲,原名叫安森·伯林格姆(Anson Burlingame),1820 年生于纽约,1846 年从哈佛大学法学院毕业,成为一名律师,后又进入政坛。1861 年被派往中国,担任驻华全权公使。

　　蒲安臣使华前,对中国了解很少,他只是听别人谈到中国是如何的落后和思想僵化。但他来到中国后,逐渐认识到西方有关中国的许多看法是错误的,西方人对待中国人的态度,如同美国人对待黑人奴隶一样,存在着种族歧视和社会偏见。他认为,西方人用武力政策迫使中国人接受西方文明,是不可能成功的。为此,他主张在华推行"合作政策",对华表现出相对的友好。因而,得到了奕䜣等人的好感和信任。

　　1867 年 11 月,蒲安臣任期届满,准备向清政府辞行。临行之时,

**1864 年**
上海广方言馆正式开馆。

**上海广方言馆**

　　第二次鸦片战争后清政府在上海设立的外语学校,目的在于培养翻译人才。1863 年,李鸿章奏准在上海设立外语学校。1864 年,上海广方言馆正式开馆,由冯桂芬主持。上海广方言馆在教学内容、方式等方面与传统书院大不相同,它的创办在一定程度上满足了当时对语言人才的需要。1906 年,上海广方言馆改为兵工专门学堂。1913 年停办。

**1868 年**
蒲安臣使团出使欧美。

**1876 年**
12 月,郭嵩焘等出使英国。

**《蒲安臣条约》**

又称《中美天津条约续增条款》《中美续增条约》。1868 年 7 月 28 日,蒲安臣擅自越权,在华盛顿与美国国务卿西华德签订条约,共 8 款。主要内容包括:(1)两国人民可自由前往对方游历、贸易或居住。(2)两国侨民不得因宗教信仰的不同而受到歧视。(3)两国人民均可入对方官学,并受最惠待遇;双方得在对方设立学堂。该条约表面上似乎是平等的,实际上却是为美国扩大掠卖华工、加强文化侵略、进行宗教活动等提供服务的不平等条约。1869 年 11 月 23 日,双方在北京交换了条约批准书,清政府最终批准了此约。

他向奕䜣表示,今后中国政府如果遇有外交危机之事,需要斡旋,他将竭尽全力。奕䜣听后十分感动,诚恳地对蒲安臣说,现在又到了修订第二次鸦片战争中签订的几个条约的时间了,但中国缺乏外交人才,他希望蒲安臣能受命于中国,率团出访西方各国。蒲安臣当即答应。于是,前美国公使蒲安臣摇身一变,成了中国皇帝的钦差。清廷任命他为"钦派办理中外交涉事务大臣",官衔一品,同时任命海关道志刚和礼部郎中孙家毂同为"办理中外交涉事务大臣",并聘请一名英国人和一名法国人为翻译,此外还有一些跟随进行外交历练的同文馆的学生,共同组成"蒲安臣使团",第一次正式出访西方列国。

临行前,清政府特别颁发给蒲安臣木质汉、洋合璧关防一颗,以资取信各国。为了这次出使,蒲安臣还特地请清政府依当时国际惯例设计了一面国旗。一切准备就绪后,1868 年 2 月 25 日,蒲安臣代表团从上海出发。

1868 年 4 月,蒲安臣外交使团到达美国旧金山。加利福尼亚州长在欢迎宴会上称赞他的同胞蒲安臣是"最年轻的一个政府(美国)的儿子和最古老的一个政府(中国)的代表"。6 月 2 日,代表团到达华盛顿。6 月 6 日,代表团拜望美国总统约翰逊,递交国书。四天后,约翰逊又设国宴欢迎使团,规格甚高,场面隆重。

此后,外交使团开始赴美国各地游历观光。蒲安臣衣锦还乡,而且是来自古老中国的钦差大臣,更是春风得意,到处演讲。他甚至把自己看成是清政府的救世主,在演讲中向美国公众放言:"中国愿意和你们通商,向你们购买货物,卖东西给你们。"

7 月 28 日,蒲安臣竟然违背清政府的训令,未征得志刚和孙家毂的同意以及总理衙门的许可,擅自越权同美国国务卿西华德签订了《中美天津条约续增条款》,即《蒲安臣条约》。

8 月 30 日,蒲安臣使团离美赴英,开始了欧洲之旅,历经英、法、瑞典、丹麦、荷兰、普鲁士。1870 年 2 月 1 日,由普鲁士前往俄国;2 月 16 日,他们觐见俄国沙皇,但沙皇对他们态度极其冷淡。这时,由于一路鞍马劳顿,加之俄国的态度,蒲安臣心情郁闷,一病不起,被诊断为急性肺炎。2 月 23 日,蒲安臣在彼得堡病逝。

蒲安臣病逝后,志刚等当即给其妻治丧银 6000 两;清政府为酬其担任驻华公使时"和衷商办"及出使期间"为国家效力",而"加恩赏给一品衔,并赏银一万两",也算仁至义尽。蒲安臣病逝后,使团便由志刚率领,继续访问了比利时、意大利和西班牙等国,于1870年10月18日回到上海。

使团回国后,志刚发表了《初使泰西记》一书,记述使团访问欧美的经过。所谓"初使泰西",就是首次出使西方国家。这次使团出行,虽然备受艰辛,但是也受到了各国的欢迎,促进了彼此之间的了解。这次出使使清政府感受到遣使出洋的好处,为以后遣使开辟了道路。蒲安臣虽然是美国人,却为中国外交以身殉职,对中国外交近代化作出了一定贡献。但是,他毕竟是美国人,在很多时候,他是以维护美国利益为准绳的。

相关链接

## 郭嵩焘出使英国

1875年1月,英国驻华使馆官员马嘉理率人到云南"探险",与当地居民发生冲突被杀。这就是所谓"马嘉理事件"(又称"滇案")。英国驻华公使威妥玛借机滋事,迫使清政府于1876年9月与之签订了《烟台条约》。随后,英国政府又强迫清政府派员亲赴英伦"道歉"。于是,清政府便派郭嵩焘出使英国。后来,郭嵩焘出任驻英国公使,成为近代中国第一位驻外使节。

1876年12月,郭嵩焘一行30余人在上海搭乘英国船只前往伦敦。郭嵩焘对沿途的风土人情作了详细的记录,后来编为《使西纪程》。第二年1月,郭嵩焘一行到达英国南安普敦港;2月8日,到伦敦觐见英国女王维多利亚,并递交国书。郭嵩焘到任后,积极参与各种外交活动,以扩大中国的影响。1877年5月,刘步蟾、方伯谦、严复等海军留学生到达英国。在郭嵩焘的安排下,这些留学生一部分被分派至英国舰队中,另一部分则考入了皇家海军学院。在英国期间,郭嵩焘对西方的近代科技表现出极大的兴趣,他参观了兵工厂、冶炼厂、电气厂及玻璃厂等。此外,他还非常留心西方司法制度以及其他社会政治制度,并认为中国应该学习西方,这样才能受到西方列强的平等对待。

# 马拉火车

俗话说：火车跑得快，全靠车头带。人们都知道火车作为现代化的交通工具，由于使用机械动力作为牵引，给运输业带来革命性变化。但是，当这个西方工业文明的产物传入中国时，颟顸愚昧的统治者竟把它当成一个不祥的大怪物予以排斥，结果制造了一出世界铁路史上绝无仅有的"马拉火车"的闹剧。

1825 年 9 月 27 日，世界上第一条铁路在英国建成通车，虽然只有 27 公里，但是在交通史上是一个划时代的事件，标志着铁路时代的来临。其后，一个兴建铁路的热潮从英国开始，然后波及北美，席卷欧洲大陆。铁路的兴建不仅促使交通方式发生巨大变革，也促进了经济的快速发展。

火车发明 40 年后进入中国，但它在中国的命运却和在西方迥然不同。1865 年 7 月，英国商人杜兰德在北京宣武门外修了一条 0.5 公里长的铁道，试行小火车。清政府上下昏聩无知，他们看到"小汽车驶其上，迅疾如飞，诧为怪物"，以"观者骇怪"为由，令步军统领将铁路拆掉。1876 年，英国怡和洋行擅自在上海建成了一条 14 公里长的淞沪铁路，但从铁路通行之始，各种反对声就不断，运行仅一个多月，火车又出现轧死人事件，更增加了人们对铁路的恐惧。于是，在铁路运行半年之后，清政府以"资敌、扰民、失业、夺民生计"为借口，出资 28.5 万两白银将铁路赎回，并全部拆掉，把机车和车厢全部沉入江底。

但是，铁路毕竟方便快捷，在经济、国防上有重大作用。1874 年，日本侵略我国台湾，海疆告急。1876 年，福建巡抚丁日昌上书建言，指出台湾远离大陆，只有修铁路、架设电线才能血脉畅通，才可以防外安内，不然列强总会对台湾垂涎三尺。1877 年，清廷表示同意丁日昌所请，但绌于经费，此议无果而终。

1880 年，署理直隶总督刘铭传上《筹造铁路以图自强折》，奏请修建北京到清江浦、汉口、盛京等的铁路，并认为这是自强的关节点。但是，此议一上，被视为骇人之极，立即遭到顽固派的围攻，他们怀着极大的愤慨，诉说铁路的不是。御史余联沅说铁路害舟车、害田野、害根本、害风俗、害财用，其利不在国不在民，而在洋人。通政使刘锡鸿说修铁路要逢山开路、遇水架桥，铁路是惊动山神、龙王的不祥之物，会惹怒神灵，招来巨大灾难。内阁学士徐致祥称修铁路乃误国殃民，其害最大。他们对铁路的诋毁无奇不有，丑态百出，上纲上线，强烈反对在中国修建铁路。他们大呼铁路误国殃民，但真正误国害国的，正是这些顽固派。

这一年，洋务派兴办的开平煤矿即将投产，但如果采取传统运输方式，势必成本太高，销路受阻。于是，开平煤矿总办唐廷枢建议修建从唐山到胥各庄的铁路，此议得到李鸿章的支持，加之拟修的铁路颇短，离京师尚远，清廷允许修筑。当年秋冬间，唐胥铁路动工。朝中顽固派得知消息后，又是一片反对声，"群臣阻谏"，恳求最高统治者"恪守祖宗成法"。清廷只好收回成命，唐胥铁路只修好了路基便被勒令停工。铁路不让修筑，开平矿务局只好开掘运河运煤。可是运河只能挖到胥各庄，因为胥各庄到矿区那段路地势高陡，河水上不去。矿务局再次请修铁路。为避开顽固派的反对，李鸿章在筑路奏请中特别声明只修以骡马为牵引动力的"快车马路"。几经周折，清政府才勉强同意。1881 年 6 月，铁路开始铺轨；9 月，耗银 11 万两、全长 9.7 公里的唐胥铁路竣工，开始试运行。11 月 8 日，正式通车。通车仪式颇为隆重，一辆空平车被改造成车厢，由一辆简易机车牵引，应邀前来观礼的地方官吏绅商登车试乘，在鞭炮声里火车缓缓开动，引起不小轰动。

铁路通车不久，消息就传到京师，顽固派立即大闹起来，说什么"机车直驶，震动东陵，且喷出黑烟，有伤禾稼"。他们还攻击李鸿章罔上欺君。清廷下令调查，简易蒸汽机车"旋被勒令禁驶"。于是，十分滑稽的一幕出现了：几头骡马，力不胜任地拖拽着长长的运煤车在铁轨上艰难地行驶着。这就是名噪一时的"马

**1881 年**

11 月，唐胥铁路建成。12 月 1 日，中国第一条电报线（上海至天津）建成并交付使用，24 日通报。

晚清北京铁路局的火车头

拉火车"的故事。

　　但是,马拉火车终究不是办法,不久之后,胥各庄铁路修理厂的技术人员自己动手设计,利用废弃锅炉大胆进行改造,试制出中国第一台火车蒸汽机。为堵住顽固派之嘴,工人们在机车头上刻了一条龙,称之为"龙号"机车。1882年6月,唐廷枢等邀请了一批官员试乘"龙号"机车。机车载着这些官员仅用1个小时就走了20英里的路程,官员们感觉到火车舒适、安全、可靠。不久,火车恢复使用机车牵引。

　　读史可以明智,读史亦让人反思。在晚清,我们可以看到由于顽固派陈旧的观念作怪,即使修成了铁路,还是演绎了"马拉火车"的闹剧。由此可见,观念变革和更新何其重要! 在许多事情上,如果观念陈旧,思想僵化,就会使我们与先进和文明失之交臂。

---

**相关链接**

## 洋务派与顽固派的论争

　　随着洋务派的形成,清政府内部在是否应该学习西方先进科技等问题上产生了严重分歧,逐渐分裂为洋务派和顽固派两大派别。两大派别之间的论争也日益激烈起来。

　　洋务派认为,中国的传统制度是完美的,西方的科学技术则是先进的,在不触动封建制度的前提下,应该学习西方先进的科学技术,使二者结合,并开展了以学习西方科技、军事为主要对象的洋务运动。顽固派因循守旧,盲目排外,仇视一切外来事物,认为中国一切都好,西方科学技术不过是"奇技淫巧",强烈反对西学。随后,洋务派与顽固派在同文馆增设天文算学馆、修筑铁路、开矿山、兴电报、派遣留学生等许多具体问题上,都曾发生过激烈的论战。双方争论的焦点是要不要向西方学习。

　　洋务派与顽固派论战的实质是清政府内部开明与守旧的不同政见之争,双方都是为了维护清朝统治。通过论战,洋务派宣传了"向西方学习"的思想,开通了社会风气,洋务运动也冲破重重阻力,艰难曲折地推行起来。

# 昆明湖操练水军

洋务运动时期,经过无数的艰辛和曲折,清政府建成了第一支近代化的海军——北洋舰队,当时堪称世界第六、亚洲第一,这支舰队曾经聚集了当时一大批接受过完备的西方海军教育的军事精英,一时让世界侧目。但是,在 1894—1895 年的中日甲午战争中,这支清政府所倚重的舰队却全军覆没。战后人们痛定思痛,是谁葬送了北洋舰队?其中,清朝的老佛爷慈禧太后罪不可赦。1888 年北洋舰队成师,清廷便以为有这样"一流"的近代化海军,可以高枕无忧了,便把建设海军的军费挪作他用,修建颐和园,为慈禧太后颐养天年。为了遮人耳目,还在颐和园成立了昆明湖水师学堂,在昆明湖操练水军。"以昆明湖易渤海",于是,换来了甲午战争中北洋舰队全军覆灭的历史悲怆。

1861 年,慈禧太后联合奕䜣发动辛酉政变,统治中国达 47 年之久。慈禧虽然并非顽固保守之人,但是她权力欲望极强,嗜权如命,而且喜欢享乐。1886 年,慈禧借口即将结束垂帘听政,想建个花园以"颐养天年",而最佳的地方便是颐和园。颐和园是清朝皇家园林的典范,其前身是北京"三山五园"中的清漪园,乾隆皇帝时期历经 15 年精心修建了此园。1860 年,英法联军火烧圆明园,也波及颐和园。同治皇帝当政时,慈禧就想重修圆明园,因修园所需经费太过庞大,加上恭亲王奕䜣、翁同龢、李鸿章等大臣极力反对,最后只好不了了之。但她心中并未放下此事,一直希望能找个借口圆了这个"情结"。

随着光绪帝逐渐长大,慈禧为自己日后撤帘归政找个安歇地方的欲望更加强烈,于是提出重修颐和园。这时,恭亲王奕䜣在慈禧的打压下失势,光绪帝的父亲醇亲王奕譞日渐得宠,为向慈禧邀宠以巩固地位,一反以前反对的态度,开始惦记着为太后"圆梦"。但是,修建园林,没有银子可是万万不行的。而当时清廷的财政捉襟见肘,外债需要偿还;国内灾害不断,又不得不减免钱粮赋税甚至拨款赈灾;各地兴办洋务也无一不用钱。

慈禧太后正为银子发愁时,刚受命总理海军衙门事务的奕譞为表忠心,向慈禧表示可以先从海军军费中挪用一部分银子用于园工,

**1875 年**
5 月,清政府下令由沈葆桢和李鸿章分任南北洋大臣,从速建设南北洋水师。

**1880 年**
8 月 22 日,天津水师学堂筹建。

**1883 年**
3 月 16 日,李鸿章派员开始兴建旅顺军港。

**1885 年**
7 月,在德国购买的镇远、定远两艘铁甲舰来华。
10 月 12 日,清政府设台湾省,刘铭传为第一任台湾巡抚。
10 月 13 日,清政府设立海军衙门,奕譞总理海军事务。

慈禧听后大喜，催促奕谯赶紧办理。于是，奕谯假借兴办昆明湖水师学堂名义，上《奏请复昆明湖水操旧制折》。原来西汉时期，云南滇池有个昆明国，汉武帝为征伐昆明，仿照滇池在长安挖掘了一个大湖，名为昆明池，用来操阅水军。而乾隆皇帝以为母亲祝寿、兴修水利和操练水师之名，将京城西北的瓮山泊据汉武帝挖昆明池的典故扩改为"昆明湖"，作为水上练兵场所，用以操练水师。当然，在昆明湖练水师是"形式"大于"内容"，颇有些皇家观赏、娱乐性质，所以此制后来便被废除。据此，奕谯在奏折中建议修建昆明湖水师学堂，恢复昆明湖水操。慈禧当日就下懿旨曰："依议。"同时，奕谯还另上一折："因见沿湖一带殿宇亭台半就颓圮，若不稍加修茸，诚恐恭备阅操时难昭敬谨……拟将万寿山及广润灵雨祠旧有殿宇台榭并沿湖各桥座、牌楼酌加保护修补，以供临幸。"修湖建园就在恢复水操旧制和筹建昆明湖水师学堂这种冠冕堂皇的名义之下正式开始，经费自然从海军军费出。

慈禧、奕谯偷梁换柱的做法虽然遭到一些官员的反对，但都被慈禧的淫威打压下去。光绪帝的老师、大学士翁同龢在日记中讽刺这项"挂着羊头卖狗肉"的工程道："盖以昆明湖易渤海，万寿山换滦阳也。""昆明"、"万寿山"均是颐和园的代名词，"滦阳"指热河，"渤海"指北洋海军的建设。

1887年1月，在奕谯亲自操办下，清廷皇家海军学校——昆明湖水师学堂在颐和园举行开学典礼，学生从由八旗子弟组成的健锐营和外火器营中挑选，并严格禁止汉人入学，首批学生共40人。内学堂习驾驶演练，但这些八旗子弟们很快就知道了他们的使命，实际上是要学会驾驶小轮船，用来拖带慈禧太后的"安澜"号御座船，以供她到昆明湖"检阅水师"。而外学堂学习机械、电气知识，学生则是将来这园子里修"电气灯"的小电工。

3月中旬，清廷以光绪帝的名义发布上谕，重修颐和园。有关官员自不敢有丝毫怠慢，以兴办水师学堂等名义，从户部提取海军军费，为颐和园安装电灯，铺设道路，整修宫殿。电灯都是趁广东水师学堂的德国鱼雷教官回国休假时亲自在德国工厂订购的，款式新颖，做工精细。其他设施的豪华程度也可想而知。

**海军衙门**

全称为总理海军事务衙门，清政府管理全国海军的机构。1885年，为了统一海军的指挥权，清政府在北京成立海军衙门，以醇亲王奕谯为总理海军事务大臣，奕劻、李鸿章为会办，善庆、曾纪泽为帮办。海军衙门名义上为中央机关，实际上实权被李鸿章所控制，只能直接指挥北洋海军，对被湘系集团控制的南洋海军则调动不灵。1895年，由于北洋海军在甲午战争中全军覆灭，该衙门遂被裁撤。

1889 年,为了筹集更多的银两,奕𫍲命令"南洋水师"、"北洋水师"抽调部分水师官兵会同昆明湖水师学堂新毕业的学员,在颐和园昆明湖内举行表演大会。当时,水师官兵把浅浅的昆明湖当成了汪洋大海,几艘小火轮被视作"战舰"在湖面驶来驶去,更有能戏水的士兵在水中做各种表演。从四面八方闻讯而至的王孙贵族也摇旗呐喊,欢呼致敬。慈禧太后则面带微笑,望着部分修葺一新的宫殿和水勇的表演,虚荣心得到极大满足。这次"阅兵"既显示了慈禧对海军的关心和作为全国军队最高统帅的绝对权威,也以此向世人表明"修园"并非为己享乐,而是为了大清海军的建设。

从 1886 年到 1894 年甲午战争,重修颐和园工程一直未停。那么,慈禧究竟挪用了多少海军经费?一百多年来众说纷纭,莫衷一是,准确数字已难考订。有人估计达 2000 万两之多,也有人估计有数百万两。有的学者试图以海军衙门档案来解此悬案,发现的却是海军衙门奏请将其各项杂支用款不造册上报核销的折片,这说明种种证据已被毁踪灭迹。

可以肯定的是,北洋海军在 1888 年正式成军时,其实力大大超过日本海军。但是,慈禧以及反对李鸿章的部分朝臣认为这支海军实力已经够了,不愿再添船换炮。此后至甲午战前的六年间,便未再添置一舰。1891 年 4 月,户部干脆明确要求停购舰上大炮、裁减海军人员。由于经费紧张,北洋海军甚至连舰、船的日常保养和维修也不能得到保证。

相反,这六年中日本则大力发展海军,日本天皇甚至节省宫中费用,拨"内帑"以充造船、买船费用。1889 年后,日本就从英国和德国购买了 9 艘最新型的快速战舰,并都配备了大量先进的速射炮。也正是在这几年间,世界海军造舰水平和舰载火炮技术都有飞速发展,舰速与火炮射速都大大提

**1888 年**
12 月,北洋海军建成,以丁汝昌为提督。

**1889 年**
3 月,慈禧太后宣布归政,光绪帝正式亲政。

清末颐和园(1900 年前后)

高。到甲午海战时,日本舰队的航速与火力都大大超过北洋舰队。

1894年,甲午黄海海战中,虽然北洋水师爱国官兵奋勇杀敌,但北洋舰队实力不济日本舰队,损失惨重,第二年,北洋水师全军覆灭,清政府签订了丧权辱国的《马关条约》。虽然不能把北洋水师覆灭的原因完全归咎于慈禧挪用海军军费修建颐和园,但她在外敌入侵日甚一日、朝廷财政拮据的情形下,为了自己的安逸享乐,不惜掩人耳目,欺骗舆论,欺世误国,其责任无法推卸。

**相关链接**

### 北洋水师成军

北洋水师,或称作北洋海军,是清政府建立的第一支近代化海军,也是清政府三支近代海军中实力最强和规模最大的一支。1874年,日本侵犯台湾,引起清政府朝野的高度警惕,此后清政府加快了建设近代海军的步伐,并初步形成了建立北洋、东洋、南洋三支海军的设想。但由于财力有限,清政府从一开始就把重点放在北洋水师的建设上。

1875年,清政府派遣李鸿章督办北洋海防事宜。随即李鸿章先后向英德两国订购军舰。1876年起又派遣学生赴英、法学习海军。1879年,李鸿章在天津设立海军营务处,由周馥主持,马建忠负责处理日常事务。1881年,李鸿章奏准任命淮系将领丁汝昌为北洋水师提督。80年代,李鸿章还先后在旅顺口、威海卫等地布置防务,修筑炮台,将两地建设成北洋海军的主要基地。1888年12月17日,北洋水师在威海刘公岛正式宣告成军,并于同日颁布施行《北洋水师章程》。北洋水师拥有各种舰船25艘,官兵达4000余人,在当时是世界第六、亚洲第一的海军舰队。后来在甲午战争中,北洋水师全军覆没。北洋水师是清政府经营最久、用费最多的一项洋务事业,它的覆灭标志着洋务运动的彻底破产。

# 边疆危机与中日甲午战争

　　从 19 世纪 70 年代开始，世界主要资本主义国家先后向帝国主义阶段过渡。为适应本国发展资本主义的需要，西方列强加快了侵略步伐，中国及其邻国成为它们主要的侵略对象。中国边疆地区四处遭到列强的侵略，中国出现了前所未有的边疆危机。在东南，继美国侵略台湾未遂后，日本成为侵略台湾最危险的敌人；在西南，英国不断挑起衅端，加紧对云南的渗透，对西藏更是虎视眈眈；在西北，沙俄把魔爪伸向新疆，出兵强占伊犁。为达到占据越南进而侵入中国西南的目的，1883 年法国挑起了中法战争。虽然清军在战争中取得一定的胜利，但由于清政府的腐败和妥协，最终造成了"中国不败而败，法国不胜而胜"的结果。随后，日本野心勃勃地把侵略矛头指向朝鲜，并在 1894 年挑起中日甲午战争。经过一年激战，中国战败，被迫与日本签订了丧权辱国的《马关条约》。《马关条约》给中国带来了深重的灾难，大大加深了中国的半殖民地化，同时也极大地刺激了列强瓜分中国的野心。

《法犯马江》图册

本图载于《点石斋画报》，吴友如绘，描绘了停泊在马尾港的福建水师遭到法国军舰突然袭击的情形。右边黑色正发炮的舰只即福建水师旗舰"扬武"号，左边白色的军舰则为法国旗舰"窝尔达"（Volta）号。

# 左宗棠抬棺征西

"身无半文，心忧天下；手释万卷，神交古人。"这是左宗棠亲自题写的一副表明心志的对联，由此可见左宗棠的雄心壮志。左宗棠戎马一生，征战南北，战功卓著，特别是他"抬棺征西"、收复新疆的豪迈壮举，不仅国人称快，亦令侵略者震惊。曾国藩曾言："论兵战，吾不如左宗棠；为国尽忠，亦以季高（左宗棠的字）为冠。国幸有左宗棠也。"

1867 年，阿古柏在新疆自封为王，自立国号为哲德沙尔汗国。同年，沙俄乘机占据了伊犁；英国也虎视眈眈，意图瓜分西北，中国西北边疆面临着严重危机。

而此时清王朝的统治者已经失去了入关时指点江山的霸气与豪情，在内忧外患面前显得孱弱不堪。屋漏偏逢连夜雨。恰在此时，日本入侵我国台湾，西北边疆和东南海疆同时告急，由此引发了清政府内部关于海防与塞防的争论。

以直隶总督李鸿章为代表的一派借口"海防西征，力难兼顾"，主张放弃新疆，"移西饷以助海防"；甚至认为"新疆不复，于肢体之元气无伤；海疆不防，则心腹之大患愈棘"。而以陕甘总督左宗棠为代表的另一派则提出"东则海防，西则塞防，二者并重"的主张，左宗棠特别强调"重新疆，所以保蒙古；保蒙古，所以保京师"，力主收复新疆。当时，朝廷上下大都支持李鸿章的观点，只有大学士文祥和湖南巡抚王文韶二人支持左宗棠的主张。左宗棠据理力争，历数西北边防的重要性，最终慈禧太后钦断裁决时采纳了左宗棠的建议。1875 年 5 月，清政府任命左宗棠为

**1871 年**

7 月，沙俄武装强占伊犁。

**1875 年**

5 月，左宗棠被任命为钦差大臣，督办新疆军务。

左宗棠

钦差大臣,督办新疆军务。左宗棠从此开始了他"新栽杨柳三千里,引得春风渡玉关"的西征壮举。

1876 年,左宗棠指挥数路大军进兵新疆,一路上势如破竹,攻无不克,首先打败了阿古柏手下干将白彦虎等人,夺取了乌鲁木齐及其附近各地。1877 年开春后,左军又转攻南路,迅速攻下阿古柏、白彦虎及其他部将据守的吐鲁番、托克逊、达坂城等地。此时阿古柏政权内部四分五裂。阿古柏在逃跑过程中被部下暗杀,他的两个儿子为争夺王位继承权也自相残杀,最终伯克胡里杀死了弟弟海古拉,于喀什噶尔称王,企图在英、俄的庇护下负隅顽抗。

1877 年秋,左宗棠决心尽复南疆,于是以刘锦棠部为"主战"之军,以张曜部为"且战且防"之军,相继长驱西进。南疆各族人民久受阿古柏的荼毒,纷纷拿起武器配合清军作战。10 月,刘锦棠部驰骋 2000 余里,以破竹之势收复喀喇沙尔、库车、阿克苏、乌什等南疆东四城。西四城叶尔羌、英吉沙尔、和阗、喀什噶尔之敌益形孤立,内部也早已分崩离析,已降敌的前喀什噶尔守备何步云乘机反正。刘锦棠闻讯后,立即挥军分路围歼,于 12 月中下旬连克喀什噶尔、叶尔羌、英吉沙尔。白彦虎等率残部逃入沙俄境内。1878 年 1 月 2 日,清军攻克和阗。至此,除沙俄侵占的伊犁地区外,整个新疆全部收复。

在沙俄支持下,伯克胡里和白彦虎多次骚扰南疆,但左宗棠一次次地粉碎了他们的进攻,最终,沙俄不得不同意谈判。岂料清政府代表崇厚庸懦无能,被俄国人连吓带骗,糊里糊涂地于 1879 年 10 月同沙俄签订了《里瓦几亚条约》,不仅割让霍尔果斯河以西和特克斯河流域大片富饶的领土,而且还出卖了其他大量权益。消息传来,朝野大哗,左宗棠更是怒不可遏。他积极筹备战守,并周密策划,准备分三路进兵,以武力夺回伊犁。1880 年 4 月,他亲自抬着棺材出关,千里远征,誓与沙俄决一死战。这时左宗棠已是 69 岁高龄,而且身患重病,然而"老骥伏枥,志在千里",为了国家的领土完整,他不敢稍图安逸,表现出高度的爱国热情。同时,清政府改派曾纪泽赴俄进行谈判,曾纪泽据理力争于前,左宗棠抬棺远征于后,中国最终收回了一些权益。

左宗棠捍卫祖国边疆之殊功,维护祖国统一大业之奇勋,不仅使他足以与张骞、班超并驾齐驱,而且也为暮气沉沉的晚清也带来了一点难得的刚烈之气。

相关链接

## 边疆危机

从19世纪60年代开始,英、俄支持浩罕国军官阿古柏政权加紧对新疆的渗透和控制,意欲把新疆分割出去,给新疆各族人民带来深重的灾难。在西北边疆发生危机的同时,侵略者又在我国东南海疆和西南边疆制造了严重的危机。1867年,美国"罗佛"号船在台湾南部失事,美国借机侵台,后被击退。1874年,日本借口"琉球事件",在美国支持下出兵进犯台湾,清政府被迫与日本签订《台事专条》,此后不久日本以武力正式吞并琉球。西南方面,英、法很早就力图分别从缅甸、越南开辟经云南至我国内地的捷径。1875年,马嘉理带领武装探路队擅自进入云南境内,最终引起"马嘉理事件"。1876年,英国迫使清政府签订《烟台条约》。此外,英国早就企图从印度向我国西藏扩张。80年代,英印政府官员多次派武装闯入西藏,遭到西藏军民的坚决反击。与此同时,沙俄多次派"调查团"潜入西藏及其周边地区活动,煽动达赖和西藏官员投靠沙俄,使俄国在西藏的影响不断扩大。

# 曾纪泽"虎口索食"

1878年

6月，清政府派崇厚为钦差大臣出使沙俄，谈判索还伊犁事宜。

1879年

10月2日，崇厚与沙俄订立《里瓦几亚条约》。

鸦片战争以来，清政府积贫积弱日久，逐渐丧失了外交的自主权。然而，在国力羸弱的艰难处境下，曾纪泽（曾国藩之子）凭借清醒的头脑和高超的谈判技巧，同霸道的沙俄进行艰苦的谈判，最终迫使沙俄放弃已与中国签订的不平等条约，为中国挽回了不少权益，从而成为近代中国"虎口索食"第一人。

1871年6、7月份，沙俄趁中亚浩罕汗国首领阿古柏入侵天山南麓之机，以协助"防乱"和"护侨"为名出兵强占中国伊犁地区。1878年6月，清政府派钦差大臣崇厚赴俄交涉归还伊犁问题。然而崇厚在沙俄的胁迫下，被迫同意与沙俄签订《里瓦几亚条约》和《陆路通商章程》等文件，中国只收回了一座孤城，却丢失了一大片的领土，还要赔上近300万两银子。消息传来，举国哗然。清政府也极为愤怒，于1880年1月将崇厚革职问罪。2月，清政府照会沙俄政府，拒绝批准此约。同时，决定改派驻英公使曾纪泽出使沙俄，处理该约的各项事宜。

曾纪泽临危受命，自知责任重大，同时他也十分清楚所面临的巨大困难。且不说清朝国势的颓败、沙俄一贯的霸道，仅崇厚与沙俄签订的《里瓦几亚条约》就是一个十分棘手的问题，前去改约无异于"虎口索食"，一旦改约不成，自己也将面临身败名裂的危险。最终，曾纪泽顶着巨大的压力，抖擞精神，踏上了他的改约征程。

到达圣彼得堡后，曾纪泽立即向俄外交部递交了照会，希望能早日重新和谈，而俄方对重开和谈之事无比冷淡。在第一次谈判中，俄国代理外交大臣吉尔斯和驻中国公使布策抓住清政府将

曾纪泽

崇厚治罪一事不放，称中国政府出尔反尔，既然已派崇厚签订了《里瓦几亚条约》，为何不照协议执行，还要将崇厚关押治罪？曾纪泽看清俄国人是想用崇厚的问题做挡箭牌，避重就轻，拒绝与中方重新谈判，于是他不卑不亢，力陈《里瓦几亚条约》令中国蒙受损失太大，实在令国人无法接受，至于崇厚被治罪，则是因为其越权自行签约，违反了大清法律。曾纪泽在谈判中柔中带刚，好几次将言辞专横的吉尔斯反驳得瞠目结舌。曾纪泽的非凡表现，令吉尔斯等大为吃惊。第一次会谈结束后，曾纪泽立即电报奏请清廷，速将崇厚开恩释放，以堵俄人之口，并要求中俄边境上的中国将士严阵以待，以防不测。

在第二次谈判中，曾纪泽提出即刻推翻"崇约"，索还伊犁，而且边界问题也要经实地勘探、当面商议后才能确定。吉尔斯等人眼见先前在崇厚那里讨来的便宜，现在都被曾纪泽一一推翻，不禁怒火中烧，可又碍于外交礼仪而不便发作，便采取故意拖延的策略，提出到中国京城北京继续谈判。曾纪泽识破了他们的阴谋，着手争取让布策等在圣彼得堡重返谈判桌。在同俄方代表热梅尼的会面中，曾纪泽坚称到北京相商与在圣彼得堡相商是一样的，另外表示，若能继续在此地商谈，只要有可让之处，中方定会酌量相让。热梅尼感觉有利可图，马上表示愿意与中国继续商谈，并请曾纪泽等待俄皇的电旨。

**1880 年**
2 月 19 日，清政府派曾纪泽取代崇厚为钦差大臣出使俄国，继续对俄谈判。并正式照会沙俄政府，不承认《里瓦几亚条约》。

**1881 年**
2 月 24 日，中俄《伊犁条约》签订。

随后，谈判继续进行。在谈判中，俄方尽管用尽威逼、恐吓、要挟、利诱等手段，然而始终无法让曾纪泽退让。俄国谈判代表心急火燎，却无计可施。谈判一时陷入僵局。俄国部署在边境的兵力和准备开到中国沿海示威的太平洋舰队，每天费用高达上万卢布，时间再拖下去，俄国真有点吃不消。最终，俄国被迫退步。1881 年 2 月，中俄双方签订《伊犁条约》，中方收回伊犁地区，取消了崇厚所订条约中的割让特克斯河流域和松花江航船到伯都纳等条款，但霍尔果斯河以西、伊犁河以北以南的大片领土划归俄国所有，赔款增加至 900 万卢布（合白银 500 万两）。这个条约和"崇约"相比，在界务和商务方面，中国争回了一部分主权，但它仍是一个不平等条约。

曾纪泽凭着铁血丹心和杰出的外交才能，力挫群雄，"虎口夺食"，收回了大量权益，在一定程度上维护了中国的领土主权。在那个外患频仍的年代里,曾纪泽所表现出的灵活的外交手腕和坚定的爱国信念无疑都是难能可贵的。

相关链接

### 新疆行省的设立

为了加强对新疆的统辖,巩固边防,1884年11月,清政府根据左宗棠的建议,在新疆建立行省,以乌鲁木齐为首府,任命参与收复新疆的刘锦棠为第一任巡抚。新疆建省后,进行了一系列改革,包括疏浚河渠、建立城堡、清丈地亩、厘正赋税和分设义塾等,促进了新疆地区经济和文化的发展。

新疆建省进一步削弱了地方封建割据势力,对加强我国边疆防御和维护国家统一都具有重要意义。新疆建省进一步密切了新疆与内地的政治、经济、文化等方面的联系,有利于西北边疆的巩固和建设,有利于中华民族多民族国家的统一与发展。

# 薛福成夜袭孤拔

孤拔,法国海军中将,一个老资格的殖民军队将领,具有丰富的近代战争指挥经验。中法战争爆发后,孤拔率舰队闯进马尾军港,对福建水师发动突然袭击,导致福建水师全军覆没。1884 年 9 月,孤拔率主力舰队进犯台湾,但遭到台湾军民的沉重打击,损失惨重。为了迫使台湾军民投降,从 10 月份开始孤拔下令封锁台湾。在封锁台湾的同时,孤拔率舰队骚扰浙江镇海。结果,在 1885 年 3 月的镇海之战中,孤拔遭到清军伏击,身受重伤。策划这次突袭的清军将领就是薛福成。

薛福成,字叔耘,号庸盦,江苏无锡人。1865 年,他致书曾国藩建议改革科举制度、裁减绿营,学习西方军事技术,后入曾国藩幕府。1875 年,薛福成应诏上改革内政外交"万言书",很快就被李鸿章延揽为重要幕僚。由于才华卓著,薛福成终于被朝廷授予有实权的四品宁绍台道官职,由此他告别了近 20 年的幕府生涯,开始在政治舞台上一显身手。

1884 年初夏,薛福成进京面圣之后,即刻南下赴任。就在他赴任之际,由于法军挑衅,中、法军队在越南的谅山发生了武装冲突。孤拔率领法国舰队,闯入中国沿海。浙江巡抚刘秉璋在宁波设立海防营务处,由薛福成负责布置海防要务。薛福成受命后,立即赶赴镇海前线。当时,薛福成官职虽低,但由于他曾做过曾国藩和李鸿章的幕僚,对湘系和淮系的将士都十分了解,因此他巧妙地团结了这两股力量。

在台湾淡水战败之后,为阻止南北海运和闽台联系,1884 年 10 月法军封锁了台湾海峡。为打破封锁,清政府命令南洋水师派遣军舰援助台湾。1885 年 1 月 8 日,总兵吴安康率 5 艘军舰从上海南下,孤拔闻讯,亲自率领 7 艘军舰北上拦截。2 月 13 日,两军相遇于浙江石浦檀头山海域。吴安康见敌即退,2 艘航速较慢的战舰驶入石浦港隐蔽,被法舰击沉。孤拔得悉另 3 艘清军战舰向北驶入镇海港,即率军舰北犯镇海。

2 月 28 日,孤拔率领大小 10 多艘军舰包围招宝山外海口,并于 3 月 1 日向镇海关发起了进攻,法国军舰持续向镇海海口和小港炮台进行猛烈炮击。由于战前清军已经作了周密的部署,法舰的多次进

**1883 年**

3 月 30 日,越南请求清政府出兵援助。4 月 8 日,刘永福率黑旗军赴越南山西,助越抗法。

---

**黑旗军**

刘永福领导的武装,因常执七星黑旗作战,故称"黑旗军"。1864 年,刘永福率领一支 200 人的队伍参加天地会起义军。后来由于起义军内部的矛盾和斗争,刘永福率部进入越南。中法战争期间,黑旗军应越南之请在河内、纸桥、临洮等地多次大败法军,先后击毙法将安邺、李维业等人,刘永福因功曾被越南国王授予三宣提督之职。1885 年 9 月,黑旗军被调回国,被裁至千余人,刘永福被任为广东南澳镇总兵。后曾参加台湾军民抗日作战。

8月25日,法国强迫越南签订《顺化条约》,变越南为其保护国。

12月14日,法国进攻驻越清军,挑起中法战争。

**1884 年**

8月23日,马尾海战爆发,福建水师几乎全军覆灭。

8月26日,清政府正式向法宣战。

10月初,法国舰队进犯基隆、淡水,被击退。

**1885 年**

2—3月,镇海之战,法国舰队被击退。

攻均被清军击退,法军伤亡惨重。3月14日,法国舰队想要将重炮吊至桅杆顶部,从高处轰击小港的威远炮台。但由于炮重,在起吊至桅盘时绳索突然断开,大炮坠落到军舰后部,压死法军18名士兵,法国舰队锐气大减,被迫退到金塘洋面等待援军。

3月20日,薛福成与统领钱玉兴等人决定夜袭敌舰。他们挑选了一批英勇善战的敢死队,由副将王立堂率领,秘密地将8门克虏伯后膛炮推到南岸海边,埋伏在距离法舰最近的青泉岭下的近海处。等一切安排妥当后,敢死队于次日凌晨3时左右出其不意地向停泊在洋面的法舰猛烈开炮轰击。待法军从睡梦中惊醒时,几艘军舰已经起火了,"巴雅"、"凯旋"号等受重创。当法军缓过神来,准备用巨炮还击时,清军已收队回营。此后,法国舰队无计可施,处处被动,直至中法停战,也未敢入侵镇海。在这次战斗中,法国舰队司令孤拔被击成重伤,被迫退居澎湖,不久死在那里。

镇海之战是中国近代海军配合陆军作战的第一次胜利,极大地鼓舞了广大军民抵抗外敌侵略、保卫国土的决心与信心。中国军队同仇敌忾,众志成城,给予法国侵略军以沉重打击,在中国近代军事史,尤其是海防史上写下了浓重的一笔。

相关链接

## 马尾海战

又称"马江之战"。1884年7月15日,法国海军中将孤拔率一支拥有8艘军舰、总排水量14000余吨的舰队驶达闽江口,向何如璋、张佩纶提出要进入福建水师基地马尾港停泊。何、张同意了这一无理要求,并指令福建水师,没有命令不许擅自起锚,不准先开炮。8月,由于进攻基隆受挫,法军把主要目标指向了疏于防范的马尾军港和福建水师。23日上午,孤拔向何如璋、张佩纶发出最后通牒,限福建水师于当日下午撤出马尾港。何、张二人一意求和,既不告知官兵实情,又不准备应战,至中午法舰已升火待发之时,二人却因未作战争准备,请求法军改变开战日期,遭到拒绝。孤拔命令提前发炮,福建水师被迫仓促应战,有的军舰还未起锚就被击沉或烧毁。福建水师的军舰和运兵船在很短时间内几乎全被击沉、击毁,官兵伤亡达700多人。马尾造船厂以及马江两岸炮台,也全被法军击毁。是役失败三天后,清政府迫于舆论的压力,对法宣战。

# 冯子材镇南关威震法军

中法战争发生在 1883 年 12 月至 1885 年 4 月,是由法国侵略越南并进而侵略中国而引起的一次战争。在战争中,中国军队虽然败多胜少,但也取得了多次战役的胜利,其中以冯子材指挥的镇南关大捷最为振奋人心。

1884 年底,刘永福率领的黑旗军与西线清军齐心协力,密切配合,将法军围困在宣光城中长达三月之久,法军弹尽粮绝,已成瓮中之鳖。然而,清军前线统帅、广西巡抚潘鼎新执行李鸿章的妥协退让政策,采取战胜不追、战败则退的消极作战方针,先是放火烧了谅山城,退守镇南关(今友谊关),旋即又溃逃到离镇南关 140 里的龙州。法军于 1885 年 2 月 23 日乘机占领中越边境重镇镇南关。不久,由于兵力不足,补给困难,法军炸毁镇南关城墙及附近工事后,退回文渊城,并在镇南关废墟上立一木牌,上书:"广西的门户已不再存在了。"以示对中国的羞辱。中国军民针锋相对,写上:"我们将用法国人的头颅,重建我们的门户!"以回答法军的挑衅。

为挽回战局,刚刚升任两广总督的张之洞,向清政府极力推荐老将冯子材。冯子材,广东钦州(今属广西)人。行伍出身,曾参加反清起义,后接受清政府"招安",成为清军中的一员骁将。冯子材曾担任广西提督多年,在广西将士中有很高的威望。1882 年,由于不满朝廷中一些佞臣拨弄是非,65 岁的冯子材借口有病,解甲归田。而此时,尽管冯子材已近古稀之年,但当他看到国难当头,形势万分危急,便义不容辞地接受了任命。

冯子材接受清政府的命令后,火速

冯子材

率领所部"萃军"(冯子材号萃亭,故所部称萃军)18营,离开广东奔赴广西前线。他一到前线,立即着手整顿军队,并在隘口抢筑了一条长长的壁墙,作为屏障。他把部队分为后、西、东、中四路,形成掎角之势,以互相策应,自己身先士卒,率主力居中。冯子材从抗法大局出发,置个人安危于不顾,使广西军民受到很大鼓舞。

1885 年

3 月 24 日,冯子材率军取得镇南关大捷。

6 月 9 日,李鸿章与法国公使巴德诺在天津签订《中法新约》,中法战争结束。

3月15日,面对冯子材严密防守的阵势,法军不敢正面进犯,改由侧翼攻击。冯子材早有准备,给来犯法军以沉重打击。随后,冯子材乘胜出击,夜袭文渊城,捣毁法军两个堡垒。受到重创后,法军恼羞成怒。3月23日清晨,法军倾巢而出,在开花炮的掩护下,兵分三路,以两路进攻东岭炮台,一路直奔关前隘口。一时间,黑烟滚滚,炮声震天。冯子材身着窄袖短衣,脚穿草鞋,手握腰刀,毫不畏惧,沉着应战,并不时大声地激励将士们。在各军合力反击下,法军始终未能越过长墙。

24日天刚蒙蒙亮,法军不甘心失败,乘着雾气又猛扑过来。冯子材深知敌人来势凶猛,但他临危不惧,誓与长墙共存亡,并传令将士作好"近身博战"的准备。法军凭借优势炮火的掩护,黑压压一片向长墙扑来,有的甚至越过战壕,爬上长墙。就在这千钧一发之际,冯子材手执长矛,威风凛凛,大呼一声,冲出墙外。他的两个儿子相荣、相华也紧随其后,杀进敌阵。清军将士见老帅亲自冲锋陷阵,大为振奋,争先恐后地冲出长墙,与法军近身肉搏。经过激烈的混战,法军终于被赶下了山谷,被法军抢占的三座炮台也被夺回。此时,当地壮、瑶、白、汉等族民众和千余名越南义军纷纷前来助战,法军陷入重重包围之中。3月25日,冯子材发出了总攻命令,各路军民奔下山来,奋勇杀敌,共击毙法军1000多人。法军全线崩溃,残兵败将狼狈溃逃。这就是轰动中外的镇南关大捷。然而,冯子材并未就此满足,他亲率主力向谅山正面发动进攻,并击伤法军前线司令居格里。在越南军民的配合下,清军迅速攻破谅山城门,法军落荒而逃。

在冯子材的带领下,中国军队接连取得了镇南关和谅山等大捷,从根本上扭转了整个战局,沉重打击了法国侵略者的嚣张气焰,最终导致法国茹费理内阁倒台。尽管中国在军事上取得了一定的胜利,但是清政府屈于法国的压力,最终还是被迫签订了丧权辱国的不平等条约。当时人称:"法国不胜而胜,中国不败而败。"

相关链接

## 中法战争

1883年8月,法国强迫越南签订《顺化条约》,把越南变成其"保护国"。同年12月,法军向驻越的中国军队发动进攻,挑起中法战争。战争初期,清军连连失利,李鸿章力主妥协。1884年5月11日,与法国签订中法《简明条约》,承认法国对越南的"保护权",在中越边境开埠通商,并声明将驻越清军撤回边界。条约签订后,法国仍不满足,继续向中国境内进犯。1884年8月23日,法军司令孤拔率舰队在马尾港突袭福建水师,致使福建水师全军覆灭。三天之后,清政府被迫对法宣战。1885年2月,法军占领广西门户镇南关。老将冯子材率军赴战,取得镇南关大捷,并乘胜克复谅山等地。3月30日,茹费理内阁因法军失利而倒台。清政府却"乘胜即收",诏令前线停战撤兵。6月9日,中法两国在天津签订《中法新约》,法国打开了中国西南的门户。中法战争以法国不胜而胜、中国不败而败告终。

# 邓世昌怒撞吉野舰

"东沟海战天如墨，炮震烟迷船掀侧。致远鼓棹冲重围，万火丛中呼杀贼。勇哉壮节首捐躯，无愧同袍夸胆识。"这首诗是著名爱国思想家郑观应写的《忆大东沟战事感作》，其中不仅生动地描述了甲午黄海海战的战斗场面，而且热情歌颂了在海战中壮烈殉国的海军名将邓世昌。诗作中"壮节"二字就是民族英雄邓世昌的谥号。

邓世昌，广东番禺（今广州市海珠区）人。少年时，考入福州船政学堂，学习航海知识，成绩优秀。从福州船政学堂毕业后，邓世昌被李鸿章看中，调到北洋舰队任炮舰管带。甲午海战前，邓世昌任致远舰管带，加总兵衔。他富有爱国精神，早有为国捐躯的大志，曾对人说："人谁不死，但愿死得其所！"

1894 年 9 月 16 日，北洋舰队提督丁汝昌率 12 艘军舰护送运兵船赴鸭绿江口大东沟。第二天上午 11 时左右，北洋舰队完成护送任务正准备返航时，突然发现西南海面上黑烟滚滚，一支悬挂美国星条旗的庞大舰队急驶而来。中午时分，这只舰队距离北洋舰队越来越近时，突然扯下美国国旗，换上了日本太阳旗。丁汝昌命令各舰升火，准备战斗。

面对日本 12 艘战舰排成的"一"字尖阵，北洋舰队 12 艘军舰排成"人"字雁行阵，向日舰迎去。旗舰"定远"号排在"人"字尖端，率先迎敌。为了先发制人，定远舰大炮第一个向日舰轰去，打响了黄海大战的第一炮。接着"镇远"等各舰大小火炮连环发射，日舰也即时开火，一场海上恶战就这样开始了。

自从丰岛海战后，北洋舰队官兵个个义愤填膺，誓报此仇。邓世昌更是激愤不已，不仅要求立即进兵，以争取战略上的主动，而且曾对部下发誓："设有不测，誓与日舰同沉！"黄海海战打响后，邓世昌指挥致远舰，于"阵云缭乱中，气象猛鸷，独冠全军"。邓世昌大声激励兵士："吾辈从军卫国，早置生死于度外，今日之事，有死而已！"不久，致远舰陷入 4 艘敌舰的包围之中，与舰队失去联系。邓世昌沉着应战，毫不畏惧，指挥致远舰拼死反击日军。激战数小时后，致远舰所带炮弹全部打完，多处受伤，水线以下被洞穿漏水，船身倾斜严重。

随后,邓世昌又命令士兵以步枪射击。恰在这时,日舰"吉野"气势汹汹地向"致远"冲来。邓世昌环顾了一下致远舰和舰上的将士,深知"致远"已船伤弹尽,无力再战,如果再这样拖下去,势必会被敌人击沉。他怒视着日益逼近的"吉野",对大副陈金揆说:"日舰专恃'吉野',苟沉是舰,则我军可以集事。"于是,邓世昌决定趁敌不备,撞向"吉野",与之同归于尽。全舰官兵均表示赞同,在甲板上列队齐声高呼:"撞沉'吉野'!撞沉'吉野'!"随后,邓世昌下令"鼓轮怒驶",向"吉野"猛冲过去。

日舰发现"致远"奋力向"吉野"猛冲过去,立刻集中火力,向"致远"轰击,"致远"甲板中弹,燃起熊熊大火。邓世昌毫不避让,命令致远舰全速前进。"致远"像一匹脱缰的野马,乘风破浪,径直向"吉野"冲去。吉野舰上日本士兵见此情景,恐慌万状,纷纷跳水逃命;舰长也吓得一时目瞪口呆,手足无措。日军醒过神来后,一面操纵吉野舰紧急转向避让,一面命令所有炮火向致远舰轰击,同时连续向致远舰发射鱼雷。不幸的是,一枚鱼雷击中了"致远"水线以下,引起锅炉爆炸,随后"致远"右舷倾斜,很快沉没在茫茫黄海之中。

邓世昌落水以后,仍大呼"杀敌"。随从刘忠把救生圈抛给他,他以"阖船俱没,义不独生",拒绝使用。左边有一艘鱼雷艇也赶来相救,他也没有回应。这时候他畜养的爱犬亦凫到身边,奋力拖起他的手臂和头发,然而邓世昌誓与舰共存亡,毅然用力把爱犬按入水中,自己也随之没入波涛之中。全舰250多名将士,除7人得救外,其余全部壮烈牺牲。

邓世昌的英勇壮举,大大振奋了中国士兵的爱国热情。"致远"号等舰船沉没后,他们继续顽强与日军搏斗,先后重创敌舰多艘,致使日本侵略者"聚歼中国舰队于黄海"的狂妄计划彻底破产。

致远舰奋勇冲向日舰"吉野"

---

### 东学党起义

1894年5月,东学党领袖全琫准在古阜郡率领农民起义。朝鲜李氏王朝假意求和,同意农民提出的平分土地等12项条件,缔结《全州和约》,起义农民受骗回乡。随后,朝鲜国王请求清政府出兵协助朝鲜镇压东学党起义,而日本出兵占领朝鲜的野心蓄谋已久,表面上极力诱使清政府出兵。中国出兵朝鲜后,日本以"保护侨民"为借口,陆续出兵朝鲜1万多人。东学党起义成为甲午战争的导火线。

相关链接

## 中日甲午战争

甲午海战中被清军击中的日本旗舰"松岛"号

1894 年春,朝鲜爆发了东学党领导的农民起义,朝鲜政府进行镇压屡遭失败,请求清政府派兵。清政府即派直隶提督叶志超等率兵 1500 人赴朝,驻守汉城以南的牙山。日本决定利用这一事件侵略朝鲜进攻中国,以护送驻朝公使回任和保护本国使馆及侨民为借口,也出兵 1 万多人进入朝鲜,并不时进行战争挑衅。7 月 25 日,日本海军在牙山口外丰岛突然袭击中国护送运兵赴朝的军舰,中日战争爆发。日本陆军也从汉城出发,偷袭牙山清军。8 月 1 日,清政府被迫对日宣战。因为 1894 年是农历甲午年,所以称"甲午战争"。

这次战争可分为两个阶段。1894 年 7 月 25 日至 10 月中旬为第一阶段,战场在黄海海面和朝鲜境内,主要战役有丰岛海战,牙山、平壤之战和黄海海战。结果,日军占领了朝鲜,北洋舰队躲进威海卫,日军掌握了黄海的控制权。1894 年 10 月下旬至 1895 年 3 月为第二个阶段,主要战役为辽东之战和威海卫之战。10 月 24 日,日军兵分两路侵入中国的辽东地区。11 月 7 日,日军进攻大连,清军守将不战而逃;22 日,日军攻占旅顺,随后对当地居民展开了四天野蛮的大屠杀。第二年 1 月 20 日,日军一面从海上封锁威海卫,一面从陆地包抄威海卫后路。2 月初,日本海陆军一起炮轰刘公岛和港内的北洋舰队。北洋舰队提督丁汝昌率领爱国官兵在腹背受敌的情况下奋起抵抗,打退日军多次进攻。12 日,日军进入刘公岛,北洋舰队全军覆没。3 月上旬,日军接连攻占牛庄、营口等地,辽东半岛失陷。

随着军事上的溃败,清政府向日本完全屈服。1895 年 4 月,清政府同日本签订了丧权辱国的《马关条约》,中国半殖民地化进一步加深。

# 李鸿章马关遇刺

中国在甲午战争中遭到惨败后,清政府任命李鸿章为全权大使,赴日本马关议和。在一次会谈结束后,李鸿章乘轿返回下榻的旅馆,途中突遭日本暴徒枪击,"几乎酿成国际异变"。

1895年3月14日,李鸿章率其子李经芳、头等参赞伍廷芳以及顾问科士达(美国前国务卿)等人,乘坐两艘德国轮船,前往日本马关(今日本山口县下关市),谈判议和。3月19日,李鸿章一行到达马关,住在距离谈判地点春帆楼近在咫尺的引接寺里。第二天午后2时半,李鸿章一行迈着沉重的步伐登上春帆楼。

春帆楼上,一张偌大的方桌四周早已摆放好了十多把椅子,日本方面还特别为年逾七旬的李鸿章摆放了痰盂。在首次谈判中,日本谈判代表伊藤博文向李鸿章提出了苛刻的停战条件,声称如果中国不接受条件,日本将增兵再战;而李鸿章则希望日本首先停止军事行动,并恳求日本减轻勒索。两国代表唇枪舌剑,僵持不下。就这样一直持续到3月24日,双方仍未达成一致意见。

恰在此时,一桩突发事件改变了谈判的进程。当天的谈判结束后,满怀心事的李鸿章步出春帆楼,乘轿返回引接寺。就在李鸿章的轿子快到驿馆时,突然从人群中窜出一个持手枪的日本男子,未等李鸿章的随行保卫人员反应过来,照准李鸿章就是一枪。李鸿章左颊中弹,顿时血流满面。随员赶快将李鸿章抬回引接寺住处。医生立即对李鸿章的伤情进行了详细检查,发现一颗子弹打中了左边颧骨,伤口在左眼下一寸左右的位置,子弹留在了体内,但没有伤及眼睛。见过大风大浪的李鸿章,此时表现得异常镇静,他嘱咐随行人员将换下来的血衣保存下来,不要洗掉血

**1895年**

1月5日,清政府派张荫桓、邵友濂为全权代表赴日议和。2月1日,被拒。

2月13日,清政府派李鸿章为头等全权大臣与日本议和。

3月20日,李鸿章与伊藤博文在马关开始谈判。

4月17日,中日《马关条约》签订。

中日双方在春帆楼谈判时的情景

迹。73 岁的李鸿章指着血衣大呼:"此血可以报国矣。"

行刺事件发生后,凶手当场被担任保卫任务的日本警察抓获。经审讯,凶手名叫小山丰太郎,是日本右翼团体"神刀馆"的成员。他在供词中宣称:"日本放弃占领北京是日本的耻辱,目前同中国签订和约为时尚早。"他不希望中日停战,更不愿意看到双方议和,而是希望将战争进行下去,所以决定借刺杀李鸿章,挑起中日之间的进一步矛盾冲突。当时,像他这种患有歇斯底里顽症的人在日本决非少数,尤其在军队内部,很多人希望把战争继续打下去,有人甚至狂言非占领北京不可言和。

李鸿章马关遇刺的消息传开后,世界舆论哗然,不少国家发表声明,谴责日本政府。日本政府陷入外交危机,一度颇为恐慌,首相伊藤博文、外相陆奥宗光等人亲自前往引接寺查看李鸿章病情;明治天皇还谕令马关全境戒严,严惩凶手。李鸿章下榻的引接寺周围更是军警林立,如临大敌。日本政府原本想借战争威胁逼迫清政府签订不平等条约,然后见好就收,而刺杀事件一下子打乱了日本政府的计划。伊藤博文闻讯后气急败坏地发怒道:这一事件的发生比战场上一两个师团的溃败还要严重! 此时的伊藤博文最担心的就是李鸿章借机回国,中断谈判;同时,也十分担心一直对日本虎视眈眈的西方国家借此出面干涉,坐收渔翁之利。

4 月 25 日,台北人民鸣锣罢市,掀起反割台斗争。
5 月 2 日,清政府批准中日《马关条约》。
5 月 29 日,日军在台湾基隆登陆,开始镇压台湾人民的反抗。

按理说,清政府和李鸿章应充分利用这一事件,争取国际舆论的支持和西方国家对日施压,特别是为下一步的谈判创造有利条件,但是由于清政府害怕战争继续打下去,迫切希望早日停战,因此对刺杀事件采取了容忍和让步的态度。

28 日,伊藤博文再次来到李鸿章的住处,告之日本天皇已下令停战时,"绷带外面仅露一眼"的李鸿章,"露出十分高兴的神情"。他没有想到,谈判竟然会因为自己的遇刺而峰回路转。30 日,中日终于签署了停战协定。

经过治疗,李鸿章渐渐伤愈,随后谈判继续进行。受李鸿章遇刺事件的影响,日本在和谈条件上稍有收敛,但对中国向日本赔款白银2 亿两,割辽东半岛、台湾、澎湖列岛等条件表示不再让步。伊藤博文在谈判桌上极其嚣张,仅限李鸿章对和约草案做"允"与"不允"的答复,并不时以增兵再战进行恫吓。1895 年 4 月 17 日,李鸿章被迫与日本签订了《马关条约》。

就在中日停战协定签订的同一天,山口县地方法院以预谋未遂罪判处小山丰太郎无期徒刑。然而,1907 年 8 月,日本当局以小山丰太郎"在监狱表现好"为由,将其释放,前后仅服刑 12 年。

---

**相关链接**

### 《马关条约》的签订

1894 年 7 月,中日甲午战争爆发。清政府在战争中连遭惨败,被迫求和。1895 年 4 月,清政府以李鸿章为头等全权大臣,与日本全权代表伊藤博文等谈判,最后在日本的压力下被迫同意签订《马关条约》。《马关条约》共 11 款,并附有"另约"和"议订专条"。主要内容有:中国承认朝鲜的独立自主,废绝中朝宗藩关系;中国割让辽东半岛、台湾及澎湖列岛给日本;赔偿日本军费银 2 亿两;开放重庆、沙市、苏州和杭州为商埠;日本可以在中国通商口岸开设工厂,产品运销内地只按进口货纳税,并准在内地设栈寄存。

《马关条约》是日本在西方列强的支持下强加于中国的不平等条约,也是《南京条约》以来外国侵略者强加给中国的最严重的不平等条约,它不仅使日本得到巨大的利益,助长了列强分割中国的野心,而且加深了中国的民族危机,严重阻碍了中国民族资本主义的发展。《马关条约》签订后,中国的半殖民地化程度大大加深。

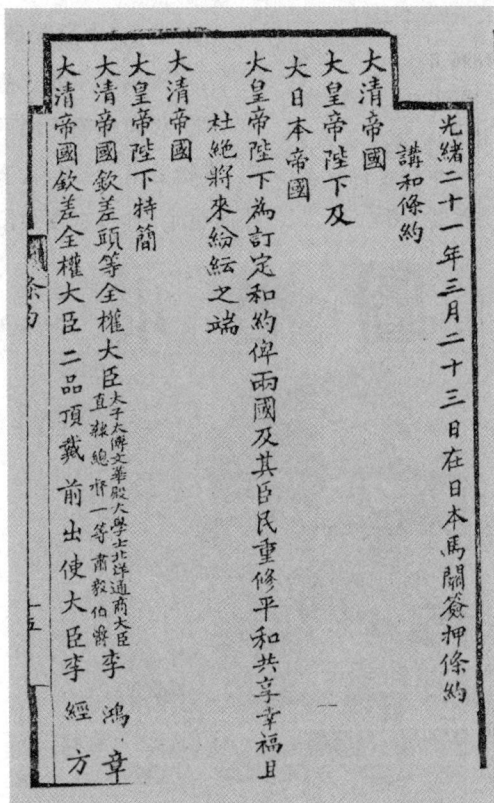

《马关条约》(局部)

# 谢缵泰与《时局图》

1895 年

4 月 23 日，俄、德、法三国驻日公使联合向日本政府提出把辽东半岛"归还"中国的照会。

11 月 8 日，中日《付还辽东条约》订立，增加赔款 3000 万两。

1896 年

6 月 3 日，中俄《御敌互相援助条约》（即《中俄密约》）在莫斯科签订。

自 1840 年鸦片战争以来，西方列强纷纷入侵中国，蚕食中国领土，侵犯中国主权。中日甲午战争后，西方列强更是明目张胆地掀起了瓜分中国的狂潮。1900 年，沙皇俄国出兵侵占我国东北全境，引起中国人民的强烈反抗。为唤起国人对东三省前途问题的关注，1903 年 12 月 25 日，由蔡元培等人主编的《俄事警闻》在上海创刊，上面刊登了一副绘满各种动物的漫画，以隐喻的方式暗示了中国所面临的重大危机。这就是《时局图》。

《时局图》中的背景是一幅中国地图，画中的野兽分别代指西方列强：熊雄踞于东北三省，代表着野心勃勃的俄国；犬逞威死守于长江一带，代表横霸无忌的英国；蛙控霸印度支那，更左右开弓，伸向两广，直指云南、四川，代表了法国；而代表着美国的鹰，正欲飞来分食，扑向整个中国；右方太阳代表日本，淫威乱舞，飞链锁住了台湾，直逼福建，魔爪经朝鲜伸向京津、华北；蛇代表贪得无厌的德国，吞噬胶州、山东……它们在中国的土地上横行霸道，任意瓜分中国。列强环伺，时局岌岌，令人触目惊心。画旁有题词曰："沉沉酣睡我中华，那知爱国即爱家！国民知醒宜今醒，莫待土分裂似瓜。"

令人称奇的是，这样一幅生动形象的漫画并非出自绘画专业人士之手，而是由一位名为谢缵泰的飞艇设计师绘制的。

谢缵泰，字圣安，号康如，广东开平人，1872 年生于澳大利亚悉尼。中学毕业后，他跟随父亲到了香港，以高分考入香港皇家学院机械工程系深造。入校后他将全部精力都投入到机械工程课程上，每次考试都是名列前茅，成为全院高材生中的佼佼者。西方飞艇研制成功的消息传到香港后，引起他的兴趣。他从 1894 年开始研制，到 1899 年设

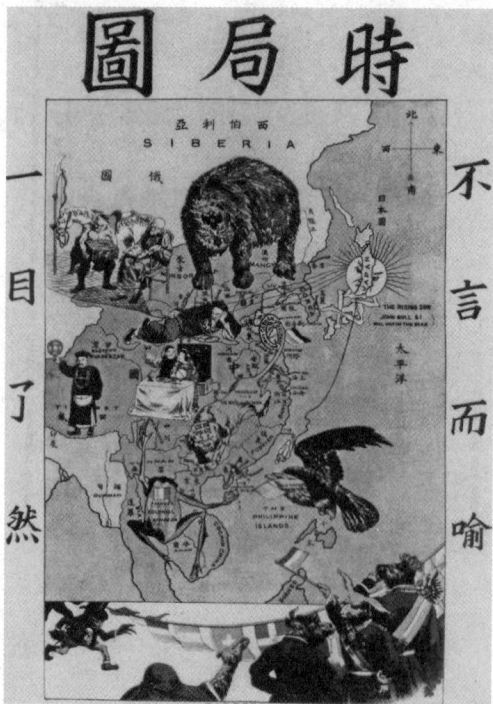

《时局图》

计成"中国"号飞艇。设计完成后,他欲献给当时的清朝政府,但遭到冷遇,于是便将图纸和说明书寄给英国的飞艇研究家,备受赞赏和敬佩。

谢缵泰不仅是我国的航空先驱,还热心于革命事业。1892年他与杨衢云等人创办"辅仁文社",1895年加入兴中会,参加策划广州首义。广州起义失败后,谢缵泰回到香港负责对外交涉,并提出"联合各党派,统一中国"的口号。1902年,他又与洪全福、李纪堂等到广州密谋起义。事泄失败后,他回到香港参加创办《南华早报》,继续宣传革命。《时局图》正是在这样的背景下创作的。1937年4月1日,谢缵泰病逝于香港,遗著有《中华民国革命秘史》。

实际上,早期刊登在《俄事警闻》上的《时局图》与我们现在通常所见的《时局图》有所不同。今天的《时局图》除了揭露西方列强对中华民族的侵略外,还增加上了揭露清政府昏庸腐败的内容,比较典型的是代表清政府的三个人物:一个是手举着铜钱、搜刮民脂民膏的贪官污吏;一个是无视民族危亡、自顾自地寻欢作乐者;一个是手中拉着网绳的昏昏似睡者,在网中还有一人正正经经八百地念"之乎者也",而他身边还有一个在马旁习武之人,这些都深刻揭露了清政府以科举考试等升官之途愚弄人民的卑鄙手段。在地图之外,还站了一群人形化了的狐狸之类的动物,它们对中国指手画脚,各怀鬼胎。

从问世到1904年的数年间,《时局图》被修改了多次。它的出现,立即引起中外报刊的注意,还多次被印成色彩鲜明的单张宣传画出售,畅销全国各地,影响极大。它像鸣起的警钟,唤醒了中国人民的忧患意识。

## 三国干涉还辽

沙俄觊觎中国东北已久。中日马关议和期间,沙俄闻知日本议割辽东半岛,十分不满,一面对日本施以军事威胁,一面拉拢他国,进行外交干涉。当时,法国与沙俄为盟友,而德国急欲在中国获得军事基地,遂共同响应沙俄。《马关条约》签订不久,三国分别照会日本,要求日本退出辽东半岛,同时调遣陆海军对日施以压力。日本无力与三国抗衡,被迫声明接受三国"劝告",但要求清政府支付3000万两白银作为"赎辽费"补偿。三国借干涉还辽,强迫清政府给予租借军港、修路开矿等特权,沙俄在中国东北的侵略势力迅速扩张。

相关链接

## 帝国主义瓜分狂潮

《马关条约》签订后,帝国主义列强争夺中国的步伐大大加速。各国争先恐后地掠夺在华利权,使中国面临被瓜分的严重危机。

在帝国主义瓜分中国狂潮中,沙俄充当了急先锋。由沙俄策划的三国干涉还辽是19世纪末列强瓜分中国狂潮的开端。沙俄的一系列侵略活动,加剧了列强对中国的争夺,于是各国纷纷在中国强占港湾,掠夺铁路,划分势力范围。1898 年 3 月 6 日,德国以巨野教案为借口,强迫清政府签订了《胶澳租借条约》,强租胶州湾,划山东为势力范围。1899 年11 月,法国强租广州湾,划两广为其势力范围。1898 年 3 月,沙俄强迫清政府签订《旅大租地条约》,强租旅大港,划东北为其势力范围。德国强租胶州湾后,英国立即要求租借九龙半岛为"补偿",后又强租"新界",划长江流域为其势力范围。日本也不甘落后,于 1898年强迫清政府答应不把福建出让给其他国家,使福建成为其势力范围。当其他列强在中国争夺划分势力范围时,美国正忙于战争,一时无力顾及中国。1899 年,美国国务卿海约翰提出"门户开放"政策,通过"机会均等"的手段,保证了整个中国市场对美国商品自由开放。除此之外,帝国主义列强还向中国大量输出资本,向清政府提供政治贷款,争夺中国的路权、矿权,逐渐控制了清政府的经济命脉。帝国主义瓜分狂潮使甲午战后民族危机骤然加深,中国面临着亡国灭种的危机。

# 戊戌变法与义和团运动

中日甲午战争中,腐朽的清政府被日本打败,北洋水师全军覆没。1895 年 4 月,日本逼签《马关条约》的消息传到北京,在京应试的康有为组织千余名举人联名上书清政府,痛陈民族危亡的严峻形势,提出"拒和、迁都、练兵、变法"的主张。这就是"公车上书"。"公车上书"揭开了维新变法运动的序幕。随后,康有为、梁启超等人组织学会,创立报刊,开办学堂,鼓吹变法,维新运动在全国逐渐兴起,最终促成光绪帝于 1898 年(农历戊戌年)6 月颁布"明定国是"诏书,宣布变法。但是,变法遭到以慈禧太后为首的守旧派的强烈反对。同年 9 月慈禧太后发动政变,囚禁光绪皇帝,谭嗣同等"戊戌六君子"被杀害,康有为、梁启超逃亡,历时仅 103 天的变法最终失败,史称"百日维新"。

义和团运动是 19 世纪末发生的一场群众性反帝爱国运动。它是甲午战后中国人民反瓜分、反侵略斗争的发展,也是长期以来遍及全国各地的反教会斗争的总爆发。由于农民阶级的局限性,义和团运动带有浓厚的神秘主义色彩和盲目排外的特点。义和团以"扶清灭洋"为口号,反对外来侵略,但对清政府认识不清,被清政府利用,后被出卖。在中外反动势力的联合绞杀下,义和团运动最终失败。

**戊戌变法期间维新派创办的主要报刊**

　　"公车上书"后，维新派积极进行宣传活动，在各地创办许多报刊，其中重要的有北京的《万国公报》（后改为《中外纪闻》）、上海的《时务报》、天津的《国闻报》、长沙的《湘学新报》（后改名《湘学报》），以及澳门的《知新报》等。这些报刊都宣传维新变法，宣传新思想，为变法制造舆论，推动维新变法运动在全国逐渐兴起。

# 康有为讲学万木草堂

在广州中山四路的闹市之间,有一个冷落多年的古旧书院,书院与这座繁华的城市显得有些格格不入。从 2004 年至 2006 年,广州市投入巨资对书院进行全面修缮,使其基本恢复原貌。后来,又加大力度清迁了有碍观瞻的周边建筑,使这一被遗忘百年之久的书院得以"重见天日"。这是一座怎样的书院?它究竟有何魅力能在这片寸土寸金的繁华地段得以"重新崛起"呢?

原来,这就是维新派领袖康有为讲学的地方——万木草堂。当年,康有为在这里聚徒讲学,宣传他的学术观点和主张,培养了许多维新人才,其中梁启超、麦孟华、徐勤等后来都成为戊戌变法的骨干。因此在某种意义上说,万木草堂实际上是戊戌变法的策源地。

康有为,广东南海人,出生于一个书香门第的封建家庭,自幼饱读经书。曾到上海、香港游历考察,目睹了资本主义的先进文明。面对深重的民族危机,他逐渐萌发了向西方学习、挽救民族危亡的维新变革思想。1888 年冬,康有为以布衣身份毅然进京上书光绪皇帝请求变法。由于顽固派的阻挠,上书没有到达光绪帝手中,但在一些维新人士中间产生一定影响。

1890 年春,康有为举家迁往广州,当时正在学海堂书院读书的陈千秋、梁启超等青年才俊们早就闻其大名,仰慕不已,纷纷前来请教,并愿意拜在他的门下。第二年,康有为租赁长兴里邱氏书屋,正式开办学舍,创办万木草堂。后来,学舍虽有两次搬迁,但习惯上,人们将康有为在这三处地方所办的学堂都统称为"万木草堂"。

康有为先后两次亲自在万木草堂讲学,历时共计 7 年之久。第一次是 1891 年,康有为创立万木草堂,并自任总

万木草堂

**1888 年**

10 月,康有为第一次上书光绪帝,请求进行变法。

**1895 年**

5 月 2 日,康有为发动"公车上书"。

8 月,康有为在北京创办《万国公报》。(后改为《中外纪闻》)。同时,组织强学会。

教授和总监。1895 年甲午战争结束后，康有为在京联合举人"公车上书"，没有成功，于是在 1896 年返回广州，再次来到万木草堂从事讲学和著述。在这里，康有为写了《孔子改制考》《孟子大义考》《春秋学》《新学伪经考》《日本变政考》等十余种著作，进一步阐述了他的变法思想。

康有为讲学内容以孔学、佛学、宋明理学为体，以史学、西学为用，上下古今、中西兼顾、文理兼有。他主张"脱前人之窠臼，开独得之新理"，对学生施以德、智、体教育。在德育方面，康有为提倡厉节、慎独、养心等传统道德修养，仍然没有脱离封建教育窠臼，但他的目的则专在激励气节，发扬精神，从而发愤图强。在智育方面，万木草堂开设四种课程，包括义理之学、经世之学、考据之学和词章之学。这些课程，虽然还是以传统的学术为主干，但与当时专学八股、帖括词章的传统学堂相比有很大进步。体育方面，万木草堂以兵式体操为主，隔天进行一次，开创"尚武"教育的先河。

在教学方法上，康有为喜欢用比较法，"每论一学，论一事，必上下古今，以究其沿革得失，又引欧美以比较证明之"。康有为经常鼓励弟子们展开辩论和演讲，自由争鸣、问难、质疑的学风甚浓。在万木草堂，师生关系非常融洽，同学之间也亲密无间，"书籍、用具、衣着都是彼此不分的"，学生们称康有为为父兄，康有为则视学生为挚友。康有为每天在讲堂一讲就是四五个小时，有趣的是，康有为讲学不设书本，而且要击鼓三通才开始授课。在传授给学生们文化知识的同时，他十分注重启发学生们同自己一道探求救国之法，把求知和救国救民、改造社会紧密地联系起来。

由于万木草堂明确提出以中体西用为办学宗旨，而且采用中西并重的教育内容，对当时的书院教学影响很大。更重要的是，康有为在万木草堂的讲学活动，培养了一批维新人士，这些人后来大都成为维新变法运动的骨干，不仅对近代中国的政治产生了很大的影响，而且对近代中国的文化、教育、学术的发展也起了巨大的推进作用。著名文化人张元济写诗称誉道："南洲讲学新开派，万木森森一草堂。谁识书生能报国，晚清人物数康梁。"

**1896 年**
1 月 21 日，御史杨崇伊参奏强学会"植党营私"，北京、上海两地强学会相继被封闭。
8 月 9 日，《时务报》在上海创刊。梁启超的《变法通议》陆续发表。

相关链接

## 强学会成立

中日甲午战争以后,中华民族危机空前严重,康有为、梁启超等人大力鼓吹变法维新。为了扩大影响,争取官员与士大夫的支持,1895 年 8 月,在康有为、梁启超等人的积极活动和倡导下,由文廷式出面,组织北京强学会,推陈炽为提调,梁启超为书记员。

强学会成分复杂,基本上是一个维新派与帝党官僚相结合的政治团体。强学会每十日集会一次,每集会必有演说,宣讲"自强之学"。康有为为强学会作序,痛陈中国处于"俄北瞰,英西窥,法南瞵,日东眈"的危迫局面,指出若不急图挽救,则中国有亡国之危。康有为创办的《万国公报》(不久改名为《中外纪闻》),成为强学会的机关报。1895 年 10 月,康有为南下上海,成立上海强学会。

强学会的成立,推动了维新变法思想的传播,但是遭到了顽固派的敌视与反对。1896 年 1 月,御史杨崇伊以结党营私为由,奏请查封强学会,于是北京强学会遭封禁,上海强学会也随之解散。

# 状元张謇办厂

**1895 年**

7 月 19 日,光绪帝命各省将军督抚议筹饷、练兵、恤商、惠工诸务。12 月 5 日,张之洞派人电邀张謇列名强学会。

**恩科**

恩科始于宋代,明、清沿用此制。宋时科举每三年举行乡试、会试,是为正科。遇皇帝亲试时,可别立名册呈奏,特许附试,称为特奏名,一般均能得中,故称"恩科"。清代于寻常例试外,逢朝廷庆典等,特别开科考试,也称"恩科"。

张謇

近代中国内忧外患严重,各界人士都在寻求可行的救国之道。从 19 世纪 70 年代开始,一些开明绅士在外国资本主义以及洋务运动的影响下,在"商战"、"求富"的呼声中,涉足新式大机器生产方式。甲午战争之后,日益严重的民族危机使更多的上层士绅开始弃置空泛议论和对官场的向往,走上了与传统士人截然不同的道路,状元张謇办厂便是一个典型的例子。

张謇,字季直,号啬庵。1853 年出生于江苏海门县常乐镇。甲午年间得中状元。

光绪二十年,即公元 1894 年,是农历甲午年。为了迎接慈禧太后六十大寿,举国上下早在一年前就开始忙碌起来。这一年本来不是科考之年,但是因为太后大寿,于是破例举行了恩科取士。经过九天的科考,加上两天的复试和殿试,张謇竟得了头名状元。科场上 26 年的蹉跎终于获得了大魁天下的殊荣。但是,已过不惑之年的张謇却没有发自内心的喜悦,反而感到深深的悲凉。他在当天的日记中这样写道:"栖门海鸟,本无钟鼓之心。伏枥辕驹,久倦风尘之想。一旦予以非分,事类无端矣。"

张謇在京做官不久,家中传来他父亲病危的消息,当张謇急忙赶回南通老家时,父亲已经病逝好几天了。1895 年 5 月,张謇回到家乡还不到半年,《马关条约》签订,这直接刺激了他走上"实业救国"的道路。

早在光绪十二年即 1886 年,张謇就产生了"中国兴实业,责任在士大夫"的想法。他思想的转变与张之洞有着很大的关系。张謇与张之洞自 1894 年开始交往,后来张謇帮助张之洞办团练,与张之洞有了比较直接的接触,两人在兴办实业方面也有着比较一致的看法。1895 年,张之洞授意张謇在江苏通州(今南通市)筹办纱厂。在通州办纱厂,是为了抵制外货、挽回利权,也符合通海地区实际的经济情况,当地是棉产地,原料供应充足。后来,张謇把纱厂取名"大生",出自《周易》"天地之大德曰生",表达了为民众解决生计的理想。

大生纱厂创办的过程曲曲折折,艰难万分。首先是资金筹集问题。当时中国人对办厂的态度是:"抵者十之五六,惜者其一二,赞者一,助者乃不及一。"为了筹集股金,张謇一个人奔走呼号,四处活动。而当开始动工建造厂基开支越来越大时,各方答应的资金都没有到位,变成了空口承诺。14 天之内,张謇给应允股金的刘坤一连发了 5 封信,给张之洞、盛宣怀发了 3 封函件,结果大多石沉大海,杳无音讯。而当地的土布业者则惧怕纱厂建成之后侵害自己的利益,趁机兴风作浪,企图纠集众人烧毁厂房。被逼无奈之下,张謇曾试图求助外国资金,或者将纱厂转租他人,最终由于对方条件苛刻而没有答应。但是,这些困难并没有让张謇退缩,他坚持一边四处筹资,一边将机器安装停当,随时准备开工生产。最后,张謇破釜沉舟,采纳沈敬夫的建议,"尽花纺纱,卖纱收花,更续自转。至不能有花纺纱,则停车而闭厂,以还股东",即将棉花纺成纱卖掉,再用卖纱的钱买棉,如果实在行不通就关厂卖机器,退还股东的钱。值得庆幸的是,当时的棉纱市场势头很好,纱价不断上涨,这样才使纱厂能够勉强维持正常运转,大生纱厂总算初步站稳了脚跟。

后来张謇在谈到办厂的经历时感慨地说:"千磨百折,忍侮蒙讥,伍平生不伍之人,道平生不道之事,舌痒而笔凋,昼惭而夜揆者,不知凡几。"道出了其中的艰辛。

在经历了种种磨难之后,大生纱厂进入了一个相当顺利的发展时期,不断盈利。1903 年,建立了分厂。1907 年,正厂、分厂组建大生纺织公司,并呈报商部注册。同时,为了配合纱厂的运作,得到便宜充足的棉花,又建立了通海垦牧公司,经营农业。此后,又相继建立了大生轮船公司、资生铁冶公司、大兴面粉厂、广生油厂等,

**1896 年**
2 月 17 日,张之洞奏派张謇、陆润庠、丁立瀛分别在通州、苏州、镇江设立商务局。

**1898 年**
5 月,大生纱厂开工,翌年 5 月,投产出纱。

大生纱厂

在通海地区创办的各种企业有 20 家,初步形成了以棉纺织业为中心的大生资本集团。其间,张謇还在外地参与创办了不少企业,如吴淞江浙渔业公司、宿迁玻璃公司、镇江大照电灯厂、中国图书公司、江苏铁路公司等。

由此可见,张謇以大生纱厂优厚利润回报为基础,展开了全面的企业扩张,迅速形成 20 世纪初期屈指可数的大型企业集团,张謇本人也以骄人成绩当之无愧地进入新兴资产阶级的行列。

相关链接

## 甲午战后的实业救国

1895 年,清政府在甲午战争中战败,被迫与日本签订了丧权辱国的《马关条约》,此后列强在中国强占租借地,划分势力范围,掠夺利权,掀起了瓜分中国的狂潮,中华民族笼罩着"亡国灭种"的阴霾。为了挽救民族危亡,志士仁人从不同的立场和角度,努力寻找、探索救国方略和道路,一时各种救国思潮相继涌现,而"实业救国"就是其中之一。

"实业救国"的内涵就是通过发展资本主义工商业来实现国家富强,以挽救民族危亡。实业救国的思想大约在 1895 年到 1900 年间产生,但其酝酿却经历了一个相当长的时间。早在 19 世纪 60 年代,洋务派就进行了一场以"自强"和"求富"为目的的洋务运动。19 世纪 70 年代以后,一批早期维新人士如王韬、郑观应等人,开始陆续认识到发展资本主义工商业的重要性,并进而提出了"商为国本"的新的本末观。而张謇则是"实业救国"思想的集大成者,其思想的核心是"棉铁主义",即试图通过棉花和钢铁来抵御外国商品对我国市场的侵害。后来,孙中山也在其《实业计划》中阐释了他的工业救国方案。

作为一种自强救国的尝试与实践,实业救国虽然并没有把中国从危难的境况中挽救出来,但不可否认的是,创办实业发展了中国自身的资本主义经济,并对西方经济侵略起到了一定的抵制作用。

# 慈禧杖责珍妃

在中国,人们谈到皇帝的婚姻时,有一句话广为流传,那就是"三宫六院七十二嫔妃"。大多数人以为妃嫔享尽人间富贵,但在等级森严的皇宫里,对于绝大多数妃嫔来说,她们只是皇帝传宗接代的工具和举行典礼时的陪衬,不能有自己的意志和个性。然而,在清王朝晚期,却出现了一名敢于冲击封建礼教的束缚、具有强烈的叛逆精神的妃子。她就是光绪帝的珍妃。

珍妃,初为珍嫔,晋珍妃,光绪帝的侧妃,也是最为受宠的妃子。1888年,慈禧太后为光绪帝选定副都统桂祥(慈禧的弟弟)的女儿叶赫那拉氏为皇后。和叶赫那拉氏一起备选的还有江西巡抚德馨的两个女儿以及礼部右侍郎长叙的两个女儿,后来德馨家的女儿被送出宫,只留下长叙家的两姊妹,大的封为瑾嫔,小的封为珍嫔。

珍妃机敏伶俐,一入宫便凭借自己的聪明才智赢得了光绪帝的喜爱。隆裕皇后本来是慈禧为光绪帝选定的,光绪帝自己并不中意,加上她生性温和,不善言辞,不会讨光绪帝的欢心。与珍妃同时进宫的瑾妃也性情懦弱,不仅不会取悦于光绪帝,反而与皇后走得很近。所有这些都为珍妃的得宠提供了有利的条件。珍妃初入宫时才13岁,还不失孩童的天真活泼。光绪帝每天凌晨上朝,午时退朝还宫,很是辛苦。珍妃侍奉左右,想着法子讨皇上的喜爱。他们经常互换装束,嬉戏玩乐,加上珍妃精于翰墨,而且会下棋,给精神上长期受压抑的光绪帝带来了许多安慰和快乐。所以光绪帝很宠爱珍妃,总是让她随侍身边,同桌共食,同床共寝。

珍妃因得光绪帝的宠爱,经常受到宫

珍妃

**1894 年**

9 月 29 日,慈禧重新起用恭亲王奕䜣主持总理衙门。

12 月 28 日,御史安维峻弹劾李鸿章误国卖国,反被慈禧革职充军。

中大小太监的奉承,渐渐有点忘乎所以,失去自我节制。按照清宫规定,皇后每年例银 1000 两,递减至妃这一级别,每年仅 300 两,嫔为 200 两。珍妃的祖父裕泰是陕甘总督,父亲长叙曾任户部右侍郎,伯父长善任广州将军达十二年之久,她自幼即生长在伯父府中,享尽钟鸣鼎食之家的奢华。入宫之后每年区区二三百两银子怎够用度?因此,珍妃便依靠堂兄志锐,串通奏事处太监"拉官纤"——即收人钱财为人跑官。私卖官职所收之贿款,一部分供给珍妃,其余由各层分肥。

**1895 年**

4 月 22 日,李鸿章奏请早日批准《马关条约》,翁同龢力陈批准宜缓。

**1896 年**

3 月 30 日,帝党官僚文廷式被革职,永不叙用,驱逐回籍。

4 月 14 日,慈禧偕光绪到圆明园。慈禧拟重修圆明园。

慈禧太后六十寿辰时,正好福州将军之位空缺,隆裕皇后想把这个职位给她的亲戚。但是珍妃依靠光绪帝的恩宠将此职卖出,还对皇后出言不逊。隆裕认为珍妃恃宠而骄,于是到慈禧面前告珍妃欺压她。原本因为珍妃在宫内频繁使用照相机,以及在甲午战争中劝说光绪帝主战等事情,慈禧就对珍妃很不满意,现在竟然又忤逆皇后,慈禧更加生气,想借此机会灭珍妃之威风,长隆裕之志气,以使自己的侄女真正能负起"统辖六宫之责",而且还可以借此打消光绪帝"奋起主战"的气焰,可谓"一石三鸟"。

一天清晨,光绪皇帝如同往常一样到长春宫东暖阁向慈禧太后请安。慈禧坐在御榻上,铁青着脸,不搭理光绪。光绪帝跪在地上,不敢抬头,也不敢多言,一直跪了两个多小时。最后,慈禧才阴阳怪气地放话:"下去吧! 瑾妃、珍妃的事,你不管,我可要管。不能让她们可着性子,不遵家法,干预朝政,胡作非为!"光绪帝莫名其妙,唯唯称是,以礼告退。光绪帝回到养心殿正在纳闷时,有太监跪奏:皇太后下令总管太监李连英,对珍妃"褫衣廷杖",就是脱了衣服,用棍子打。最后,珍妃被打得全身大面积瘀伤,腿脚筋脉酸麻胀痛,吐痰带有黑血,鼻涕带红。珍妃原本深受光绪帝宠幸,现在却当众受辱,而光绪帝却毫无办法。

慈禧痛杖珍妃,并不仅仅是一件关涉家庭纠纷的小事,由于妻妾反目,母子不和,以致逐渐演变出戊戌政变、己亥建储、庚子拳变等一系列重大政治事件,从而对中国近代历史的进程产生了重要的影响。

相关链接

## 帝党与后党之争

1874年,同治帝死,皇位由其堂弟兼姨表弟载湉继承,是为光绪帝。光绪帝年幼,名义上由慈安、慈禧两宫太后"垂帘听政",实权则操于西太后慈禧手中。1887年,按照清宫成例,16岁的光绪帝开始亲政。慈禧名义上宣布归政,退居颐和园,但仍把持着国家政务:一方面处处限制光绪帝的权力,行政、用人等国家大政要务仍需向她请允,才能施行;另一方面又通过自己的侄女隆裕皇后及亲信太监李连英等人,暗中监视光绪帝的行踪。这样,由于慈禧的弄权,光绪只有皇帝的虚名。在清廷内部,光绪帝和慈禧太后之间就发生了权力之争。

面对日本加紧侵略朝鲜,并积极准备发动侵略中国的战争,光绪帝和慈禧太后形成两种意见。慈禧惧怕日本武力,一意苟安,所以支持李鸿章等人避战求和的主张。同时,荣禄等人揣摩、迎合慈禧的心思,集聚在她周围,形成"后党"集团。但光绪帝要立志图强,不甘做亡国之君,坚决主张向日本开战。同时也希望战争取胜,为自己赢得一些实权和威望,改变受制于人的处境。光绪帝的主张,得到了他的师傅、户部尚书翁同龢等人的支持,形成"帝党"集团,与慈禧等抗衡。

甲午战争以后,"帝党"和"后党"的斗争一直延续到戊戌变法时期。"帝党"希望利用变法掌握实权;"后党"为了保持统治大权,则嫉视变法。变法期间,帝、后党争达到高潮。1898年,慈禧太后发动宫廷政变,将光绪帝囚禁在瀛台,戊戌变法失败。从此,"帝党"的夺权愿望就告破灭。光绪帝在慈禧的控制下,无所作为,直到1908年死去。

# 毕永年"围园捕后"密谋

1898 年 9 月，慈禧太后发动政变，大力捕杀维新派人士。28 日，清廷将谭嗣同、杨深秀等六人处决。次日，清廷以光绪帝的口气发布上谕，指责康有为等"谋围颐和园，劫制皇太后"，以此作为维新派大逆不道的罪状。清政府之所以在"上谕"中特别提出"围园捕后"，并不是无中生有，为政变寻找借口。实际上，"围园捕后"确有其事。为了使维新变法顺利进行，康有为不仅曾准备"劫制"慈禧太后，而且打算乘机捕杀。而当时被委以"围园捕后"重任的就是来自湖南的会党首领毕永年。

毕永年，湖南长沙人，生于 1869 年，"性豪宕，喜结纳"，1897 年捐得举人资格。维新运动兴起后，毕永年与谭嗣同、唐才常交往甚密，逐渐成为维新派中的激进分子。他利用自己的特殊身份，暗中结交会党。

1898 年 6 月 11 日，光绪帝颁布"明定国是"诏，实行变法。变法措施触及了以慈禧太后为首的守旧势力的利益，引起了他们的强烈反对。当时，维新派领袖康有为最大的愿望是依靠光绪帝，通过自上而下的、和平合法的方式，使中国逐渐走上资本主义发展道路，以实现国家强盛，挽救民族危亡。但是后来，康有为逐渐认识到，清政府的大权掌握在慈禧太后手里，皇帝并无多大权力，而慈禧是维新运动的最大障碍。他曾声称，如果要"尊君权"，"非去太后不可"。康有为等认为，只要慈禧一死，变法的阻力就消失了。因此，康有为等人私下多次密谋，要是变法遭到慈禧太后的破坏，实在无法推行，必须"另图良策"。

随着维新变法运动的深入，光绪帝和慈禧太后的矛盾日益加剧，甚至有白热化和公开化的趋势。6 月 15 日，慈禧迫使光绪帝罢免翁同龢，驱逐回籍。同时，又迫使光绪帝下令，授任新职的二品以上官员必须到她面前谢恩。同日，又强迫光绪帝任命她的亲信荣禄署直隶总督（不久改为实授），控制京城和畿辅军队。毫无实权的维新派人士见状，惊恐万分，慌作一团。缺乏政治斗争经验的康有为等人对当时的局势和危险程度估计得过于严重，认为慈禧太后和荣禄串通一气,随时准备对维新派下手,于是决定铤而走险,加紧布置武力夺权计划,同时秘密命毕永年火速赴京。

1898年8月,毕永年应康有为邀请,马不停蹄,连夜赴京。同时,康有为还急催唐才常入京,共同商讨应对策略。毕永年到达北京后,康有为首先向他详细分析了当时的危急形势,特别强调了皇上所面临的危险,希望他从大局出发,以国家利益为重,干一番惊天动地的大事业。然后,康有为向他透露了一个大胆的计划,即命毕永年领一支精兵,围住颐和园,乘机捕杀西太后。毕永年听后,大吃一惊。他没想到一向表情温和、行为儒雅的康有为,竟然想出这样一个“破天荒”的办法。康有为告诉毕永年,此计划实属“万不得已之举”。他还说,已派谭嗣同前往袁世凯住处离间袁世凯与荣禄之间的关系,希望能打消毕永年的顾虑。在康有为的激励和推动下,毕永年当即表示,只要能保护皇上不受其辱,促进变法成功,当“万死不辞”。

1898年9月,当新旧两派斗争日益尖锐的时候,康有为还曾动员王照游说聂士成率军保卫光绪帝。谭嗣同夜访袁世凯之际,康有为又曾和王照一起商议,“令请调袁军入京勤王”。可见,康有为的确密谋通过武力手段,为变法扫除障碍。不幸的是,慈禧太后在布置停当后,先下手为强,于9月21日发动政变。康有为的武力夺权计划未来得及付诸实施就宣告破产。

政变前夕,慈禧太后盛怒还宫时,曾质问光绪皇帝说:“康有为叛逆,图谋于我,汝不知乎?”又大骂道:“汝以旁支,吾特授以大统,自四岁入宫,调护教诲,耗尽心力,尔始得成婚亲政。试问何负尔,尔竟欲囚我颐和园,尔真禽兽不若矣!”还说:“痴儿,今日无我,明日安有汝乎?”可见,慈禧当时即确认,光绪皇帝和康有为互相串通,准备将她囚禁于颐和园。

维新变法失败后,康有为、梁启超对“围园捕后”一事讳莫如深,一而再、再而三地予以否认。实际上,康有为、谭嗣同等人为了促进维新变法事业走向成功,并不单单依靠循序渐进的、和平改良的手段。他们的确曾密谋包围颐和园,劫持慈禧,以扫清变法道路上的障碍。后来,毕永年在《诡谋直纪》中比较详细地记述了康有为劝说他带兵围园的经过和细节。

**1898年**

1月29日,康有为上《应诏统筹全局折》,吁请光绪帝厉行变法。

4月,康有为在北京成立保国会。

6月11日,光绪帝颁布“明定国是”诏书,宣布变法,“百日维新”开始。

6月15日,翁同龢被开缺回籍。

6月16日,光绪帝召见康有为,命康有为在总理衙门章京上行走,并许其专折奏事。

6月23日,慈禧迫使光绪任命荣禄为直隶总督兼北洋大臣。

9月4日,礼部尚书怀塔布、许应骙等保守派六人被革职。

相关链接

百日维新

光绪帝"明定国是"诏

甲午战争后，民族危机日益严重。康有为、梁启超、谭嗣同、严复等维新派希望按照西方国家的模式，推行政治、经济改革，以实现国家富强，挽救民族危亡。他们在各地组织学会，创办报刊，设立学堂，宣传变法主张，维新运动日益高涨。1898 年 6 月 11 日，光绪帝颁布"明定国是"诏，宣布变法。至 9 月 21 日，光绪帝先后颁布数十道维新诏令。新政主要内容有：倡办新式企业，奖励发明创造；设铁路、矿务总局，修筑铁路、开采矿产；废除八股，改试策论，开设学校，提倡西学；裁汰冗员，削减旧军，重练海陆军等等。新政历时共 103 天，史称"百日维新"。

光绪帝颁布的一系列变法法令触及了顽固势力的利益，遭到他们的强烈抵制和反对。慈禧太后发动政变，囚禁光绪帝，捕杀维新派。政变之后，除京师大学堂被保留之外，其他各项新政措施都被废除。"百日维新"以失败而告终。

# 谭嗣同夜访袁世凯

　　在维新派知识分子群体中，谭嗣同是最坚定和最激进的变革者。在封建顽固势力积蓄力量、密谋扑灭变法的关键时刻，为了争取变法的最后成功，他挺身而出，不顾个人安危，夜访袁世凯，百年来一直受到人们的尊敬和钦佩。

　　维新变法开始后，由于顽固派的阻挠和破坏，新政无法实行，谕旨成一纸空文，而帝、后两党形同水火。慈禧太后阴谋策划废黜光绪帝，光绪帝也感到自己处境的危急。1898 年 9 月 15 日，光绪帝召见杨锐，授以一道密诏，密诏中说："朕位且不能保，何况其他?"要康有为、杨锐、林旭、谭嗣同等人"妥速密筹，设法相救"。康有为、梁启超、林旭、谭嗣同等维新派核心人物见到密诏，先是惊恐万分，束手无策，然后痛哭失声，相顾无言。此时，惟有谭嗣同还算镇静，他与康有为密商，决定冒险去见负责在天津小站编练新建陆军的袁世凯，说服他引兵救驾。

　　袁世凯为人奸诈，处事圆滑，而且在官场摸爬滚打了多年，政治经验十分丰富。甲午战后，为增强军事力量，清政府派袁世凯到天津小站练兵，此时他已掌握了 7000 余人的新式陆军，成为掌握军队的实力派人物。维新运动兴起以后，袁世凯曾捐资加入强学会，表示赞成变法。康有为等人对他印象很好，称赞他"讲变法"，通外情，是难得的将才。

　　当变法遭到顽固派的坚决反对、处于万分危急之际，康有为自然首先想到了袁世凯。他认为，"拥兵权，可救上者，只此一人"。康有为自拟折稿，请翰林院侍读学士徐致靖奏荐袁世凯，大力赞扬袁"深娴军旅"，"智勇兼备"，"请予破格之擢，俾增新练之兵，或畀以疆寄，或改授京堂，使之独当一面，永镇畿疆"。

　　9 月 11 日，光绪帝颁发上谕，命袁世凯来京陛见。9 月 16 日，光绪帝召见袁世凯，并破格赏以兵部侍郎衔，专办练兵事宜。第二天，光绪帝再次召见袁世凯，并暗示他以后不必受荣禄节制，一旦有"意外之变"，即可带兵入京，听候调遣。富有政治经验的袁世凯，一方面对光绪帝的"特恩"表示感激涕零，另一方面又到礼亲王世铎、庆亲王

**1898 年**

9 月 5 日，光绪帝赏谭嗣同、杨锐、刘光第、林旭四人四品卿衔，在军机章京上行走，参预新政事宜。

9 月 15 日，光绪帝赐杨锐等"密诏"，指出变法危机，令筹对策。

9 月 16 日，光绪帝召见袁世凯，赏以兵部侍郎衔。

9 月 18 日，御史杨崇伊赴颐和园，奏请慈禧太后临朝训政。

9 月 21 日，戊戌政变发生，慈禧重新"临朝训政"。

9 月 28 日，谭嗣同、杨锐、林旭、刘光第、杨深秀、康广仁在菜市口被杀。

奕劻、刚毅、裕禄、王文韶、李鸿章等后党要员处尽力周旋。正是由于袁世凯玩弄这种讨好卖乖的两面手法,使康有为、谭嗣同等人在无计可施的情况下,把一切希望全都寄托在这位拥有军事实力的人物身上。

1898 年 9 月 18 日夜,谭嗣同携带光绪帝的"密诏",坐车到了北京西郊法华寺袁世凯的住所。当时,袁世凯已"探知朝局将变",正在赶写奏折,想提前请训回天津。此时天色已晚,差役报告有人来访,袁世凯拿过名帖一看,原来是谭嗣同,于是立即"停笔出迎"。袁世凯早就猜透了谭嗣同的来意,同时他注意到谭嗣同情绪激动,腰间"衣襟高起",好像藏有兵器,料想他必定不达目的决不罢休。谭嗣同以光绪帝密诏示袁,劝袁世凯拥护光绪帝,举兵勤王。袁世凯假惺惺地保证说:"如果皇上在天津阅兵时骑马疾驰到我的军营里,并下达清除荣禄等人的号令,那么我一定能跟众人一起,竭尽全力保护皇上。"并极力表白他和荣禄并非同党,还信誓旦旦地说:"如果皇上到了我的军营里,那么杀荣禄就像杀一条狗一样。"袁世凯与谭嗣同约定,等到 10 月份慈禧太后和光绪帝到天津阅兵时,杀掉荣禄,并派兵包围慈禧太后居住的颐和园,以保护光绪帝。

年轻幼稚且缺乏政治经验的谭嗣同轻易地被袁世凯的花言巧语所蒙蔽,完全相信了袁世凯。19 日凌晨,谭嗣同如释重负,带着一脸的疲惫离开法华寺,返回了寓所。

此时慈禧太后正在紧锣密鼓地调兵遣将,准备扑灭"新法"。两天后,也就是 9 月 21 日凌晨,慈禧太后经过周密布置,先将光绪皇帝囚禁在中南海的瀛台,重新"训政",继而大肆搜捕维新派。自始至终,谭嗣同等维新派人士没有等到袁世凯前来救驾,而世人看到的却是袁世凯的步步高升,飞黄腾达。显然,维新派被袁世凯出卖了。

相关链接

**戊戌政变**

1898 年 9 月 21 日凌晨,慈禧太后突然发动政变,囚禁光绪皇帝,宣布重新"训政",同时下令搜捕维新派。政变的结果是，康有为、梁启超分别逃往香港和日本。谭嗣同拒绝了友人要他出走日本的劝告，决心一死以殉维新事业，警醒国人。9 月 28 日，谭嗣同、康广仁（康有为之弟）、杨深秀、刘光第、杨锐、林旭被害于北京菜市口，时人称之为"戊戌六君子"。光绪帝失去了人身自由，被囚禁于中南海的瀛台，而以慈禧太后为首的守旧派势力重新掌权。戊戌变法运动失败。

瀛台旧照

戊戌政变是慈禧太后一生当中发动的第二次宫廷政变，第一次是 1861 年 11 月的辛酉政变，两次政变都以慈禧太后的胜利而告终，也都成就了她垂帘听政的政治野心。

# 赵三多"助清灭洋"

100多年前,轰轰烈烈的义和团反帝爱国运动震撼了整个世界。这场席卷半个中国的运动最初的爆发点就在今河北省威县的沙柳寨村。在这里,赵三多,一个贫苦人家出身的拳师,首先举起了义旗。

赵三多,1841年出生于直隶威县(今属河北)沙柳寨一个贫苦农民家庭,人称"赵老祝"。世代务农,家境贫寒,青年时曾以贩碗为生。早年他拜梅花拳传人张如纯为师,有一身好武艺,好打抱不平,后来当了拳师,受人拥戴。在山东、直隶两省交界地区各村镇广设拳场,收徒达2000余人,成为远近闻名的梅花拳首领。后来,赵三多将自己这一支梅花拳改称义和拳。

1897年春,山东冠县梨园屯发生外国教会势力勾结官府,强拆"玉皇庙"改建为教堂的事件,赵三多被当地群众邀请率众声援。他率徒弟至梨园屯比武"亮拳"三天,以此向教会势力和官府示威,周围拳众闻讯前来参加者达3000余人,迫使清军不敢动手拆庙。此后,梨园屯教会势力寻衅,赵三多则率领义和拳攻打梨园屯教堂,杀死教民两人,义和拳声势大震。赵三多加紧联络拳众准备起义,各地拳众纷纷向沙柳寨一带集合,起义遂成一触即发之势。

1898年11月,赵三多与阎书勤等人集合义和拳众,在冠县蒋庄(今属河北)马场祭旗起义,举起"助清灭洋"的旗帜,揭开了义和团反帝运动的序幕。接着,他率领起义队伍先后攻打本村及红桃园、小里固等村教堂,队伍逐渐发展壮大。不久,赵三多率部众在威县侯村、魏村一带迎战清军,双方展开激战,清军马队往返冲击起义军,拳民队伍严重受挫,赵三多怕造成更大损失,决定化整为零分散活动,以图再举。

赵三多第一次起义虽然遭到失败,但已冲破一村一地的狭小范围,所提出的"助清灭洋"的宗旨,把矛头第一次指向帝国主义。赵三多将义和拳分散隐蔽在同情义和拳的乡团中,改名为义和团,以避免官兵的追剿,从此义和拳的名字为义和团所代替。

1900年5月,赵三多、阎书勤等人在直隶枣强县卷子镇再度举起义旗,宋赤子率领的神拳民众也赶来参加,并开展均粮斗争,强令富户将粮食分给农民。无以糊口的广大饥民纷纷参加，队伍迅速发展到万余人。赵三多带领团民攻打景州朱家河教堂，杀死了许多教民。

　　1901年《辛丑条约》签订后，清政府将巨额的赔款负担转嫁到了广大劳苦大众身上，使灾难深重的中国人民雪上加霜，不堪重负，尤其是河北各地的赔款负担更为严重，抗捐斗争此起彼伏。1902年4月，直隶广宗县景廷宾于在巨鹿县厦头寺宣告起义，打出了"扫清灭洋"、"官逼民反"的口号。赵三多率义和团余部加入起义队伍，并被推为主将，攻打威县。起义军声势浩大，接连攻打多处教堂，声威大震。袁世凯派段祺瑞率兵前来镇压，赵三多率部突出重围，至巨鹿县姬家屯遭人出卖被俘，在南宫监狱绝食七天而死。

　　由于赵三多最早举起义旗，威县便成为了义和团运动的发源地。赵三多及其领导的义和团队伍，武装起义最早，坚持时间最长，显示了中国人民不畏强暴、不怕牺牲的英雄气概，在中国近代史上写下了光辉的一页。

**1899 年**

3 月，山东清平县大刀会改名义和团。

4 月，朱红灯在茌平领导拳众提出"先学义和拳，后学红灯照，杀了洋鬼子，灭了天主教"的口号。

 **相关链接**

## 义和团运动

　　中日甲午战争后，西方列强在向中国大量输入资本的同时，强占"租借地"和划分"势力范围"，掀起了瓜分中国的狂潮。列强各国通过教会不断深入中国城市和乡村进行侵略活动。中华民族危机空前严重，终于爆发了义和团反帝爱国运动。

　　义和团是在义和拳的基础上发展起来的。义和拳是一种民间秘密结社，主要分布在山东、直隶一带。活动方式以演习拳棒为主，并供奉神像，持诵咒语。同义和拳相近的还有梅花拳等。义和团的名称最初出现在1898年6月山东巡抚张汝梅的奏报中，改"拳勇为民团"，目的是顺应民情并加以控制。1899年，继任山东巡抚毓贤出示，将义和拳改为义和团。此后，义和团这一名称取代了义和

红灯女子

拳,逐渐流行开来。

义和团的基层组织称坛,也叫坛口、坛厂(场)、拳厂(场),首领称大师兄、二师兄等,各坛互不统属,缺乏统一领导。参加者主要是农民,也有手工业者、运输工人、小商贩及其他阶层人士参加。其中以男青年居多,也有女子和少年参加,妇女有红灯照、蓝灯照等组织。虽然后来出现"总坛"、"总台"之类名称,但是并没有形成一个统一的组织和共同的领袖。

在民族危机和帝国主义瓜分狂潮的刺激下,义和团打出"扶清灭洋"、"顺清灭洋"等旗号,逐步由山东、直隶,发展到山西、东北三省、河南等地,反对外国侵略者,打击教会势力。八国联军发动侵华战争后,义和团在大沽、天津、廊坊、北京等地奋起抵抗;在东北各地,义和团也奋起抗俄,给侵略者以沉重打击。最终,由于帝国主义的联合绞杀和清政府的破坏,义和团运动最终失败。义和团运动表现出中国人民不甘屈服于外敌的反抗精神,打乱了帝国主义瓜分中国的狂妄计划,暴露了清政府腐朽卖国的真面目,"是五十年后中国人民革命伟大胜利的奠基石"。

# 载漪伪造"归政照会"

义和团运动迅猛兴起后,西方列强见清政府无法控制局面,便策划直接出兵进行干涉。面对八国联军的联合武装入侵,清政府统治集团内部对和战问题一直存在严重分歧。慈禧太后也是举棋不定,难下决心。但是,在1900年6月21日这一天,自鸦片战争以来一向软弱受欺的清政府的态度忽然强硬起来,颁布"向各国宣战谕旨",决意要与西方列强"一决雌雄"。清政府的态度为何发生如此大的变化,至今仍是个谜,不少人认为,这很可能与端郡王载漪伪造的一份"归政照会"有关。

载漪,爱新觉罗氏,清皇族,咸丰皇帝之侄。1860年初入继瑞郡王奕志为子嗣,袭贝勒爵位。1889年又加郡王衔,直到1894年被封为端郡王。当时的载漪,颇得慈禧太后的宠信,曾掌管虎神营,故戊戌政变时,载漪成为发动政变的重要策动者之一。

1900年初,慈禧太后认为光绪皇帝没有子嗣,便打算册立载漪的儿子溥儁为"大阿哥"(即皇储),并准备废黜光绪帝。然而,以英国为首的西方列强出面极力进行反对,因此慈禧、载漪等人对列强十分不满,伺机报复。时值义和团运动在山东兴起,在端王府任教习的一个人在载漪面前盛赞义和团以"扶清灭洋"为志,甘愿报国捐躯,且刀枪不入,法术甚灵。刚被免职的山东巡抚毓贤也向载漪夸奖义和团忠勇可靠。载漪对此深信不疑,于是上奏慈禧,请她召见拳首,面试其技。慈禧本来不相信,但是经载漪等人多方劝说,最终在一定程度上相信了此事。此后,载漪不但命令虎神营官兵练习义和拳术,还在他的王府内设立拳坛,每天早上和晚上都去拜祭。随着西方列强组织的"使馆卫队"进入北京,力主"抚拳灭洋"的载漪的地位不断上升。6月10日,慈禧任命其掌管总理衙门。22日又命其与徐桐(载漪的同党)等掌管军务。在载漪等人的纵容和引导下,大批义和团进入北京城。

6月中旬,八国联军开始大规模入侵,义和团和部分爱国军民已经同侵略者展开殊死搏斗。在这种危急形势下,清政府不得不对战和、剿抚等重大问题做出抉择。为此,慈禧太后自6月16日至19日

**1900年**

1月11日,清廷颁布上谕,承认义和团是"自卫身家"的组织。

1月24日,慈禧立端王载漪子溥儁为大阿哥(皇储),谋废光绪帝,遭各国反对。

4月,义和团潜入北京,在东单于谦祠设立北京第一个坛口。

6月10日,八国联军在英国海军中将西摩率领下,自天津向北京进攻。

6月17日,八国联军攻占大沽炮台。

6月18日,义和团和清军向天津紫竹林租界开始发起攻势。

6月21日,清政府向列强发布宣战书。

连续召开了四次御前会议。在 6 月 16 日的第一次御前会议上，以袁昶、许景澄为代表的主和派与以载漪为代表的主战派各持己见，互不相让，争论激烈。

第一次御前会议后，主和派与主战派两派都在为力争实现自己的主张而展开活动。载漪认为，为了促使慈禧太后下决心对外宣战，必须另图"良策"。在载漪的授意和精心策划下，1900 年 6 月 16 日夜，江苏粮道罗嘉杰遣其子向荣禄密报洋人照会一件，其内容有四：一勒令皇太后归政；二指明一地，令中国皇帝居住；三代收各省钱粮；四代掌天下兵权。第二天早上，荣禄急向慈禧报告。

太后见到此照会后，"悲且愤"，对列强的厌恶和忌恨骤然增加。同时，慈禧太后又接到了裕禄关于列强强索大沽炮台的奏报，一时急火攻心，怒不可遏。于是在当天就召开了第二次御前会议。在会上，慈禧隐讳"照会"第一条，宣告后三条，表示决心一战，主战派官员皆表示"愿效死力"。由于光绪皇帝和主和官员申明利害，极力反对，慈禧太后不得已，只好再次传令裕禄死守大沽，同时急令各省督抚派兵赴京"保驾"。19 日，慈禧太后又召集第三次御前会议，决定派王文韶、立山、徐景澄等人前往使馆，企图通过外交努力劝阻联军向北京进犯。立山等人往来奔波多次，最后不仅无功而返，而且屡屡遭受各国公使的羞辱。外交上的努力已经宣告彻底失败，而就在此时，慈禧太后接到了联军已经攻陷大沽的恶讯，这无异于给慈禧太后火上浇油。慈禧太后立即召开了第四次御前会议，全然不顾光绪皇帝等人的坚决反对，强行决定对外宣战。21 日，清政府颁布"向各国宣战谕旨"，声称"与其苟且图存，贻羞万古，孰若大张挞伐"，要与各国"一决雌雄"。

为了达到对外宣战的目的，载漪伪造"归政照会"，试图激怒慈禧太后，真可谓"用心良苦"。以载漪为首的顽固派官员一直想借助"义和团"的力量抵抗外国列强的入侵，反映了他们对西方列强的厌恶和痛恨之情，但是他们不谙世情，不顾中国实际，力主与各国开战，无疑是"误国"、"害国"之举。载漪伪造的"归政照会"的确对慈禧太后有一定的刺激，但是慈禧太后毕竟"垂帘听政"多年，政治经验丰富，对照会一事一直心存疑惑，因此"归政照会"并没有促成其对外宣战的

决心。西方列强步步紧逼、欺人太甚,特别是联军攻占大沽炮台才是
最终导致慈禧太后下定决心对外宣战的决定性因素。

## 八国联军侵华战争

19 世纪末,在民族危机日益加深的情况下,中国北方兴起了义和团反帝爱国运动。义
和团队伍很快进入北京、天津,沉重打击和动摇了帝国主义的侵华势力,引起了帝国主义
的恐慌和仇恨。为了镇压义和团运动,列强策划直接出兵武装干涉。

1900 年 6 月,
英、德、俄、法、美、
意、日、奥等国组
成八国联军,对中
国发动侵略战争。
6 月 10 日,英国海
军司令西摩率领
联军以保护使馆
为名,从大沽向北
京进犯。7 月 14
日联军侵占天津,

八国联军在大沽口登陆

8 月 14 日攻陷北京。慈禧太后携光绪帝出逃。八国联军烧杀抢掠,罪行滔天,给中国人民
带来深重的灾难。义和团不畏强暴,英勇反击,曾多次击退联军的进攻。但后来,清政府
对外国侵略者转向妥协,并要求官兵对义和团"严行查办,务净根株"。次年 9 月 7 日,清
政府被迫同英、法、德、俄、美、日、意、奥及荷、比、西等十一国在北京签订了丧权辱国的《辛
丑条约》。

# 盛宣怀策划"东南互保"

盛宣怀,字杏荪,1844 年生于江苏常州,是清末"官商一体"的著名实业家,在铁路、矿务、电报、纺织、银行等诸多领域均有重大成就,而义和团运动时期由他一手导演的"东南互保"则充分显示了他在政治上的精明干练。

1900 年,义和团运动首先在山东爆发,之后迅速发展到北京、天津、保定一带,北方陷入一片混乱之中。当时,清政府面临剿抚两难的尴尬境地,而中外关系日趋紧张,最后以慈禧太后为首的顽固势力承认义和团的合法性,同时向列强宣战,企图借助义和团抗击八国联军的入侵。在得到清政府的默许后,义和团迅猛发展,列强在北方的使馆、医院、学校等都受到了严重的打击。

面对着轰轰烈烈的义和团运动,列强开始紧锣密鼓地谋划着如何保护自己的既得利益不受损害。最先按捺不住的是英国,它深恐义和团运动波及其势力范围——长江流域。在英国政府的授意下,英国驻上海代理总领事霍必澜要求南方各督抚采取必要措施防止义和团运动向长江地区扩展,并表示如果他们"采取了维护秩序的方法",他们将受到英"帝国海军的协助"。而此时南方各省督抚亦不想让战火烧到身边。以两广总督李鸿章、湖广总督张之洞、两江总督刘坤一为代表的地方实力派要求镇压义和团运动,保护列强在华利益,维持治下各地的稳定。此时,身为督办芦汉铁路大臣的盛宣怀积极串联于李鸿章、张之洞、刘坤一这几个督抚和中外之间,起到了穿针引线的作用。他还同上海道余联沅一起,与各国驻沪领事频繁磋商,商议对策。

6 月 21 日,清政府正式对列强宣战。在得到清政府的宣战诏书后,李鸿章致电盛宣怀表示"乱命不可从之"。盛宣怀深以为然,之后便驰电各地,称朝廷的这个命令是假的,因为朝廷已经被义和团把持,请大家不要执行。同时又密呈各督抚,一再劝告他们勿声张、勿执行、勿转发,否则可能会酿成巨变。刘坤一、张之洞也认为,对列强一旦宣战,不仅会进一步促使义和团运动空前高涨,也会使列强趁机进攻长江地区。为此,在盛宣怀的串联下,他们加紧策划"东南互保",以防止战火烧到南方。

　　盛宣怀多次同刘坤一、张之洞沟通,劝说他们坚定地执行对内镇压、对外保护的方针。刘坤一和张之洞对盛宣怀的建议完全表示赞同;同时,盛宣怀又积极谋划,以争取快速与各国订立条约,利用约章形式,明确中外各自的保护职责范围,防止外国军队进入长江内地,引发中外冲突。6 月 26 日,盛宣怀和上海道余联沅与各国驻上海领事在上海正式会谈后取得"谅解",制定了《东南保护约款》九条和《保护上海城厢内外章程》,其中规定:上海租界由各国共同"保护",长江及苏杭内地归各省巡抚保护等等。随后,各国以"保护"为借口,纷纷向上海增兵,并将军舰驶向吴淞口岸。接着,山东巡抚袁世凯、闽浙总督许应骙、浙江巡抚刘树棠等也参加了"东南互保"。

　　由盛宣怀策划的"东南互保"在一定程度上维护了列强在长江流域和华南的利益,使帝国主义列强可以集中精力在北方进行一系列的军事行动,不利于北方人民以及东南各省人民反帝斗争的开展。同时,"东南互保"维持了南方社会的稳定,使中国的半壁江山免于战祸。

**相关链接**

### 《辛丑条约》的签订

　　慈禧太后在逃往西安的路上,一方面发布命令,对义和团要"痛加铲除","严行查办,务净根株",一方面任命奕劻和李鸿章为全权议和大臣,与各国议和。1900 年 12 月 22 日,除了参加武装侵略中国的俄、英、法、美、日、德、意、奥八个国家外,又加上西班牙、荷兰、比利时共十一国,向中国提出"议

《辛丑条约》签订场景(右边前两人分别为奕劻和李鸿章,左边为十一国公使)

和大纲"十二条,并声称这些条件"无可更改"。这个"大纲"基本上包括了后来正式和约的主要内容。逃到西安的慈禧太后得到奕劻、李鸿章的报告,见条款上没有把她列为祸首,如获大赦,电谕奕劻、李鸿章"应即照允"。

1901年9月7日,清政府全权代表奕劻、李鸿章与十一国代表在北京签订和约,即《辛丑条约》(又称《辛丑议定书》或《辛丑各国和约》),共12款,另有19个附件,主要内容有:中国赔款白银4.5亿两,分39年还清,年息4厘,本息共计9.8亿两;将北京东交民巷划定为使馆区,帝国主义各国可在此驻兵,中国人不得在这个区域内居住,使馆区成为"国中之国";拆除大沽及有碍北京至海通道的所有炮台,从北京到山海关铁路沿线的12个重要战略要地准许各国"留兵驻守";胁迫清政府承诺镇压反帝斗争,惩治附和过义和团的官员;将总理衙门改为外务部,班列六部之前等。

《辛丑条约》是西方列强联合起来强加给中国的一个严重不平等条约,也是清政府空前的卖身契。《辛丑条约》的签订,标志着中国完全沦为半殖民地半封建社会。从此,清政府成为列强统治中国的工具。

# 辛亥革命

　　20 世纪初,中国社会处于巨大的变动和深刻的危机之中,各种矛盾的发展和深化,孕育着一场惊天动地的大革命,中国历史进入了辛亥革命时期。这个时期,清政府无法维持旧有的统治,不得不改弦更张,1901 年宣布推行"新政",1906 年宣布"预备仿行宪政";与此同时,立宪派也掀起声势浩大的立宪运动。

　　在社会的大变局中,资产阶级民主运动浩浩荡荡,成为不可抗拒的历史潮流。孙中山在1894 年建立兴中会,提出建立共和政体的目标,到武昌起义前,革命党人前赴后继地发动 10 多次武装起义,虽然都失败了,但给清政府以沉重打击。1905 年 8 月,孙中山联合兴中会、华兴会、光复会等革命团体成立了第一个全国性的资产阶级政党——中国同盟会。在加强武力反清的同时,革命党人还以三民主义为武器,同保皇派展开了论战,最终,三民主义成为时代强音。

　　清政府在举行新政过程中失误连连,不仅引发了统治阶级内部的矛盾,更激化了统治阶级与人民的矛盾,各地民变层出不穷。1911 年 5 月,"皇族内阁"出台,清政府空前孤立。此外,清政府不惜出卖国家利益,提出了铁路国有政策。1911 年,四川等地掀起了保路运动,成为辛亥武昌起义的导火线。1911 年 10 月,武昌起义爆发,全国各地革命党人纷纷起义响应,清朝统治很快土崩瓦解。1912 年元旦,孙中山宣誓就任中华民国临时大总统,宣告中华民国成立。

　　辛亥革命是一场比较完全意义上的反帝反封建的民族民主革命。它推翻了清王朝的统治,结束了中国两千多年的君主专制制度,建立了中华民国,使人民获得了一些民主和自由的权利。从此,民主共和观念逐渐深入人心。虽然它未能改变旧中国的社会性质和人民的悲惨境遇,但为中国社会的进步打开了大门。

大總統誓詞

傾覆滿洲專制政府，鞏固中華民國，圖謀民生幸福，此國民之公意，文實遵之，以忠於國，為眾服務，至專制政府既倒，國內無變亂，民國卓立於世界，為列邦公認，斯時文當解臨時大總統之職，謹以此誓於國民

中華民國元年元旦 孫文

孙中山《大总统誓词》

　　辛亥革命胜利后，17省45名代表参加了选举临时大总统的大会，每省投一票，孙中山得16票，当选为中华民国第一任临时大总统。1912年元旦，孙中山离开上海赴南京就任临时大总统。当日晚10时，就任典礼正式开始，孙中山宣读了亲自撰写的就职誓词：“倾覆满洲专制政府，巩固中华民国，图谋民生幸福，此国民之公意，文实遵之，以忠于国，为众服务。至专制政府既倒，国内无变乱，民国卓立于世界，为列邦公认，斯时文当解临时大总统之职。谨以此誓于国民。”

# 孙中山伦敦蒙难

孙中山是我国伟大的民主革命先行者,他为中国民主革命事业鞠躬尽瘁,死而后已,一直备受后人敬仰。孙中山在其一生的奋斗生涯中可谓是饱经挫折,备尝险阻,上演了不少惊心动魄的故事。伦敦蒙难是他投身革命初入风险的第一页。远在异国他乡的孙中山因何蒙难?又是如何化险为夷的呢?这一切还要从头说起。

1895 年 10 月 26 日,孙中山领导兴中会发动了第一次武装起义——广州起义,但由于机密泄露,不幸失败。孙中山成为清政府悬赏通缉的"钦犯",被迫逃出广州,流亡世界各地宣传革命。1896 年下半年,孙中山从美国纽约辗转到达伦敦,找到了他在香港读书时的老师康德黎,师生重逢,格外欣喜。孙中山每天都要从自己所住的葛兰旅馆去探望老师。

可是,自孙中山踏上伦敦的那一刻,他的行踪就已被清政府的情报人员所掌握。原来,清朝政府一直在到处缉拿孙中山,还曾命令驻英公使馆"不惜一切代价捉拿孙中山,死活不论"。10 月 11 日上午 10 时半,孙中山像往常一样准备去老师住处,殊不知,危险正在悄悄来临。清政府派出的侦探和歹徒早已埋伏在路边,乘其不备,将他强行挟持到使馆,囚禁在三楼一间窗户有铁栅的屋子里。

孙中山被囚后,一方面向使馆参赞马凯尼等人作不屈不挠的斗争,另一方面积极寻求他人营救。他曾托使馆英国工人给自己老师送信,但他们害怕受牵连都不敢冒险;还曾试图用信纸裹着银币向窗外投掷,但都没有成功。使馆知道此事后,加紧了对孙中山的看守。身陷困境的孙中山,临危不惧,使馆对他千方百计地威逼利诱都无济于事。

这时,清驻英使馆得到清政府将孙中山秘密押解回国处死的密令,于是驻英使馆花

1896 年孙中山在美国旧金山拍摄的断发改装照

仙逸孙

**1890 年**

孙中山在香港西医书院读书期间,与杨鹤龄、陈少白、尢列抨击时政,倡言革命,结成"四大寇"。

**1894 年**

11 月,孙中山在檀香山创立"兴中会"。

**1895 年**

10 月 26 日至 28 日,广州起义事泄,未及发动即失败。

## 兴中会广州第一次起义

1895年，香港兴中会总部成立后，孙中山在陆皓东的协助下即开始策划在广州发动起义。3月，清政府在中日战争中战败求和，民情激愤，兴中会决定利用这一有利时机，发动起义，夺取广州作为革命根据地。方针既定，陆皓东等随同孙中山到达广州，以"农学会"名义作掩护，决定于10月26日（旧历重阳节）起事。但起义之日军械未能到达，计划被打乱。随后消息泄露，陆皓东被捕遇害，孙中山逃亡日本。孙中山领导的第一次反清武装起义失败。

### 1896年

6月，孙中山在美国旧金山等地宣传革命，并创立兴中会旧金山分会。

7000英镑的高价，租了一艘轮船，准备把孙中山装入一只特制的木箱内，偷偷地运出。就在这危急时刻，孙中山说服了驻英使馆中一个叫柯尔的清洁工人，柯尔答应为孙中山传信给康德黎。当天深夜，柯尔妻子找到了康德黎，并交给他一封书信，信的大意是："我被禁于中国使馆中，使馆即准备将我押解回国，处以死刑。……如不急起营救，必将遇难。"

康德黎得到消息后，心急如焚，到处奔走，积极营救，并连夜赶到苏格兰场警署报了案。同时又联络了孙中山在港相识的英籍朋友孟生医师同去外交部，报告清政府使馆非法绑架、囚禁孙中山一事。但是，康德黎对警署和外交部的态度依然感到不放心，因为如果此事拖延下去，一旦押解孙中山的轮船起航，营救难度将不可想象。于是他们两人分工，一面由孟生告知清使馆：囚禁孙中山已为外人所知，英国政府和伦敦警察署将出面干涉，企图以此稳住清驻英使馆，使它不敢轻举妄动；一面由康德黎驱车至泰晤士报社，希望借助媒体的力量将清使馆在英国侵犯人权的事件公布于众，以引起世人的关注。同时，康德黎还出钱雇了私人侦探监视清使馆的一举一动，防止他们提前行动。

10月19日中午，英国外交部通过调查，认为情况属实，于是照会清使馆，按照国际公法与国际惯例，必须迅速释放孙中山。此外，媒体的报道也起了重要作用。英国《地球报》以及其他伦敦报纸均以特大标题相继报道了清使馆的这一丑闻。经过媒体宣传，孙中山俨然成了一宗"轰动国际的绑架案的主角"，广大同情中国革命的伦敦市民聚集在清使馆，强烈抗议清廷的非法行为。清朝驻英公使馆迫于英国政府的照会和舆论的压力，于10月23日释放了孙中山。当孙中山获得自由走出使馆的那一刻，他的老师康德黎急切地迎上去，热情的伦敦市民也在欢呼致意。孙中山获释后，在伦敦报纸上发表文章，对社会各界给予他的帮助表示深深的感激。

孙中山在伦敦的惊险经历，引起了世界舆论的注意，同时人们也开始关注这个为中国革命事业不懈奋斗的先行者，他所领导的中国革命事业也日益得到了各国人民的同情与支持。1897年，孙中山用英文撰写了著名的《伦敦被难记》，记述他在伦敦的曲折经历。

## 兴中会成立

1894 年夏,心怀改良之志的孙中山上书李鸿章遭到拒绝,随后他前往美国檀香山。此时中国东北正值中日甲午战争激战,清军节节败退,孙中山对此忧愤不已,并逐步认识到清政府的腐朽统治是中国落后挨打的根源,萌发了用暴力推翻清政府的思想,遂在华侨中揭露清王朝的腐朽残暴,倡议成立革命团体,共谋救国大计。

11 月 24 日,20 多名赞同孙中山主张的进步华侨,在檀香山聚议成立兴中会,推举刘祥、何宽为首任正

兴中会会员在檀香山秘密宣誓的地方

副主席,并通过了孙中山草拟的《兴中会章程》。这个章程虽没有明确提出武装反清主旨,但在入会秘密誓词里则提出了"驱除鞑虏,恢复中华,创立合众政府"的口号,这是先进的中国人第一次提出推翻清朝封建君主专制政府、建立像美利坚合众国那样的资产阶级民主共和国的革命纲领。兴中会已完全不同于旧式的反清会党,而是一个以资产阶级、小资产阶级及其知识分子为主,以在中国开展资产阶级民主革命为目的的政治团体。兴中会的成立,对以后各个资产阶级革命团体的出现起了推动作用,加速了革命高潮的到来。

# 梁士诒失状元

**1901 年**

1 月 29 日,清廷在
西安下诏变法更张,
举行"新政"。

**1902 年**

9 月 26 日,清政府
颁布《钦定学堂章
程》。

**1905 年**

清政府宣布废除科
举制度。

自古至今,"状元"是无数人追求的至高荣誉。古代科举制下,状元及第被说成是"文曲星下凡",意味着平步青云,光宗耀祖;如今的高考状元,不仅可以步入心仪的高等学府,而且成为无数学子的楷模。可见,一旦笼罩了"状元"这一神圣光环,是何足珍贵啊!在晚清有一人,虽然考取了状元,但最终却与状元失之交臂,他就是晚清曾轰动一时的"梁头康尾案"的主人公、后来被称为"梁财神"的梁士诒。

梁士诒,字翼夫,号燕孙,1869 年生于广东三水,早年曾随父就读于广州、香港,眼界大开。1889 年,他与梁启超同在佛山书院读书,私交甚笃,而且两人当年参加乡试,同时中举。此后梁士诒两次赴京会试均落第,不免心灰意懒,一度南归。此后,梁士诒注重搜罗时务新书和各类西方译本,着重研究财政、河渠等经世学问,为他在"经济特科"的考试中脱颖而出奠定了基础。

"经济特科"是清末新政特设的科举科目,旨在选拔深悉中外事务的新型人才。1903 年经慈禧太后下诏,清廷在保和殿举行了第一次经济特科进士选拔。"经济特科"不考八股文,而代之以策论,其难度远远高于八股考试。这次考试分初试和复试,主考乃大名鼎鼎的张之洞。考题中"桓宽言外国之物外流,而利不外泄,则国用饶而民用给;今欲异物外流而利不外泄,其道何由策"这样的题目弄得那些八股脑袋一头雾水,他们大概连题目也搞不懂,更不用说如何下笔了。而熟悉新学的知识分子如梁士诒、杨度等人则如鱼得水,一气呵成,最后"状元"的桂冠被梁士诒摘取。此时,沉寂多年的梁士诒沉浸于喜悦和激动当中,认为自己一展宏图之志的时候到了,孰料他高兴得太早了。

按照惯例,慈禧太后要询问一下前几名得中者的身世和来历。此时张之洞的政敌瞿鸿禨,见状元、榜眼均是主考官张之洞保荐的人,心怀不满,于是便想找机会挑起事端。瞿鸿禨时任外务部尚书、军机大臣,是慈禧太后身边的红人,所以慈禧有事,便要咨询他。瞿鸿禨利用慈禧对康梁维新派与革命党的痛恨,在梁士诒名字上大做文章,他说:"梁士诒是梁启超的兄弟,与孙文是同一个县,又和康祖诒(康有为字祖诒)名字最末一字相同,梁头康尾,这个人肯定不怎么样。"慈禧闻听此言,勃然大怒,不分青红皂白就宣布此次经济特科选拔一等五名的标准不严格,品行庞杂混乱,令张之洞从考卷中重新选取。结果,原先厘定的头五名中仅取了一人即名列第三的探花张一麐,梁士诒的头名状元资格被取消,最终桂冠落在有"三十二开学士"之大名的云南学子袁嘉谷头上。

"梁头康尾案"使梁士诒与状元擦肩而过。对梁士诒而言,眼看到手的功名转瞬而失,其懊丧之情可想而知;更冤的是,慈禧太后发口谕要捉拿梁士诒、杨度。梁士诒从万人仰慕的"状元郎",一下变为朝廷缉拿的逃犯,经历了从天堂到地狱般的历程。实际上,梁士诒是晚清政治斗争的牺牲品。后来,梁士诒作为老翰林又兼新状元引来"好揽人才"的袁世凯的垂青,于是袁世凯便将梁士诒招致麾下。在袁世凯的扶持下,梁士诒得以充分发挥出色的能力,并一度成为北洋时期"交通系"的领袖和著名的财政精英,显赫一时。

**相关链接**

## 科举制度的废除

1901年,袁世凯、张之洞、刘坤一提出改革科举的建议。8月28日,清廷诏令于第二年开始,科举考试增加政治、历史、地理、军事等适应时代需要的科目,同时逐渐减少科举名额,并令永远停止武科,历时1200年的武举制彻底废除。1903年初,两江总督张之洞会同直隶总督袁世凯,奏请变革科举制。同年底,张之洞与张百熙、荣庆复奏重定学堂章程,重申递减科举名额,大兴学堂。清政府允其所请,宣布递减科举名额。然而在1905年,由于形势的变化,尤其是日俄战争的刺激,9月2日,直隶总督袁世凯,会同盛京将军赵尔巽、湖广总督张之洞、两江总督周馥、两广总督岑春煊、湖南巡抚端方,奏请立停科举,以便推广学堂,兴办实学。清廷诏准自1906年开始,所有乡会试一律停止,各省岁科考试亦即停止,并令学务大臣迅速颁发各种教科书,严令府厅州县在乡城各处遍设蒙小学堂。

至此,在中国历史上延续了1300多年的科举制度最终被废除,科举取士与学校教育实现了彻底分离,建立了具有近代意义的教育制度,推进了中国新型知识分子队伍的壮大和中国社会的变革。

# 詹天佑修筑京张铁路

**1904 年**

1 月 21 日，清政府颁布《钦定大清商律》。

今天，如果我们乘火车行走在京张铁路上，当行至青龙桥车站附近时，可以看到这里竖立着一座铜像，这是谁的塑像？为什么会屹立在这里？原来，他就是被称为"中国铁路之父"的著名工程师詹天佑。他主持修筑了京张铁路。这是中国独立自主修筑的第一条干线铁路，它的建成振奋了民族精神。

1904 年，基于京张贸易发展的经济需要，以及加强与蒙古联系的政治考虑，清政府决定筹建北京到张家口的京张铁路。消息一经传出，英俄两国就同时前来抢夺修筑权，吵得不可开交。清政府谁也不敢得罪，最后决定，不借助洋人的资金、技术，由中国人自主修建此路。而在当时，中国人还没有独立修筑过铁路干线，专业人才奇缺，而且从南口往北经居庸关到八达岭，一路都是高山深涧，悬崖峭壁，在这样的地段修筑铁路，难度是可想而知的。于是一些西方人士公开讥讽说："中国造此路之工程师尚未诞生呢！"

1905 年 5 月，清政府成立京张铁路总局和工程局，派陈昭常为总办，詹天佑为总工程师兼会办。詹天佑毅然承担起这一艰巨而光荣的使命。

为了保证工程的顺利进行，詹天佑亲自率领仅有的两名懂铁路技术的学员在北京至张家口沿途进行实地勘测。他们自丰台出发，经南口、八达岭，直至张家口，长途跋涉 200 多公里，然后随即回测。一路风餐露宿，白天在山野河沟、悬崖峭壁精心测量，晚上还要在油灯下核实方位，绘图计算。经过艰苦的努力，他们战胜了种种困难，最终确定了自延庆州绕过八达岭经德胜口、十三陵到昌平的线路。

1905 年 9 月 4 日，京张铁路正式开工修筑。由于工期紧迫，工程艰巨，为了加快修筑速度，

詹天佑铜像

詹天佑采取了分段施工的办法:第一段丰台至南口先行开工,以早日通车运输而获利;第二段南口至岔道城,第三段岔道城至张家口。12月12日,詹天佑亲手在丰台铺轨现场钉下了第一枚道钉。俗话说"万事开头难",铺轨的第一天就遇到了车钩链子折断造成脱轨事故,外国人抓住此事大做文章,各种流言蜚语纷至沓来,但詹天佑没有惊慌,他经过冷静思考和仔细琢磨,终于创造出自动挂钩法。这一方法后来普及到全国,一直沿用至今。

**1905 年**
5 月 15 日,清政府派陈昭常为京张铁路总办,詹天佑为总工程师,开国人自办铁路之先河。

1906 年 9 月 30 日,第一段工程全部通车。第二段由南口到岔道城的工程最艰难,也是修筑京张路成败的关键,途中必须打通居庸关、五桂头、石佛寺、八达岭四条隧道。居庸关隧道开工不久,八达岭隧道工程也接着开工了。这条隧道长 1091 米,工程之难在当时为全国所仅有,世界所罕见。当时我国施工机械十分简单和落后,为了加快人力开挖进度,詹天佑因地制宜地采用了"竖井施工法",同时为了保证隧道的施工质量,詹天佑吃住都在现场,亲自把关验收,一丝不苟。他这样不分昼夜地勤奋工作,使现场施工的所有员工无不深受感动。经过施工人员 18 个月的艰苦奋战,八达岭隧道终于在 1908 年贯通。四个隧道建成后,还有一个更大的难题,即八达岭的跨越问题。八达岭高踞关沟北端最高处,地势陡峭,怎样才能使列车安全爬上呢?他根据折返式原理,设计出别具一格的一段"人"字形线路,成

**1909 年**
10 月 2 日,京张铁路全线通车。

功地解决了全线的越岭关键问题,这是詹天佑在铁路建设史上的创举。1909 年 8 月 11日,全部工程顺利完成,工期比原定时间缩短了两年,而建造成本亦比预算节省了 28 万两白银。10 月 2 日,京张铁路全线正式通车。在铁的事实面前,外国人也不得不折服。

京张铁路的建成,在很大程度上振奋了民族自信心,詹天佑也因此获得很多荣誉。

"人"字形铁轨上下车的情景

1919 年 4 月,詹天佑抱病登上长城,发出了这样的感慨:"生命有长短,命运有沉升,初建路网的梦想破灭令我抱恨终天,所幸我的生命能化成匍匐在华夏大地上的一根铁轨……"4 月 24 日,詹天佑终因劳瘁成疾,于汉口逝世,享年 58 岁。1922 年,青龙桥火车站竖立起詹天佑的铜像。1987 年,又在这里建立起詹天佑纪念馆。当时由此进入北京的客车均要停车半小时,参拜詹天佑铜像和纪念馆。

**相关链接**

### 清末新政

清末新政是从 1901 年宣布变法到 1911 年清廷覆亡这段历史时期里,清政府迫于国内外严重危机自上而下推行的一场自救运动。

清末新政可分为两个阶段。1901—1905 年为第一阶段,主要内容是:一、改革官制。包括添设新衙门(设立外务部、商部、巡警部、学部等)、裁撤旧衙门,还下令"停捐纳"、"裁陋规"等;二、改革兵制。包括停止武举、筹建武备学堂、设立新式"常备军"等;三、改革学制。主要包括停科举、设学堂、奖游学等;四、奖励实业。颁布一系列振兴工商业的法律法规。另外,清政府还发布了禁缠足、禁鸦片、废酷刑以及满汉通婚等命令。1906—1911 年为第二阶段,以"预备立宪"的政治改革为主。作为实行宪政的"预备",从改革官制入手,逐步厘定法律、广兴教育、清理财政、整顿武备、普设巡警等;在中央设立资政院,各省设立谘议局;另外,还颁布了一些振兴实业、开垦边疆、调查户口等方面的措施。

清末新政处于一个承前启后的历史时期,是近代中国新旧变迁的重要环节,它部分实现了中国由传统社会向近代社会的转变。从近代化的进程看,清末新政在文化教育、军事、经济、政治、社会风俗等方面都比传统社会显示出很大的进步性。然而从结果看,这场改革对清政府来说却落得个悲剧性的结局——清王朝不仅没能实现自救,反而在辛亥革命的风暴中结束了统治。

# 陈天华蹈海自绝

"大江歌罢掉头东，邃密群科济世穷。面壁十年图破壁，难酬蹈海亦英雄。"周恩来这首诗的最后一句讲的是一位为民主革命而献身的革命志士。古有屈原心系百姓自沉汨罗，今有他忧国忧民英勇赴海——这就是蹈海英雄陈天华。1905 年 12 月 8 日，这名年轻的志士在日本大森海湾投海自杀，震惊了国人，震动了世界。年仅 30 岁的陈天华，正值人生奋斗之年，却为何选择了在日本东京投海自尽呢？让我们一起来揭开他的投海之谜，见证他的忠肝义胆。

陈天华，字星台，湖南新化人，1875 年生。幼时家境贫寒，后来通过族人的周济，才有了继续求学的机会。1903 年留学日本。在日本积极参与留日中国学生组织的拒俄义勇队和军国民教育会。同时，他先后以饱满的热情撰写出《猛回头》和《警世钟》等书，深刻揭露帝国主义列强侵略中国和清廷卖国投降的种种罪行，流传日广，影响不断扩大。随后，陈天华回国，与黄兴、宋教仁等革命志士在长沙创立华兴会，准备在湖南发动武装起义。不料，事情泄露，陈天华被迫逃亡日本。在这里，他结识了孙中山。1905 年 8 月，他参与组建中国同盟会，并任秘书，为同盟会的成立作出了很大的贡献。

陈天华有着深厚的爱国情怀，对于落后弱小、任人宰割的中国，他深感痛心。为了唤醒中国民众，他曾经四处奔走呼号，宣扬革命，号召挽救民族危亡。然而就是这样一个有抱负有作为的热血青年，为何会走上蹈海自绝的不归路呢？

原来，同盟会成立后，资产阶级革命力量在日本迅速发展起来。为了遏止汹涌澎湃的革命浪潮，压制留学生的革命活动，清政府勾结日本政府文部省，于 1905 年 11 月 2 日，发表了一个严格管束中国

**1903 年**

4 月 29 日，留日学生 500 人在东京举行拒俄大会，声讨沙俄侵略东北。会后组织拒俄义勇队，黄兴、陈天华等 200 余人自动参加，准备开赴东北抗俄。

6 月 30 日，"苏报案"发生，章炳麟被捕。

陈天华

留学生的规则,即《清国留学生取缔规则》,其内容概括起来主要有三条:一、中国留学生一定要在清朝政府驻日公使馆和日本学堂登记,其活动都要登记;二、通信要登记,给国内朋友写信都必须登记;三、不准住到别的地方去,只能住在留学生所在学校的宿舍。广大中国留学生认为这一规则"剥我自由,侵我主权",因此掀起了一系列的抗议活动,各校留学生纷纷罢课。但在如何进行斗争的具体方式上发生了分歧,一派主张罢学回国,另一派则主张忍辱学成归国。两派激烈争吵,逐渐发展到了水火不相容的地步。最后,留日学生总会的干事们均不想承担责任,纷纷辞职。

面对这样的局面,陈天华十分痛心。就在这时,日本报纸兴风作浪,挑拨离间,说中国留学生是"乌合之众",不堪大任。《朝日新闻》甚至干脆说中国留学生是"放纵卑劣"的一群,还挖苦中国人缺乏团结。陈天华看到这些报道后,悲愤不已,既为国人的陋习而羞愤,更为日本人对国人的歧视而痛恨,同时担心留学生一旦不能团结一致,把斗争进行到底,日本报刊就会借此大做文章,进一步侮辱中国,这将是中国留学生和中华民族的奇耻大辱。他认为,此时仅仅靠口头呼吁学生团结斗争是难以有成效的,便毅然决定以身投海,以此来震惊国人,激励留学生坚持斗争。

12 月 8 日早晨,陈天华在写下了一封呼吁国人"坚韧奉公,力学爱国"的《绝命书》后,坦然离开寓所,将《绝命书》寄给留学生总会,然后从容地来到东京大森湾。面对大海,他心潮澎湃,思绪万千:"我亲爱的祖国,我是多么不愿离开你啊,我真的不想就此离去啊!我还有那么多的抱负没有实现,我还没有为革命贡献出我所有的力量,我还没有建设出繁荣富强的祖国,甚至我还没有看那生我养我的土地最后一眼……然而,我一定要唤醒同胞们狂热的头脑,一定要让他们团结起来!只要他们能团结,只要祖国能强大,即便是死,又有何惧?人生自古谁无死,留取丹心照汗青。"他释然,微笑,然后纵身一跃,投身于茫茫大海中。顷刻间,大森海湾波涛汹涌,澎湃的是陈天华满腔的爱国热情。

陈天华的蹈海,极大地激励了留日中国学生反对取缔规则的斗争,数千名留学生集体回国,惊动了国际舆论和日本朝野,迫使日本政府对取缔规则作了新的解释,反"取缔规则"斗争取得了胜利,日本各界对中国留学生的看法也有了根本的改变。

1906 年 5 月 23 日,陈天华的灵柩归葬于湖南长沙岳麓山,岳麓山上缟素一片,哀歌动地,前来送葬的人们绵延十里。1912 年 3 月 6 日,孙中山以临时大总统名义批准给陈天华烈士建立专祠,刻文褒扬,热情地歌颂了这位为民主革命而献身的革命先烈。

**1905 年**

8 月,中国同盟会在日本东京成立。

12 月 8 日,陈天华抗议日本颁布留学生取缔规则,在东京大森海岸投海自杀。

## 相关链接

### 中国同盟会成立

1905 年 7 月 30 日,孙中山和黄兴联合兴中会、华兴会、光复会、科学补习所等革命团体领导人,聚集到日本东京赤坂区黑龙会本部内田良平的寓所,举行建立全国性革命政党筹备会,共议政党名称、纲领、誓词、加入仪式和推选章程起草者事宜。会上孙中山阐发了三民主义思想,并经过商讨定政党名称为中国同盟会,接着,孙中山提议以"驱除鞑虏,恢复中华,创立民国,平均地权"为纲领,会议最后推举黄兴、陈天华、宋教仁、马君武等八人负责起草同盟会章程。

8 月 20 日,同盟会正式成立会议举行。会议决定同盟会总部设在东京,通过《中国同盟会章程》,选举孙中山为总理。根据三权分立原则,在总理下设执行部、评议部、司法部。黄兴任执行部庶务科总干事(相当于常务副总理),汪精卫任评议部评议长,邓家彦、宋教仁分任司法部判事长、检事长。会议决定在国内外分设九个支部。最后,将《二十世纪之支那》(后来更名为《民报》)作为同盟会机关报。同盟会成立后,在孙中山主持下,立即开始建设国内外分支部,编辑机关报,与康、梁保皇派论战,积极准备新的武装起义等工作。同盟会的成立,标志着中国资产阶级民主革命进入了一个新阶段。

# 五大臣出洋考察宪政

**立宪派**

　　立宪派是指 20 世纪初期随着"新政"和"预备立宪"而崛起的资产阶级上层及其政治代表所组成的政治派别。代表人物在国内为从事实业的大资本家和绅士(如张謇等),在国外为已沦为保皇派的康有为、梁启超等。立宪派既反对清朝统治的现状,要求改革,也反对革命,主张实行"君主立宪"。

　　1905 年 9 月 24 日,是五大臣出国考察宪政的日子。这天上午,北京正阳门车站,车水马龙,岗哨密布。朝官贵戚纷纷前来为载泽、戴鸿慈、徐世昌、端方、绍英五大臣送别。当时,载泽、徐世昌、绍英三人坐于前车厢,而戴鸿慈和端方则坐在后面的车厢里。突然,戏剧性的一幕发生了——"忽闻轰炸之声发于前车,人声喧闹,不知所为"。

　　原来,革命党人吴樾得知清政府准备实行预备立宪并派五大臣出洋考察宪政的消息后,他意识到这是一个骗局,是为了挽救清廷的统治危机。他决定刺杀五大臣,以此唤醒民众,粉碎清廷阴谋。这一天,就在开车前,他趁着人来人往的混乱时机,悄悄地上了火车,怀里藏着自制的炸弹。可能是由于自制炸弹性能不甚稳定,结果当车厢和机车挂钩时,车身突然发生了震动,导致炸弹提前爆炸。吴樾当场被炸身亡;五大臣中,绍英伤势较重,载泽、徐世昌略受轻伤,而戴鸿慈和端方由于坐在后面的车厢中,躲过此劫。

　　吴樾刺杀五大臣这一意外事件对于清政府派遣五位大臣出洋考察宪政的活动造成了一定的影响,此事不得不缓行。

　　那么,清廷为何要实行预备立宪呢? 除了社会与历史背景等因素外,其直接原因则是在 1905 年的日俄战争中,小国日本战胜大国俄国,这给清廷以很大震动。

　　日俄战争结束后,朝野上下普遍将这场战争的胜负与国家政体联系在一起,认为日本因立宪而胜,俄国因专制而败。于是一时间,立宪似乎成为一股全国性的思潮。江浙立宪派首领张謇在日俄谈判之际就致信袁世凯,称不变政体,枝枝节节之补救无益也。朝中重臣袁世凯、周馥、张之洞等人在其他官员和立宪派的推动下,联名上书,请求清政府实行立宪政体,并提出了派遣官员出国考察别国宪政的请求。7 月 16 日,清廷下达"考察政治谕",派员"分赴东西洋各国考求一切政治,以期择善而从"。

　　受吴樾刺杀事件影响,清政府改派山东布政使尚其亨、顺天府丞李盛铎接替绍英和徐世昌。

　　为防再生不测,考察团重组人马,暗中部署,兵分两路,分期启程。

一路由载泽、李盛铎、尚其亨等
人组成赴英、法、比利时、日本
等国；另一路，则由戴鸿慈、端
方等人组成前往美、德、意大
利、奥地利等国。

1905 年 12 月 2 日，寒风
凛冽，戴鸿慈、端方等人一大早
就已起身，待命出发。鉴于上
次出行的教训，这次出发时，正
阳门火车站采取了严密的安保

赴欧洲考察宪政的五大臣及随员在罗马合影

措施，稽查格外严密，所有闲杂人等一概不能入内。中午时分，戴鸿
慈、端方等人陆陆续续来到北京正阳门车站。他们乘车经天津至秦
皇岛，再换乘轮船前往上海，搭乘至欧美国家的船只，开始西行。

由戴鸿慈、端方两人带领的这支考察队伍有 40 多人组成，包括
33 位随行人员、4 名各省派往随同考察人员、2 名差官、4 名杂役，还
有 1 名剃头匠。此外还有随行前往美国留学的 11 名学生，日后因在
美国宣传孔教而声名远扬的陈焕章就在其中。12 月 19 日，美国太平
洋邮船公司的巨型邮轮"西伯利亚"号载着几十名考察人员，也载着
清政府的殷切期望，收锚起航。

12 月 11 日，载泽、李盛铎、尚其亨等人也从北京出发，前往上海。
次年 1 月，这批考察团成员搭乘法国轮船公司的"克利刀连"号，先到
日本，再转至欧洲等国家。一路上也是众人拥簇，浩浩荡荡。

尽管为节省时间以多参观一些国家，出洋考察宪政团已经兵分
两路行进，但是他们的行程仍然很紧张。因此，随行人员就各施所
长，按照自己的专长去观察他国不同的方面，以期用最短时间取得最
大功效。考察内容涉及欧美各国的政体、宪法、财政、兵制等，主要进
行了以下活动：

一是参观考察。主要参观议院，考察议会制度。考察团参观了
17 处议院，重点是美、英、德、意等国议会。

二是拜访宪政名家。在美国，他们请议员到寓所演讲华盛顿的
地方自治章程；在德国，戴鸿慈聆听了德皇的讲话；在俄国，他们拜会

**1908 年**

8 月 27 日，清政府
颁布《钦定宪法大
纲》。

**1910 年**

10 月 3 日，资政院
成立，行开院礼。

11 月 4 日，清政府
发布上谕，将准备立
宪期限由 9 年缩短
为 5 年。

了俄国前首相维特。

三是搜集政治类图书和资料。考察团带回了大量宪法、财政、军政等方面的资料,回京后分门别类编撰了许多书籍。

1911 年

5 月,"皇族内阁"出台。

另外,每当考察、游历完一国后,戴鸿慈等都及时向朝廷奏报考察、游历经过和感受,以及所得出的考察结论。

1906 年 7—8 月,戴鸿慈、端方等人回国。随后,他们向清廷提出了变革政治的重大方略,主要包括:一、实行立宪政体;二、改革官制;三、提高民智。

1906 年 9 月 1 日,清政府发布了预备立宪的上谕,宣布"预备仿行宪政"。尽管不同阶级、阶层对此有不同的态度,但宣告"预备仿行宪政"是中国近代史上的一件大事。而这项国策的最终确立,及其实行的宪政模式和所"仿行"的国家,与五大臣出国考察政治有着密切的关系。仿行立宪上谕的发布,标志着清政府的预备立宪工作已经正式展开。

🐉 相关链接

## 预备立宪

20 世纪初,帝国主义势力进一步加紧侵略中国,同时国内民主革命运动迅速发展,群众性反抗斗争持续高涨,清政府迫于压力,于 1905 年派五大臣出洋考察宪政。1906 年五大臣回国后向慈禧太后提出了立宪有"皇位永固"、"外患渐轻"、"内乱可弭"的好处,9 月 1 日,慈禧正式下诏宣布"预备仿行宪政"。随后,清政府宣布中央和地方官制改革方案,通过改革,加强了皇族势力,削弱了汉族官僚的权力。1908 年 8 月 27 日,颁布了纲领性文件《钦定宪法大纲》,内容共 23 条,规定皇帝权力至高无上,同时规定预备立宪以 9 年为期。1910 年,在立宪派的强烈要求下,清政府被迫将预备立宪期限提前 3 年。1911 年 5 月,清政府成立了新内阁,13 名成员中皇族竟占了 5 人,因此这个内阁被称为"皇族内阁"。皇族内阁的出台,使立宪派放弃了对清廷的幻想,他们纷纷转向革命。1911 年 11 月,武昌起义爆发后,清政府又公布了《宪法重大信条十九条》,但已挽救不了其覆灭的命运,预备立宪也最终随着清王朝的覆灭而付诸东流。

清政府主导的预备立宪是对政治制度的一次重大改革,对推动中国政治的近代化有一定的进步意义,但由于清廷预备立宪的主观目的是维护其统治,因此实行的措施难以克服诸如满汉之间、中央与地方之间、新政需求与财政困难之间的矛盾,最终必定走向失败。

# "鉴 湖 女 侠"秋 瑾 之 死

在风景秀丽的西湖西泠桥南边,矗立着"鉴湖女侠"秋瑾的汉白玉雕像。她飒爽的英姿,凛然的浩气,让人难以忘怀。站在秋瑾墓前,人们不禁想起 1907 年 7 月 15 日凌晨,那"秋风秋雨愁煞人"的日子,以及绍兴轩亭口悲壮的一幕。那天,秋瑾遇难,年仅 31 岁。"出师未捷身先死,长使英雄泪满襟",人们总是如此感叹。但青山有幸埋忠骨,秋瑾葬在这美丽的西湖边,供后人瞻仰怀念,也算是对英雄的一种慰藉吧。

晚清以来,中华民族危机日趋严重,许多有识之士为挽救民族危亡而奋斗、献身,秋瑾更是巾帼不让须眉,表示"危局如斯敢惜身?愿将生命作牺牲"。1905 年,秋瑾先后加入光复会和同盟会,积极反清。1906 年冬,秋瑾与光复会领导人徐锡麟等在上海秘密集会,计划在安徽、浙江两地同时举义反清。

1907 年 4 月,清廷委任徐锡麟为安徽巡警处会办兼安庆巡警学堂会办、陆军小学监督,徐锡麟推举秋瑾接任自己为绍兴大通学堂督办。每天清晨,秋瑾身穿男子体操军衣,怀藏勃郎宁手枪,腰佩明晃晃的战刀,骑在马上,指挥学生进行严格的军事训练。经过几个月的艰苦努力和积极部署,秋瑾与浙江各地会党建立了广泛的联系,组建了光复军,人数达 7000 多人。她遥尊徐锡麟为统领,自任协领,并与徐锡麟商定 7 月 19 日浙、皖两地联合起义,打算以安庆为重点,以绍兴为中枢,占领两省的重要城镇后,再分路攻取南京。

不料,起事机密不慎泄漏。7 月 6 日,徐锡麟利用安徽巡抚恩铭来安庆巡警学堂参加毕业典礼的日子提前仓促起义。徐锡麟开枪打死了恩铭,并带领学生与清军激战了 5 个多小时,终因寡不敌众,徐锡麟被捕就义。秋瑾从报纸上得知安庆起义失败、徐锡麟被害的消息,悲痛欲绝。有人劝秋瑾暂往别处避祸,但被她断然拒绝。就在这时,绍兴士绅胡道南揭发秋瑾与徐锡麟交往甚密。绍兴知府贵福得知此情报后,惊恐万状,星夜赶往杭州向浙江巡抚禀告。随即,浙江巡抚派 300 余名清兵火速赶赴绍兴,在知府贵福、山阴知县李钟岳、会稽知县李瑞年等人的率领下,包围大通学堂,抓捕秋瑾。

**1906 年**

12 月 4 日,由同盟会员刘道一、蔡绍南等策动的萍浏醴起义爆发。

**1907 年**

5 月 22 日,革命党人在广东发动潮州起义。

7 月 6 日,徐锡麟率巡警学堂学生数十人在安庆举义,击杀安徽巡抚恩铭。旋失败,徐被捕英勇就义。

8 月,同盟会员张伯祥、焦达峰、孙武、刘公等在日本东京成立共进会,谋在长江流域策动起义。

**1908 年**

3 月 27 日,黄兴亲率同盟会员 200 多人组成的"中华国民军南路军",在广西发动钦州马笃山起义,坚持 40 余日。

11 月 19 日,熊成基率马、炮两营士兵千余人发动安庆新军起义,旋失败。

　　山阴知县李钟岳平素仰慕秋瑾的学问文章，常咏诵其"驰驱戎马中原梦，破碎山河故国羞"的诗句，因此对武力围剿大通学堂一事态度消极，并创造时机让该校师生逃走。贵福得到消息后对李钟岳大加训斥："府宪命令，汝延不执行，是何居心？限汝立即率兵前往，将该校师生，悉数击毙，否则我即电告汝与该校通同谋逆，汝自打算可也！"当得知清军前来抓捕时，秋瑾临危不惧，指挥大家掩藏枪弹，焚毁名册，疏散学生。清兵破校门而入时，秋瑾端坐室内，桌上放着两支手枪，但她镇静自若，没有反抗。随后，秋瑾被押往绍兴知府衙门，当天晚上就受到了严厉的审讯。绍兴知府贵福平时与大通学堂多有来往，甚至曾认秋瑾为义女。提审时，秋瑾百问不答，反指出贵福常到大通学堂，并送过嵌着她别号"竞雄"二字的对联："竞争世界，雄冠地球"。贵福不敢再问，慌忙将她交给山阴知县李钟岳审讯。

　　7 月 14 日，天气阴雨，李钟岳在花厅审讯秋瑾。李钟岳破例为秋瑾设座，两人对谈两个小时之久。周围一片寂静，不知者还以为是在会客。李钟岳递给秋瑾一支笔，令其撰写笔录。秋瑾提笔只写一"秋"字。李钟岳又令再写，秋瑾沉思片刻，依次写出：秋风秋雨愁煞人。而后搁笔，默然无语。李钟岳向贵福报告审问情形，贵福怫然不悦，道："你待她若上宾，当然不招，何不刑讯？"李钟岳表示秋瑾是读书女子，没有确凿证据，不宜用大刑逼供。

　　贵福等人惟恐秋瑾牵连出自己，电禀浙江巡抚张曾敭，恳请将秋瑾"先行正法"。在得到张曾敭的允许后，贵福即于 7 月 15 日凌晨，向李钟岳下令处死秋瑾，并派心腹监督执行。李钟岳此时仍抗言"供证两无，安能杀人"，但又不敢抗命。李钟岳告诉秋瑾："我本欲救你一命，但上峰必欲杀你，我已无能为力。我位卑言轻，杀你非我本意，你明白否？"秋瑾答道："公祖盛情，我深感戴，今生已矣，愿图报于来世，今日我惟求三件事：一、我系一女子，死后万勿剥我衣服；二、请为我备棺木一口；三、我欲写家信一封。"李钟岳一一答应。随后，秋瑾从容赴绍兴古轩亭口刑场。

　　秋瑾死后，她的遗体先由善堂草草成殓，后由其好友吴芝瑛迁到西湖岳王坟旁，后又经多次迁移，最终归葬西湖西泠桥。1912 年 12

月,孙中山致祭秋瑾墓,亲笔题写挽联:"江户矢丹忱,重君首赞同盟会;轩亭洒碧血,愧我今招侠女魂。"

---

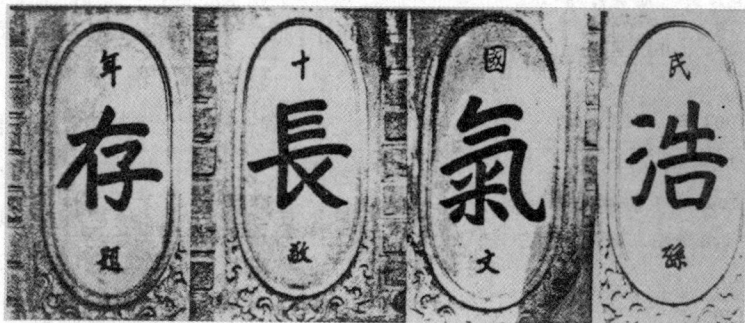

相关链接

## 黄花岗起义

在同盟会的领导下,革命党人发动了一次又一次以推翻清王朝统治,建立资产阶级共和国为目的的武装起义。这些起义在不同程度上打击了清朝统治,为后来武昌起义

孙中山为黄花岗七十二烈士墓的题词

一举成功准备了条件。1911年4月爆发的黄花岗起义就是其中的一次。

1910年11月,孙中山在马来亚槟榔屿召开秘密会议,会议决定再发动一次广州起义。他们计划以广州新军为主干,首先占领广州,然后由黄兴率领一军入湖南,赵声率领一军出江西,谭人凤、焦达峰在长江流域举兵响应,然后会师南京,举行北伐,直捣北京。

同盟会接受历次起义失败的教训,在起义发动前进行了认真细致的准备,但是由于种种原因,发难日期不得不推迟。1911年4月27日下午,在黄兴带领下,革命军120余人,臂缠白巾,手执枪械炸弹,吹响海螺,直扑督署,起义开始。经过激战,由于寡不敌众,再加上组织不严密,计划不周全,起义最终失败,黄兴侥幸逃脱。起义失败后,广州革命志士潘达微收殓牺牲的革命党人遗骸72具,葬于广州郊外的红花岗,并将红花岗改为黄花岗,史称"黄花岗七十二烈士"。这次起义因而也称为黄花岗起义。

# 光绪帝死因悬案

**1907 年**

4 月至 8 月，袁世凯勾结奕劻、端方等扳倒军机大臣瞿鸿禨与邮传部尚书岑春煊，史称"丁未政潮"。

**1908 年**

11 月 14 日，光绪帝死，溥仪继位，改元宣统，以载沣为摄政王。

**1909 年**

1 月，清政府罢斥袁世凯。

1908 年 11 月 14 日傍晚，38 岁的光绪皇帝载湉在中南海瀛台涵元殿内驾崩。就在他死去的第二天下午，慈禧太后亦病死于中南海的仪鸾殿。皇帝与太后在不到二十四小时之内相继驾崩，消息一经传出，顿时引起人们的各种猜测。从光绪帝死的那天开始，人们就怀疑他不是正常死亡，而是事出有因。而光绪帝的真正死因，也就成为历史上的一大悬案。

1874 年，19 岁的同治帝驾崩，慈禧太后为再度垂帘听政，把持朝政，立年仅 4 岁的醇亲王之子载湉为帝。光绪帝自幼身体羸弱，成年后更是患上了严重的遗精病，整日腰背酸沉。1898 年，年轻的光绪帝面对内忧外患，满腔热忱地接受维新思想，力求富国强兵，振兴朝政，大力推行变法。然而这一切，都受到了以慈禧太后为首的顽固派的阻挠。戊戌变法最终在顽固派的镇压下宣告失败，不少"帝党"朝臣被诛杀，光绪帝也被囚禁瀛台。1908 年，在度过了十年孤苦、无趣的被囚生活后，光绪帝终于离开了这个给他带来无限怨恨和悲哀的世界。

关于光绪皇帝的死因，一直是困扰人们的历史谜案。光绪皇帝死后不久，民间就流传开来这样一个故事：光绪帝食粥而泣。《世载堂杂忆》记载："皇上安置瀛台，钦派大功臣后裔四人为辅弼大臣，予与左侯孝同等皆入侍。一日，太后赐粥，皇上食而泣。予四人侍立，亦含泪，知有变。"另据《诊治光绪皇帝秘记》披露：光绪皇帝在临死前三天，曾在床上乱滚，大叫肚子疼得不得了。他的脸颊发暗，舌头又黄又黑，这不应是他所得之病的症状。这些记载多来自民间传闻，或者道听途说，并不可靠，但却给人们留下诸多联想和猜测的余地。光绪帝被毒害致死一说，随即在民间广为流传。

长期以来，有许多学者认为光绪是病死的。光绪帝身体羸弱，一直有脾胃虚弱的毛病。成年后又有滑精症状，而且一天比一天厉害。此外，据相关记载，光绪帝长期咳嗽，与肺结核的症状很相似。自光绪帝亲政开始，国家贫弱，边疆不宁，几乎使他心力交瘁，而政治上的失意，长期的精神抑郁，更使他患有严重的神经官能症，心悸、失眠、食欲不振等症状相继出现。在去世前一年,光绪帝实际上已经病入膏肓,而导致其死亡的直接原因,可能是心肺功能的慢性衰竭,并发急性感染。这一说法为多数学者所接受。

为了解开光绪帝的真正死因,2003 年,科学家们运用先进的技术和精密的仪器,对光绪帝的头发进行检测,同时也对其遗骨、衣服以及陵墓内外环境进行反复的检验和缜密的分析。经检测发现,光绪帝头发里含有大量的砷元素。检测结果表明,大量的砷化合物曾存留于光绪帝尸体的胃腹内。至此,光绪帝死因终于破解,即死于砒霜中毒。

需要特别指出的是,即便通过现代化的手段可以证明光绪帝死于砒霜中毒,但依然难以得出光绪帝是被毒害身亡的结论。据现存文献记载,光绪帝在宫中和瀛台被囚禁期间曾服用过中药,其中的雄黄、雌黄、朱砂等会导致砷、汞毒物使用过量,从理论上讲,这种原因也可能引起慢性中毒,直至病变死亡。

然而,现在仍然有不少人倾向于光绪皇帝被毒害致死的观点。其中最主要的说法有两种,分别认为慈禧太后和袁世凯有重大嫌疑。据记载,光绪帝驾崩的前一天,自知时日不多的慈禧做出这样的安排:命人将年仅 3 岁的溥仪,从醇亲王府接进宫里;同时,封溥仪的父亲、同时也是光绪帝的弟弟醇亲王载沣为摄政王。第二天傍晚,光绪帝即突然去世。光绪帝死后的第二天下午,慈禧太后也归天了。这一切似乎都是在有意安排之中发生的,无怪乎会引起人们的众多猜疑。而且以当时的条件、环境而论,如果没有慈禧太后的主使和授意,谁也不敢、也不能下手毒杀光绪帝。这样,慈禧太后就有了很大的嫌疑。

另有人分析认为,袁世凯既有杀害光绪帝的动机,也有这种机会。光绪帝主持的戊戌维新,由于袁世凯的告密而最终失败。光绪帝不仅没有实现变法图强的宏伟大志,还落得个被囚瀛台的结局。因此,袁世凯是光绪帝生前最忌恨的人。袁世凯自己也知道光绪帝特别恨他,他非常害怕慈禧去世之后光绪重新执政,早晚会与他算账,所以他想先下手,害死光绪。《世载堂杂忆》中说,袁世凯身边有个智囊名叫杨士琦,给袁世凯出主意:商之李连英,毒死光绪皇帝。当时,袁世凯身为军机大臣,主掌北洋,若真想谋害皇帝,也不是完全

## 袁世凯与北洋新军

早在 1895 年,清政府就派长芦盐运使胡燏棻在天津小站训练新军,号"定武军"。12 月,袁世凯到小站督练新建陆军,将"定武军"扩编,凑足 7000 人。这支新军完全按照德国营制、操典进行训练,用新式武器装备,拥有步、骑、炮、工程、辎重等兵种。

1903 年,袁世凯调任练兵处会办大臣。日俄战争爆发后,他建议在全国编练常备军 36 镇,每镇官兵 12500 人。随后,袁世凯先将北洋"左"、"右"两镇募足兵员,正式成立北洋军第一镇、第二镇,不久又将巡警营扩编为第三镇;原来的武卫右军、南洋自强军分别编成北洋第四镇、第五镇。5 月 14 日,"京旗常备军"也扩编成镇。至此,北洋共练成六镇新军,计兵额近 7 万人,而其他省份限于人力、财力没有完成计划。北洋新军掌握在袁世凯之手,成为其以后发迹的重要支柱。

　　没有这个条件。

　　至此，光绪帝死亡的直接原因已经明确，那就是死于"砒霜中毒"。但是光绪帝之死依然还有许多未解之谜。光绪帝到底是被人毒害致死，抑或是由于长期服药造成的？依然不能定论。

---

相关链接

## 袁世凯回籍"养疴"

袁世凯(立者)与其兄袁世廉垂钓洹上

　　北洋集团势力的扩张，对掌握中央政柄的满族亲贵集团的地位构成严重威胁，双方权力之争日趋激化。皇室亲贵煽动一些御史上疏屡弹袁世凯权高势重，任用私人，甚至预言将步曹操、刘裕后尘。1908年11月，光绪帝和慈禧太后相继死去，年幼的溥仪继位，改元"宣统"，其父载沣为摄政王。载沣反对袁世凯的很多新政措施，更因为戊戌政变一事(他认为袁世凯出卖维新派，致使光绪帝被慈禧太后幽禁至死)，对袁世凯非常痛恨，于1909年初免去袁世凯一切职务，令其回籍"养疴"。袁世凯知道形势对他不利，遂称疾返回河南，最初隐居于辉县，后转至安阳。他的许多部属依然位居要津，实权在握。袁在此期间韬光养晦，暗地里仍关心政事，时刻准备东山再起。

　　1911年10月10日武昌起义爆发，南方各省纷纷宣布独立。北洋新军是清室唯一可以抵抗革命的力量，而北洋军是袁世凯一手操练出来的，许多将领是袁的心腹，内阁总理大臣奕劻和协理大臣徐世昌感到形势危急，一再上奏朝廷要求立即起用袁世凯；列强各国在宣布中立的同时，也催促清廷起用袁世凯。在这种情况下，清政府不得不重新起用袁世凯。10月14日，摄政王载沣颁发谕旨，任命袁世凯为湖广总督，负责指挥湖北全省的军队和各路援军，镇压起义。但袁世凯却以足疾未愈为由拒绝出山，其实他是想让清廷给他更大的权力。最后清廷没有办法，被迫解散皇族内阁，任命袁世凯为内阁总理大臣，组织责任内阁，这样袁世凯就实际上掌握了清政府的军政大权。

# 四川保路风潮

正当民主革命风声激荡,清王朝统治摇摇欲坠的时刻,湖南、湖北、广东、四川等地发生了轰轰烈烈的保路运动,其中以"天府之国"四川的运动最为壮阔。四川人民的保路爱国运动,成为辛亥革命的导火线。

20世纪初,四川人民为反抗帝国主义掠夺中国铁路主权,由四川省留日学生首倡,经四川总督锡良奏请,于1904年在成都设立"川汉铁路公司"。第二年改为官商合办,1907年改为商办有限公司,采取"田亩加赋",抽收"租股"为主的集股方式,自办川汉铁路。

1911年5月,清政府宣布"铁路干线国有政策",强收川汉、粤汉铁路为"国有",并与美、英、法、德四国银行团订立借款合同,总额为600万英镑,公开出卖川汉、粤汉铁路修筑权。"铁路国有"的消息传到四川,群情激昂,强烈抵制。6月13日,"四国借款合同"寄到成都,原来赞成"国有"的立宪派们,纷纷转向"保路"的立场。他们发起成立"保路同志会",推举立宪派人士蒲殿俊、罗纶为正副会长,提出了"破约保路"的宗旨,发布《保路同志会宣言书》等文告,四处张贴,宣传保路。并派会员分路讲演,推举代表赴京请愿。全川各地闻风响应,四川女子保路同志会、重庆保路同志协会和各府、州、县、各团体保路同志分会相继成立,会员至数十万。四川各族人民、各阶层人士也纷纷加入保路斗争的行列。他们以各种形式集会演说,呼号奔走,一方面戳穿帝国主义掠夺中国铁路的丑恶嘴脸,揭露清政府出卖国权的罪恶行径;另一方面号召群众,发动爱国之士活动起来,共同捍卫国家的主权。

随后,在成都召开川汉铁路股东特别大会,斗争日趋激烈。就在这时,以滥杀无辜著称的"赵

**1911 年**

5月9日,清政府宣布将粤汉、川汉铁路收归国有。

5—7月,湘、鄂、川、粤四省绅商学界和工农群众反对清政府铁路国有政策。保路运动迅速兴起。

6月17日,川汉铁路股东在成都开会,决定成立四川保路同志会。

揭露清政府出卖铁路主权的宣传画

屠户"——署理四川总督赵尔丰带着"从严干涉"的命令来到成都，横加阻挡，压制保路活动，破坏保路组织，打击保路积极分子。这一切使得四川群众更加怒不可遏，由此导致了从成都开始的罢市、罢课、抗粮、抗捐斗争。风潮所播，遍及全川，使清廷陷于窘困境地。9月5日，在铁路公司特别股东大会上，出现《川人自保商榷书》的传单，号召川人共图自保。

8月初，同盟会会员龙鸣剑、王天杰等邀请哥老会首领在四川资州密议，决定建立四川保路同志军，发动武装起义。

8月下旬，四川保路同志会号召罢市、罢课、抗粮、抗捐。

10月10日，武昌起义爆发。

与此同时，清政府一方面命端方率领鄂军入川"认真查办"，一方面令赵尔丰"切实镇压"。赵尔丰以有人散布宣传君主立宪、地方自治主张的小册子《川人自保商榷书》为口实，硬把"隐含独立"的罪名扣在立宪派首要人物的头上。9月7日，他诈称路事有所转圜，邀请蒲殿俊、罗纶等保路同志会的负责人去总督衙门商议事情。蒲殿俊、罗纶等人不知是计，一同前往，但他们刚进入衙门，便有数十清兵围上来，每个人都被一名手持砍刀、两名手持手枪和数名手端长枪的士兵围住，同时，衙署周围也都布满了荷枪实弹的清军，杀气腾腾。蒲殿俊、罗纶等人立即被五花大绑起来，大有不是立即枪决就是刀劈之势。这样，一群在百姓中间极具声望的缙绅个个束手就擒，变成了岌岌可危的阶下囚徒。蒲、罗等人异常愤怒，高呼赵尔丰名字，要与其当面理论，但没人理会他们的呼叫。接着，赵尔丰派兵搜查、封闭铁路公司和同志会，搜查蒲、罗家中信件。同一天，赵尔丰还张贴告示，宣称捉拿蒲、罗等人乃是朝廷旨意，他们都是闹事的祸首，不涉及平民。他威胁群众说，赶紧恢复秩序，安分守己地营业，如果胆敢去署衙闹事，格杀勿论。

这下赵尔丰可捅了马蜂窝。得知蒲、罗等人被诱捕，成都爱国群众义愤填膺，怒火中烧，潮水般地从四面八方涌向督署，他们抱着慈禧太后和光绪帝的灵牌痛哭流涕，因为在此"二圣"统治时期，群众集资办铁路是被中央政府明文允许的。请愿群众很快将总督府包围起来，要求释放蒲、罗等人。当遭到拒绝后，群众想冲进署衙。嗜血成性的赵尔丰命令卫队向手无寸铁的请愿者开枪，并用马队来回驰逐。一时，署衙门前枪声大作，马鸣萧萧。当场被枪杀的群众达32人，被马队践踏受伤的不计其数，其状惨不忍睹。赵尔丰还宣布："三日不准收尸。"这就是骇人听闻的成都血案。

赵尔丰的暴行激怒了人民大众,消息不胫而走。全川各地都知道省城出事,纷纷揭竿而起,开始了轰轰烈烈的保路同志军起义。起义队伍发展很快,七八天就达到了一二十万之众。他们从四面围攻省城,与清军激战。川西、川北的藏族、彝族群众也投身起义。全川各族人民浴血奋战,反清斗争势如燎原。9 月 25 日,同盟会员吴永珊(吴玉章)、王天杰于荣县宣布独立,建立了辛亥革命时期第一个县级革命政权。

赵尔丰内外受敌,顾此失彼,狼狈不堪,急切通电请求支援。清政府派湖北、江西等六省援军赶赴四川,同时令端方迅速起程西上,并起用曾任四川总督的岑春煊入川会同办理剿抚事宜。湖北军队进入四川,削弱了湖北当地的兵力,在一定程度上为武昌起义创造了有利的外部环境。

---

相关链接

## 武昌起义

1911 年 8 月,为扑灭四川的保路风潮,清廷派端方率领部分湖北新军入川镇压,致使清军在湖北防御力量减弱,革命党人决定在武昌发动起义。1911 年 9 月 14 日,文学社和共进会在同盟会的推动下,建立了统一的起义领导机关,联合反清。9 月 24 日,两个革命团体召开联席会议,决定于 10 月 6 日发动起义。革命党人的活动被湖北当局察觉,处处提防,再加上同盟会的重要领导人黄兴、宋教仁等未能赶到武汉,起义延期。

10 月 9 日,孙武等人在汉口俄租界配制炸弹时不慎引起爆炸。俄国巡捕闻声而至,搜去革命党人名册、起义文告等,起义计划泄露。湖广总督瑞澂下令关闭城门,四处搜捕革命党人。情急之下,革命党决定立即发动起义。10 月 10 日晚,新军工程第八营的革命党人打响了武昌起义的第一枪,夺取位于中和门附近的楚望台军械所,吴兆麟被推举为临时总指挥。此时,驻守武昌城外的辎重队、炮兵营、工程队的革命党人亦以举火为号,发动了起义,并向楚望台齐集。10 月 10 日晚上 10 点 30 分,起义军分三路进攻总督署和旁边的第八镇司令部。湖广总督瑞澂打破督署后墙,从长江坐船逃走,第八镇统制张彪仍旧在司令部顽抗。起义军经过反复的进攻,终于在天亮前占领了督署和镇司令部,起义军控制了武昌。11 日晚和 12 日晨,驻汉阳、汉口的新军先后起义,武汉三镇完全被革命党人所控制。武昌起义取得胜利。

# 袁世凯"逼宫"

1911 年

11 月 1 日，清政府
任命袁世凯为内阁
总理大臣。

12 月 18 日，南北议
和开始，南北代表伍
廷芳、唐绍仪在上海
英租界举行首次
会议。

1912 年

1 月 1 日，孙中山在
南京就任中华民国
临时大总统。

2 月 12 日，宣统皇
帝溥仪宣告退位。

3 月 10 日，袁世凯
在北京就任临时大
总统。

3 月 11 日，《中华民
国临时约法》公布。

中国末代皇帝溥仪的一生充满了曲折离奇的色彩。他在回忆幼年生活时，有一情景在他脑海中久久不能忘却。他回忆说："有一天在养心殿的东暖阁里，隆裕太后坐在靠南窗的炕上，用手绢擦眼，面前地上的红毡子垫上跪着一个粗胖的老头子，满脸泪痕……胖老头很响地一边抽缩着鼻子一边说话，说的什么我全不懂。后来我才知道，这个胖老头就是袁世凯。"袁世凯是中国近代史上老奸巨猾的风云人物，他这般痛哭流涕，究竟是为了什么？猫哭耗子假慈悲，袁世凯其实是在用计实施自己的"逼宫"计划。

中华民国临时政府成立后，孙中山深切感到通过军事手段没有绝对的把握实现民主共和。革命派包括孙中山和黄兴，尤其是立宪派，认为推翻帝制，"驱除鞑虏，建立民国"，非有袁世凯参加不可。于是孙中山发表声明：只要清帝退位，袁世凯公开宣布实行共和，他将立即辞职，并推荐袁世凯为临时大总统。袁世凯得此保证后，立即紧锣密鼓地开始策划、部署他的"逼宫"计划。

袁世凯授意部下印制假报纸送进宫中，上面大造要求清帝退位的舆论，并刊登多条"新闻"，说美国送了 3 艘军舰给孙文，华侨集资制造军舰 10 多艘；官兵都是华侨子弟，由美国训练而成，聘请美国军人在舰上指挥；孙文回国后，这些军舰已部署在威海卫，如皇帝再不退位，就要进攻天津、北京……袁世凯还亲自面见隆裕太后分析利害：如今的形势是共和潮流，现在是革命党不要君主，民心不要君主，洋人不要君主，如果再执迷不悟，恐怕会像法兰西大革命那样，连皇室子孙都会被斩尽杀绝。如果太后能顺从民心，免去干戈，和平移交权力，仍能保其尊号，享受岁费，这是古往今来绝无仅有的一大创举。若再迟疑不决，错过时机，等人家打进北京城，再提什么条件怕人家也不会答应了。隆裕太后听后十分绝望，无奈地呜咽道："我母子二人，全靠卿了，总教我们母子得全，皇族无恙，我一个妇人家再也不能顾及列祖列宗了。"

袁世凯还花重金买通了庆亲王奕劻和太后最为宠信的太监小德张，他们不断在太后耳边敲敲打打，使其深信退位是唯一的选择。奕勔不仅对袁世凯言听计从,更是从自己的亿万家财考虑,根本不顾皇室宗亲的身份,居然也加入了"逼宫"的行列。在隆裕单独召见时,他故意大肆渲染革命军的实力,劝其赶紧退位自保。小德张是太后身边最宠信的人,袁在小德张势微时即刻意拉拢,称兄道弟,据说曾一次送他白银10万两,此后更加以重金收买。基于此,他便俯首帖耳,惟命是从,完全遵照袁的指示,整日在太后面前渲染夸大革命气氛,称:"各省纷纷独立,前线军队损失惨重,外债无望,军饷难筹,若不答应革命党的要求,则革命军万一兵临城下,太后性命难保……倘若能依从让位,则有优待条件,袁世凯可以担保,仍然可以安享富贵……"等等。隆裕太后听后,更是心力交瘁,绝望之至。

为了确保"逼宫"计划成功,袁世凯命嫡系部队进驻北京城郊,向清廷的王公大臣们展示武力。1912年1月3日,驻俄国公使陆徵祥依照袁的授意,联合驻外使臣电请清帝逊位。1月26日,袁世凯指使北洋军将领段祺瑞等40多人联名向内阁军谘府、陆军部和各王公大臣发出通电。袁还暗中布置杨度等掀起"请愿共和"风潮,对阻挠共和的亲贵王公进行猛烈抨击,段祺瑞更是欲"谨率全军将士入京,与王公剖陈利害",大有攻打北京城的架势。

面对袁世凯的软硬兼施、多管齐下,焦头烂额的隆裕太后万般绝望,只得于2月3日授袁世凯全权,与南京临时政府磋商退位条件。1912年2月12日,清廷在穷途末路、万般无奈的情况下接受南京临时政府给予的优待条件,下诏退位。袁世凯的"逼宫"计划最终取得成功,统治中国260多年的清王朝宣告垮台。

### 《临时约法》

孙中山在辞去临时大总统职务时,为了防范袁世凯专制独裁,以便把中国纳入资产阶级民主政治的轨道,提出莫都南京、遵守《中华民国临时约法》等三个条件。1912年3月8日,南京临时政府临时参议院颁布了具有资产阶级共和国"宪法"性质的文件——《中华民国临时约法》,简称《临时约法》,共7章。3月11日公布实施。《临时约法》确定中华民国为资产阶级共和国,采用三权分立原则,实行责任内阁制;确立了人民的民主权利和义务以及保护私有制原则等。

**相关链接**

## 南北议和

武昌起义后,袁世凯出任清廷内阁总理,一面陈兵长江北岸,以武力威胁革命势力;一面利用革命党人急于完成统一的愿望,诱使其进行和平谈判。在此期间,诸列强为诱胁革命军向袁世凯妥协,向湖北军政府多次试探。1910年11月26日,由英国驻汉口总领事葛福出面"调停",向湖北军政府提出议和条件。湖北都督黎元洪等以军事失利为由,竭力主张妥协。12月初,南北双方达成停战协议。从12月18日起,南方军政府所派代表伍廷芳

《京师公报》清帝退位号外

与袁世凯所派代表唐绍仪在上海英租界市政厅开始进行南北和谈。

伍廷芳代表革命派提出清帝退位、选举总统、建立共和政府等条件；唐绍仪则代表袁世凯进行要挟。在此期间，英、美、德、日、法、俄等帝国主义列强对议和施加压力，敦促革命派尽快向袁世凯妥协，并采取政治上拒不承认、经济上封锁扼杀、军事上武力恫吓、舆论上恶毒攻击革命政府的手段，极力迫使革命派做出让步。与此同时，立宪派和旧官僚乘机拆墙脚，极力散布对袁世凯的幻想，革命派内部对袁妥协的思想也占了上风。在内外交困和重重压力之下，孙中山被迫发表声明：只要清帝退位，袁世凯赞成共和，即推举袁世凯为临时大总统。1912 年 2 月 12 日，清帝溥仪下诏退位。次日，孙中山辞去中华民国临时大总统职务。15 日，临时参议院选举袁世凯为临时大总统。这次南北和谈以袁世凯篡夺最高权力而告终。

# 北洋军阀的统治

　　1912年元旦，孙中山在南京建立了中华民国临时中央政府。但是，政权很快落入袁世凯手中，开始了北洋军阀的统治。

　　民国初立，政党林立，舆论活跃，表现出难得的资产阶级民主气氛。但是，也显得杂乱无章。1913年，袁世凯专制野心暴露，指使暴徒暗杀国民党领导人宋教仁，后来又镇压了"二次革命"。袁世凯用武力统一全国后，采取各种手段加强独裁统治，最后，竟丧心病狂，企图恢复帝制。但经过辛亥革命，共和观念已深入人心，袁世凯复辟帝制遭到全国民众的反对。1915年底，蔡锷在云南起兵，护国战争爆发。同时，北洋军阀内部也出现分裂，加之帝国主义不支持，1916年，袁世凯在唾骂声中病死。袁世凯死后，北洋军阀分裂为皖、直、奉三大派，先后把持中央政府，各地军阀也群雄并立。中国陷入兵连祸结的军阀割据局面。

　　由于辛亥革命对封建制度的冲击，在一定程度上提高了民族资产阶级的社会地位，同时，西方列强因忙于第一次世界大战暂时放松了对中国的经济侵略，中国民族资本主义出现了一个快速发展的"短暂春天"，但与庞大的封建小农经济相比，仍是汪洋大海中的几叶孤舟。

　　随着民主思潮的传播以及政局的变动频仍，这一时期的思想文化出现了活跃与发展的局面，各种学说、各种主义竞相登场。1915年，新文化运动狂飙突起，高举民主与科学的大旗。马克思主义开始传入中国。中国正酝酿着一场巨变，新的曙光即将出现。

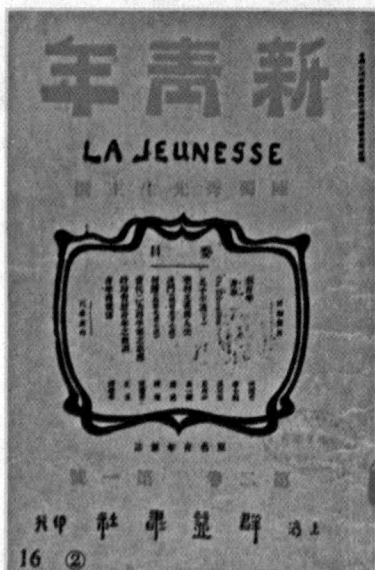

《青年杂志》和《新青年》封面

　　《新青年》的创办是新文化运动兴起的标志。1915 年 9 月陈独秀在上海创办《青年杂志》，从第 2 卷第 1 号（1916 年 9 月）起《青年杂志》改名为《新青年》。左图是《青年杂志》创刊号的封面。画面分为上下两部分：上面的"La Jeunesse"为法语，即"青年"的意思，之下的青年学生或深思、或交流；下面的人物是卡内基的头像。陈独秀对于中国国民的积弱现状向来不满，主张中国青年在人生态度上要积极进取，摒弃不切实际的空谈幻想。作为青年人创业榜样的实业家卡内基，正是这样一种奋斗精神的代表。显然，陈独秀希望中国的青年学生不仅要用法国启蒙思想武装自己的头脑，同时，面对中国当时的境遇，能像卡内基一样在困难和挫折面前拥有"积极进取的精神、一往无前的勇气、坚忍不拔的意志以及掌握自己命运的决心"。

# 宋教仁之死

上海闸北公园有一处被荒草淹没的墓地,显得异常落寞和孤寂。半拱形状的墓丘前有一墓主的大理石坐像,底座正面刻着"渔父"两字,系章太炎篆文手书。渔父,正是清末民初著名政治家宋教仁的号。1913 年 3 月 20 日,上海闸北火车站的一声枪响,结束了宋教仁年仅 32 岁的鲜活生命。刺宋案成为民国历史上第一桩也是最具影响的政治谋杀案。那么,当时的刺杀场景是怎样震惊国人的呢?

袁世凯就任临时大总统后,资产阶级革命党人并没有认清袁世凯专制独裁的面目,而是醉心于政党政治,希望通过国会竞选,组织责任内阁,推行资产阶级民主政治。1912 年 7 月,宋教仁辞去农林总长之职,打算改组同盟会,通过议会选举,为国家制定一部良好的正式宪法,为改组后的同盟会赢得中央政府的执政权。8 月,宋教仁以同盟会为班底,联合统一共和党、国民公党等四个小党派,成立国民党。国民党推举孙中山为理事长,黄兴、宋教仁、吴景濂等 8 人为理事。孙中山委托宋教仁为代理理事长实际掌握党务。

由于吸收各方面人士参加,国民党一时实力大增,袁世凯所支持的共和党无法与之匹敌。宋教仁极强的活动能力和丰富的宪政知识为政界人士推崇,但也遭到袁世凯的忌恨。同盟会元老谭人凤一语道破:"国民党中人物,袁之最忌者惟宋教仁。"袁世凯深感宋教仁和国民党对他的威胁,先是试图拉拢宋教仁,在陆徵祥辞去内阁总理时,就曾请宋担任内阁总理,条件是放弃政党内阁的主张,被宋断然拒绝;继而用金钱贿赂,也未成功。10 月,宋教仁南下省亲。沿途,他广泛宣传自己的政治主张,表明与专制独裁势不两立的态度。此时,各地选举越来越有利于国民党,最终获胜似成定局,对宋教仁当选内阁总理的呼声也很高。袁世凯一伙更加紧张,袁曾愤愤地对身边的幕僚说:"噫!宋教仁还想组建政党内阁吗?何相逼如此之甚也!"于是,袁世凯身边的人便揣摩其心思,阴谋除掉宋教仁,以让袁安心。

国民党在竞选中的胜利,使全党一片欢腾,也令宋教仁感到十分兴奋。在他看来,胜利的曙光已在眼前,组阁的梦想即将实现,但他万万没有想到,危险正悄悄向他逼近。1913 年 2 月,宋教仁辞别母亲

**1912 年**

8 月 25 日,孙中山、宋教仁等以同盟会为基础,合并其他党派,成立国民党。

和妻子,在长沙、武汉、南京、上海、杭州等地演说、游历一番后回到上海,并准备在 3 月 20 日乘火车前往北京。宋教仁所到之地,往往要发表演说,其中也不乏抨击袁世凯政府的言辞。当时,身边友人劝其出言谨慎,以免遭不测。但宋教仁不以为然,说:"我这一生,光明磊落,平生既无夙怨,也无私仇,光天化日的政客竞争,又怎么会有如此卑劣残忍的手段?"

3 月 20 日晚 10 时,宋教仁与送行的黄兴、于右任、廖仲恺等人一一握别,正要上火车时,斜刺里突然窜出一条黑影,只听"砰"的一声枪响,走向火车的宋教仁表情痛苦,他扶着身边的铁栅栏,忍着痛叫道:"我中枪了!"紧接着,又是两声枪响,人们一片惊慌,凶手乘机逃跑。等到大家镇定下来后,却发现宋教仁已经歪倒在地上,手还紧紧地捂着受伤的腰部。当黄兴、于右任等人找来汽车送他去医院的时候,血已经流了一地。很快,宋教仁便被送到附近的铁道医院。经医生检查,宋教仁的后背中枪,子弹斜穿到腰部,肾脏、大肠均被击中。虽经医生极力抢救,但因伤情严重,会诊的医生均表示回天乏术。宋教仁也知道自己的生命即将走到尽头,便呻吟着对陪护的于右任口授遗嘱,说:"我痛得很,恐怕活不下去了,现在有三件事奉托:(一)所有在南京、北京和东京存的书,全部捐入南京图书馆;(二)我家很穷,老母尚在,我死后请各位替我照料;(三)请各位继续奋斗救国,勿以我为念放弃责任。"

在痛苦中,宋教仁挨到了 22 日凌晨。此时,宋教仁伤情恶化,满头大汗,大口喘气。他用微弱的声音对前来探视的黄兴、廖仲恺、陈其美等人说:"我要死了。但我死后,诸君一定要继续往前做去!"黄兴等连忙点头应允。他又忍着疼痛,让黄兴拿出纸笔,口述了一份给袁世凯的电报,希望袁世凯"开诚心,布公道,竭力保障民权,俾国家得确定不拔之宪法,则虽死之日,犹生之年"。见此情景,在场人员无不为之感动得泣不成声。临终前,他痛苦地感叹:"我调和南北之苦心,世人不谅,死不瞑目矣!"凌晨 4 时,在黄兴、廖仲恺等人的围侍下,宋教仁终于在辗转苦痛中气绝而亡,年仅 32 岁。临终前,宋教仁双目直视不瞑,双拳紧握不张,眼眶中尚有泪珠。

宋教仁被刺后,国内外舆论大哗。通过调查,杀害宋教仁的幕后

**1913 年**

3 月 20 日,袁世凯派人暗杀宋教仁。22 日,宋因伤重身死。

3 月 27 日,孙中山从日本返回上海,主张兴师讨袁,黄兴则主张用法律手段解决。

4 月 26 日,袁世凯与英、法、日、俄、德五国银行团签订"善后大借款"合同。

7 月 12 日,李烈钧宣布江西独立,"二次革命"爆发。

9 月 1 日,袁军攻占南京,"二次革命"失败。

黑手竟是袁世凯。宋教仁的鲜血，终于洗清了孙中山等人的眼睛，使
他们彻底丢弃了对袁世凯的幻想，发动了"二次革命"，武力讨袁。但
因起事仓促，"二次革命"很快失败。

---

相关链接

## 二次革命

　　宋案发生后，1913 年 3 月 27 日，孙中山从日本回到上海，与黄兴等商讨对策。孙中山认为，宋案证据确凿，极力主张武力讨袁。黄兴、陈其美等人则认为，革命党方面"武力不足恃，苟或发难必致大局糜烂"，所以坚持听候法律解决。双方争论激烈，只有江西都督李烈钧等少数人支持孙中山。

　　正当国民党内部争论不休之际，袁世凯一方面阻挠宋案的司法审判，一方面与英、法、德、日、俄五国银行团达成了 2500 万英镑的"善后大借款"合同，以充实军费，决定与国民党兵戎相见。有了列强的支持，袁世凯的胆子更大了。6 月 9 日，袁世凯罢免皆为国民党党员的江西都督李烈钧、广东都督胡汉民、安徽都督柏文蔚的职务。同时命令事先已集结在九江、南京附近的军队发起进攻。国民党人在强兵压境的情况下仓促应战。7 月 12 日，李烈钧在江西湖口宣布独立，组织讨袁军，发布讨袁檄文，"二次革命"正式爆发。7 月 15 日，黄兴赶到南京响应。随后，上海、安徽、广东、福建、湖南和重庆等省区，也相继宣布独立。

　　但是，仓促上阵的讨袁军，缺乏战略计划和统一指挥，他们孤军奋战，既没有广大人民群众参加，甚至连多数国民党议员都还在北京留恋议席。在这种情况下，袁世凯靠西方列强的支持，以优势武力，很快把讨袁军打败。8 月 18 日，南昌落入袁手。接着，宣布独立的各省纷纷取消独立。9 月 1 日，南京被攻占。"二次革命"在不到两个月的时间内便失败了。孙中山只好又一次流亡日本，重新组织力量，准备发动新的革命。

# 范旭东创办精盐公司

**1914 年**

2 月 7 日,袁世凯政府颁布《国币条例》,开铸新银币(俗称"袁大头"),以统一币制。

7 月,范旭东等人奏请北洋政府盐务署批准立案,筹建久大精盐公司。

盐,是我们每个人都离不开的生活必需品,可是在近代以前中国人吃的都是粗盐,盐质低劣,有害国人健康。于是,有一个人秉承先祖"先天下之忧而忧,后天下之乐而乐"的爱国情怀,决心改良盐质,"使人民有干净的盐吃,有便宜的盐吃"。此人就是中国近代化学工业的先驱——范旭东。

范旭东(1883—1945),生于湖南省湘阴县,其先祖乃是北宋名相范仲淹。范旭东早年追随其堂兄范源濂,深受维新思想的影响。1900 年,范旭东东渡日本,负笈求学。在日本,范旭东怀着"科学救国"、"工业救国"的梦想,一心苦读。1910 年,范旭东毕业于京都帝国大学应用化学专业,这为他创办中国民族化学工业打下了坚实的理论基础。1911 年,范旭东抛弃了已在日本获得的大学助教的职位,回到了阔别多年的祖国。

辛亥革命后,中国资本主义发展的环境得到进一步改善。特别是 1914 年第一次世界大战爆发后,列强因忙于战争,无暇东顾,这给中国民族工业提供了一个难得的发展机会。于是,中国资本主义出现了一个发展的"短暂春天"。

当时,中国人吃的是粗盐,被外国人讥笑为吃土,而且盐的买卖被不法的盐商垄断,百姓深受其害。目睹时艰和盐政的弊端,范旭东决定自己动手创办一个盐场。

1914 年的一个冬日,在天津塘沽一片荒芜的盐碱地上,范旭东带领十几个年轻人开始实践他的实业救国之路。范旭东望着广袤的盐场说:"一个化学家看到这样丰富的资源而不起雄心,就不是大丈夫。"他还表示死后都愿意葬在这儿。范旭东首先进行炼制精盐的试验,他向渔民租来一间破旧小屋,虽然条件极其艰苦,但这个倔强的湖南人,一直秉持着这样一种信念:"……中国

范旭东

如其没有一班人，肯沉下心来，不趁热，不惮烦，不为当世功名富贵所惑，至心皈命为中国创造新的学术技艺，中国决产不出新的生命来。"经过无数次试验，粗盐终于变成雪白的精盐。

1914年底，范旭东集资筹建久大精盐公司。入股久大的人颇多，包括梁启超、蔡锷等，后来还有杨度，再后来

范旭东创办的久大精盐公司

还有黎元洪、曹锟、冯玉祥等。1915年，精盐上市，商标取名"海王"，源自《管子》中的"海王之国，谨正盐策"。范旭东希望自己的盐厂能像海王星循环运行，寓意久大自强不息。

久大公司开创了中国现代盐业生产的新纪元，生产的精盐色泽洁白，盐质均匀、卫生，传统的粗盐根本无法与之相比。但在政局纷扰、社会动荡的近代中国，创办产业非常艰难。久大带来了盐业划时代的变革，但也等于向传统盐商发起了挑战。长期以来，盐商依靠专卖制度获取暴利，作为一个利益集团，他们的力量非常强大，处处压制久大的发展。他们讥讽久大说："久大久大，不久不大。"同时久大也受到军阀势力的勒索。奉系军阀驻天津司令李景林，曾以筹军饷为名，行绑票勒索之实，要范旭东捐军饷20万元。遭严词拒绝后，李景林下令扣留范旭东，并派人到久大以范旭东的性命难保相要挟。前总统黎元洪前去大骂也没用，后经教育总长范源濂找人斡旋，并由久大公司背着范旭东筹款8万元送去，范旭东才脱险归来。

范旭东曾非常愤懑地说："就买卖而论，从来没有撞到对手，和我们作正当竞争。旧势力，只是把我们牵住，不许动弹。"但凭着范旭东的经营谋略和管理团队的努力以及优质的产品，久大在重重压力下冲了出来，不断发展壮大。

**1916 年**

荣宗敬、荣德生在上海创办申新纺织公司。

**1918 年**

11 月，范旭东创办中国第一家制碱公司——永利制碱公司。

相关链接

民族资本主义的"短暂春天"

民国初年,中国的民族工业得到了空前的发展,这段时间被称为民族资本主义的"短暂春天"或"黄金时代"。这是中国社会发展和国际因素共同作用的结果。

一方面,辛亥革命推翻了封建专制统治,为中国资本主义的发展扫除了一些制度上的束缚和障碍。政府奖励发展工商业的方针政策,在一定程度上为发展民族资本主义提供了法律上的保护。同时,民族资产阶级的代表人物如周学熙、张謇等也在政府中担任了财政总长、农商总长的职务,资产阶级的社会地位提高,这也激发了他们投资实业的热情。

另一方面,欧洲列强因忙于第一次世界大战,对华输出的商品和资本有所减少,这改善了中国民族工业的国内市场环境;同时,由于战争,外国对中国部分商品需求增加,为中国货物输出提供了有利条件,国内市场需要和出口增加刺激了中国民族工业的发展。

这期间,中国纺织业和面粉业发展最快,火柴、榨油、造纸、化工等轻工业发展迅速。但随着"一战"的结束,西方列强卷土重来,中国民族工业很快就由"繁荣"转入萧条,再度陷入了艰难发展的"严冬"时期。

# 中日交涉"二十一条"

　　1914年，第一次世界大战爆发。一时间欧洲大地刀光剑影，狼烟四起，几乎所有的欧洲列强都卷入了这场战争。日本趁此机会，力图扩大对中国的侵略，并确立在中国的霸权。为此，1914年8月，日本破坏中国的"中立"，向德国宣战，占据了德国在中国的租借地胶州湾和胶济铁路。但日本的侵略野心并不会就此满足，果然，1915年1月，日本突然抛出"二十一条"，强迫袁世凯接受，双方的交涉就此展开。

　　众所周知，在近代史上，日本和沙俄是中国最凶险的敌人，对中国侵略造成的危害最大。其中，日本对中国的狂妄侵略是有计划、有步骤的。日本在甲午战争中攫取了台湾，在日俄战争中获得东北（南满）的侵略权益，在"一战"中对德宣战当然也不局限于青岛一隅，而是借此机会为根本解决所谓中国问题开辟道路。所以，日、德在山东的战事甫经解决，日本即向袁世凯提出"二十一条"。

　　1915年1月18日下午3时，天气异常寒冷，日本驻华公使日置益在中南海怀仁堂拜见袁世凯，当面将"二十一条"交给他。"二十一条"内容涉及：中国政府承认日本继承德国原来在山东的一切权利，延长旅顺、大连的租借期限，承认日本在"南满"及内蒙东部的特权，中国政府聘用日本人充当政治、财政、军事等项顾问等等。日置益要求袁世凯"迅速商议解决，并守秘密"。对于日本狂妄的侵华要求，袁世凯内心异常愤怒，但他深知国际局势与中日实力差距，又不敢断然拒绝，于是不动声色地说："中日两国亲善为我之夙望，但关于交涉事宜应由外交部主管办理。"日置益走后，袁世凯知道事态严重，连夜召集外交总长孙宝琦、次长曹汝霖，以及徐世昌、段祺瑞、梁士诒开会。接着又讨论了三天，制定交涉步骤和方针。

　　袁世凯采取的第一个措施便是利用各种渠道摸清日方的底牌，他先派日籍顾问有贺长雄返回日本，访问日本政界元老探查其中的内幕；随后又花重金收买日本间谍，调查日方的有关情况，以在谈判中争取主动。为配合摸底活动，袁世凯重新起用了面临危局善于谈判的前外交总长陆徵祥，指示他在同日本谈判中逐条商议，务必拖延

**1914年**

7月8日，孙中山在日本东京举行中华革命党成立大会。

9月2日，日本对德宣战，派兵在中国山东半岛龙口登陆。

11月7日，日军侵占青岛。

时间,以寻求转机,不可被日本人牵着鼻子走。陆徵祥心领神会,采取多种措施与日置益展开周旋。在谈判时间上,日置益要求天天谈,全天谈,以尽快结束,免得引起国际干预。陆徵祥则以事务繁忙、身体不好为由,坚持变为每周会议三次,每次三个小时。并在每次会议的开场白后,即命上茶献烟,侍从们稳步慢走,又是点烟又是鞠躬,等到一一完毕,三个小时的谈判时间已变成了两小时了。在谈判中,陆徵祥容颜和气,时常发些模棱两可的长篇议论,使日本代表既抓不到把柄,又不便发作。这样,从 2 月 2 日中日正式开始谈判,到 4 月 26 日日本提出最后修正案止,前后会议 25 次,历时 84 天。

日本在提出"二十一条"时曾要求中国政府严格保密,但是为了能取得英、美等国援助,袁世凯还是决定把"二十一条"的内容泄露出去。陆徵祥刚上任就走访沙俄驻华公使,将日本提出"二十一条"要求的消息泄露给俄国。1 月 30 日,中国外交部密电驻英公使施肇基,让他"以个人名义,作为紧要风闻,向英国外交部密探"。袁世凯的英文秘书顾维钧"每天在外交部开完会后,如不是当天下午,至晚在第二天便去见美国公使芮恩施和英国公使朱尔典"。2 月初,袁世凯还通过专办秘密外交的蔡廷干,将此事透露给西方记者莫理循和端纳,两人将有关内容披露给《泰晤士报》发表。很快,各国纷纷对日本提出质询,日本处于十分被动难堪的境地,不得不做出一些让步。

得知日本提出"二十一条"的消息后,国内民众反日舆论顿时沸腾。上海、北京、天津、杭州等地商民、学生及海外华侨纷纷集会,或投书报刊,或通电全国,一致抗议日本的侵略行径,要求袁政府拒绝日本无理的要求。同时,各地掀起了抵制日货的斗争。商人拒卖日货,人人用国货。上海、天津、广州等地,出现了以反日爱国为题材的戏剧和歌曲。学生走上街头,散发传单,发表演说,进行鼓动。各界反日爱国活动,很快超出了袁世凯所能允许的范围。这使他如芒刺背,寝食难安。在日本的要挟之下,袁政府只得多次通令禁止抵制日货。但反日斗争如火如荼,声势越来越大。

在各方的压力下,中日谈判也陷入了僵局。日方对袁世凯的拖延相当不满,英、美的关注与介入也使形势变得复杂,日本遂决定采取"威压"手段逼迫中国屈服。5 月 7 日,日置益向中国外交部发出最后通牒,限在 48 小时内接受除第五号部分内容外的经谈判修正后的全部内容。

在这种情况下,袁世凯召集政府各机关首长开会,决定妥协。但袁世凯内心也实有不甘,在会上他悲愤陈词,称在"国力未充、难以兵戎相见"的时候,"权衡利害,不得已接受日本通牒之要求,何等痛心!何等耻辱!经此大难后,大家务必以此次接受日本要求为奇耻大辱,本着卧薪尝胆的精神,做奋发有为之事业。不然,十年之后,非但不能与日本一较高下,亡国之危险将更甚今日"。

5 月 9 日,陆徵祥、曹汝霖奉命前往日本使馆递交复文,"即行允诺"二十一条修正案,最后还表示:"以冀中日所有悬案就此解决,俾两国亲善益加巩固。"5 月 9 日,成为中国的又一国耻日。

14 日,袁世凯就"二十一条"问题向全国百官职司发出一道密谕,要求大家日以"亡国灭种四字悬诸心目,激发天良,屏除私见,各尽职守,协力程功","苟利于国,死生以之"。这些怨愤填胸的话语,让人听来是何等的悲愤、何等的激昂,颇给人以卧薪尝胆、奋发有为的感觉。孰料想,事隔不久,袁世凯即明目张胆地筹划帝制,这就不能不让人怀疑他这些言论的真伪了。

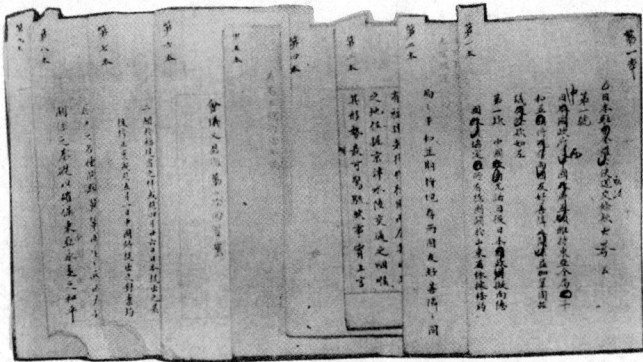

袁世凯手批"二十一条"

相关链接

### 日本出兵山东

1914 年 8 月,第一次世界大战爆发,欧洲列强相互厮杀,暂时无暇东顾。日本认为这是它在远东扩张势力的大好时机,积极展开参战活动。大战爆发前一天,日本驻华公使就情不自禁地欢呼:"怕他不战,战则大妙。"大战爆发后,日本积极同英国谈判参战事宜,并加紧部署对德作战,制定进攻青岛的方案。8 月 15 日,日本以"维护远东和平"的名义,向德国发出最后通牒，要求德国将胶州湾租借地无条件交给日本，限 23 日正午前给予答复。23 日，德国没有答复，于是，日本对德宣战。9 月 2 日，日军突然在山东龙口登陆，很快占领了胶济铁路。10 月 30 日，日军对青岛发动总攻，德军不敌，于 11 月 7 日投降，日本攫取了德国在中国的势力范围。

　　日本的种种动向，引起了袁世凯及北洋政府的高度警觉。为防止日本发难和战争波及中国，8 月 3 日，北洋政府同保持中立的美国接洽，希望其出面劝告交战各国不要在中国领土和附近水域有军事行动；8 月 6 日，又正式宣告中立，要求"各交战国在中国领土领海内不得有占据及交战行为"。对于中国的这一提议，日本方面不以为然。9 月 2 日，日军在山东登陆后，北洋政府曾经表示抗议。但由于袁世凯正酝酿自立为帝，又怯于实力，对日本不敢采取强硬措施。而日本对德宣战，侵略山东，是醉翁之意不在酒，而是借此想独占中国，进而称霸亚洲。果然，1915 年 1 月，日本就抛出了"二十一条"。

# 袁克定"忽悠"袁世凯

袁世凯是中国近代历史上赫赫有名的一代枭雄,是晚清权势熏天的重臣、北洋军阀鼻祖、中华民国大总统,叱咤中国政坛,风云一时。袁世凯善谋权术,善于抓住时机立于不败之地。但是,晚年的袁世凯却利令智昏,冒天下之大不韪,复辟帝制,最终以窃国大盗之骂名郁郁而终。传闻袁世凯在临死之前,曾吃力地吐出四个字:"他害了我。"这个"他"是谁呢?据袁氏家族的人猜测,这个"他"就是伪造《顺天时报》"忽悠"袁世凯的袁克定。

袁世凯有一妻九妾,有 17 个儿子、15 个女儿,袁克定是其长子,而且是唯一的嫡出。袁世凯对袁克定十分重视,对其抱有殷切期望,袁克定从幼年便开始随袁世凯游历各地。时间长了,袁克定的野心也大涨,辛亥革命后,甚至积极怂恿袁世凯称帝。因为作为嫡出的长子,他是天生的"皇太子",可以继承皇位。

1913 年,袁克定因为腿疾去德国医治,得到德皇威廉二世的宴请。席间,对东方有野心的威廉二世大谈"中国非帝制不能自强",并请袁克定转告袁世凯,德国将在外交上支持袁世凯称帝,最后还请袁克定带给袁世凯一封亲笔信,信中的意思大概也是中德亲善、提携,并劝告袁世凯称帝云云。在德国期间,袁克定为德国所取得的成就惊叹不已,由此也对德国帝制之功效深信不疑。于是,他怀揣着皇帝梦回国后极力助袁世凯谋划复辟帝制。

为了实现其皇帝梦想,袁克定可谓是无所不用其极。为了迎合父亲的心思,袁克定专门策划了一出好戏。他从老家找来一个看护祖坟的人,向袁世凯报告祖坟上出现的祥瑞。袁克定指使看护人说:袁氏的祖坟边上长出了一棵紫藤树,状如盘龙,而这个盘龙有

**1915 年**

8 月 10 日,袁世凯的宪法顾问古德诺发表《共和与君主论》,鼓吹中国宜实行君主制。

8 月 23 日,杨度等人发起组织筹安会。

青年时期的袁克定

一丈多长。还在附近挖出了一块石头,上面还刻着"天命攸归"字样。袁世凯虽然并不太在意这样的事情,但他对天命所归的祥瑞还是有所动心的。

袁世凯心中有一块挥之不去的心病,就是袁世凯父祖辈的男人都没有活过 60 岁,所以袁世凯觉得自己也活不过 60 岁。1915 年的袁世凯,按照旧历的算法,已经 57 岁了,而且身体每况愈下,这更是让袁世凯疑神疑鬼。于是有人就给袁世凯出馊主意,说如果称帝的话,袁世凯就可以躲避袁家男性活不过六十这样的灾难。

据说,有一天袁世凯在书房睡午觉,一个婢女端着一碗参汤进了房间,一不小心把汤碗掉在地上,这下可把小丫鬟给吓坏了,因为这个用碧玉雕成的汤碗并不是寻常的汤碗,是当年袁世凯在朝鲜时朝鲜国王所赠,最为袁世凯所钟爱。袁世凯被惊醒之后,发现他最心爱的玉碗被打了个粉碎,便怒气冲冲地呵斥小丫鬟是怎么回事。小丫鬟急中生智,"扑通"一声跪下说:"大老爷,我端着参汤进房间时,突然看见大老爷的床上盘着一条金龙,我一害怕,就把玉碗给摔了!"袁世凯听了这话立刻转怒为喜,非但没有怪罪小丫鬟,反而赏了她 10块大洋,并叮嘱她不得在外面乱说。

如果说一个小丫鬟的机智影响了袁世凯对形势的判断,多少有些夸大其词,毕竟,自己是不是真命天子,袁世凯心里最清楚。但是,袁克定伪造《顺天时报》无疑在很大程度上影响了袁世凯对时局和称帝阻力的判断。

《顺天时报》是日本外务省在北京出版的中文报纸,发行量很大,是日本政府在华的主要舆论工具,因而《顺天时报》的言论往往体现着日本政府的立场和对华态度。袁世凯很重视这份报纸,每日必看,从不遗漏。但该报纸经常发表一些对帝制不利的消息,于是,袁克定心生一计,决定瞒天过海,偷梁换柱,伪造一份专门刊登一些鼓吹帝制、拥护袁大总统做皇帝之类消息的假报纸送给父亲看。

据袁世凯最宠爱的三女儿袁静雪回忆说:"假版的《顺天时报》是大哥(袁克定)纠合一班人搞出来的,不但给父亲看的是假版,就是给家里其他人看的也是假的。大哥使我们一家人和真实的消息隔绝了开来。不料有一天,我的一个丫头要回家探望她的父亲,我当时是最

## 筹安会

为了伪造民意,为复辟帝制制造舆论,1915 年 8 月 23 日,由袁世凯的亲信杨度出面,拉拢社会名流孙毓筠、严复、刘师培、李燮和、胡瑛等在北京成立筹安会。杨度、孙毓筠任正副理事长,其余四人为理事。他们被称为筹安会"六君子"。筹安会打着"学术团体"的招牌,宣称其宗旨是"筹一国之治安","研究君主、民主国体何者适于中国",实则是一个为袁世凯复辟帝制效劳的工具。

12 月 12 日,袁世凯宣布承受帝位,改国号为"中华帝国"。

爱吃黑皮的五香酥蚕豆的,于是让她顺便买一些带回来吃。第二天,这个丫头买来一大包,是用整张的《顺天时报》包着带回来的。我在吃蚕豆的时候,无意中看到这张前几天的报纸,竟然和我们平时所看到的《顺天时报》的论调不同,就赶忙寻着同一天的报纸来查对,结果发现日期相同,而内容很多都不一样。我当时觉得非常奇怪,便去找二哥(袁克文)问是怎么回事。二哥说,他在外边早已看见和府里不同的《顺天时报》了,只是不敢对我父亲说明。他接着问我:'你敢不敢说?'我说:'我敢。'等到当天晚上,我便把真的《顺天时报》拿给了父亲,我父亲看了之后,便问从哪里弄来的,我便照实说了。我父亲当时眉头紧皱,没有任何表示,只说了句:'去玩去吧。'第二天清晨,他把大哥找了来,及至问明是他捣的鬼,父亲气愤已极,就在大哥跪着求饶的声音中,用皮鞭子把大哥痛打了一顿,一边打,一边还骂他'欺父误国'。从这以后,我父亲见着他就有气,无论他说些什么,我父亲总是面孔一板,从鼻子里发出'哼'的一声,不再和他多说什么话,以表示对他的不信任。"

袁世凯死后,袁克定披麻戴孝,在灵前用头触棺,放声大哭:"爸爸!爸爸!我对不起您!"不知道他是真的后悔,还是惋惜他的皇太子美梦的破灭。

---

相关链接

### 袁世凯复辟帝制

1913 年,袁世凯镇压了"二次革命",便加快步伐向民主共和势力进攻,采取种种卑劣狡猾的手段,建立专制独裁统治。为达此目的,他首先操纵国会通过了先选总统、后订宪法的提案。当选总统后,即卸磨杀驴,解散了国民党和国会。1914 年 5 月,约法会议按其意旨草草炮制了一部《中华民国约法》,该约法规定大总统"总揽统治权",集内政、外交、军事大权于一身。年底,袁世凯又炮制了一部《修正大总统选举法》,其中规定总统任期为十年,任期届满时可连任;总统的继任人由现任总统推荐。这样,袁世凯不仅成为终身总统,并可世代相传,与专制皇帝没有多大区别。但他并不以此为满足,梦想名副其实地登上皇帝的宝座。1914 年 12 月 23 日,袁世凯率百官到天坛祭天,穿古衣冠,行大拜礼,这是其复辟帝制的预演。

袁世凯祭天时的情景

1915 年，中日"二十一条"签订后，袁世凯以为复辟帝制的条件业已成熟，遂即着手复辟活动。袁世凯的外国顾问古德诺（美）和有贺长雄（日）出面，先后发表《共和与君主论》、《共和宪法持久策》等，鼓吹"中国如用君主制，较共和制为宜"，公开叫嚷让袁世凯当皇帝。袁世凯又唆使幕僚杨度等人，发起成立"筹安会"，公开鼓吹恢复帝制。为了盗用民意，袁世凯又授意亲信梁士诒等成立"全国请愿联合会"。"全国请愿联合会"向参政院请愿，以尽快决定国体。随后，在袁世凯的统一指挥下，各省推选代表，进行国体投票，结果全部拥护君主制，并一致上"推戴书"："恭戴今大总统袁世凯为中华帝国皇帝"。袁世凯装腔作势表示推让，当天下午参政院再上"推戴书"，袁世凯遂于 12 月 12 日发表接受帝位申令，正式接受推戴。次日，在居仁堂接受百官朝贺，并对文武百官进行封赏。31 日，下令以 1916 年为"中华帝国洪宪元年"，并在元旦举行登极大典。至此，袁世凯复辟帝制的丑剧达到了高潮。

# 小 凤 仙 助 蔡 锷 出 逃 护 国

在护国运动中,蔡锷因率先举旗"为国民争人格"、推倒袁世凯帝制,而被誉为"再造共和第一人"。蔡锷从北京潜回云南发动讨袁战争,曾得到一位乱世佳人相助,此女子就是小凤仙。一个是功勋卓著的儒将,一位是流落风尘的女子,但高山流水遇知音,历史的风云际会让二人演绎了一场美人助英雄的历史剧。

蔡锷,号松坡,湖南邵阳人。戊戌变法时曾经入长沙时务学堂,师从梁启超,深受其影响。后来留学日本学军事,归国后成为各方争相罗致的青年才俊,先后在广西、云南等地从事军事工作。1911 年辛亥革命时,蔡锷在云南响应武昌起义,一举光复昆明而被推举为云南都督。蔡锷是一名儒将,智勇深沉、英华内敛,有着卓越的军事才能,一时为国内外所瞩目。袁世凯一方面忌惮蔡锷在南方的影响,另一方面对其军事才能也颇为赏识,希望能把蔡锷笼络为自己的肱股之臣。1913 年 10 月,蔡锷被调到北京,但由于北洋众将的反对,加之蔡锷不愿与之同流合污,袁世凯乃封蔡锷为"始威将军",担任一些有名无实的职务。

1915 年,袁世凯加快复辟帝制步伐,同时与日本签订丧权辱国的"二十一条",蔡锷极为愤慨,于是同梁启超等人密谋,决心"为四万万人争人格",武力反袁。但这时袁世凯也加紧了对蔡锷等人的控制。为了迷惑袁世凯,他主动在筹安会的劝进表上签名,领衔拥护帝制。尽管如此,袁世凯还是心怀戒备,特意在蔡锷身边布下了众多密探,日夜监视。蔡锷智虑极深,深知袁世凯老辣高明,稍有不慎便会招来杀身之祸。于是,蔡锷主动出击,先是以病修养,随后去北京的风尘场所八大胡同厮混,以遮人耳目。由此,他结识了小凤仙。

小凤仙

**1915 年**

12 月 25 日,蔡锷、唐继尧等通电各省宣告云南独立,组织讨袁的"护国军"。

小凤仙出身旗人家庭，父亲是清季杭州武官，后落职，贫困不堪。后来，小凤仙沦落风尘，在上海入乐籍，后被送到北京的八大胡同。《民国通俗演义》一书这样描写小凤仙："相貌不过中姿，性情却是孤傲，所过人一筹的本领是粗通翰墨，喜缀歌词，尤生成一双慧眼，能辨别狎客才华。都中人士，或称她为侠妓。"她相貌虽一般，但生有一双慧眼，因而一和蔡锷接触就看出他是一位非常人物。

1915年夏天，33岁的蔡锷，在妓院结识了年方17岁的小凤仙。在小凤仙的眼中，蔡锷剑眉隆鼻，英姿倜傥，有一种睥睨天下的森然气度。而蔡锷也看出小凤仙灵心慧质，虽然没有超凡脱俗的惊世之美，却是少有雕饰的清水芙蓉，且显出一种豪情的气质。于是二人慢慢地熟悉，蔡锷也不时给小凤仙讲一些三国、水浒的历史故事和革命轶事。小凤仙越发敬佩蔡锷。有一天，蔡锷兴致很高，书写了一副对联送给小凤仙：

1916年
3月22日，袁世凯宣布取消帝制，复称总统。
5月9日，孙中山发表第二次《讨袁宣言》。
6月6日，袁世凯忧惧而死。次日，黎元洪继任大总统。

　　自古佳人多颖悟，
　　从来侠女出风尘。

蔡锷与小凤仙如胶似漆的厮混传到袁世凯的耳中，虽然精明老到的袁世凯不怎么相信一向克己严肃的蔡锷会如此纵情酒色，但他也看得出蔡锷的意思，那就是：帝制你要办便办，我不干预，我自寻自己的快活。

蔡锷与小凤仙的交往本是为寻求金蝉脱壳之计，并没有隐瞒家人。但为了进一步迷惑袁世凯，他利用和小凤仙的关系，有意制造家庭不和的舆论，甚至请袁世凯的亲信为自己找房子，声称要"金屋藏娇"。同时，他还经常公开和妻子吵架，此事还惊动了袁世凯，袁世凯命王揖唐、朱其钤前往劝架。袁世凯说："松坡简直和小孩子一般，怎么同女眷闹出这种事来，你们二人前往劝说排解。"王、朱二人愈排解，闹得愈凶，蔡夫人借此带着母亲和孩子回湖南老家去了，先行离开虎狼之地。

家人走后，蔡锷更是日日醉饮美人肩，而且竟然与小凤仙开始大谈起嫁娶之事来了。这等事情，北京城里的大小报纸自然都不会放过。一时，蔡锷成为大街小巷谈论的"风流将军"，袁世凯的戒备之心大为松弛。

然而,蔡锷正在酝酿一个出逃的计划。1915年11月11日,蔡锷在小凤仙处大摆酒席,客人通宵喝酒、打牌,大家玩得很开心。小凤仙把窗帘高高挑起,让外面的密探可以看见屋里的情况,殊不知这是小凤仙故意所为。密探看到屋里人都沉浸于推杯换盏的欢乐之中,戒备心逐渐消失。瞅准机会,蔡锷装作去厕所,衣服、怀表都没拿,使监视的人以为他不会走远。此时小凤仙让人把卷帘放下,外面的人无法判断蔡锷是否还在屋里。蔡锷就此从容逃脱,直到次日密探才发觉蔡锷已经无影无踪了。

护国军部分将领合影(左二为李烈钧,左三为蔡锷)

成功出逃的蔡锷,辗转回到昆明,与唐继尧组织“护国军”。不久,蔡锷、唐继尧通电全国,宣布讨袁,出兵四川。护国军节节胜利。1916年6月6日,袁世凯在众叛亲离、举国痛骂中死去。然而,天妒英才,戎马倥偬、尽瘁国事的蔡锷旧疾复发,于1916年11月8日病殁,年仅34岁。蔡锷去世后,北京政府追赠他为上将军,并举行国葬典礼,同时在北京中山公园设灵堂吊唁。据传,小凤仙曾白马素车,到灵堂致祭,并送来两副挽联:

其一为:

不幸周郎竟短命,早知李靖是英雄。

其二为:

万里南天鹏翼,直上扶摇,那堪忧患余生,萍水姻缘终一梦;

几年北地胭脂,自愁沦落,赢得英雄知己,桃花颜色亦千秋。

蔡锷以病身之躯,为共和拼死一战,终于以再造民主共和之功勋的美名,彪炳史册。而小凤仙风尘中不忘大义,巧助蔡锷出逃成功,也以侠女之美誉,长留青史。

相关链接

## 护国运动

　　袁世凯复辟帝制，倒行逆施，引起全国各界人士的强烈反对。"二次革命"失败后，孙中山在日本组织中华革命党，坚持反袁斗争。1915年，他发表《讨袁宣言》，在沿海发动反袁武装暴动，但影响不大。护国运动的领导权掌握在梁启超所领导的进步党和南方地方势力手中。梁启超领导的进步党本来是和袁世凯合作的，但由于袁世凯坚持独裁，与进步党产生了矛盾。袁世凯帝制自为公开后，进步党抢先揭出"护国"旗号，公开反袁。1915年8月20日，梁启超发表《异哉所谓国体问题者》长文，反对袁世凯称帝，并与羁留在京的学生蔡锷多次密谋举兵讨袁。1915年11月，蔡锷躲过袁世凯的监视，逃离北京，于12月19日辗转抵达昆明，联合云南的反袁力量，兴师讨袁。

　　1915年12月25日，蔡锷、唐继尧、李烈钧等联合宣布云南独立，发布讨袁檄文，组织护国军政府，以唐继尧为都督。随即组织讨袁护国军，共分三军。其中，蔡锷为第一军总司令，攻四川；李烈钧为第二军总司令，出桂入粤；唐继尧兼第三军总司令，留守云南。护国战争遂全面爆发。1916年1月至3月间，护国军在四川、贵州、广西等地与袁世凯的北洋军迭相激战，连连取胜。贵州和广西相继响应，宣布独立，其他各地民众自发的反帝制斗争也如火如荼。袁世凯惶惶不可终日。3月22日，袁世凯被迫宣布取消帝制，但仍想保持大总统的职位。4、5月间，反袁斗争继续发展，盘踞在广东、浙江、福建、陕西、四川、湖南等省的袁世凯的心腹爪牙，也相继独立。众叛亲离，内外交困，袁世凯忧疾交加，在全国人民的唾骂声中于6月6日死去。6月7日，黎元洪依法就任正式大总统。护国运动结束。

# 张 勋 复 辟

在清朝,人们脑后留着一条长长的辫子,表示对满洲贵族统治的臣服。民国之后,人们纷纷剪去辫子。但有少数人为了表示忠于清朝,不剪辫子。当时,有一个人,虽然身为民国官员,但内心忠于大清,他不仅自己不剪辫子,也禁止所部将士剪辫子。这个人就是张勋。他所部军队被人们称为"辫子军",本人也被称为"辫帅"。1917年,张勋率"辫子军"进京复辟满清帝制,步袁世凯复辟的后尘,又上演了一幕历史闹剧。

张勋,字少轩,江西奉新人。他出身贫寒,幼年父母双亡。15 岁入富家做牧童、书童。1879 年,张勋投军。曾参加过中法战争、中日甲午战争等,官职不断升迁,1911 年擢江南提督。民国成立后,张勋部归顺袁世凯,驻兖州。"二次革命"中率军攻下南京,纵兵杀掠。旋被袁世凯任为江苏督军,继转任长江巡阅使,移驻徐州。张勋个性憨直、顽固,清朝灭亡后,他虽然做着民国的官,但仍忠于清朝,他自己坚决不肯剪辫子,也禁止手下士兵剪。对劝他剪辫子的人,他勃然大怒:"谁敢碰我的辫子,我就和他同归于尽!"后来,袁世凯觉得一个民国军队将领还拖着辫子,实在说不过去,就亲自劝他。面对袁世凯的劝告,张勋也置之不理,依然我行我素。

1916 年,袁世凯死后,原副总统黎元洪继任大总统,而实权掌握在北洋头号人物、国务总理段祺瑞手里。两人都想掌权,于是黎元洪的总统府和段祺瑞的国务院斗得不可开交,史称"府院之争"。"府院之争"给了张勋趁虚而入的绝好机会。1917 年,因中国是否参加"一战"问题,黎元洪与段祺瑞之间的矛盾更加尖锐。别有用心的张勋向黎元洪提出愿进京调停,黎邀张进京。段祺瑞也想借张勋之力解散国会,打倒黎元洪,也同意由张出面调停。于是,张勋以"调停"为名,带兵向北京开去。

其实,张勋在徐州即紧盯着"府院之争"的事态发展。在他心目中,总统府、国务院都不算什么,只有大清、皇上、朝廷这些东西才是神圣的,黎、段斗争得越激烈越好,两败俱伤,他复辟"理想"实现的可能性越大。

**1916 年**

8 月 1 日,国会在北京恢复,段祺瑞出任总理。

**1917 年**

3 月初,段祺瑞出走天津,"府院之争"愈演愈烈。

5 月 23 日,黎元洪免去段祺瑞的国务总理兼陆军总长职务。

6 月 12 日,黎元洪被迫解散参众两院。

7 月 1 日,张勋等拥清废帝溥仪复辟。

1917 年 6 月 9 日，张勋率六千辫子军，以奉大总统黎元洪征召的合法名义，开到北京城外。张勋抵京，第一天休息；第二天去见黎元洪，要求立即解散国会，否则他不负调停之责；第三天，拖着大辫子，进宫参拜溥仪。黎元洪看到张勋进京另有企图，如雷轰顶，知道自己一纸征召令惹下了塌天大祸。但自己无兵，只好在张勋的"勒令"下，解散了国会。

张勋进京，前清遗老兴奋不已，频繁活动，策划请溥仪重登大位。6 月 28 日，康有为也进京入张勋公馆。得到了康圣人的支持，张勋更感胸有成竹。6 月 30 日，经过一番密谋之后，一场复辟闹剧紧锣密鼓地开张了。为了迷惑世人，张勋先是装作无事的样子去江西会馆听了一天戏，一直听到子夜 12 点钟。张勋寓所，士兵荷枪实弹，严阵以待；参谋人员进进出出，频繁部署。他让人半夜把京津临时警备总司令王士珍、副司令江朝宗和陈光远，以及京师警察厅总监吴炳湖"请"来，向他们声称："本帅此次率兵入京，并非为某人调解而来，而是为了圣上复位，光复大清江山。"王士珍等人被这突如其来的事件弄得心惊肉跳，不知如何应对。张勋又说："我志在必行。你们同意，则立开城门，放我兵马进来。否则请各归布置，决一死战！"王士珍等面面相觑，不敢再说什么。张勋遂下令打开城门，辫子兵全部进城。

7 月 1 日凌晨，张勋穿戴上清代的朝服朝冠，率领康有为等人，来到养心殿拥溥仪登极。张勋自任议政大臣、直隶总督兼北洋大臣，掌握军政大权。当天，就以溥仪的名义发布八道上谕，把民国六年改为宣统九年，易五色旗为黄龙旗，恢复清末官制，封官授爵。张勋还派清室旧臣梁鼎芬等人带着小皇帝赐封黎元洪一等公的诏书和康有为预先代写的《黎元洪奏请归还国政》的奏折，叩开总统府的门，要黎元洪在奏折上签字。黎哪敢签字。第二天，黎元洪通电冯国璋以副总统代行总统职务，并重新任命段祺瑞为国务总理，他自己则逃到东交民巷日本使馆避难去了。

这天早晨，北京街头警察挨家挨户命令悬挂黄龙旗。停业五年多的黄龙旗店又重操旧业，一时供不应求，许多人家只好用纸糊一面龙旗应付。而那些早就盼望清室复辟的王公贵族、遗老遗少则弹冠相庆，他们穿上长袍马褂，晃着真真假假的大辫子招摇过市，把整个北京城搞得乌烟瘴气。

张勋复辟集团的倒行逆施立即遭到全国人民的强烈反对。孙中山闻讯后极为愤慨,立即发表《讨逆宣言》,准备组织武力讨伐张勋。全国各地尤其是南方各省会召开万人大会,各家报纸发表大量文章,一致声讨张勋。7月3日,段祺瑞看到驱逐黎元洪、解散国会的目的已经达到,也在天津发表讨张的通电和檄文,组织起讨逆军,自任讨逆军总司令。12日拂晓,讨逆军攻进北京城内,辫子兵一触即溃。张勋仓皇逃到荷兰使馆躲藏起来。当日,溥仪再次宣布退位。复辟丑剧仅仅上演了12天,就在万人唾骂声中收场了。

---

相关链接

## 府院之争

1916年6月袁世凯死后,原副总统黎元洪依法继任大总统,段祺瑞任国务总理,段以北洋正统派首领自居,依附日本,掌握军政大权,与黎元洪分庭抗礼。因二人分居总统府与国务院,故称“府院之争”。

黎元洪以国会中的国民党和南方的地方势力为依托,段祺瑞则以国会中的研究系、进步党和北洋督军为基础。双方在国会制宪等问题上都存在严重分歧。黎元洪一派主张扩大国会权限,以抵制段祺瑞的专断独行;研究系则主张缩小国会权力,改两院为一院,以迎合皖系军阀专制的私利。两派在国会中闹闹哄哄,吵得不可开交。

1917年,双方在要不要参加“一战”、对德国宣战问题上,斗争更趋激烈。段祺瑞主张参战,黎元洪则反对参战。为了达到主战的目的,段祺瑞将其手下的十几个督军叫到北京,组成“督军团”,对黎元洪施加压力,但未获成功;后来段祺瑞又叫人写了对德宣战书要总统盖印。二人矛盾越来越激化。1917年5月,黎元洪瞅准时机下令撤销了段祺瑞总理职务,段愤然离京去津,并且指出根据《临时约法》,总统无权撤销总理职务,不承认黎的免职令,并唆使安徽、奉天、山东、福建等八省军阀宣告“独立”,组成各省总参谋部,打出反黎旗帜,威胁出兵讨伐。黎元洪没有办法,请张勋入京调解。张勋入京后,拥立宣统复辟。张勋复辟帝制失败后,黎元洪辞去总统职务,而由冯国璋代理;段祺瑞重任国务总理。“府院之争”告一段落。

# 程璧光率海军南下护法

**1917 年**

7 月，孙中山在广州组织护法军政府。

9 月 10 日，孙中山在广州宣誓就职中华民国军政府大元帅，随后下令讨伐段祺瑞，揭开护法战争序幕。

**1918 年**

3 月，皖系政客发起成立安福俱乐部。

5 月 4 日，广州非常国会改组军政府，孙中山在西南军阀的排挤下，辞大元帅职。

"护法历史，关民国之安危，垂将来之鉴戒，万万不容忽视者也。"孙中山曾经这样语重心长地提出珍视护法运动历史的期望。谈到护法运动不能不提护法舰队，而护法舰队中有一位关键人物，就是当时北洋政府的海军总长程璧光。1917 年，当孙中山在南方举起护法运动的大旗后，程璧光积极响应，并率海军第一舰队自上海浩浩荡荡南下广州，组建护法舰队，成为孙中山护法的重要力量。

程璧光，字恒启，号玉堂，广东香山（今中山市）人，1861 年生于美国檀香山。早年入福州水师学堂学习，毕业后到海军服役。1894 年参加甲午战争。威海卫战役中，由于程璧光被指派向日本海军司令伊东佑亨递交投降书，战后他被清廷解职，返回故乡，加入兴中会。他曾鼓动海军残部参加广州起义，失败后逃亡新加坡。后经李鸿章极力推荐，请免程的所有罪责，1896 年得以复职，先后任监造军舰专员、海军处船政司司长、巡洋舰队统领等职。1911 年曾率领"海圻"号出使英国，参加英王加冕礼，成为中国海军出海访问欧美的先例。辛亥革命爆发后，起义各军舰代表共同推举他为起义海军司令部总司令。袁世凯当政时，由于程璧光倾向革命，被袁世凯委任海军顾问和海军大元帅参议等虚职。当袁世凯想复辟当皇帝的野心逐渐显现时，程璧光心中非常郁闷，曾与朋友道："惟时事不佳，实足令人厌世，恨不得早死为快也。"

1916 年 6 月袁世凯死后，程璧光任海军总长。在"府院之争"中，程璧光站在黎元洪一边。1917 年 4 月，在对德宣战问题上，为了向黎元洪和国会施加压力，段祺瑞电召各省督军入京，举行军事会议，海军总长程璧光也被邀请出席。段祺瑞宣布其对德宣战的主张后，把预先准备好的一张"赞成总理外交政策"的签名单塞给出席者，让大家签名。各省区督军或其代表，皆仰承段的意旨，签署"赞成"，惟程璧光写下了"如国会一致，当服从多数民意"，这使段大为忌恨。

1917 年 6 月，张勋以调停为名北上，却搞了个溥仪复辟，国会被解散。张勋复辟失败后，段祺瑞重任国务总理，拒绝恢复《临时约法》和国会。张勋北上前，孙中山即通电西南各省军政大员，呼吁他们拥护约法和国会,起兵讨伐北洋群逆。对于孙中山的义举,程璧光极为赞赏。而孙中山也知道程璧光倾向共和,极力劝导程璧光应和北京政府脱离关系,南下广东重新组建政府,重开国会。孙中山希望能取得海军的支持,并许诺筹款 30 万军饷提供给海军。当时的海军总司令萨镇冰看到程璧光欲脱离北京政府,劝说程璧光不要莽撞行事,以免惹祸上身。但程璧光以及海军将士讨逆护法决心不变,萨镇冰便称病请假而去。

7 月 3 日,程璧光、第一舰队司令林葆怿等海军将领齐聚孙中山的寓所,商讨应对时局的办法,程璧光在会上发言:"中国人民已致身于共和,我知凡愿国家进步之中国人,坚决反对满清专制复活。"他还赞同孙中山对当时政局的分析,"此不但是共和与帝制之争,实为全体国民反抗武人专制之争"。会上还决定,程璧光派军舰护送孙中山南下广州,发动西南各省兴师讨逆,商筹护法大事。

7 月 4 日,程璧光响应孙中山的号召,发表《讨贼檄文》,痛斥张勋复辟。7 月 17 日,孙中山等人乘程璧光派出的"海琛"号军舰到达广州,在欢迎会上孙中山表示已与"程总长磋商,幸得海军全体将士效忠共和……只有以广东为海军根据地,然一切大计划可发展"。7 月 22 日,程璧光与林葆怿率领第一舰队南下广州,同时,发表《海军护法宣言》,宣言直斥段祺瑞毁弃约法、蹂躏国会的专制行为,否认国会解散后的非法政府,提出了三项主张:一、拥护约法;二、恢复国会;三、惩办祸首。《海军护法宣言》如同一枚重磅炸弹,震得段祺瑞惊慌失措。7 月 24 日,段祺瑞下令罢免程璧光和林葆怿的职务。但程、林对此置之不理,率舰队一路向南挺进。段祺瑞还不死心,让萨镇冰等海军元老发电报劝说程璧光、林葆怿回心转意。在 13 天的航行中,萨镇冰等人 7 次来电,程、林二人依然不为所动。

8 月 5 日,程璧光率舰队抵达广州,消息很快传遍羊城。正苦于军阀混战之害、对民国危亡有迫切之感的广州人民"于举国阴霾沉雾之中,忽睹霹雷青天之象,群情欢乐,莫可名言"。6 日,孙中山主持举行盛大的欢迎会。这一天,广州市大雨倾盆,但数万群众丝毫没有受到影响。孙中山和在粤的国会议员及广东军政商学各界代表一起,冒着大雨,"出黄埔外五里许欢迎之"。各界代表争先发表演说,"淋

**安福俱乐部**

民国初年的一个政治组织。安福是北京西城区一个胡同的名称,皖系军阀政治俱乐部场所因设在该胡同,所以叫安福俱乐部。由段祺瑞的亲信徐树铮、王揖唐等发起组织。该俱乐部操纵了第二届国会议员选举,故该届国会被称为"安福国会"。1920 年 7 月,直皖战争爆发,直系取胜之后控制北京,段祺瑞辞职。8 月,安福国会被解散。

漓慷慨，闻者咸为之动容"。接着，广东民众燃放鞭炮表示对海军的欢迎，一时，"鞭炮之声不绝，十里天日为红"。在欢迎会上，孙中山异常兴奋，他甚至开起了玩笑："海军是离不开水的。而今天在欢迎护法海军时，天即大雨，也表示了欢迎之意。"他充分肯定了海军的壮举，称："向来革命之成败，视海军之向背。此次，程总长率海军主力舰队南来，已操制海权矣！"程璧光在会上也表示："我们来到广州，联合西南各省共同护法，不成功便成仁。作为公民，我们每个人都有责任谴责北洋政府的卑劣行径。目前的北洋政府打着共和制的旗号实行独裁统治，海军决心为恢复共和制而奋斗。"并强调说："倘不达到目的，以身殉之也在所不惜。"

不幸的是，程璧光的这句话竟成了一句谶言，1918年2月26日，因为护法内部势力复杂，矛盾重重，一心护法的程璧光竟被人刺杀。护法未成身却死，令人痛心疾首，唏嘘不已。

**相关链接**

## 护法运动

护法运动时任海陆军大元帅的孙中山

1917年，张勋复辟失败后，段祺瑞以"再造民国"的功臣自居，再次担任国务总理，独揽了北京政府的实权，拒绝恢复《临时约法》和原来的国会。《临时约法》和国会是民国的象征，孙中山认为段祺瑞拒绝恢复《临时约法》和旧国会是对民国的背叛，故而举起"护法"的旗帜。

1917年7月17日，孙中山偕同廖仲恺等人由上海乘军舰抵达广州，随后发表演说，指斥段祺瑞之流"执共和国政之人，以假共和之面孔，行真专制之手段也"，号召海军全体舰队和国会议员来粤，召开国会，组织军政府。7月下旬，国会议员130多人相继抵粤。西南军阀唐继尧、陆荣廷等，对段祺瑞的专制统治感到威胁，便企图利用孙中山的威望反对段祺瑞。8月25日，孙中山在广州召开非常国会

（因到粤议员不足法定人数），议决成立护法军政府。9 月 1 日，非常国会选孙中山为大元帅，唐继尧、陆荣廷为元帅。护法军政府成立后，孙中山宣布段祺瑞为民国叛逆，出兵北伐。护法军与段祺瑞"政府军"在湖南、四川交战，护法战争开始。

对于护法运动，北京政府内部态度不一，段祺瑞坚持以武力征服各省，冯国璋则企图利用西南军阀压制段祺瑞的势力，主张维持西南军阀现有地位。冯国璋与西南军阀暗地勾搭，提出南北议和。由此，护法军政府在如何对待北京政府的问题上，也发生尖锐矛盾。孙中山坚持反对北京政府，西南军阀则主张只反对段祺瑞，不反对北京政府。西南军阀和直系军阀勾结后，就不再支持北伐，反而排挤孙中山，破坏护法运动。1918 年 5 月，非常国会改组了护法军政府。改组后的军政府完全被西南军阀所把持，护法运动宣告失败。孙中山被迫离开广州去上海。行前特发表宣言，痛切指出：南北军阀实"如一丘之貉"。护法运动的失败，表明资产阶级领导的旧民主主义革命已完全陷于绝境。

# 钱玄同与刘半农的"双簧戏"

　　双簧表演是人们非常喜爱的一种曲艺形式。演员表演时，一人表演动作，一人藏在身后说或唱，配合得天衣无缝、妙趣横生。由此，人们也常用演双簧戏比喻做一件事情时，两人事前商量好，一方出面，另一方在背后操作，一唱一和，唱者认真，和者俨然，以假乱真。在新文化运动时，新文化的健将钱玄同与刘半农就演出了一场"双簧"，把斗争矛头指向封建旧文化。

　　辛亥革命后，民国虽然建立了，但政权很快落入北洋军阀手中，他们在政治上独裁专制，文化上尊孔复古，中国大地依然满布封建的阴霾。于是，一批先进的知识分子开始寻求救国的新出路。1915 年，陈独秀创办《青年杂志》，倡导民主和科学，揭开新文化运动的序幕。1917 年 2 月，陈独秀又在《新青年》上发表《文学革命论》，举起文学革命大旗。然而，在当时的中国，思想还是被禁锢得很深，文学革命并没有引起多大的反响，反对派不屑于和他们对阵，只有几位新文化闯将在自说自话。光阴荏苒，转眼间到了 1918 年，发难者不免感到有点寂寞。为了改变这种状况，陈独秀决定请刘半农、钱玄同出来，为新文化运动说话。

　　钱玄同和刘半农都是陈独秀北大同仁，也是《新青年》杂志的编辑，性格豪爽，三人过从甚密，经常在一起探讨白话文改革事宜。2 月初的一个黄昏，陈独秀邀请钱玄同和刘半农吃饭。席间，陈独秀说："想必二位都知道，自从吾等倡导新文化革命以来，可谓是产生了非凡效果。但文学革命依然反响寂寥。现在需要二位先生站出来说话了。若二位不站出来说话，我们倡导的新文化革命将无果而终，中国也将衰亡矣！"刘半农曾经在上海做过剧团编剧，提议演一出"双簧戏"：一个扮演顽固的复古分子，发表守旧的言论；一个扮演新文化的革命者，以记者身份对其进行逐一驳斥。虽然此策并不是君子所为，但为了新文化运动，三人还是一拍即合，由钱玄同和刘半农演一出"双簧"。他们期望用这种形式把正反两个阵营的观点都亮出来，从而引起全社会对文学革命的关注。

　　经过充分酝酿，3 月 15 日，《新青年》第 4 卷第 3 号"通信"专栏刊发表了一篇 4000 多字的读者来信（即《文学革命之反响》），信是写给编辑部的，署名"王敬轩"（其实就是钱玄同）。同期的编辑回信也刊发了刘半农的《复王敬轩书》。

王敬轩的信满篇之乎者也，酸腐冲天，通篇无标点。信中罗列了对新文化运动各类荒唐无知的攻击和种种引人发噱的无理责难，信中道："贵报大倡文学革命之论，权舆于二卷之末，三卷乃大放厥词，几于无册无之。四卷一号更以白话行文，且用种种奇形怪状之钩挑以代圈点……"攻击主张新文化的人不要祖宗。由于钱玄同深谙旧学，所写信在内容和风格上都足以乱真。他不但忠实地模仿了守旧派对新文学的种种误解与歪曲，而且使之显得十分荒谬可笑。

刘半农的《复王敬轩书》，洋洋万余言，对王敬轩的观点逐一批驳。他针对王敬轩反对使用西式句读符号的观点，认为其是在说"闲话"，他说：句读之学，中国自古就有；采用西方的句读符号，只是因为中国原有的符号不够用，正好把人家已经造成的借来用用。他建议王先去读三年外国书，再来同他对话，否则王到死也不会明白这个道理。他还讥讽旧学者故步自封，目光短浅，指出就算旧学研究得再透彻，也不过是造就几个因循守旧的老学究，就像乡下老妈子，死抱了一件大红布的嫁时棉袄，说它是世界间最美的衣服，却没有见过绫罗锦缎。在信中，刘半农还毫不留情对守旧派大师林纾进行了指名道姓的批评。刘半农文字诙谐活泼，辛辣老到，活画出了当时一般遗老遗少、国粹古家们的昏聩酸朽的丑态。

钱玄同、刘半农一个唱白脸，一个唱红脸，联袂表演的"双簧"十分成功。文章一经发表，即在社会上引起广泛关注，同时，也在思想文化界引起不小的震动。随即有人写信给《新青年》向作者表示敬意。也有对刘半农的回信表示不满的，而且要求《新青年》杂志开辟专栏，讨论学理之自由权。

信件刚一发表的时候，还引起新文化运动同仁的不同意见。胡适觉得这种做法未免过于游戏，不是正人君子所为。但钱玄同、刘半农的行为却得到了陈独秀的坚定支持，陈认为："这样制造一点气氛，也无不可。"鲁迅也认为唱唱"双簧戏"，无伤大雅，矫枉不忌过正；只要能打倒敌人，嬉笑怒骂，皆成文章。

## 白话文运动

白话文运动是新文化运动中的一项重要内容。1917 年 1 月，胡适发表《文学改良刍议》，倡议改革文体，并提出八个方面的意见，包括不用典，不用陈套语，不讲对仗，不避俗语，须讲求文法之结构，不模仿古人，须言之有物，不作无病呻吟。陈独秀随即写了《文学革命论》，高举"文学革命"的大旗，主张推倒雕琢的阿谀的贵族文学，建设平易的抒情的国民文学；推倒陈腐的铺张的古典文学，建设新鲜的立诚的写实文学；推倒迂晦的艰涩的山林文学，建设明了的通俗的社会文学。鲁迅用小说的形式率先把新文学的形式和内容作了完美的结合；钱玄同、刘半农等人则在批判旧文学、提倡新文学，特别是宣传白话文方面，各有建树。自 1918 年起，新文化界比较普遍地使用白话文，有力地促进了新思想、新文学运动的开展。

新知识分子这种主动出击的态度显示了他们充分的自信，引发了读者浓厚的兴趣，同时也激起旧派文人的恼怒，辜鸿铭、刘师培、黄侃等守旧派纷纷跳出来，加强了对新文化运动的反击。1919年春，赫赫有名的林纾也出来应战，在上海《新申报》发表文言小说《荆生》和《妖梦》，含沙射影，攻击陈独秀、钱玄同等人，发泄他维护旧礼教、反对新文化的积怨。但是，无可奈何花落去，历史潮流不可阻挡。

正是有了这出绝妙的"双簧戏"，新文化运动的战鼓擂得更紧了，使得新旧文学之间的较量进一步升级，新文学的先驱们越战越勇，新文化运动的影响越来越大。鲁迅后来在《忆刘半农君》中对这次策划十分赞赏，称赞刘半农的确是狠打了次"大仗"。

### 相关链接

### 新文化运动

新文化运动是20世纪初反对封建文化的思想启蒙运动，以1915年9月陈独秀在上海创办《青年杂志》（1916年9月起改名为《新青年》，1917年初迁到北京）为起点和中心阵地，以民主和科学（"德先生"和"赛先生"）两面旗帜，向封建主义展开了猛烈的进攻。运动的代表人物是：陈独秀、李大钊、鲁迅、胡适、易白沙、吴虞、钱玄同等。运动的基本内容是：提倡民主，反对封建专制和旧伦理道德，要求平等自由，个性解放，主张建立资产阶级民主政治；提倡科学，反对尊孔复古思想和偶像崇拜，反对迷信鬼神，要求以理性与科学判断一切；提倡新文学，反对旧文学和文言文，开展文学革命和白话文运动。新文化运动打破了两千多年来以孔子学说为代表的封建教条对人们的束缚，极大地解放了人们的思想，在思想界特别是青年知识分子中，掀起了寻求真理、追求解放的浪潮，为马克思主义在中国的传播，为五四运动的爆发，准备了思想条件。

"五四"前的新文化运动，主要是传播西方资产阶级自由平等学说和进化论思想，其性质仍属旧民主主义。但从1918年下半年起，受十月革命的影响，陈独秀、李大钊等人开始研究和宣传十月革命与马克思列宁主义。1919年的五四运动，推动了新文化运动的发展，此后马克思主义开始广泛传播，成为新文化运动的主流。

# 新民主主义革命的开始

辛亥革命后,以孙中山为代表的资产阶级革命派领导的"二次革命"、"护国运动"、"护法运动"等的相继失败表明:资产阶级无法独立领导中国民主革命取得胜利。中国该向何处去?俄国十月社会主义革命的成功给中国指明了一条"向苏俄学习"的新道路。巴黎和会上中国外交的失败引发了五四运动,在运动中工人阶级登上历史舞台,显示出伟大的力量。此后,中国革命进入新民主主义革命时期。

五四运动后,新文化运动继续发展,马克思主义的传播成为新文化运动的主流。1921年,在共产国际的帮助下,中国共产党成立,从此中国革命面貌焕然一新。中国共产党成立后,促成了中国工人运动的第一次高潮。京汉铁路工人大罢工的失败让年轻的中国共产党认识到:在半殖民地半封建社会的中国,要取得革命的胜利,工人阶级必须联合农民阶级和其他有革命倾向的阶级,组成统一战线。与此同时,中国其他的各派政治力量也在复杂的较量中发生着变化。中国的社会、学术也在经历着新陈代谢的变迁。中国新民主主义革命的兴起,是近代中国社会演化的结果。

中共一大会址

　　中国共产党第一次全国代表大会于 1921 年 7 月 23 日晚上开幕,会场设在上海法租界贝勒路树德里 3 号(后曾改为望志路 106 号,今为兴业路 76 号)。该幢住宅为上海共产党早期组织发起人之一李汉俊之兄李书城的住宅,人称"李公馆"。系两层砖木结构,坐北朝南,为上海典型石库门式样建筑,外墙青红砖交错,镶嵌白色粉线,门楣有矾红色雕花,黑漆大门上配铜环,门框围以米黄色石条。

# 顾维钧雄辩巴黎和会

五四运动是中国新民主主义革命的开端，而中国在巴黎和会上的外交失败则是它的导火线。顾维钧在巴黎和会上的义正词严的抗争显示了中国人的骨气，喊出了中国人追求民族自立的心声。

1888 年，顾维钧出生于上海。那时的中国正一步步陷入列强的侵略包围之中，而上海又是一个中外交往非常集中的地方，顾维钧从小就看到了很多不平等的现象，他立志要通过自己的努力来改变国家积弱的状况。1904 年，16 岁的顾维钧剪辫易服，远渡重洋，留学美国。他选择了在哥伦比亚大学主修国际法和外交。1912 年，顾维钧获得博士学位后回国。他先是担任袁世凯的英文秘书，后来进入外交部任职，1915 年任北洋政府驻美国公使。弱国无外交，虽然有着杰出的外交才华，但顾维钧从事外交工作不久就发现，要为一个灾难深重的国家在国际间争得自己应有的权益是多么艰难。

1918 年，第一次世界大战以同盟国的失败宣告结束。"一战"期间，英、法为鼓动中国参战，允诺在战后的和平会议上给予中国五个会议席位，以大国相待。面对即将召开的巴黎和会，中国举国上下沉浸在巨大的喜悦之中，人们齐呼协约国的胜利是"公理战胜强权"。在当时人们看来，中国从鸦片战争开始的漫长寒冬就要过去，巴黎和会必将取消半个多世纪以来西方列强强加在中国人民身上的一切不平等条约，还中国一个公道。

1918 年冬，以外交总长陆徵祥为团长的中国代表团抵达巴黎，刚过而立之年的顾维钧在驻美公使任上被委派为五个全权代表之一（另外三人分别为驻英公使施肇基、驻比公使魏宸组和南方军政府代表王正廷）。在离开美国之前，顾维钧拜访了美国总统威尔逊，威尔逊许诺愿意支持和帮助中国，这让顾维钧对巴黎和会多了一份信心和期待。在回忆录中，他这样描述了对和会的期望——"即将召开的和会是一次非同寻常的机会，中国可以借此谋求某种程度的公平待遇，并对过去半个世纪以来所遭到的惨痛后果加以改正。"

刚到巴黎，代表团就遭遇到了第一个打击——和会席位问题。为了便于分赃，参加和会的美、英、法、意四国首脑和外长以及日本的

**1919 年**

1 月 18 日，巴黎和会开幕。

5 月 4 日，北京学生 3000 多人在天安门前集合，五四运动爆发。

6 月 5 日，上海工人开始罢工，要求释放被捕学生，罢免曹汝霖、章宗祥、陆宗舆。

6 月 28 日，中国代表拒绝在《凡尔赛和约》上签字。

7 月 25 日，苏俄发布《第一次对华宣言》，宣布废除沙俄与中国签订的一切不平等条约。

## 巴黎和会

1919 年 1 月至 6 月在巴黎凡尔赛官召开的国际会议。会议被英、法、美、意、日等国操纵。主要签订了处置战败国德国的《凡尔赛和约》，同时还分别同奥地利、匈牙利、土耳其等国签订了一系列和约。这些和约构成了凡尔赛体系，确立了帝国主义在欧洲、亚洲和非洲统治的新秩序。巴黎和会标榜通过媾和建立世界永久和平，实际上是一次分赃会议。作为战胜国之一的中国，在和会上也成为被宰割的对象，中国要求收回德国强占的山东半岛的主权，但英、美、法却将德国的利益转送给日本。这引起中国人民的强烈抗议，五四运动由此爆发。

两位代表西园寺公望和牧野，组成了巴黎和会初期的最高决策机构——"十人会"。"十人会"中有四大巨头，他们分别是英国首相劳合·乔治、法国总理克里孟梭、美国总统威尔逊和意大利总理奥兰多。参加和会的各个国家被划分为三等，五大国——英、美、法、意、日为第一等，有 5 个席位，其他一些国家 3 席，一些新成立、新独立的国家 2 席，中国被划为最末一等，只能有 2 个席位。中国代表们四处奔走，要求增加席位，但无果而终。

1919 年 1 月 27 日中午，组委会突然告知中国代表团，要中国代表出席下午的"十人会议"，此次会议主要解决山东问题。日本代表先发制人，已经在上午的会议上阐述了自己要求取得德国在山东的所有权益的观点。经过一番讨论，中国代表团决定由顾维钧与王正廷出席下午的会议。

下午 3 时，会议开始。日本代表牧野傲慢地指出：山东租借地早已由德国转移给日本。日本是战胜国，有权处理这个问题。而且，日本非常尊重与中国已经签订的条约，中国早已承认日本对山东的权益（指"二十一条"）。总之，这一问题已经解决，无须争议。面对日本的咄咄逼人之势和英、法的偏袒，为了更好地进行反击，顾维钧和王正廷要求在第二天给予日本正式答复，此议得到美国的支持。

第二天上午，会议准时召开。会议主席克里孟梭请中国代表团发言。这时王正廷起身说："我要求由我的同僚顾维钧先生来阐述中国政府的观点。"经过细致的准备，顾维钧充满了自信和责任感，这是他第一次站在国际政治舞台上，代表拥有四万万民众的中国，阐述自己的见解。他先阐述了山东问题的由来，随后满怀深情地说："胶州和胶济铁路所在地的山东省是中华文明的摇篮，孔子和孟子的诞生地，对中国人而言，这是一块圣地。全中国人的目光都聚焦于山东。"顾维钧明确指出："山东就战略而言，胶州控制华北的门户，即控制由海岸至北京的捷径。一条铁路直达济南府，与津浦铁路相接即可通达北京。为中国国防利益而言，中国代表团不能答应任何外国拥有这生死攸关的地段。"顾维钧也驳斥了日本代表关于中国与日本就山东问题已经达成协议的论断。他认为所谓的协议即臭名昭著的"二十一条"是在武力逼迫下签订的，应该视为无效。

顾维钧的发言有根有据，说理充分，语言流畅，说服力强，深深打动了与会的各国代表。发言刚结束，代表们就鼓起掌来。威尔逊急步走过来跟他握手表示祝贺，说"这是阐明中国立场的最好演说"。劳合·乔治也不吝惜他的赞美之词，认为这一发言是对中国观点的卓越论述。克里孟梭也被打动，用了一句很形象的话来评价顾维钧的发言，他说："顾之对付日本，有如猫之弄鼠，尽其擒纵之技能。"更想象不到的是，日本代表西园寺公望也从主席对面的位置上过来和他握手。后来，顾维钧回忆道："整个气氛与前一天日本代表讲话之后出现的冷场对比鲜明。"

🐉 相关链接

## 五四运动

1919 年 5 月 1 日，巴黎和会上中国外交失败的消息传到国内，给期待"公理战胜强权"的国人当头棒喝。5 月 4 日，北京大学、北京高师等校的 3000 多名学生冲破军警阻挠，云集天安门，他们打出"誓死夺回青岛"、"收回山东权利"、"拒绝在巴黎和会上签字"、"废除二十一条"、"外争国权，内惩国贼"等口号，并且要求惩办曹汝霖（交通总长，订"二十一条"时任外交次长）、陆宗舆（币制局总裁，订"二十一条"时任驻日公使）、章宗祥（驻日公使）三个卖国贼。学生在使馆区受阻后，转而行至曹汝霖住宅，激愤的学生火烧曹宅，痛打了正在曹宅的章宗祥。随后，军警进行镇压，并逮捕了学生代表。学生游行活动受到广泛关注，各界人士给予支持，抗议逮捕学生。广州、南京、杭州、武汉、济南等地的学生和工人也给予支持。

6 月 5 日，上海工人开始大规模罢工，以响应学生，总数前后约有六七万人。6 日，上海各界联合会成立，举行罢课、罢工、罢市三罢运动，影响波及全国。北洋政府面对强大压力，曹汝霖、陆宗舆、章宗祥相继被免职，总统徐世昌提出辞职。6 月 28 日，中国代表拒绝在《凡尔赛和约》上签字。五四运动取得一定的胜利。

五四运动是中国近代史上具有划时代意义的事件。中国工人阶级从此登上了政治舞台，拉开了中国新民主主义革命的序幕。

# 杜威来华讲学

说到新文化运动，许多人就不由自主地会想到陈独秀、胡适、鲁迅等代表性人物，想到由他们所传播的新思想。然而，新文化运动绝不仅仅是中国知识分子的单独表演，这一时期，许多外国知名学者也纷纷来华讲学。他们的讲学活动，极大地推动了新思想在中国社会内部的传播。其中，美国著名教育家杜威来华讲学，尤其值得关注。之所以如此，一是因为杜威在华讲学的时间长，从 1919 年 5 月开始，一直延续到 1921 年 7 月；二是因为影响大，民国时期教育的发展，很多措施都得益于杜威的启发。不过，杜威来华讲学，其实是计划外的事情。

1919 年初，杜威夫妇准备到东方旅游，还未启程，就得到日本东京帝国大学的邀请，请他作一系列的学术演讲。杜威很痛快地答应了。他不仅如约完成任务，而且还增加了多场演讲。这个消息传到中国后，他昔日的一些弟子像胡适、蒋梦麟等就组织国内的五个学术团体，联名向杜威发出了邀请。对于希望了解古老中国的杜威来讲，这是一个让人振奋的消息，他欣然同意。1919 年 4 月 30 日，杜威夫妇抵达上海，开始了他们的中国之旅。

杜威刚到中国三天，北京就爆发了震惊中外的五四运动。中国青年学生在这场运动中表现出来的力量，对这位远道而来的美国人产生了强大的吸引力。本来打算夏天结束就回国的杜威，决定在中国呆上一年，以观察这个古老国家出现的新变化。一年之后，他意犹未尽，又向哥伦比亚大学请假一年。就这样，杜威不断在中国各省游走演讲，足迹遍及 11 个省份。他的演讲，后来结集出版，大量发行，再版过十几次。

从杜威的演讲内容来看，大致可以将他的思想归纳为两大方面：第一，他主张人与社会进步，靠的是积

1919 年，杜威来华讲学时与中国学者留影

极地运用智慧以解决一些真实而具体的问题,而不是空喊什么主义或口号。杜威说:"进步总是零零碎碎的。它只能零买,不能批发。"杜威不相信突变与进步能够兼得。所以他的社会哲学就是主张以"零售的生意"的方式,改善人类的生活。第二,在合理的思想过程中,所有的理论,所有的学说,统统不能看作是绝对的真理,只能看作是有待考验的假设,有待于在实用中加以考验的假定;只能看作是帮助人类获取知识的工具和材料,不能看作是不成问题、不容考据的教条,因而阻碍人类思想的发展。

杜威在讲这些内容的时候,恰好也是中国社会内部激进主义思潮日益流行的年代。马克思主义在中国已经有了部分信奉者,他们强调突变,主张通过暴力革命的方式来改变现状。因此,这些激进主义者,不可避免地要对杜威的思想和观点有针对性地进行批判。

杜威的实验主义哲学,在美国这样一个相对稳定富足的社会中流行,是非常正常的一种现象,因为大多数人并不急切地要求改变现状,点滴改良式的进步观念容易被人们所接受。而对于当时的中国来讲,军阀的混战,列强的政治与军事侵略,土匪的横行,经济的破败,让许许多多的中国人急切地寻求改变现状的途径。杜威的这种渐进的改良主张,自然很难在中国社会中取得成效。

不过,作为实验主义哲学坚定的信奉者,胡适对杜威在华讲学给予了较高的评价。当杜威起程归国的时候,胡适写了一篇《杜威先生与中国》的短文,为之送行。他在文章中写道:"自从中国与西洋文化接触以来,没有一个外国学者在中国思想界的影响有杜威先生这样大的。""我们可以说,在最近的将来几十年中,也未必有别个西洋学者在中国的影响可以比杜威先生还大的。"

7月14日,毛泽东在长沙创办《湘江评论》。

7月20日,胡适发表《多研究些问题,少谈些"主义"》,挑起"问题与主义之争"。

8月,李大钊发表《再论问题与主义》。

9月16日,周恩来等在天津成立觉悟社。

**1920年**

9月,陈独秀发表《谈政治》一文,与无政府主义者展开论争。

10月,罗素来华讲学,宣传基尔特社会主义。

11月,张东荪发表《由内地旅行而得之又一教训》,挑起关于社会主义的论争。

---

相关链接

## 问题与主义之争

1919年7月,胡适在《每周评论》31期上发表《多研究些问题,少谈些"主义"》一文。他认为"空谈好听的'主义'是极容易的事,是阿猫阿狗都能做的事,是鹦鹉和留声机器都能做的事"。他主张"少谈些主义","多研究些问题",反对"根本解决"中国的社会问题,主

胡适在《每周评论》上发表《多研究些问题，少谈些"主义"》

张一点一滴地进行改良。胡适在中国鼓吹社会改良，其学理就来自其师杜威的实验主义。同年8月，李大钊在《每周评论》35期上发表《再论问题与主义》，指出问题与主义是不可分割的关系，"我们的社会运动，一方面固然要研究实际问题，一方面也要宣传理想的主义"。他针对胡适反对"根本解决"的观点，指出"必须有一个根本的解决，才有把一个一个的具体问题都解决了的希望"。

　　显然，李大钊与胡适的歧异在于用什么方法来解决中国的社会问题，胡适坚持实验主义的局部改良，而李大钊则坚持马克思主义的社会革命。"问题"与"主义"的论争吸引了一大批的参与者。论战的结果是马克思主义以其先进性、科学性和革命性吸引了更多的知识分子。之后，科学社会主义思想在中国迅速传播开来。

# "南陈北李"相约建党

所谓"南陈",指的是来自安徽的陈独秀;所谓"北李",指的是来自河北的李大钊。两人不仅同是新文化运动的代表性人物,而且是组建中国共产党的关键性人物。正是由于他们早期的积极筹备,才有后来中国共产党的诞生。因此,早在 20 世纪 20 年代初期,就有了"南陈北李"之说流传。有诗为证:

北大红楼两巨人,纷传北李与南陈。

独秀孤松如椽笔,日月双悬照古今。

北李南陈,两大星辰;

漫漫黑夜,吾辈仰承。

1919 年五四运动中火烧赵家楼的烈火如革命的燎原之火,迅速在中华大地上蔓延,中国从此进入了新民主主义革命时期。新文化运动领袖陈独秀和主将李大钊非常关切运动的走向,思索着中国如何进行社会革命。5 月 4 日当天,李大钊亲自走上街头,声援学生。陈独秀则在文章中写道:"我看这两个分赃会议,与世界永久和平,人类真正幸福,隔得不止十万八千里,非全世界的人民都站起来直接解决不可。"5 月 15 日,李大钊将《新青年》第 6 卷第 5 号办成"马克思主义研究专号",并发表了《我的马克思主义观》,该文较为系统地介绍了马克思的学说。他们看到群众运动正澎湃向前发展,日益感受到了胜利的喜悦,决心要趁热打铁,再烧一把火,把斗争引向深入。

然而,北洋政府早把他们的"异端思想"和行动视为"洪水猛兽",北京各警察署接到密令:严密监视陈独秀、李大钊等人,罪名是以印刷物品传播过激主义煽惑工人。6 月 11 日,陈独秀在中央公园等处散发传单,被捕入狱。

陈独秀被捕后,李大钊、胡适、高一涵、罗家伦等人纷纷活动,设法营救。李大钊还给章士钊拍电报,请他出面和政府代总理龚心湛斡旋。一些报纸也发文批评政府这是在搞文字狱。鉴于陈独秀的名声和舆论的压力,北洋政府也不敢对陈独秀下黑手。李大钊也上了警察署黑名单并被列为第二号人物,便回老家躲避。7 月,李大钊看

**1920 年**

3 月,李大钊、邓中夏、高君宇等在北京成立马克思学说研究会。

4 月,陈望道翻译的《共产党宣言》出版。

5 月,陈独秀在上海成立马克思主义研究会,为建党作思想和组织上的准备。

**1921 年**

7 月 23 日至 31 日,中国共产党第一次全国代表大会召开。

## "七一"的由来

1938 年 5 月,毛泽东首次提出把 7 月 1 日作为党的诞辰纪念日,他在《论持久战》一文中提出:"今年七月一日,是中国共产党建立十七周年纪念日。"当时,在延安的曾经参加过一大的党的创始人只有毛泽东和董必武两人。他们回忆一大是 7 月份召开的,但确切的开会日期已记不清楚。因缺乏档案资料,一时无法查证,所以就把 7 月首日定为党的诞生纪念日。"七一"作为党的生日,最早见

到胡适在《每周评论》上发表了《多研究些问题，少谈些"主义"》，知道胡适针对的是马克思主义，便发文反驳，引发了"问题与主义之争"，这成为马克思主义与非马克思主义的第一次思想交锋。

1919 年秋天，李大钊回到北京。不久，陈独秀也被保释出狱。陈独秀出狱后李大钊写了欢迎诗："你今天出狱了，我们很欢喜！他们的强权和威力，终究战不胜真理。什么监狱什么死，都不能屈服了你；因为你拥护真理，所以真理拥护你。"

陈独秀虽然出狱，但还是受到警察的监控。1920 年 1 月底，陈独秀接受湖北学生联合会邀请，去武汉讲学。在武汉，陈独秀将批评的矛头再次指向政府，消息经报纸传开后，北洋政府非常愤怒，限期要警察署交人。警察署忙作一团，派人到火车站和陈宅侦查陈独秀行踪，打算一旦陈独秀回到北京后，便立即予以逮捕。

高一涵等人听到风声，和李大钊商议，派人到火车站等候陈独秀，但没有接到。陈独秀回到家后，感觉警察加强了戒备，便立即带上随身要用的东西，去了胡适家。一看胡适家不是藏身之处，又去了李大钊家。陈独秀将他看到警察的事对李大钊说了一遍。"仲甫，北京呆不下去了，想法子回南方吧。"李大钊担心地说。"我也这样想。现在我已被盯上了，不走也得走了。只是乘火车是万万不行的。"陈独秀说。李大钊决定亲自送陈独秀离开北京，说道："我们先到天津，再从天津乘船去上海。"经友人帮忙，陈独秀装成病人，李大钊扮作生意人，两人雇了一辆骡车，直奔天津。

出了北京，李大钊和陈独秀松了口气，因为兴奋，两人一点倦意也没有。李大钊决定利用这个机会，和陈独秀交流在中国建立共产党的看法，他说道："仲甫，你看我们中国是否也走苏俄的道路，成立 Bolshevism 式的政党？"两个人对中国未来的政治前途作了展望，决定分头在南北筹划建党事宜，相约成立一个政党，来领导中国革命。他们所要成立的这个政党，就是 1921 年成立的中国共产党。

陈独秀和李大钊相约建党，是当时中国部分知识分子从思想启蒙走向革命实践的标志。新文化运动阵营就此出现裂痕，那些昔日同一战壕的朋友，开始各自寻求自己的救国之道。

相关链接

## 中国共产党成立

1920年夏至1921年春,随着马克思主义在中国的广泛传播,中国工人运动的蓬勃兴起,作为两者结合产物的中国共产党早期组织,在上海、北京、武汉、长沙、济南、广州以及赴日、旅欧留学生中相继成立,建党条件基本成熟,召开全国代表大会也在建党骨干中开始酝酿。

1921年6月初,共产国际代表马林取道欧洲来到上海,与另一位国际代表尼克尔斯基会合。他们很快与李达、李

"一大"会址嘉兴南湖游船

汉俊等取得联系,并交换了情况,建议及早召开党的代表大会,宣告中国共产党正式成立。李达、李汉俊在征询陈独秀、李大钊的意见并获得同意后,分别写信给各地党组织,要求每个地区派出两位代表到上海出席党的全国代表大会。

7月23日晚,中国共产党第一次全国代表大会在上海法租界贝勒路树德里3号(后改称望志路106号,今兴业路76号)正式开幕。出席大会的代表共13人,他们是:上海的李汉俊、李达;北京的张国焘、刘仁静;长沙的毛泽东、何叔衡;武汉的董必武、陈潭秋;济南的王尽美、邓恩铭;广州的陈公博;留日学生周佛海以及陈独秀委派的包惠僧。党的主要创始人陈独秀和李大钊因事务繁忙未能出席会议。7月30日,因遭受法租界巡捕房的侵扰,代表们决定会议由上海转移到浙江嘉兴南湖的一艘游船上继续举行。

中共一大讨论了政治形势、党的基本任务、党的组织原则和组织机构等问题,通过党的第一个纲领和党的第一个决议。大会选举党的领导机构中央局,陈独秀为中央局书记。这次大会宣告了中国共产党的诞生。中国共产党的成立是中国历史上"开天辟地的大事变","自从有了中国共产党,中国革命的面目就焕然一新了"。

# 曹锟贿选

**1920 年**
7 月 14 日,直皖战争
爆发。

**1921 年**
11 月 12 日,中国代表
团参加华盛顿会议。
次年 2 月 6 日,与会九
国签订了关于中国问
题的《九国公约》。《九
国公约》的签订,打破
了日本在中国的独占
状态,又使中国回到了
受列强共同支配、协同
侵略的局面。

北洋军阀统治下的中国绝对是一个乱世。各色军阀、各种政客在乱哄哄的历史舞台上你方唱罢我登场,但最后大都以"丑角"的面目剧终,平添的只有笑料。1923 年曹锟贿选总统便是一幕滑稽的历史闹剧。

曹锟,字仲珊,天津人。在发迹前,曹锟是个布贩子,为人厚道,只要有人请他帮忙,他大都心甘情愿,一帮到底,人送外号"曹三傻子"。1881 年,曹锟厌倦了贩布生活,便应募入伍,进入袁世凯的"新建陆军"。进入军营后,由于做事实在,尽职尽责,曹锟深得长官赏识,官越做越大。1912 年清廷覆灭时,他已是北洋军主力第三师的师长。1919 年冯国璋死后,他和吴佩孚一起继承了冯国璋的衣钵,成为直系军阀的首领。

1922 年第一次直奉战争后,张作霖败走东北,曹锟与吴佩孚控制了北京政府。为了实现武人统治中国的美梦,他们逼总统徐世昌下台,抬出黎元洪充当傀儡总统。不久,曹、吴对黎元洪也看得不顺眼,曹锟决定踢开黎元洪,自己当总统。

为了把黎元洪赶下台,1923 年 6 月,在曹锟指使下,一批流氓组织了所谓的"公民团",在天安门前高搭讲台,宣称举行"国民大会",一些政客上台发表演说,大骂黎元洪,要他下台。会后,他们手持"改造时局"、"市民饿、总统肥"、"总统退位"等标语向坐落在东厂胡同的黎宅进发,沿途散发抨击黎的传单。黎元洪向京师警察部门下指示,要求驱散闹事者,但警察部门在曹锟的授意下,坐视不管。不仅如此,直系驻京师军队也趁机施压,纷纷上黎宅索要军饷。黎元洪坐困东厂胡同,形同软禁,外有"恶民"包围,军警索饷,内则众叛亲离,水电断绝。迫不得已,黎向曹锟求援,但曹锟却置之不理。无奈之下,黎元洪只好辞职离开北京。

搬走黎元洪这只拦路虎以后,曹锟本来可

曹锟

以"一步登天"的,但为了能披上合法的外衣,他还要继续玩弄一出"依法"当选的把戏。于是,在黎元洪离职后,曹锟假惺惺地通电全国:"大总统既已向国会辞职,自应听从国会依法解决,使政治入于常规,人民有所适从。"

当时,由国会来完成选举总统,因此,国会中的议员便成为奇货可居的人物,成为曹锟派拉拢的对象。而众议院议长吴景濂更是其中的关键人物。吴景濂混迹于北洋政府多年,自然能够参透形势。他打着自己的如意算盘,希望包办大选,能在曹锟政府中任国务总理;退一步说,即使落空,也会得到可观的酬报。在曹锟重金收买下,吴景濂十分卖力。当时国会中有不少议员反对曹锟,在黎元洪离京后,不少议员也离京出走,在京议员达不到选举总统的法定人数。为了凑足法定人数,吴景濂提出凡是参加国会总统选举会议者有出席费,可以通过借支岁费来领取,每月600银元,不出席者300元。大批议员络绎进京。

在金钱面前,许多议员丑态毕露,他们关心的不是宪政的神圣,而是选票的票价和付款的办法。议员们怕投了票拿不到钱,直系政客则怕付了钱议们不投曹锟的票,双方为此争吵不休。9月12日,国会召开了第一次总统选举会,因票价问题未解决,议员们欲擒故纵,不少人故意不出席会议,使得法定人数不够而无法选举总统。于是曹锟与吴景濂又手忙脚乱地连夜商议对策。

通过运动和讨价,直系军阀和国会达成协议——每张选票5000元,投完票即刻领钱。10月4日,在曹锟手下干将王承斌等人不分昼夜安排下,到当天中午,已有576名议员同意选曹领钱。据说只有十四五人不肯领钱,这些人均为蒙古王公豪富,他们不在乎这点钱,而要官职。10月5日,按原计划10时举行总统选举会议,但议员们姗姗来迟,到齐时已过中午。出席人数587人,已足法定人数。于是,吴景濂宣布开会并报告投票方法。下午2时投票开始,至4时完毕,当众点票,曹锟得票480张,获选中华民国大总统。搞笑的是,有张选票上写着孙美瑶(临城劫车案的匪首),还有张写着"三立斋",更有一张写着"五千元"。

曹锟"当选"中华民国大总统的结果一经公布,举国为之哗然,朝

**1922 年**
4 月 29 日,第一次直奉战争爆发。

**1923 年**
5 月 6 日,山东临城劫车案发生。

**临城劫车案**

　　1923 年 5 月 6 日清晨,1000 多名武装土匪,在山东临城(今属枣庄市)附近的津浦铁路袭击一列北上的客车,抢劫财物,绑架中外乘客100 余人,其中外国人 26 名。这股土匪本是军阀张敬尧旧部,首领叫孙美瑶,落草后一直在豫鲁一带横行。这次扣留人质,意在胁迫北洋政府答应收编。事件发生后,各西方列强以营救被掳侨民为借口,提出种种无理要求。北洋政府惊慌作一团,赶紧罢免铁路警察首脑,撤换地方驻军司令,派员与土匪谈判,许以同意收编,偿付巨额赎金,才使被扣的外国人得以释放。为向西方列强谢罪,北洋政府还接受外国对中国铁路的干涉等条件,致使国家的独立与主权遭受巨大损害。

野亦发出一片声讨之声。甚至远在大洋彼岸的美国《时代》周刊也以《新选总统》为题报道了这则丑闻:"东方的快速简直令西方世界难以置信。中国议会重新召集,通宵达旦地选举一位总统。……他比应当选最低票数还多50票。有报道称,他赢得选举是靠贿赂议员,每人获5000大洋。曹锟将军是位军事强人,如果他能成功地赢得吴佩孚将军(长江流域的督军)的支持,他的地位从军事角度来看将牢不可摧。不过,他缺乏政治才能,缺少性格魅力;更何况他完全被一帮'邪恶高参们'包围着。如果没有成为'贿选总统',曹锟是否还会在现代史上留下永久的名字?"

6月13日,北洋政府内讧,黎元洪被曹锟赶下台。

10月5日,贿选总统曹锟上台。

10月9日,孙中山下令讨伐曹锟,18日又通缉选曹议员。

曹锟贿选这一闹剧,不仅在当时影响恶劣,不得人心,还对整个中国近代民主进程造成严重的负面影响,按当时的评论来说,"辛亥革命留下的仅有一点资产阶级民主残余也荡然无存了"。曹锟在全国民众的一片声讨中荣登大位,然而仅仅一年之后,局势就陡然突变。1924年10月23日,冯玉祥发动了"北京政变",囚禁曹锟。11月2日,曹锟被迫宣布辞去大总统职务。曹锟虽然只当了一年的总统,但"贿选"之名却传至久远。一代枭雄的可笑与可悲,作为历史笑料留了下来,不断被人叙说。

---

相关链接

## 第一次直奉战争

1920年直皖战争以皖系失败告终,直系和奉系军阀共同控制北京政权。直系取代皖系,反映英、美在华势力的扩张和日本在华势力的受挫;日本不甘心失败,扶植奉系,以对抗直系。在内阁等问题上,直、奉双方矛盾剧烈,导致关系破裂。

1922年4月29日,奉系张作霖自任总司令,通电反直,第一次直奉战争爆发。双方各自动用兵力12万多人,在马厂、固安、长辛店一带展开激战。起初,双方互有胜负。但在长辛店直军获胜后,奉军转入被动。在吴佩孚逼迫下,北京政府免除张作霖东三省巡阅使等职。在日本支持下,张作霖自封"东三省自治保安总司令",宣布"闭关自治",并派兵在秦皇岛附近与直军继续作战。不久,双方在英、美列强调停下,于6月18日签订停战协定,第一次直奉战争结束。

直奉战争后,直系军阀单独控制了北京政权。

# 国民革命

　　20 世纪 20 年代,中国革命风云迭起。在共产国际与中国共产党人的帮助下,孙中山顺乎世界潮流,适应时代步伐,决定与中国共产党进行合作。1924 年 1 月,国民党一大召开,国共合作正式建立。联俄、联共、扶助农工的三大政策成为国共合作的基础。国共合作,加强了各革命力量的联合,推动了中国革命高潮的到来。1925 年爆发的五卅运动将国民革命推向高潮。

　　1925 年 3 月孙中山在北京病逝后,国民党右派积极限共,与中共及国民党左派争夺革命的领导权。1925 年 8 月,国民党左派领袖廖仲恺被刺杀。蒋介石进入领导层后,制造了"中山舰事件"和"整理党务案"。处于幼年的中国共产党,缺乏政治经验,采取了妥协退让的方针,助长了国民党右派的反共气焰。

　　在国共合作的背景下,在南方,广东革命政府由大元帅府改组为国民政府,组建了新型的国民革命军;在北方,由于国共两党的共同组织和发动,反奉倒段群众运动此起彼伏。1926 年夏,国民党决定进行北伐。在不到 10 个月的时间内,北伐军打垮了吴佩孚、孙传芳的主力,使革命区域从珠江流域推进到长江流域。与此同时,工农运动不断高涨和深入,整个中国社会发生了巨大的变化。然而,在革命的洪流中反革命的暗流也不断涌动,由于国民党右派的叛变以及中共中央的右倾错误,国共合作破裂,国民革命最终失败。

**国民革命军出征前誓师大会**

　　1926年7月9日,国民革命军在广州东校场隆重举行北伐誓师大会,党政军负责人和各界民众5万余人参加大会。授印、授旗、宣誓和阅兵等仪式典礼庄严肃穆,将士斗志昂扬。蒋介石以国民革命军总司令名义,宣告北伐战争正式开始。这是蒋介石在北伐誓师大会上发表讲话时的情景(台上左一为蒋介石)。

# 孙中山创立黄埔军校

闻名中外的黄埔军校，位于珠江中央的长洲岛，四面环水，环境幽静。军校大门风格非常朴实，中央上方横匾上"陆军军官学校"几个大字，是国民党元老谭延闿所书。在二门门口挂着一副对联："杀尽敌人方罢手，完成革命始回头"，二门右侧墙壁上挂着校长蒋介石手书的校训"亲爱精诚"。军校大门彩楼两旁原挂有一副对联："升官发财，请往他处；贪生怕死，勿入斯门"，横额为"革命者来"。孙中山逝世后，这里改为总理遗嘱中的"革命尚未成功，同志仍须努力"的标语。从这些对联和标语中，我们能依稀体会到当年革命浪潮在军校内汹涌澎湃的场景。

孙中山终生致力于革命事业。最初，他主要依靠会党，会党多为乌合之众，情势好的时候，还可以指挥，一旦面临困难，多一哄而散。后来，则依靠发动新军，虽然在推翻清政府的过程中，新军功不可没，但孙中山并没有真正属于自己的军队。民国成立后，他组织过多次武装斗争，但每次都因旧军队的反叛而中途夭折。1922 年 6 月，一向被孙中山视为亲信的陈炯明叛变，陈不仅要将孙中山赶走，而且还炮轰了总统府，差点置其于死地。脱离险境后，孙中山心情沉重地说："文率同志为民国奋斗垂三十年，中间出生入死，失败之数不可偻指，顾失败之惨酷，未有甚于此役者。"无依无靠的孙中山只能寓居上海，闭门著书。经过冷静的思考，孙中山意识到，革命"独一无二的希望，就是创造革命军，来挽救中国的危亡"。

1921 年 12 月，共产国际代表马林在广西桂林会见孙中山，马林向孙中山提出"创办军官学校，建立革命军"的建议。马林认为孙中山过于看重个人领导，忽视了党的力量；没有属于自己的军队，无法有效反抗敌人

**1919 年**
10 月，孙中山整顿中华革命党，改称中国国民党。

**1922 年**
9 月，孙中山在上海召集改进国民党会议，商讨国民党改组问题。

黄埔军校旧址

**1923 年**

1 月 26 日,孙中山与苏俄代表越飞联名发表《孙文越飞宣言》,孙中山公开确立联俄政策。

6 月,中国共产党第三次全国代表大会在广州召开,制定实行国共合作的方针。

11 月,孙中山发表《中国国民党改组宣言》。

**1924 年**

1 月,中国国民党第一次全国代表大会在广州召开,国共合作正式建立。

的攻击,更无法实施自己的革命理想。而且,马林还告诉孙中山,苏俄可以在这个问题上提供援助。孙中山自己的反思及马林的建议,促使他下定决心,创办属于自己的军校。

为了筹建军校和革命军,1923 年 8 月,孙中山派蒋介石、张太雷、沈定一三人组成"孙逸仙博士考察团",赴苏联考察党务和军事。蒋介石毕业于日本士官学校,陈炯明叛变时曾侍卫过孙中山,得到孙中山的信任,被委任为考察团团长。代表团在苏联考察近三个月,内容涉及军事、政治、党务方面,并商洽有关军事援助和建立军校等问题。在苏联的帮助下,孙中山加快了建立军校的步伐。

1923 年 10 月,国民党临时中央委员会在廖仲恺的主持下,依照孙中山的提议,通过提案,决定建立陆军学堂,定名为"中国国民党陆军军官学校"。1924 年 1 月,孙中山指定黄埔长洲岛原广东军校旧址为校址。长洲岛俗称黄埔岛,距广州约 15 公里,远离城区,地当要冲,历来是军事重地,便于兴学讲武。因军校建在黄埔岛上,故习惯称"黄埔军校"。

1924 年 5 月,黄埔军校开学。孙中山自任军校总理,委任蒋介石为校长,廖仲恺为党代表。从 1200 名考生中取录正式学生 350 名,备取 120 名,这些学生成为黄埔一期生。6 月 16 日,中国国民党陆军军官学校举行了隆重的开学典礼,孙中山身穿白色中山服,头戴通帽,偕夫人宋庆龄,以及蒋介石和廖仲恺,走上主席台。孙中山给青年学生作了热情洋溢的讲话,要求学生:"要从今天起,立一个志愿,一生一世,都不存在升官发财的心理,只知道做救国救民的事业。"孙中山还宣布了训词:"三民主义,吾党所宗,以建民国,以进大同。咨尔多士,为民前锋,夙夜匪懈,主义是从。矢勤矢勇,必信必忠,一心一德,贯彻始终。"此训词后来成为国民党党歌及军官

黄埔军校开学时孙中山检阅学员队伍(台上左起:廖仲恺、蒋介石、孙中山、宋庆龄)

学校校歌。

在大礼堂举行的盛典结束后,军校学生来到操场举行阅兵礼。孙中山等人登上观礼台,等待着学生列队而过。阅兵开始后,列着方阵的学生身穿黄卡其军装,脚蹬黄皮鞋,军容整齐,精神抖擞地走过主席台。孙中山望着这支威武雄壮、充满朝气的队伍,感慨万分。

黄埔军校是一所国共合作创建的学校。黄埔军校成立以后,由于国共两党的共同努力和苏联的大力援助,发展迅速。从建立到1927年大革命失败的时间内,黄埔军校总共招收了六期学员,为中国革命培养了大批军事人才。无论是国民党,还是共产党,都不会忘记黄埔军校在中国革命史上的光荣地位。

1月27日,从这一天起至8月下旬,孙中山系统讲演三民主义。

6月16日,黄埔军校第一期学员举行开学典礼。

**相关链接**

## 中国国民党第一次全国代表大会

1924年1月20日至30日,中国国民党第一次全国代表大会在广州召开,与会代表165人,其中包括共产党人陈独秀、李大钊、毛泽东、林伯渠、瞿秋白、谭平山等24人。孙中山以总理身份担任大会主席,指定胡汉民、汪精卫、林森、谢持、李大钊组成大会主席团。苏联顾问鲍罗廷也出席了大会。会议主题是对国民党进行全面改组、实现国共合作。在报告中,孙中山总结了国民党的历史经验,提出改组的组织原则是淘汰不纯分子,吸收革命分子,把国民党改组成为强有力的政党,以此去改造国家,争取革命成功。

大会通过了《中国国民党第一次全国代表大会宣言》、《中国国民党章程草案》等议案;选出了中央执行委员会和监察委员会。在当选为中央执行委员和候补委员的41人中,有共产党员李大钊、谭平山、于树德、毛泽东、瞿秋白、林祖涵等10人,约占总数的四分之一。大会通过了改组国民党使之革命化的具体办法,在保留总理的名义下,领导机构采取委员制。大会还通过了接受共产党员和社会主义青年团员以个人身份加入国民党的决定。大会通过了国民党的施政纲领,对三民主义作出了新的解释,确立了联俄、联共、扶助农工的三大政策。

这次大会标志着第一次国共合作正式形成,对中国新民主主义革命具有重大意义,成为新的革命高潮的起点。

# 溥仪被逐出宫

**1924 年**

2 月 25 日,溥仪谋出英国留学,未果。

9 月 15 日,第二次直奉战争爆发。

10 月 23 日,冯玉祥发动北京政变,囚禁曹锟。25 日,冯玉祥电邀孙中山北上,共商国是。

11 月 5 日,溥仪被驱逐出故宫。

11 月 10 日,孙中山发表《北上宣言》。宣言重申反帝反军阀的政治立场和国民革命的目的,提出召开国民会议和废除不平等条约两大主张。

11 月中旬,冯玉祥、张作霖、段祺瑞在天津商定,由段祺瑞组织北京政府。24 日,段宣布就任中华民国临时执政。

故宫旧称紫禁城,是明、清两代的皇宫,其无与伦比的辉煌建筑和曾经的神秘历史吸引众多的国内外游人参观游览。辛亥革命后,清帝虽然逊位,但小皇帝溥仪仍然在皇宫内保持尊号,遗老遗少们不时出入,不断引发政治风云。直至 1924 年冯玉祥驱逐溥仪出故宫,普通民众才逐渐进入曾经的皇苑禁城。

1912 年 1 月 1 日,中华民国宣告成立。2 月 12 日,隆裕太后以末代皇帝溥仪的名义,发布了《退位诏书》,中国最后一个专制皇朝正式宣告寿终正寝。但是,按照皇室优待条例,溥仪等人仍可以继续在紫禁城居住,关门当皇上,每年还可以从民国政府那里得到 400 万元的财政拨款。溥仪以及部分皇族在紫禁城中仍然过着称孤道寡的封建小朝廷的优越生活。1917 年还上演了张勋拥戴溥仪复辟的闹剧。一些憎恨皇权的政治人物对于这种状况非常不满。

1924 年 10 月,冯玉祥发动北京政变,囚禁了贿选总统曹锟。11 月 3 日,冯玉祥的部队将原故宫景山的守卫部队缴械,集中到北苑听候改编,这引起清室极大的惶恐。清室便暗中与外界联系,谋求对策。少数保皇党人见北京局面混乱,也乘机活动。一时间,清帝复辟的谣言四起。警备总司令鹿钟麟得知这些情况后,立即报告冯玉祥和摄政内阁的代理国务总理黄郛,并且指出,驱逐溥仪,须从速进行,如若迟延,恐生变故。于是,黄郛连夜召开紧急内阁会议,将优待清室条件加以修改并讨论通过,同时筹组清室善后委员会,以处理溥仪出宫后的一切事宜。

11 月 5 日清早 9 时,京畿警备总司令鹿钟麟、警察总监张璧率领 40 名警察、20 名军士,会同社会知名人士李煜瀛前往故宫北门神武门执行驱逐溥仪出宫的任务。鹿钟麟先将故宫外军警布置妥当,并命令将连接故宫的电话线割断,即率军警各 20 名入故宫。每通过一门,就分置军警监视其值岗卫兵,不许走动。鹿、张、李径趋溥仪住所。值清室正开"御前"会议,鹿等即向内务府大臣绍英出示国务院通过的修改优待条件,并告知来意,请其转达溥仪立即迁出故宫。绍英虽惊慌失措,仍故作镇静,并指着李煜瀛说:"你不是故相李鸿藻的公子吗？何忍出此？"李笑而不答。绍英又指鹿钟麟说："你不是故相鹿传霖的一家吗？为什么这样逼迫我们？"鹿钟麟答道："你要知道，我们来此执行国务院的命令，是为了民国，同时也是为了清室，如果不是我们，那就休想这样从容了。"绍英不得已，连忙报告溥仪。

溥仪与绍英等人商议后，认为马上迁出有困难，要求宽限三个月再搬出。鹿钟麟听完绍英的回话后，明确指出：即日废除帝号，交出国玺、宫禁，迁出故宫；而且不能迁到颐和园，颐和园也要收归国有。绍英没办法，又表示即日迁出有困难，迁出期限可从三个月缩短为一个月。鹿钟麟坚决不答应，指出：外面局势动荡，如果溥仪等人今天不搬，明天他马上撤走军队、警察，不再负保卫故宫之责。

几经交涉，鹿钟麟见事不能速决，便大声对随从人员说："告诉外边，事情还在商量，先不要开炮放火，再延长 20 分钟。"溥仪闻言大惊，知道事情不可转圜，便立即答应出宫。1924 年 11 月 5 日下午 4 时，溥仪交出印玺，收拾私物，在鹿、张、李的监视保护下，离开紫禁城，搬到后海甘水桥旧醇王府邸居住。

溥仪离开故宫后，以黄郛为首的摄政内阁决定成立清室善后委员会，按照严格的规章制度，对故宫的珍宝文物进行清点和整理，又冲破种种阻力，筹建故宫博物院，终于在 1925 年 10 月 10 日开院，向社会开放。而离开故宫后的溥仪，先是借住在后海的醇王府，后来在日本人的帮助下秘密移居天津，九一八事变后，跑到东北做了伪"满洲国"的傀儡皇帝。

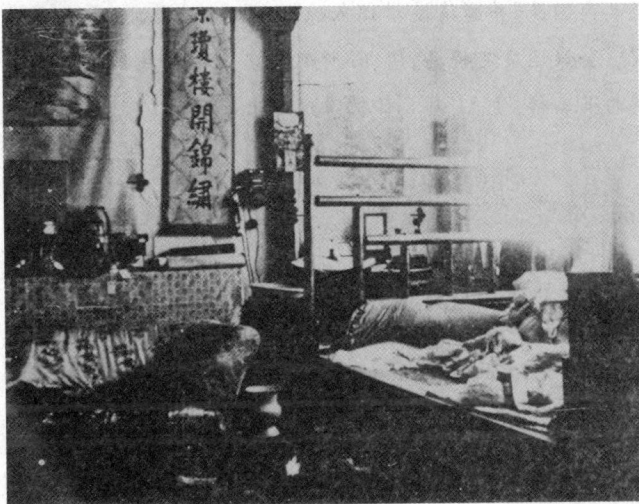

溥仪出宫时的养心殿寝宫原状

1925 年
10 月 10 日，故宫博物院成立，并向社会开放。
11 月，在国共两党号召下，"反奉倒段"运动在全国掀起。

相关链接

## 北京政变

1924 年 9 月 15 日，为争夺中央政府的控制权，奉系军阀张作霖组织 15 万军队入关作战，曹锟下令组织"讨逆军"，以吴佩孚为总司令，迎战奉军，第二次直奉战争爆发。直系将领冯玉祥被吴佩孚任命为第三军总司令，率部进驻古北口。受孙中山革命影响的冯玉祥对吴佩孚的骄横专权，早已心怀不满，便联合直系援军第二路司令胡景翼、京畿警备副司令孙岳秘密策划倒戈反直。

10 月 18 日，吴佩孚下令对奉军发动总攻击，而此时北京等地空虚，冯玉祥于 19 日不失时机地从古北口、密云前线挥师秘密回京。21 日，冯玉祥命鹿钟麟率部以昼夜 200 里的速度驰赴北京。22 日晚，鹿钟麟率部来到安定门，守军孙岳部早已得到命令，大开城门，迎接鹿钟麟，迅速控制了北京城。23 日凌晨，贿选总统曹锟被囚禁。整个政变过程，没有费一枪一弹。同日，冯玉祥、胡景翼、孙岳联名通电主和。曹锟被迫下令停战，免去吴佩孚本兼各职。

10 月 25 日，冯玉祥召集胡景翼、孙岳、黄郛等举行会议，一致决定立即电请孙中山北上共商国是，并邀请段祺瑞入京维持局面；在孙、段入京前由黄郛组织内阁，处理政府事宜。会议还决定将冯、胡、孙所部改名为中华民国国民军。北京政变后，一贯痛恨封建帝制的冯玉祥，于 11 月 5 日把溥仪逐出故宫。

# 廖仲恺被刺

众所周知,南京最著名的陵墓当属中山陵。不过,在中山陵附近还有一些附葬墓并不是人人皆知的。在中山陵东侧的林海中,掩映着一座庄重的陵墓,这就是孙中山的忠实追随者、中国民主革命的先驱廖仲恺及夫人何香凝的墓园。在二十多年的革命生涯中,廖仲恺成了孙中山最为亲密的战友,而且是"为数不多的同志中","最忠诚、最亲密、发挥作用最大的一位"。1925年3月,孙中山病逝。仅仅5个月后,廖仲恺也被刺身亡。当人们来到南京中山陵拜祭孙中山和廖仲恺时,总想了解1925年廖仲恺被刺的真相。

1924年国民党一大召开,国共合作正式建立,推动了国民革命的发展。但是,国民党内部一部分老右派百般刁难,抗拒三大政策。廖仲恺立场坚定、旗帜鲜明,支持孙中山改组国民党。廖仲恺在国民党改组中的巨大贡献,除孙中山外,是无人能够超过的。连蒋介石都认为:"当时如果没有廖先生,如果没有他那样的决心和热诚来辅助总理,恐怕十三年本党的改组,难得有那样彻底的精神和伟大的结果。"

1925年孙中山的逝世打破了国民党内部的权力平衡。随着国民革命运动的不断深入,国民党派别之间的矛盾也逐渐升级。

1925年5月,廖仲恺发表了《革命派与反革命派》一文,毫不遮掩地对国民党右派进行了辛辣的批判。他说:"现在吾党所有反革命者,皆自诩为老革命党,摆出革命的老招牌,以为做过一回革命党以后,无论如何勾结官僚军阀与帝国主义者,及极力压制我国最大多数之工界,也可以称为革命党,以为革命的老招牌,可以发生清血的效力。不知革命派不是一个虚名,那个人无论从前于何时何地立过何种功绩,苟一时不续行革命,便不是革命派。反而言之,何时有反革命的行为,便立刻变成反革命派。"这篇文

**1925 年**

1 月 11 日至 22 日,中国共产党第四次全国代表大会在上海召开。

3 月 12 日,孙中山在北京逝世。

5 月 30 日,英租界当局制造"五卅惨案"。在中国共产党的组织下,上海各界群众罢工、罢课、罢市,抗议帝国主义的暴行,史称"五卅运动"。

6 月 19 日,省港大罢工开始。

8 月 20 日,廖仲恺遇刺。

孙中山灵堂

## 孙中山逝世

北京政变后,冯玉祥邀请孙中山北上主持大计,共商国是。孙中山毅然决定前往,于1924年11月13日,偕宋庆龄等离开广州北上。为了进行宣传,扩大影响,他经香港、上海,取道日本,前往北京。12月4日,抵天津。31日,抱病抵北京,受到数万各界群众的盛大欢迎。孙中山因积劳成疾患肝癌于1925年3月12日,在北京逝世,终年59岁。

孙中山是中国民主革命的先行者,为创建中华民国、确立第一次国共合作等,立下不朽的功绩,其三民主义学说是中国人民一份宝贵的精神财富。孙中山的逝世是中国革命的巨大损失。孙中山逝世后,中国人民为实现孙中山的遗愿继续奋斗。

章对国民党右派刺激很大,他们对廖仲恺恨之入骨。从7月开始,国民党右派分子就散布种种谣言,企图搞垮廖仲恺。其中一部分人更蓄谋用卑鄙的暗杀手段除掉廖仲恺。8月,广州城已是满城风雨,刺杀廖仲恺的谣言盛传开来。然而廖对这些传闻一笑置之,泰然无惧。

8月18日,在国民政府的一次会议上,坐在廖仲恺身旁的汪精卫给他写了一张条子,告诉他有人将对他下手,他当即表示:"为党为国而牺牲是革命家的夙愿,何有顾忌!"19日,又有人以确切消息告诫他,廖仲恺慨然说道:"值此党国多难之秋,个人生死早已置之度外,所终日不能忘怀者,为罢工运动及统一广东运动两问题尚未解决!"这一天,他又为黄埔学校筹集经费工作到深夜,很晚才回到家中。

1925年8月20日上午,廖仲恺与妻子何香凝乘坐汽车准备到中央党部开会,路上遇到国民政府监察委员陈秋霖,陈正要找廖仲恺商量事情,廖便邀他一起上了汽车。车子很快驶到中央党部,进了门首后,廖仲恺下车,和陈秋霖一起向党部内走去。平日里,这里都有警察站岗,唯独这天,一个警察也没有。两人刚走了几步,突然间大门内冲出二人,冲着廖仲恺连连开枪,目标十分明确,48岁的廖仲恺当即倒于血泊中,抬运至医院,已经不治。陈秋霖亦中弹倒地,两天后去世。

为了追查暗杀的幕后策划者和凶手,国民党中央成立廖案特别委员会,由汪精卫、许崇智、蒋介石三人组成,同时组织廖案检察委员会。经查,暗杀是帝国主义者和国民党右派集团策划的,主要成员有胡毅生、林直勉、朱卓文等人。由于胡毅生是胡汉民的堂弟,同案犯中有几人是粤军分子,为许崇智

廖仲恺

的部下,因此胡汉民、许崇智受到牵连。两人无法在广州立足,分别去了苏联和上海。国民党右派受到沉重打击。

处理廖案也出现了另一个结果,即蒋介石地位和权力上升。许崇智离粤后,其军权便落到蒋介石手中。从此,蒋介石以国民革命军第一军军长兼广州卫戍司令的身份,成为掌握广东实权的显要人物之一。

相关链接

## 国民党的分化

国民党改组以后,其内部分化为左、中、右三派。左派代表工人、农民和小资产阶级;中派代表民族资产阶级和上层小资产阶级;右派代表地主买办阶级和民族资产阶级右翼。同时,三派的成员也是变动的。一些曾被视作左派的人物,后为事实表明他们是假左派;当初中派里的一些人,后来成为新右派;老右派中的许多人,不久从国民党中分化出来,成为反动派。左、右派的分歧,主要表现在赞成还是反对反帝反军阀的政治主张,赞成还是反对孙中山三大政策两个问题上。在共产党和国民党右派之间,除一般左右派分歧之外,还突出地存在着由谁掌握革命领导权的斗争。

1924 年 6 月,发生关于共产党在国民党内的"党团"问题的争论,邓泽如、张继、谢持三人以国民党中央监察委员的身份,向孙中山和国民党中央提出《弹劾共产党案》。他们认为共产党加入国民党是"党中有党",妨害国民党的发展,要求加入国民党的共产党员取下"共产党招牌",否则"不如分道扬镳"。国民党中央否定了他们的弹劾案。但他们不服中央决议,继续坚持反共立场,不久就走向公开的分裂。

在共产党和国民党左派同国民党右派的尖锐斗争中,1925 年 8 月发生廖仲恺被刺事件。刺杀廖仲恺,这是国民党右派打击左派、反对国共合作的一个重要举动。处理廖案的结果,一方面打击了右派势力,但另一方面却让蒋介石乘机夺取了广东的军政实权。

# 中山舰事件

中山舰事件,是中国近代史上震惊中外的一件大事。事件波及当时广东国民政府高层,在事件的处理过程中,政坛人际关系发生重大沉浮变化,国共合作的良好根基发生严重动摇,并最终影响到国民革命的进程甚至整个近代中国的历史走向。

1926 年 3 月 20 日,蒋介石不经国民党中央同意,以谣传的"共产党在制造叛乱,阴谋策动海军局武装政变"为借口,擅自宣布广州戒严,逮捕海军局代理局长、共产党员李之龙,占领中山舰和海军局,派兵包围省港罢工委员会以及苏联顾问的住宅,还扣押了在黄埔军校和国民革命军第一军中做党代表和政治工作的共产党员。这就是大革命时期著名的"中山舰事件"。

事件发生后,汪精卫十分生气。他对前来报信的陈公博说:"我是国民政府主席,又是军委主席,介石这样举动,事前一点也不通知我,这不是想造反吗?"尽管事后蒋介石积极向汪精卫及苏联方面寻求妥协,可始终无法得到汪精卫的谅解。汪先是称病不出,后来干脆出国"治病",妄图以退为进,挽回政治颜面。没想到,汪精卫这一去,恰好给蒋介石谋求国民党的最高领导权创造了良机。蒋是这次事件最大的受益者,反蒋的人都认为中山舰事件不过是蒋介石设计好的阴谋;而支持蒋的人则声称,是共产党人的挑衅导致了这次事件的发生。

实际上,中山舰事件既非共产党的谋划,也不是蒋介石的阴谋,而是当时国民党党内的右派分子故意设计的一个陷阱,其根本目的就是想通过这个事件,来打击共产党。

孙中山逝世后,国民党内的左右派力量的分化日益明显。1926 年 1 月,国民党第二次全国代表大会召开,左派取得了巨

中山舰

大的胜利。同时共产党的力量也大为增强,在随后建立的国民党中央秘书处、组织部、宣传部、农民部中都有共产党员担任领导职务。与此同时,国民革命军中大约已有1000余名共产党员。一军、二军、三军、四军、六军的政治部主任都由共产党人担任。当时汪精卫表现为前所未有的左倾,成为国民党左派和共产党拥护的领袖,权力达到顶峰,身兼国民政府主席和国民党中央政治委员会主席,同时还是军事委员会主席。而此时的国民党右派却不能容忍共产党力量的发展,也不能容忍汪精卫的左倾。蒋介石在当时是双方争夺的对象。

当时蒋介石为黄埔军校校长,同时兼任国民革命军第一军军长、广州卫戍司令。在打败陈炯明、统一广东的过程中,蒋介石的嫡系部队逐渐壮大起来,于是他的政治野心日益膨胀,与汪精卫发生严重冲突,因为汪精卫想大权独揽,特别是在人事任用方面,从不征求蒋的意见。为了同汪对抗,同时排挤共产党,蒋介石就在黄埔军校组成了一个所谓的"孙文主义学会"。他们造谣惑众,挑拨离间,蓄意制造混乱,打击汪精卫,同时企图把黄埔军校和国民革命军中的共产党员排挤出去。

1926年3月18日午后,珠江口一带出现海盗,被劫商船请求保护。黄埔军校当时无舰可派,就打电话向军校驻广州的办事处求援。在这个过程中,右派分子向海军代理局长、共产党员李之龙假传蒋介石的命令,要求派军舰去黄埔。第二天一早,李之龙签发调令,让中山、宝璧二舰前往。军舰抵达黄埔,向军校报到,但无人接应。经请示蒋介石后,中山舰又开回广州。蒋当时很纳闷,他并未调派军舰,为何军舰老是跟随他呢?据蒋介石的日记记载,当时他感觉苏联顾问对他不满,正想方设法除去他。中山舰的异常举动,在他看来,是苏联顾问要强行劫持他出国。当时在蒋介石的亲信中也谣言四起:"共产党阴谋暴动,要推翻政府,唆使中山舰开进黄埔,劫持蒋校长,送往海参崴转送莫斯科。"他们立刻行动起来,面见蒋介石,让蒋介石先下手为强。于是,蒋调动部队,宣布戒严,制造了中山舰事件。

蒋介石的反共举动和专擅跋扈的做法,激起广大共产党人和国民党左派人士的强烈不满。但苏联顾问和中共中央采取了妥协退让的方针,不但没有追究蒋的罪责,反而完全满足了他的要求,共产党

## 国民党新右派

1925年3月,孙中山逝世后,国民党内本已存在着的派系斗争此消彼长,以蒋介石为首的新右派逐渐形成。新右派首先在思想理论上歪曲三民主义,反对联俄、联共、扶助农工三大政策。1925年6、7月间,戴季陶先后抛出了《孙文主义之哲学的基础》、《国民革命与中国国民党》等小册子,为新右派在理论上造势。1926年,蒋介石先后制造了"中山舰事件"和"整理党务案",大肆排挤共产党人,而所留空缺大部分由国民党右派分子取而代之。

人退出了国民革命军第一军,部分苏联顾问被辞退回国。

经过中山舰事件,蒋介石不仅完全控制了第一军,并因苏联顾问和共产党的妥协、汪精卫的出走,在政治上取得优势,这就为他进一步进行反共篡权活动创造了条件。

相关链接

## 整理党务案

中山舰事件发生后,由于中共中央和共产国际以及国民党左派的妥协,蒋介石反共气焰进一步高涨,随即策划把共产党排挤出国民党领导机构、全面控制国民党的党权。

1926年5月15日,国民党二届二中全会在广州召开。会上,蒋介石打着协调国共两党关系的幌子,以消除疑虑、杜绝纠纷为借口,提出了一个"整理党务案"。其主要内容是:加入国民党的共产党员在国民党中央、省、特别市党部中担任执行委员,其数额不得超过各该党部委员数额的三分之一;共产党员不得担任国民党中央各部部长;共产党须将加入国民党的共产党员名单交国民党中央保存;共产党对参加国民党的共产党员的指示,须事先提交国共两党联席会议通过方能下达等。

中共中央领导人陈独秀等和苏联顾问鲍罗廷采取妥协退让的态度,使蒋介石的提案得以顺利通过。随后,原任国民党中央部长的共产党员全部离职。蒋介石担任了国民党中央组织部长兼军人部长,随后又当上国民党中央常务委员会主席和国民革命军总司令。至此,蒋在控制国民革命军第一军以后,继而掌握了党权、政权和军权。蒋介石后来说,中山舰事件和整理党务案,是国共力量"消长的分水岭"。

# 叶 挺 和 "铁 军"

在北伐战争中,叶挺率领的第四军独立团可以说是战无不胜,攻无不克,所向披靡,为第四军赢得了"铁军"的称号,叶挺因此成为名震中外的"北伐名将"。

叶挺,原名叶洵,字希夷,1896 年出生于广东惠阳。爱好军事的他先后毕业于广东陆军小学堂、武昌陆军第二预备学校和保定陆军军官学校,是民国初年少有的受过较长的正规军事教育的将领。1919 年初,立志救国的叶挺加入了国民党,投身革命。1921 年,担任孙中山陆海军大元帅府警卫团营长。1922 年,陈炯明背叛孙中山,炮轰总统府,叶挺冒着生命危险,带着孙夫人宋庆龄突出重围。1924 年,叶挺到苏联学习,其间加入中国共产党。1925 年回国,投身于轰轰烈烈的大革命。

1926 年,广东国民政府决定北伐。5 月,叶挺独立团被指派为先遣部队,率先出发。

叶挺独立团成立于 1925 年 11 月,其前身是 1924 年中共广东区委商得孙中山同意组建的"建国陆海军大元帅府铁甲车队"。叶挺独立团隶属第四军,实际上由中共广东区委具体领导,其干部的任免、调动和人员的补充全由共产党独立负责,这是中国共产党直接领导的第一支正规武装。全团约有官兵 2100 余人,85％的士兵是共产党员、共青团员和坚决拥护共产党的革命青年。精兵加良将,加上当时爱国青年们高涨的革命热情,所产生的战斗力远非军阀的部队可比。

5 月初,叶挺独立团在肇庆誓师北伐。5 月下旬,独立团挺进湖南,接到第八军军长唐生智的告急电报:在安仁被敌人包围。独立团冒雨兼程驰援安仁,经过一天一夜的激烈拼杀,独立团以一团之众击溃四团之敌,并乘胜追击,占领攸县。独立团初战告捷,敌人闻风丧胆,纷纷打听:"这些南蛮子是不是独立团的人?"此后,独立团官兵一路凯歌,势如破竹,占醴陵、浏阳,破平江,断粤汉,8 月下旬便直趋武汉。

眼看北伐军各路人马兵临武汉,直系军阀吴佩孚急忙调遣近 3 万人的兵力,准备死守汀泗桥。汀泗桥三面环水、一面高山耸立,易

**1926 年**

5 月 20 日,叶挺独立团作为北伐先遣队北上,揭开北伐战争的序幕。

7 月 9 日,国民革命军在广州举行北伐誓师典礼。

9 月 17 日,冯玉祥在五原誓师,响应北伐。

**国民革命军**

1925 年 7 月,广东革命政府改组为国民政府,将下辖的各地方军队名目取消,统一改编为国民革命军。初编时,有六个军:即由黄埔军校学生军和部分粤军为第一军,军长是蒋介石;谭延闿率领的湘军为第二军;朱培德率领的滇军为第三军;李济深率领的粤军为第四军;李福林率领的粤军为第五军;原程潜率领的湘军改称第六军。初期的国民革命军依照苏俄建军体制,在军、师两级设党代表及政治部。1926 年 3 月新桂系接受国民政府的领导,将

广西现有军队改编为国民革命军第七军，李宗仁为军长。1926年4月，原湘军将领唐生智表示愿意加入国民革命军，随后国民政府将唐生智所部改编为第八军。

1926年7月，国民革命军誓师北伐，当时的国民革命军为八个军约十万人。蒋介石任总司令，李济深为参谋长，白崇禧任参谋次长代理参谋长，邓演达为总政治部主任。

**1927年**

1月1日，国民政府明令迁都武汉。

3月21日，上海工人发动第三次武装起义，翌日占领上海。

守难攻。当年湘鄂两军交战，吴佩孚就是依靠汀泗桥天险挫败湖南军阀赵恒惕的数万大军而坐稳湖北的，如今，他想再次做回胜利的美梦。8月26日，第四军的6个团向汀泗桥发起猛烈攻击。吴佩孚深知，这场战役事关重大，他把实力最强的军官团调往前线，并组织大刀队督战，下令"退却者杀无赦"，大有破釜沉舟之势。双方隔桥对峙，争夺异常激烈，伤亡都很大。27日拂晓，叶挺独立团和第七军的一部由当地熟悉地形的农民带路，迂回到吴佩孚部队的背后，出其不意发起猛攻，最终突破敌人阵地，占领了汀泗桥。

吴佩孚心有不甘，他又在地势同样险要的贺胜桥建立指挥部，集中4万多人的兵力，亲自坐镇指挥，准备与北伐军决一死战。他口出狂言："昔以汀泗桥一战而定鄂，今以贺胜桥一战而定天下。"他还枪决了从前线溃逃回来的一名旅长，宣称以后再敢有退却者，处以极刑，"即使本大帅退却，也要身首异处"。面对吴佩孚的重兵防守，第四军副军长陈可钰找到叶挺："希夷，是不是由你再当一次先锋？""上级让我们当，我们就当，我们执行上级的命令。"叶挺爽快地回答。

29日晚，进攻命令下达后，叶挺指挥部队，不顾危险，直插敌人纵深阵地，趁黑暗进到距离敌人数百米的地方。次日凌晨，随着冲锋号的嘹亮响声，独立团的战士身系"红蓝白"色识别带，箭一般地冲入敌阵，与敌人展开肉搏战。几经剧烈厮杀，很快突破敌人的第一道防线。接着又突破野牛都山、铁路桥等敌军核心阵地。这种明摆不要命的战法，从精神上彻底击溃了吴佩孚的部队。8月31日，吴佩孚丢下设在贺胜桥的铁甲列车指挥所，仓皇逃跑。不可一世的吴佩孚不仅没能定天下，反而从此一蹶不振，而那条"即使本大帅退却，也要身首异处"的军纪也成了笑话。随即，独立团又奉命担任进攻武汉的先锋。10月10日，北伐军一鼓作气攻占了武汉。

这天，武汉城头的硝烟还未散尽，叶挺就召集全团排以上的干部总结战斗经验，对为什么能有"铁军"的称号作出响亮的回答：因为独立团是共产党的军队。如果我们团没有这样坚强的共产党组织，没有这些共产党员的先锋模范作用，则不论哪次战斗，我们能不能够胜利，是很成问题的。如果我们不是共产党的队伍，人家会不会叫我们"铁军"呢，我想是不会的。

**相关链接**

## 北伐战争

1924 年 1 月,中国国民党第一次全国代表大会召开,第一次国共合作正式建立。随后,创办了黄埔军校,建立了国民革命军,统一和巩固了广东革命根据地,恢复和发展了工农运动,为北伐战争作了准备。7 月 1 日,广东国民政府发表《北伐宣言》,7 月 9 日,国民革命军从广东正式出师北伐。共产党人叶挺领导的以共产党员为骨干组成的第四军独立团是北伐先锋。

北伐的主要对象是三支北洋军阀部队:一是据有河南、湖北、湖南等省的直系吴佩孚,有军队约 20 万人;二是由直系分化出来自成一派盘踞江苏、浙江、安徽、福建、江西五省的孙传芳,有军队约 20 万人;三是据有东北和山东、直隶、热河等地的奉系张作霖,有军队约 35 万人。当时军阀的实力远比国民革命军的实力强大,为此,北伐军制定了各个击破的战略:先稳住张作霖和孙传芳,把主要的进攻矛头指向盘踞在两湖的吴佩孚,打败之后,再消灭其他军阀。10 月,北伐军攻占武汉,全歼吴佩孚部主力。11 月起,北伐军向孙传芳部发起攻势,孙传芳所部很快被消灭。1927 年 3 月,为配合北伐军进攻上海,中国共产党领导上海工人发动第三次武装起义并取得胜利,解放了上海。

从 1926 年 7 月到 1927 年 3 月,北伐军出师不到 10 个月,就从广东打到武汉、南京、上海,使革命区域由珠江流域扩展到长江流域,席卷了半个中国,沉重打击了帝国主义和封建军阀的统治。

# 陈延年从容就义

**1927 年**

4 月 6 日，李大钊等人被奉系军阀逮捕。28 日，被秘密杀害。

4 月 12 日，蒋介石在上海发动四一二政变。18 日，成立了南京国民政府。

7 月 15 日，汪精卫集团发动七一五政变，正式同共产党决裂。

作为新文化运动的发起者、中国共产党的创始人，陈独秀对中国革命事业作出了巨大贡献。不仅如此，他的两个儿子——陈延年和陈乔年——也因为革命而被杀害。特别是陈延年，大气凛然，站立着被刽子手乱刀砍死在刑场上。

陈延年是陈独秀的长子，1898 年出生于安庆。他与小他 4 岁的胞弟乔年感情深厚。1913 年"二次革命"时，陈独秀助安徽都督柏文蔚讨袁，失败后，袁世凯派来的都督倪嗣冲追捕陈独秀，陈独秀远走日本。倪嗣冲欲斩草除根，搜捕延年兄弟。幸运的是，这个消息提前泄露，兄弟二人闻讯后逃至怀宁乡下，才免遭毒手。

1915 年，陈独秀从日本回国，在上海创办《青年杂志》。陈延年与陈乔年两兄弟被陈独秀接到上海求学。他们先学法文，1917 年后双双考取震旦大学。他们的求学生活很特殊。陈独秀不同凡俗的性格和思想，也表现在对两个儿子的态度上，不让他俩回到家中过平稳、依赖生活。兄弟俩靠勤工俭学维持生活，常常吃大饼、喝自来水，冬无棉衣，夏衣褴褛，面色憔悴。陈独秀的第二任妻子高君曼，既是兄弟俩的继母，也是他们的姨妈，情有不忍，力劝陈独秀改善兄弟俩的生活，陈独秀不为所动。高君曼见状，又请陈独秀的好友潘赞化前来说情。陈独秀却说："妇人之仁，徒贼子弟，虽是善意，反生恶果。少年人生，听他自创前途可也。"两兄弟知道后，声言决不依靠接济，也养成类似乃父倔强、独立的个性。1916 年，陈独秀迁北京，陈延年不以为然，认为陈独秀是做旧官僚。陈氏父子的关系，当时人认为是："父子各独立，不相谋也。"

1919 年 12 月，陈延年兄弟赴法勤工俭学。次年 2 月，兄弟俩抵巴黎，进巴黎大学学习。当时胸怀巨大抱负、热诚探求救国真理而又年轻的陈延年，思想尚未成熟，他认为无政府主义最为彻底，经常参加无政府主义者组织的活动。但经过广泛深入地接触巴黎社会后，他渐渐认识了资本主义制度的腐朽，开始阅读马克思主义的著作。1922 年，陈延年告别无政府主义，成为中共党员。1923 年，陈延年等人又被送到莫斯科东方劳动大学学习。

1924 年，陈延年奉命回国，随即被派往广东，先以社会主义青年团中央驻粤特派员身份开展工作，后任两广区委秘书、组织部长兼宣传部长，协助两广区委书记周恩来工作。1925 年春，周恩来率部东征，陈延年便接任了两广区委书记一职。陈延年思想厚重、意志刚强，而且善于接近与发动工农群众。为了把人力车夫组织起来，他经常深入他们中间，代年老病弱的车夫拉车，把赚回的钱全部交给车夫。人力车夫把他当作自己人，称呼他为"老陈"。

1927 年 3 月，陈延年奉命离开广州，途经武汉，参加了党的五大筹备工作。回上海途中，陈延年在南京得知了四一二政变的消息，连夜赶到上海。面对蒋介石的屠杀政策，他与周恩来、赵世炎、罗亦农、李立三等联名建议迅速出师，讨伐蒋介石，但陈独秀没有接受。陈延年对其父亲十分不满，要求他抛弃妥协退让的政策。4 月 22 日，陈延年临危受命，被委任为江苏省委书记。

这年的 6 月 16 日，一名交通员被捕，暴露了江苏省委驻地和负责人名单。下午 3 时，江苏省委驻地被国民党军警包围，陈延年等人被捕。事后《申报》报道了当时的情形：当军警冲入机关时，陈延年等立即拿起桌椅奋起反抗，"于是双方扭打，以致精疲力尽，皮破血流，衣服等亦均为之撕破"。

陈独秀的世交、上海亚东图书馆经理汪孟邹得到陈延年被捕的消息，积极设法营救，他私下里托胡适向国民党中央监委吴稚晖求情，希望他能帮忙疏通。吴稚晖曾参与新文化运动，与陈独秀、胡适都很熟，又因信仰无政府主义帮助过陈延年、乔年兄弟赴法勤工俭学，在汪孟邹看来，吴稚晖一定会帮这个忙的。不料，好心做了坏事。他哪里知道，因政治观点分歧，陈独秀曾毫不客气地在文章中骂吴稚晖为老狗；陈延年兄弟在法国因公开放弃无政府主义转而笃信马克思主义，在"四一二"前后又坚决反蒋，因此，吴稚晖对陈氏父子恨之入骨，得悉陈延年被捕，惊喜若狂，立即向上海警备司令杨虎道贺，称陈延年"恃智肆恶，过于其父百倍"。

为了从陈延年口中得到一些重要信息，国民党军警软硬兼施，各种办法无所不用，但陈延年不改其口，没有透露只字片语。反动军警无计可施，决定处死陈延年。

## 李大钊遇害

1926 年 3 月 18 日，北京数万群众在天安门举行反帝示威大会，李大钊是大会主席之一。接着，由 2000 多人组成的请愿团前往段祺瑞执政府前请愿，遭到反动军警的镇压，造成 47 人死亡、100 余人受伤的惨案，走在队伍前面的李大钊也多处负伤。惨案发生后，段祺瑞政府下令通缉有关知名人士，李大钊不得不转入地下。不久，奉系军阀进京，段祺瑞下野，北京更是陷入一片白色恐怖之中。李大钊把国共两党的北方领导机关迁入东交民巷苏联大使馆内，坚持开展工作。

1927 年 4 月 6 日，数百名军警、特务强行闯入苏联大使馆，将李大钊等共产党员和国民党员数十人逮捕。入狱之后，他们遭受严刑拷打。4 月 28 日上午，"特别法庭"秘密开庭，宣布对李大钊等 20 人判处死刑。下午 2 时，他们被押解到西郊民巷京师看守所刑场。李大钊第一个受刑，被残酷地处以绞刑，献出了宝贵的生命，年仅 38 周岁。

1927 年 7 月 4 日深夜,陈延年等人被秘密押赴刑场。面对屠刀,陈延年浩气凛然,毫无惧色。行刑的刽子手按他下跪,他断然拒绝:"革命者光明磊落,决不下跪,只能站着死。"刽子手恼羞成怒,强行按他下跪,陈延年又一跃而起。气急败坏的刽子手以乱刀将陈延年砍死。

在无数陈延年们的青春热血中,蒋介石建立起了他的独裁统治。

相关链接

### 四一二政变

随着北伐战争的节节胜利和风起云涌的工农革命运动的发展,蒋介石集团反共的面目逐渐公开暴露出来。1927 年 3 月 26 日,蒋介石到达上海后,多次举行反共会议,密商政变。4 月 2 日,吴稚晖、张静江等人提出"弹劾"共产党呈文,为蒋介石叛变作舆论准备。与此同时,蒋介石收买帮会流氓充当打手。当一切布置就绪后,12 日凌晨,全副武装的青、红帮分子向上海总工会纠察队的驻地发起攻击。大批反动军队以调解"工人内讧"为名,收缴工人纠察队的全部武装,打死打伤 300 多人。13 日,反动军队又在宝山路向抗议的工人游行队伍射击,当场打死 100 多人,伤者无数。据统计,至 4 月 15 日,共产党员和革命群众被杀 300 多人,被捕 500 多人,失踪 5000 多人。上海区委领导人陈延年、赵世炎等都在"四一二"后英勇牺牲。随后,在江苏、浙江等地也相继以"清党"为名,大规模捕杀共产党员和革命群众。四一二政变,使大革命受到严重的摧残,是大革命从胜利走向失败的转折点。

四一二政变后不久,汪精卫于 7 月 15 日召开国民党中央常务委员会扩大会议,正式同共产党决裂。随后,武汉政府对共产党人和革命人民也展开了大屠杀。

据不完全统计,从 1927 年 3 月至 1928 年上半年,被杀害的共产党员和革命群众达 31 万多人,其中共产党员 2.6 万人。

# 内战与民族危机的加剧

    1927年4月18日,蒋介石集团建立南京国民政府。7月15日,武汉的汪精卫集团发动七一五政变。随之,宁汉合流。国民党政府在用武力剿杀共产党领导的红军的同时,为了加强其独裁统治,也对各派军阀实行打击和拉拢。1928年底,张学良东北"易帜",服从国民政府的统治,南京政府实现了形式上的统一。但是国民党新军阀内部的纷争和混乱依然不断。

    1927年8月1日,中国共产党领导的南昌起义爆发,打响了武装反抗国民党反动派的第一枪。1927年秋,毛泽东率领秋收起义的队伍走上井冈山,开辟了中国革命的新道路。其后,革命之火,如燎原之势,红军队伍和根据地不断扩大。但是,在"左"倾冒险主义的错误指挥下,第五次反"围剿"失利,1934年10月,红军开始长征。1935年1月,遵义会议在生死攸关时刻挽救了红军和中国革命。1936年10月,红军三大主力会师,长征胜利结束。

    1931年,日本制造九一八事变,开始大规模侵华,企图实现独占中国、称霸东亚的野心。面对日本的侵略,南京国民党政府实行"攘外必先安内"的政策。日本步步紧逼,民族危机日益严重,中国人民不断掀起了抗日民主运动的新高潮。国民党内部抗日的力量也不断扩大。1936年,张学良、杨虎城发动西安事变,兵谏蒋介石抗日。西安事变的和平解决,成为时局转换的枢纽。

**遵义会议会址**

　　遵义会议会址位于贵州省遵义市老城红旗路（原子尹路）80 号，是幢砖木结构、通体用灰砖砌成的两层楼房，原是贵州军阀、黔军二十五军第二师师长柏辉章的私人官邸。1935 年 1 月，中国工农红军第一方面军长征到达遵义城。1 月 15 日到 17 日，中共中央在此召开了政治局扩大会议，即遵义会议。1955 年，在遵义会议会址建立了遵义会议纪念馆；1964 年，毛泽东为纪念馆题写了"遵义会议会址"六个大字。

# 叶 剑 英 南 昌 起 义 密 建 功

　　1927年8月1日凌晨,中国共产党人领导的南昌起义打响了武装反抗国民党反动派的第一枪,开创了中国共产党独立领导革命战争和创建革命军队的新时期。在南昌起义中,群英荟萃,在中国人民解放军1955年授衔的十大元帅中有8位元帅与南昌起义紧密相连。他们在这次起义中,有的参与了策划,有的参与了指挥,有的参加了起义的全过程,有的赶上了起义的尾声。其中,有一人虽然没有到南昌参加指挥作战,但在起义前后发挥了重要作用,他就是时任国民革命军第四军参谋长的叶剑英。

　　1927年7月中下旬,为了反击国民党反动派,中共中央决定在南昌举行武装起义,并成立了以周恩来为书记的前敌委员会领导起义。当时,贺龙的第二十军和叶挺的第十一军第二十四师革命情绪高涨,引起了国民党方面的注意。汪精卫便与贺龙、叶挺所在的国民革命军第二方面军第四军军长张发奎商议怎么办,张发奎一挥手说:"这好办,两支部队没有了贺龙、叶挺,就群龙无首了,自然解散。"于是他们密议,决定以张发奎的名义,邀贺龙、叶挺上庐山开会,届时予以扣留。同时调动军事力量包围贺、叶部队。然而,他们没有料到,这个阴谋被在他们身边工作的第四军参谋长叶剑英察觉了。叶剑英连夜找到贺龙、叶挺,将汪精卫等人的密谋告诉了他们。

　　7月25日,在九江市区南部的甘棠湖,叶剑英、叶挺、贺龙坐在一条小木船上,以游玩为名,开了一个小会。他们分析了当前的情况,最后决定:贺龙、叶挺不去庐山开会,赶紧带领部队立即向南昌开进。叶剑英最后对贺龙、叶挺说:"你们有什么动作请及时通报消息。"这就是著名的"小船会议"。会后,叶挺、贺龙率部队立即向南昌进发,这支队伍成为南昌起义的主力。

　　贺龙、叶挺带领队伍走后,汪精卫、张发奎不甘罢休,7月28日,他们在庐山开会,密商加紧"清共"行动。由于叶剑英系秘密入党,其党员身份外人不知晓,但第二方面军中的党员恽代英、廖乾吾、高语罕等人遭到通缉。叶剑英在庐山会议上得悉内情,立即派人下山通报给了廖乾吾。廖乾吾及时转告恽代英、高语罕等。他们迅速离开九江,赶赴南昌参加起义。

8月1日凌晨,南昌起义爆发了。经过4个多小时的激战,起义军全歼城内守军3000余人,占领南昌城。担任起义总指挥的贺龙当天即将这一重大事件通报给了在九江的叶剑英。叶剑英得到这一消息,心情十分振奋。

南昌起义爆发后,国民党惊恐万状,汪精卫急令张发奎、朱培德等部围攻南昌。8月3日起,起义军按照原定计划分批撤出南昌,南下广东。由于撤离仓促,加上酷暑,部队减员较多。张发奎妄图把起义军扼杀在摇篮里,他在九江召集黄琪翔、朱晖日、叶剑英等高级军官开会,商讨对策。会上,张发奎说叶挺、贺龙公然"叛变",于公谊私情均不可谅解,主张立即派兵追击。面对这种形势,叶剑英心中十分焦急。他想,如果张发奎率部追击起义军,起义军就要面临前后夹击的危险,后果将难以设想。经过思考,他决定利用张发奎同广东军阀李济深的矛盾,劝说张发奎不要追击起义军,让他们去广东东江。叶剑英告诉张发奎,起义军去东江之后,广东军阀李济深就会调兵去

南昌起义的指挥部——江西大旅社

打,这样张发奎可以趁机向广东进军,顺利回到广州。如果我们跟着叶、贺屁股打,可能两败俱伤,而这正是李济深所希望的。张发奎听了叶剑英的意见,觉得很有道理。他自知以尚存的1万余兵力来对付贺、叶的2万多起义军,难操胜券,同时考虑到各方面的关系,遂采纳叶剑英的意见,放弃了尾追贺、叶的企图。

正是由于叶剑英给张发奎献的"锦囊妙计",南昌起义军减少了被追击的压力,从而得以迅速打开南下广东的通道。虽然起义军在后来的战斗中屡受挫折,但余部在朱德、陈毅的率领下,最终于1928年4月到达井冈山,与毛泽东领导的湘赣边界秋收起义部队会师。

**相关链接**

## 八七会议

为了总结大革命失败的教训，纠正陈独秀的右倾错误，确定党在新时期的斗争方针和任务，在共产国际的帮助下，1927年8月7日，中共中央在汉口召开了中央紧急会议。会议由瞿秋白、李维汉主持。由于形势紧迫，会议仅开了一天。毛泽东、邓中夏、蔡和森、罗亦农、任弼时等先后发言。毛泽东在发言中批评了陈独秀在农民、军事等问题上的错误，强调军事工作的极端重要性，指出："以后要非常注意军事，须知政权是由枪杆子中取得的。"第一次提出了枪杆子里面出政权的思想。会议确定以土地革命和武装反抗国民党反动派的屠杀政策为党在新时期的总方针，并把发动农民举行秋收起义作为党在当时的最主要任务。会议选举产生了新的临时中央政治局，瞿秋白、李维汉、苏兆征三人当选政治局常委，瞿秋白主持中央领导工作。

# 朱毛会师井冈山

井冈山以"中国革命的摇篮"而饮誉海内外,吸引着无数中外游客前去寻踪。游客们徜徉于会师桥,驻足于会师广场,瞻仰"朱毛"会师纪念碑,时光仿佛回到了那个炮火连天的年代。1928 年 4 月 28 日,毛泽东与朱德两人的手第一次握在一起。从此,"朱毛"的名字便紧紧地联系在了一起。那么,朱、毛是怎样会师井冈山的呢?

1927 年春夏之交,蒋介石、汪精卫分别在南京和武汉发动了四一二政变、七一五政变,轰轰烈烈的大革命以失败告终。大屠杀的腥风血雨,使得全国的革命形势发生了巨大的逆转,中国革命由高潮转入低谷。然而,中国共产党人并没有在困难面前低头,更不会被屠杀的恐怖吓倒。他们从战友的尸体中爬起来,揩干净身上的血迹,掩埋好同伴的尸首,开始了新的战斗,先后举行了南昌起义、秋收起义、广州起义,但是,由于双方实力差距太大,三大起义都遭受挫折。在革命的生死关头如何寻找新的道路呢?毛泽东率先做出选择,1927 年 10 月,他带领部队到达罗霄山脉中段即井冈山地区,创建了以宁冈(现已并入井冈山市)为中心的第一个农村革命根据地——井冈山根据地,开启了中国革命以农村包围城市的伟大尝试。

南昌起义失败后,朱德、陈毅等率领部分队伍辗转征战,于 1928 年 1 月进入湘南地区,得到了当地党组织的支持,发动了湘南暴动,一度取得胜利。但在敌军重兵夹击下,队伍无法在湘南立足,同年 3、4 月间,向湘赣边界地区转移。此时,朱德得知毛泽东在井冈山打游击,便当机立断,与陈毅商量后决定分头向井冈山转移,去找毛委员,建立革命根据地,实现武装割据。

同时,毛泽东也得知了朱德、陈毅在湘南面临着困境,马上派毛泽覃带人前去联络。同时将主力兵分两路,何长工、袁文才、王佐率领第二团去接应湘南起义的队伍,自己带领第一团堵截湘南队伍的追敌。何长工、袁文才、王佐率领第二团先在资兴遇到了陈毅率领的农民军。4 月 21 日,又在郴县沔渡同朱德率领的湘南起义主力部队会合。朱德见到何长工便急切地问:"毛委员在哪儿?"何长工说:"他带领部队打掩护,再过三四天才能到这里。"朱德听后非常高兴,说:

"终于可以一睹毛委员的风采了。"22 日,何长工又接到毛泽东的来信,指示第二团先期回宁冈砻市,筹备两军会师事宜。4 月 24 日,朱德、陈毅率领湘南起义一部分直属部队从沔渡到达宁冈砻市。4 月 28 日,毛泽东也率领部队从湘南的桂东、汝城返回了砻市。

毛泽东得知朱德、陈毅已经到达,便迫不及待地去见二人。何长工后来回忆道:"毛泽东一到砻市,得知朱德、陈毅住在龙江书院,顾不上一路征尘,立即向龙江书院走去。朱德听说毛泽东来了,赶忙与陈毅、王尔琢等主要领导干部出门迎接。我们远远看见他们,就报告毛泽东说:'站在前面的那位,就是朱德同志,左边是陈毅同志,朱德同志身后的那位是王尔琢同志。'毛泽东点点头,微笑着向他们招手。快走近书院时,朱德抢先几步迎上去,毛泽东也加快了脚步,早早把手伸出来。不一会,他们的两只有力的大手,就紧紧地握在一起了,使劲地摇着对方的手臂,是那么热烈,又是那么深情。"

1928 年 5 月 4 日,"庆祝两支部队胜利会师"的大会在砻市举行。会场设在砻市南边一个草坪上。用门板和竹竿搭起一个主席台,两侧插满了红旗,悬挂着"庆祝两支部队胜利会师"和"打倒国民党反动派"的大幅标语。这天会场上部队和湘南农民军以及附近的群众共来了 1 万多人。战士们扛着大刀、梭镖、枪支,个个精神抖擞。群众们也是笑容满面。

10 时许,庆祝大会开始。何长工主持大会。当他宣布庆祝大会开始时,军号吹起,鞭炮齐鸣。执行主席陈毅首先讲话。他说:今天是五四纪念日,我们在这里庆祝两支部队的会师,意义非常重大。他宣布:两支部队改编为中国工农革命军第四军(后来改称工农红军第四军),朱德任军长,毛泽东任党代表。朱德在大会上讲话则指出:两支部队的汇合,意味着中国革命的新起点,我们有了根据地,我们的力量更大了。我们两支队伍要团结起来,争取更大

龙江书院——井冈山会师毛泽东和朱德相见的地方

的胜利。毛泽东也发表了讲话,他满怀信心地指出,现在我们虽然在数量上、装备上不如敌人,但是我们有马列主义,有群众的支持,不怕打不败敌人。敌人并没有孙悟空的本事,即使有孙悟空的本事,我们也有办法对付他们,因为我们有如来佛的本事,他们总逃不出如来佛的手掌!

朱毛会师,壮大了井冈山的革命武装力量,巩固并扩大了全国第一个农村革命根据地,进而推动了全国革命事业的发展。雄踞井冈山的鲜艳夺目的大旗,给全国民众树立了对革命的信仰,为中国革命的复兴带来了希望。

**1931 年**
11 月 7 日,中华苏维埃第一次全国代表大会在江西瑞金召开,宣布成立中华苏维埃共和国。

**相关链接**

## 革命根据地的建立和发展

从 1927 年下半年至 1930 年上半年,中国共产党为反抗国民党反动派的屠杀政策,先后举行了南昌起义、秋收起义、广州起义等武装起义。起义受挫后保存下来的革命武装,相继转入国民党统治力量比较薄弱的农村,开展游击战争,建立革命根据地。

中国共产党创立的第一块革命根据地是井冈山根据地。井冈山地区位于湘赣边界上的罗霄山脉中段,这里远离中心城市和交通要道,国民党统治力量比较薄弱;地势险要,幅员广大,有游击战争的回旋余地;群众基础较好,革命影响仍然存在,还有袁文才、王佐两支农民自卫军;在这里开展游击战争,可以影响湘赣两省乃至于湖北。因此,在此建立根据地,既有利于红军的生存和发展,又有利于推动全国革命走向高潮。1927 年 10 月,毛泽东率领秋收起义的部队到达井冈山,发展武装力量,开展游击战争。1928 年 2 月,工农革命军在茶市成立了宁冈县工农兵政府。至此,井冈山根据地初步建成。1928 年 4 月底,朱德、陈毅率领南昌起义保存下来的部队到达井冈山,和毛泽东领导的工农革命军会师。12 月,彭德怀、滕代远率领红五军主力来到井冈山。此后,红军粉碎了国民党军队的多次"围剿",根据地不断扩大。

"星星之火,可以燎原。"到 1930 年夏,共产党领导人民群众建立了大小十几块农村根据地,主要有赣南、闽西、湘鄂西、鄂豫皖、闽浙赣、湘鄂赣、湘赣、广西的左右江、广东的东江和琼崖等。这些革命根据地在同国民党军队的斗争中,逐步摸索到一套建立和发展革命根据地的方针、政策,都从不同方面为探索中国革命的新道路作出了贡献。

# 张学良东北"易帜"

1928 年 6 月 4 日,日本制造了皇姑屯事件,把"东北王"——奉系军阀首领张作霖炸伤致死。张作霖之子张学良承袭父职,成为东北新的当权人物。

张作霖的惨死,让张学良背上了国仇家恨,如欲一雪前耻,摆在他面前只有一条路可走——改旗易帜,与南京政府合作。当时,日本关东军正急于利用"皇姑屯事件"所造成的紧张形势,在东北制造傀儡政权,百般阻挠张学良与南京政府接触。张学良在地位尚未稳固之时,也只能在日本人、亲日派与南京政府之间周旋,寻求有利时机。日本驻东北的顾问土肥原贤二以为有机可乘,鼓动张学良在东北搞独立。出乎土肥原意料的是,张学良好像对此并不感兴趣。张学良不仅当面拒绝了土肥原的计划,还要求日本当局调走他。遭到日本政府拒绝后,张学良将土肥原给"冷冻"起来,根本不再与其接触。

此时,奉系参与决策的高层人物,在讨论"易帜"问题时出现了分歧。在张学良的说服和坚持下,奉系大多数军政要人始赞同与南京合作,实行"易帜"。7 月 1 日,张学良发表通电,表示绝不妨碍南北统一。3 日,蒋介石在北京对记者发表谈话时也表示:东三省问题务要和平解决。于是,张学良、蒋介石两人的代表在北平六国饭店商妥,东三省定于 9 月中旬实行"易帜"。应蒋之要求,张令汤玉麟于 7 月 19 日宣布热河省先行"易帜"。

日本政府密切关注着张学良与南京国民政府的来往。7 月 10 日,日本内阁召开会议,讨论中国东北局势。19 日,日本首相田中义一训令奉天总领事林久治郎警告张学良,不得与南京国民政府妥协。8 月 4 日,日本特使林权助以参加张作霖葬礼为名到沈阳,带来一封田中义一给张学良的信,要求张学良实行"东北自治"。9 日,林权助再度威胁张学良:如果东三省蔑视日本的警告,率行易帜,危及日本帝国的利益,日本将采取自由行动。对于这种明目张胆的武力威胁语言,张学良也针锋相对地告诉林权助:我是中国人,我思想和行动的出发点当然要以中国的利益为本位,改旗易帜,实现中国的统一,是东三省的民意。我的决定,以东三省的民意为转移。林权助见张

**1928 年**

3 月,蒋介石抵达徐州,誓师举行第二次北伐。

5 月 3 日,日军制造震惊中外的济南惨案(又称五三惨案)。

**济南惨案**

国民革命军的二次北伐,受到日本的无理干涉。1928 年 5 月 3 日,日军大举进攻济南。当晚 11 时,日军借口在交涉署门前发现两具日侨尸体,强行收缴交涉署枪支,将国民政府山东特派交涉员蔡公时及署内职员全部捆绑起来。蔡公时用日语抗议,结果被残暴地割掉耳、鼻,挖去舌头、眼睛,日军随即用机枪扫射,除 1 人逃脱外,蔡公时等 17 人惨遭杀害。到 5 月 11 日济南落入敌手时止,日本屠杀中国军民 1 万余人。这就是震惊中外的"济南惨案"。面对日本的挑衅与高压,蒋介石屈辱退让,令部队撤出济南,绕道北上。

学良不肯就范，便换了一副嘴脸，以教训的口味对张学良说："我和大帅交谊甚深，大帅在世时，东三省和日本关系也极为亲善。我对你有亲如爱子的感情，也希望东三省和日本的关系更加亲密。如果你一意孤行，那是很危险的。"林权助不仅说谎话，而且还侮辱他，张学良勃然大怒，转身离去，留给林权助一句话："我和贵国的天皇是同岁，我想要对阁下说的，只此而已。"回到私邸后，张学良仍愤慨异常，对周围人说："日方欺我太甚，誓必易帜，即死于青天白日旗下，吾亦甘心。"

6月4日，张作霖在皇姑屯遇炸身亡。12月29日，张学良宣布"改易旗帜"。南京国民政府获得形式上的统一。

为促使东三省早日归附中央，蒋介石便加紧了与张学良的秘密联系，先派方本仁为特使参加张作霖的丧礼，后又派国民党大佬李石曾到沈阳活动。李石曾不仅和张学良相识，而且和张学良的心腹幕僚胡若愚关系甚密。李石曾来到沈阳后，住进德国人开设的饭店里，从不公开露面。李石曾和张学良秘密会见时，他一再要求张学良尽早换挂"青天白日旗"，以防节外生枝。张学良诚恳地表示，结束国家分割局面是自己多年的愿望，但立即"易帜"尚有困难，主要是担心日本人会趁机进行干涉，内部也有一定的阻力。为此，张学良决定推迟三个月再宣布"易帜"，表示力争在年底实现这个目标，希望南京方面体谅他的苦衷。

此后蒋介石、张学良两人函电交驰，信使不断，关系日渐融洽。1928年冬，南京国民政府派特使张群、吴铁城、宋大章三人到沈阳，与张学良密议"东北易帜"大业。双方推心置腹地进行交谈，逐渐驱散了张学良心头的种种疑虑，他终于下定决心，归顺国民政府。而南京政府也答应张学良东北易帜后，除外交、国税、币制等由中央处置外，东北的"内政"仍由现职各员负责，概不更动，东北军政事宜也全部交给张学良管理。重大人事，先由张学良请委，然后由中央任命。更让张学良感到惊喜的是，蒋介石还许诺，中央每月可拨军饷 1000 万元给奉军。为了减轻张学良的压力，蒋介石还充分利用美、英与日本的矛盾，推动两国向日本施压。反对日本分割中国的舆论日渐高涨。11 月，日本首相田中义一不得不公开表态，东北易帜是"中国的内政问题"。

1928 年 12 月 29 日，张学良一如所诺，不顾日本的反对，排除杨宇霆的干扰,毅然宣布"易帜"。当日,易帜典礼在奉天省府礼堂举行,张学良身着深黄色中山服,率领东北军政大员先向党国旗、总理遗像行三鞠躬礼,然后宣誓归顺国民政府。会后,张学良发表易帜通电:宣布"遵守三民主义,服从国民政府,改易旗帜"。同日,南京国民政府电复张学良等人:"完成统一,捍卫边防,并力一心,相与致中国于独立自由平等之盛,有厚望焉。"31 日,南京政府任命张学良为东北边防司令长官。此时,事先秘密制就的几万幅青天白日满地红旗取代了五色旗,在东北大地上迎风飘扬。

至此,中国结束了北洋军阀割据的局面,国民政府实现了形式上的统一。

---

**相关链接**

## 皇姑屯事件

张作霖是日本帝国主义一手扶植起来的奉系军阀首领,日本企图通过张作霖来达到侵占中国东北的目的。张作霖虽出身绿林,没有读过书,但在国家民族大义上并不糊涂。随着奉系军阀集团势力的不断扩大,加之英、美势力的渗透,张作霖和日本之间的矛盾日益激化。特别是 1927 年张作霖不但未能满足日本要求修建铁路和自由租借东北土地等要求,反而引进英、美资本修建铁路和建设葫芦岛港,引起了日本侵略者的极大不满。不仅如此,沈阳等地还掀起了反日游行。关东军断定系张作霖煽动所致,对他恨之入骨,决定除掉他,重新扶植代理人。

1928 年 5 月中旬,南京政府的"北伐军"直逼京津,张作霖政权岌岌可危。日本关东军司令官村冈和高级参谋河本决定乘机谋杀张作霖,企图制造东北政局混乱局势,然后借口"维护治安",出兵占领东北。为此,河本制定了杀害张作霖的详细计划,准备在张作霖回沈阳途中实施炸车。1928 年 6 月 4 日清晨,当张作霖的专车行驶至沈阳西北郊皇姑屯车站南满铁路和京奉铁路交叉处时,日本关东军预先埋在南满铁路吊桥的炸药爆炸。张作霖身受重伤,不久丧命。这就是皇姑屯事件。

张作霖被炸死后,由于奉系当局秘不发丧,日军未敢贸然行动。当天,张学良连夜潜回东北。回沈阳后张学良承袭父职,稳定了东北局势,至 21 日才向外宣布其父的死讯。1928 年 12 月 29 日,张学良不顾日本的威胁和阻挠,宣布"东北易帜",结束地方割据,服从国民政府。

# 蒋 介 石 软 禁 胡 汉 民

**1928 年**

10 月，国民党中央通过《训政纲领》。

**1930 年**

5 月 11 日，蒋军向阎锡山、冯玉祥、李宗仁等反蒋联军发动总攻击，中原大战正式爆发。10 月，战事以蒋军胜利结束。

**国民党训政**

训政思想首先是孙中山提出的。他把建立民国的程序分为军政、训政、宪政三个时期。军政时期是施行军法，实行军事统治，以武力统一全国阶段；训政时期是施行约法，筹备地方自治，训练人民民权素质阶段；宪政时期是制定宪法，还政于民阶段。民选政府成立，则建国大功告成。但蒋介石曲解孙中山的思想，在张学良东北易帜后，国民党实现了全国形式上的统一，宣称全国进入"训政"时期。国民党制定《训政纲领》和《国民政府组织法》，蒋介石"总揽中华民国之治权"。所谓"训政"就是国民党一党专政，就是蒋介石独裁专制。

胡汉民，国民党的元老和理论家，孙中山最为信赖的战友之一。孙中山逝世后，胡汉民和汪精卫一度成为国民党内最有希望继承孙中山衣钵之人。蒋介石，则是后起的政治新星，一个喜欢枪杆子的军人。但是，笔杆子斗不过枪杆子，胡汉民和汪精卫都败在了蒋介石手下。究其原因，玩弄权术，搞政治阴谋，他们根本不是蒋介石的对手。

1928 年 7 月，国民党在其军队占领北京后，立即宣布"军政"时期结束、"训政"时期开始。10 月上旬，国民党中央通过《训政纲领》，并由国民政府公布实施，同时又公布《国民政府组织法》，建立起蒋介石的独裁统治。1930 年中原大战期间，各派反蒋势力（包括以汪精卫为首的改组派，以邹鲁、谢持为首的西山会议派，以及以阎锡山、冯玉祥为首的军事实力派）召开"中国国民党中央党部扩大会议"，组建北平国民政府，筹备召开国民会议，并通过了一份《中华民国约法草案》，以与蒋介石为首的南京国民政府抗衡。

1930 年 10 月中原大战结束后，蒋介石为在政治上取得主动，也提出召开国民会议，制定《训政时期约法》。立法院长胡汉民表示反对，他认为既然已经把孙中山的《建国大纲》以及国民党一大宣言定为等于约法的根本大法，现在又谈约法没有必要。这样，蒋、胡之间就产生了"约法之争"。对此，蒋介石对胡汉民很是怨恨，他在日记里骂胡汉民道："胡专欲人为其傀儡而自出主张，感情用事，颠倒是非，欺罔民众，图谋不轨，危害党国，投机取巧，毁灭廉耻，诚小人之尤者也。"

胡汉民之所以敢于同蒋介石抗衡，在于他是国民党元老之一，孙中山在广州任海陆军大元帅时，胡汉民曾是代理大元帅，而蒋介石在当时不过是一名青年军官。胡汉民在五院制政府中任立法院长，又与广东财团、广东地方势力和孙科的"太子派"关系密切，在国民党内具有相当大的能量。

基于这些因素，蒋介石对胡汉民既恨又怕，必欲除之而后快。党内元老吴稚晖自告奋勇，亲自登门力劝胡汉民下野让位，结果被胡一顿痛骂。戴季陶则建议，趁地方实力派无人能声援的情况下，将其软禁。思来想去,蒋介石也认为,只有这条路可走了。

1931年2月28日,胡汉民接到蒋介石的一份请柬,邀他在陆海空总司令部就晚餐。这天恰恰立法院有会,胡汉民驱车到达总司令部时,已是晚上8时45分。刚一进门,一群荷枪实弹的侍卫就把他押入会客室,随即南京警察厅厅长吴思豫交给他一封信。信不是蒋介石写的,但蒋介石在上面加了许多注,下面还签了蒋介石的名字。信中先说蒋介石如何尊重崇拜胡汉民,接着说胡近来反对南京政府和蒋介石,处处与蒋介石为难,如勾结许崇智,包庇陈群,反对约法,破坏行政等等;在每一条款之旁,蒋介石都加了注解,最后一条的大意是:"先生每以史丹林(斯大林)自命,而我不敢自称为托罗斯基(托洛茨基)。中正欲努力革命,必须竭我能力,不顾一切做去,断不敢放弃自身责任也。"胡汉民看完信,又好气又好笑。他想等蒋介石来,给他一个说法。可一等就是两天。第三天晚上,蒋介石才出现。

两天的软禁,让胡汉民又羞又愤,见到蒋介石后,他劈头就问:"你近来有病吗?"蒋介石不明白胡这句话的意思,便随口答道:"没有病。""那很好,我以为你发了神经病了。"胡冷笑了一下,继续说,"你给我的信,我已经看了,但你何所据而云然,你应该明白告诉我。"蒋介石知道,论辩才,自己根本不是胡汉民的对手。因此,蒋介石拍着胸脯告诉胡汉民:"我说不过你,但如果我冤枉你,我就不姓蒋。"看着蒋介石蛮横的态度,胡汉民终于明白,自己所有的设想已经成为泡影了。

面对蒋介石如此无赖的手段,胡汉民不得不妥协,表示自己愿意辞职,就此罢手,但心有不甘,他对蒋介石说:"你不对,只有我教训你。除我以外,怕没有人再能教训你了。你不要以为我不敢教训你。如果我畏死,也不至今日才畏死……"这些说辞,对蒋介石来说,对牛弹琴而已。蒋介石不做声,告辞而去。第二天早上,胡汉民写好了一封辞职书。随后,十几名军警将胡汉民"护送"到南京汤山,幽居一室,堂堂的立法院院长、国民党元老,就这样被软禁起来了。

胡汉民被囚后,举国舆论顿时哗然。国民党内的两广籍人士古应芬、孙科、陈济棠、李宗仁、白崇禧等人纷纷发表通电,强烈谴责蒋介石的这一举动。1931年5月,各派反蒋势力会集广州,成立另外一

**1931年**
5月,国民会议在南京召开,通过《训政时期约法》。
8月17日,第三党领袖邓演达被捕,11月在南京被害。

## 邓演达和第三党

1928年春,谭平山、章伯钧等人在上海成立"中华革命党",表示继续奉行孙中山的三民主义。这是第三党形成后最早采用的名称。该党与正在海外的邓演达保持联系。1930年春,邓演达自海外归国。8月召开干部会议,将第三党的名称正式定为中国国民党临时行动委员会,通过《政治主张》,邓被选为中央干事会总干事。《政治主张》是第三党的纲领性文件,其基本主张是进行"平民革命",推翻南京政府的统治,建立"平民政权"的国家,进而"实现社会主义"。

第三党积极进行反蒋活动,特别是邓演达利用他以前在黄埔军校和国民革命军中的影响,策动蒋系军官反蒋,给蒋介石的统治造成一定的威胁。因此,邓被蒋视作眼中钉。1931年8月,邓被逮捕。11月,蒋把他秘密杀害于南京。第三党的势力受到极大打击。

1936年,胡汉民与夫人返回家乡

个政治中心,以对抗蒋介石的南京政府,双方一度剑拔弩张,险些兵戎相见。蒋介石本想一关了事,没想各派反应如此激烈。接着,九一八事变爆发。全国反蒋和抗日运动更加高涨。这种局面,对蒋介石大为不利。蒋介石不得不于10月14日将胡汉民释放。胡汉民当即乘特快列车前往上海,见人就骂蒋介石是流氓,说蒋介石是"讹"、"吓"、"拆"的能手,叫大家不可再上当。之后,胡汉民辗转到了广州,以两广为基地,另立门户,与蒋介石作对,一直到1936年5月病故。

蒋介石虽然解决了一个政治对手,但手段之恶劣,出乎大多数人的意料,这也成为他政治生涯中的一个污点。

---

**相关链接**

## 南京国民会议

南京国民会议是国民党蒋介石集团在与其他军阀和派系的较量中取得一系列胜利后召开的,旨在从法律上确定其统治地位的一次会议。1931年5月5日至17日在南京召开。蒋介石致开幕词,公开主张法西斯主义,既坚决反对共产主义,也反对英美的民主主义。会议通过了《训政时期约法》。《约法》规定:"训政时期由中国国民党全国代表大会代表国民大会行使中央统治权;中国国民党全国代表大会闭会时,其职权由中国国民党中央执行委员会行使之。"这样,国民党一党专政的政治体制用国家大法的形式确定了下来。会议还通过了《昭告全国拥护和平统一案》,确定了蒋介石集团今后的基本方针,即消灭异己军阀,巩固独裁统治。会议还规定国民党和国民政府当时最重要的工作就是"扑灭赤匪",并通过了相应的决议。

国民党召开的这次国民会议,表明蒋介石统治的加强和国民党由着重进行内部纷争转向着重"剿共"。

# 嫁祸中国的"柳条湖事件"

"高粱叶子青又青,九月十八来了日本兵!先占火药库,后占北大营,杀人放火真是凶!中国的军队好几十万,'恭恭敬敬'让出了沈阳城!"这支流行于20世纪30年代初期的《九一八小调》,不仅描绘了日军的狡猾与野蛮,也谴责了中国军队的无能,而这一切,都来自于日军嫁祸于人的一个阴谋。

1929年秋,资本主义世界爆发了新的经济危机。1930年春,经济危机波及日本,中小企业纷纷倒闭,工人失业,农民破产,城市劳动群众和知识分子的生活也动荡不安,整个社会充满了焦灼和恐惧感,国内阶级矛盾日益激化。经济的大危机和社会矛盾的激化使得法西斯势力日益活跃起来,对外战争的叫嚣甚嚣尘上。为了缓和国内矛盾,日本军国主义势力急于发动对外战争,首先把矛头指向拥有丰富资源和具有重要军事战略地位的中国东北,希望依靠掠夺中国东北的丰富资源来寻求摆脱经济危机的出路,转嫁国内危机。

中国东北地区是日本垂涎已久的肥肉,视其为"日本的生命线",早想据为己有。为此,先后发动了中日甲午战争和日俄战争。这两次战争之后,日本侵占了朝鲜,并将侵略的魔爪逐步伸入到中国东北。1927年,日本首相田中义一向天皇奏呈臭名昭著的《田中奏折》,公然宣称"欲征服中国,必先征服满蒙,欲征服世界,必先征服中国",妄图独霸东北。为了实现其侵略计划,1931年6月,日本陆军省和参谋本部共同拟定了《解决满洲问题方策大纲》,强调"关东军应有自行决定颠覆张学良政府、占领满蒙之决心",主张"立即断然采取行动"。因此,日军不断挑起事端,制造武装侵占东北的借口。

柳条湖事件的主要策划者是关东军高级参谋板垣征四郎和作战主任参谋石原莞尔,以及沈阳特务机关参谋花谷正等人,他们沆瀣一气,精心制定了具体行动计划,把爆炸的地点选择在距沈阳2.5公里处的南满铁路的柳条湖段,因为这里比较偏僻,不易被发现。此外,此地距东北军驻地北大营只有数百米,方便嫁祸于东北军,也利于攻击。在时间安排上,本来是安排在9月28日,但由于消息泄露,日本国内一部分人认为此时占领东北时机还不成熟,提出先缓一缓。但

1931年

9月18日,日军发动九一八事变。

12月17日,北平等地学生代表到南京与当地学生联合举行示威游行,要求国民政府出兵抗日。军警打死学生30多人,打伤100多人。社会各界发起抗议,各地举行示威游行。

1932年

1月28日,一·二八事变爆发,十九路军奋起反击。5月5日,中日双方签订《淞沪停战协定》。3月2日,日本操纵的伪"满洲国"在长春宣布成立。

**日本关东军**

关东军是日本陆军驻扎在中国东北的一支军队,它因侵驻中国辽宁半岛的"关东州"而得名,人数最多时约有100万人。远东国际军事法庭判决书中对关东军下的定义是:"所谓关东军就是根据朴茨茅斯条约,为保护包含着南满铁路在内的日本利益而'驻满'的日本部队。"

板垣等人等不及,决定提前行动,定在 9 月 18 日晚行动。他们约定,以铁路爆炸声为暗号,关东军听到爆炸声,便炮轰北大营,发起全面攻击,一夜之间占领沈阳城。

1931 年 9 月 18 日晚,沈阳上空弯月如钩,疏星点点,长空欲坠,秋天的东北大地特别安静,殊不知一个罪恶的阴谋正在实施。日本关东军岛本大队川岛中队的中尉河本末守,以巡视铁路为名,率领数名部下,像鬼魂一样,悄悄地向柳条湖方向移动。他们从侧面观察北大营兵营,在距北大营南边约 800 米的地方,河本把骑兵用的小型炸药装置在两根铁轨的接头处。10 点 20 分,河本点燃导火索。只听轰然一声,铁轨被炸断 1.5 米。此次爆炸的规模并不大,这是因为南满铁路已在日本人的控制之下,这样做是为减少自己的损失。为了掩盖真相,日本人特意在现场放置了三具穿着中国士兵服装的尸体,用刺刀刺破他们的衣服,并专门拍照,用以制造虚假消息。在伪造现场的同时,河本用随身携带的电话机把情况报告给岛本大队和沈阳日本特务机关。

听到爆炸声后,已经作好攻击准备的日军马上向东北边防军第七旅驻地北大营开炮,发起进攻。11 时左右,北大营四周的枪炮声像开了锅的粥一样,响个不停。当时,驻守北大营的东北军第七旅毫无应变准备。东北军的统帅张学良远在北平,事先已经得到蒋介石的多次指示,要求他尽量避免与日本人发生冲突。事变发生后,东北军参谋长荣臻向张学良请示如何应对。为了保存实力,息事宁人,张学良指示不予抵抗。东北军的不抵抗,不仅没能使日军停止军事行动,他们反而变本加厉,加快了进攻的步伐。19 日早晨,日军占领了沈阳城。

事变爆发后,关东军除向军部谎报军情外,还大造舆论,谎称"华兵爆破铁路,偷袭日本守备队,引起中日两军大冲突"。9 月 19 日上午 9 时,关东军便在沈阳城中张贴出早已准备好的石印大布告,诡称"华军之破坏铁路,攻击守备队"。9 月 20 日,日人主办的《盛京时报》以显赫的大字标题,报道"北大营兵炸毁南满路,寻致南满各地成战场"。日本侵略者贼喊捉贼,掩盖其罪恶阴谋,并以此为借口,在白山黑水之间疯狂地进行侵略。

1933 年

2 月,日军进攻热河。中国军队在山海关、冷口、古北口、喜峰口等地抗击日军,史称长城抗战。

5 月 3 日,中日双方签订《塘沽协定》,整个华北门户洞开。

5 月 26 日,冯玉祥、吉鸿昌等人在张家口成立察哈尔民众抗日同盟军。

11 月 20 日,十九路军将领蔡廷锴、蒋光鼐等联合李济深等人在福建召开中国人民临时代表大会,成立"中华共和国人民革命政府",公开宣布反蒋抗日。史称"福建事变"。次年 1 月,蒋军攻占福州,福建事变遂告失败。

　　在不到半年的时间内,整个东北三省近百万平方公里的大好河山和3000万同胞陷于日寇铁蹄的蹂躏之下。九一八事变,进一步刺激了日军的侵略野心。同时,也在很大程度上改变了中国国内的政治形势和阶级关系,中日矛盾向着主要矛盾地位上升,反对日本帝国主义侵略成为全国人民的共同要求,中国局部的抗日战争从此开始。

**相关链接**

## 一·二八事变

　　1931年九一八事变后,日军侵占了东北三省,又在上海点起战火。其目的是借此转移国际上对其侵占我国东北的注视和迫使国民政府承认占领东北的既成事实,同时取得一个进攻中国内地的基地。为了达到此目的,日本需要制造事端,以便有借口进行军事行动。1932年1月18日,日本间谍川岛芳子策划五名日本僧人遭殴打的事件,嫁祸上海工厂纠察队所为,不断制造事端,并向上海当局提出四项无理要求:道歉、惩凶、赔偿损失和取缔民众排日运动等,又提出撤除闸北中国驻军及防御设施问题。

　　1月24日,日本海军陆战队向上海增兵。当时蒋光鼐、蔡廷锴指挥的十九路军负责上海的防卫,主张不惧日军的挑衅。但国民政府会议后则主张忍让,并于1月23日由军政部长何应钦下令十九路军五日内从上海换防。国民政府的忍让并没有让日本停止侵略的脚步,1月28日晚间,日军海军陆战队2300人在坦克掩护下,按预订的作战计划,由租界向闸北一带进攻,一·二八事变爆发,淞沪抗战开始。还未来得及换防的十九路奋起反抗。

　　面对日军狂妄的侵略野心,十九路军奋起反击,使日本侵略者受到沉重打击,以致数度增兵,四易主帅。在激烈战斗的日日夜夜,上海人民纷纷组织义勇军、情报队、救护队、担架队、通讯队、运输队等,配合前线作战。民众的热情支援,使抗战的全体将士受到巨大的鼓舞。然而,由于国民党政府妥协退让,拒绝向上海增兵,十九路军伤亡严重,被迫撤离上海。3月2日,日本军队攻占上海。3月3日,日军宣布停战。5月5日,在英、美、法、意等国调停之下,中日双方签订了《淞沪停战协定》(亦称《上海停战协定》),抗战的人民和十九路军被出卖了。

# 红军强渡大渡河

大渡河是岷江的重要支流，以峡多谷深、水流湍急闻名。该地曾是太平天国翼王石达开的伤心地，1863 年 6 月，石达开率兵西征被困于此，最终导致全军覆没。当 1935 年 5 月红军到达时，国民党军队希冀凭借大渡河天险让红军变成第二个石达开，但英勇的红军却让此地变成了胜利场，演绎了一场传奇式的经典之战。

1935 年 5 月，红一方面军渡过金沙江后，顺利地通过了凉山彝族地区，随即日夜兼程向大渡河南岸疾进。眼看被包围的红军冲出重围，蒋介石极为震怒，决定亲往昆明督战，布置对红军实行新的围追堵截。他给防守大渡河的川军刘文辉部去电强调："大渡河天险，共军断难飞渡。薛岳总指挥率领十万大军跟追于后，望兄督励所部，严密防守，务将共军彻底消灭于大渡河以南。如所部官兵敢有玩忽职守，致使河防失守者，定以军法从事。"在这片蛮荒的弹丸之地，蒋介石投入总兵力 15 万至 20 万人，要求各军据险扼守，迎头拦阻，分兵设伏，企图凭借优势兵力，一举歼灭红军。他得意地电告各军："大渡河是太平天国石达开大军覆灭之地，今共军入此汉彝杂居处，一线中通，江河阻塞，地形险峻，给养困难的绝地，必步石军覆辙。"

为了不做"石达开第二"，中央军委和毛泽东确定下一步的作战指导思想是：必须排除一切困难，以极迅速、坚决、勇猛、果敢的行动，消灭阻我前进的川敌，迅速渡过大渡河，会合红四方面军，以开展苏维埃革命的新局面，否则就有被围困的危险。为此，红军总司令朱德、总政委周恩来亲自部署强渡大渡河行动，电令红一军团连夜偷袭安顺场守敌，夺取船只，强渡大渡河。红一团在红军先遣队司令员刘伯承、政委聂荣臻的带领下，冒雨一天急行军 120 里，于 5 月 24 日夜，到达安顺场，歼敌两个连，并缴获木船一只，控制了南岸渡口。接着，部队连夜四处寻找船只和发动船工，并组织奋勇队准备强渡。

大渡河两岸都是崇山峻岭，河面宽 300 多米，水深 30 米，流速每秒 4 米。河底乱石参差，形成无数旋涡，可让鹅毛沉底，水性再好的人也不能泅渡。由于水深流急，不能架桥。唯一可用的就只有夺来的那只木船，但现在川军在对岸渡口有一个营的兵力，修有坚固的工事,可以俯视整个河面。而且,川军的团部也设在此处,一旦交火,他们可火速调兵遣将。面临如此凶险的形势,红军强渡大渡河是一次严峻的考验。

25日晨,红一团开始强渡大渡河。刘伯承、聂荣臻亲临前沿阵地指挥。红一团团长杨得志命令第一营营长孙继先从士兵中挑选一支精干的渡河突击队。消息一传开,战士们一下子围住了孙继先,争先恐后地报名参加,孙继先怎么解释都不行。杨得志曾经这样回忆当时感人的场面:"一营长问我怎么办。我又是高兴又是焦急,高兴的是我们的战士个个勇敢,焦急的是这样下去会拖延时间。因此我决定集中一个单位去。"于是,孙继先从第二连挑选了17名勇士组成突击队,连长熊尚林任队长。17名勇士,每人一把大刀,一支冲锋枪,一支短枪,五六颗手榴弹,还有作业工具。战前,刘伯承、聂荣臻亲自向杨得志交代任务,强调这次渡河关系全军成败,一定要战胜一切困难,完成任务,为全军打开一条通向胜利的道路。

7时,杨得志一声令下,十七勇士上了船,由当地船工帅士高等八名船工摆渡。强渡开始,岸上轻重武器同时开火,掩护突击队渡河。为吸引对岸国民党军火力,减少渡河勇士伤亡,刘伯承和聂荣臻不顾个人安危,故意暴露自己,以分散其火力。刘、聂两位首长的无畏行动激励了船上的十七勇士、船工和岸上的红军士兵,大家情绪激昂。红军6挺重机枪、几十挺轻机枪从不同角度向对岸守军密集射击,压得他们趴在工事里抬不起头来。在岸上红军的掩护下,突击队冒着川军的密集枪弹和炮火,在激流中前进。快接近对岸时,川军向渡口反冲击,杨得志命令打炮,正中川军。渡河突击队的十七勇士战胜了惊涛骇浪,冲过了守敌的重重火网,终于登上了对岸。川军见红军冲上岸滩,慌了手脚,急忙往下甩手榴弹,四名勇士受了伤。但他们沉着作战,利用山崖死角作掩护。川军无目的地打了一阵乱枪后,看着没有动静,以为勇士们都牺牲了。突然间,枪声大作,喊杀声一片,十七勇士密集的火力一齐射向守敌,再加上右岸火力的支援,川军慌忙扔下阵地,向后退却。十七勇士控制了渡口,掩护后续部队继续渡河。渡船不停地往返南北两岸,赶渡援兵。红一营主力渡河后,一举击溃川军一个营,巩固了渡河点。

**1935年**

1月15日至17日,中共中央召开遵义会议,会议集中解决了当时具有重要意义的军事问题和组织问题。

6月16日,中央红军和红四方面军在四川懋功举行会师大会。

10月5日,张国焘在川康边境卓木碉自封"主席",另立"中央"。

**1936年**

10月,红四方面军和红二方面军在甘肃会宁与中央红军会师。至此,红军长征胜利结束。

强渡大渡河成功后,中央军委召开会议,为了使红军主力迅速渡过大渡河,决定兵分两路:一师和干部团在这里渡河,为右纵队,由刘伯承、聂荣臻指挥,沿大渡河左岸前进;林彪率一军团二师和五军团为左纵队,沿大渡河右岸前进。两岸部队互相策应,溯河而上,夺取泸定桥。四天后,泸定桥被红四团胜利夺取了。红军的主力在这里渡过了天险大渡河。蒋介石企图把红军变为"石达开第二"的梦想未能人马到齐,就彻底破灭了。

## 相关链接

### 红军长征

红军长征是 1934 年 10 月至 1936 年 10 月间,中国共产党领导的中国工农红军红一方面军(中央红军)、红二方面军、红四方面军和红二十五军分别从各苏区向陕甘苏区的战略撤退和转移。其中红一方面军行程在二万五千华里以上,因此又常被称作二万五千里长征。

红军长征路上充满了艰难险阻,碧血染红了征程。1934 年 10 月,中央红军开始长征时,有 8.6 万人,但由于"左"倾错误的指挥,在突破国民党军队的四道封锁线、血战湘江后,中央红军人数锐减至 3 万余人。危急关头,在毛泽东等人的力争下,中央红军改变了原先的战略计划,向国民党军队防御薄弱的贵州前进。12 月,强渡乌江,占领遵义。1935 年 1 月召开的遵义会议,确立了毛泽东在党中央和红军中的领导地位,在极其危急的情况下挽救了党,挽救了红军,挽救了中国革命。其后,红军四渡赤水、巧渡金沙江、强渡大渡河、飞夺泸定桥、翻越夹金山。6 月,与红四方面军会合,开始与张国焘的分裂主义作斗争,走过了人迹罕至的草地。随后,红一、三军团和军委纵队继续北上,攻克天险腊子口,翻越六盘山,到达吴起镇与陕北红军会师,中央红军长征结束。其后,红四方面军和红二方面军几经磨难也于 1936 年 10 月在甘肃会宁与中央红军会师。至此,红军长征胜利结束。

长征是中国革命史上的伟大壮举,中国工农红军以血肉之躯谱写了人类历史上无与伦比的英雄史诗,它充分表现了中国共产党人的艰苦卓绝的斗争精神。中国革命虽然失去了南方原有的根据地,损失了很大一部分力量,但是长征保存和锻炼了中国共产党和红军的骨干,沿途播下了革命的种子。正如毛泽东所说:"长征是宣言书,长征是宣传队,长征是播种机。"

# "七君子"为救国被捕入狱

2004 年 3 月 26 日上午,沈钧儒、邹韬奋、李公朴、沙千里、史良、章乃器、王造时的大型青铜雕像,在上海福寿园落成,以纪念 1936 年的"七君子事件"。这自然勾起了人们对于往事的回忆。

1931 年,日军发动了九一八事变,占领我国东北大片领土,接着,又开始向华北地区渗透。日本帝国主义的侵略行径,激起了中国人民的抗日爱国热情。1936 年 5 月,社会各界人士在上海成立全国各界救国联合会(简称"救国会"或"全救会"),选举宋庆龄、何香凝、马相伯、邹韬奋等 40 余人为执行委员,沈钧儒、章乃器、史良、王造时、李公朴、沙千里、陶行知等 14 人被选为常务委员。大会发表宣言,呼吁停止一切内战,释放政治犯,建立一个统一的抗敌政权。随后,各个城市设立分会,会员达数十万人,积极开展各种形式的救亡活动。

"救国会"的活动,违背了蒋介石"攘外必先安内"的政策,蒋介石对此十分恼火。日本人更是把"救国会"视为眼中钉,不断向南京国民政府施压。1936 年 11 月 23 日凌晨,国民党当局以"扰乱社会治安、危害民国"的罪名在上海逮捕了沈钧儒、章乃器、邹韬奋、史良、李公朴、王造时、沙千里等七人。这七个人均为"救国会"的领导人,并且是社会上的知名人士,都是因为爱国而被捕入狱的,史称"七君子事件"。

"七君子"被捕后,"救国会"同仁立即实施营救。他们请人在上海《立报》发布"七君子"被捕的消息,并与被捕者亲属一起聘请律师准备出庭辩护。同时,还发布《全国各界救国联合会为七领袖无辜被捕告当局和全国人民书》,呼吁全社会参与营救活动。

"七君子"被捕当天,上海市公安局就企图将他们"引渡"

**1935 年**

6 月 27 日,中日签订《秦土协定》,中国丧失察哈尔省大部分主权。

7 月 6 日,中日签订《何梅协定》。

8 月 1 日,中共中央发表《八一宣言》,号召全国人民团结起来,停止内战,一致抗日。

12 月 9 日,一二·九运动爆发。

12 月 17 日至 25 日,中共中央召开瓦窑堡会议,毛泽东发表《论反对日本帝国主义的策略》。

一二·九运动中北平学生的游行队伍

## 一二·九运动

1935 年 12 月 9 日，北平各学校的爱国学生 6000 多人涌上街头，举行声势浩大的抗日救国游行。他们高呼"打到日本帝国主义"、"反对华北自治"、"立即停止内战"等口号。各地学生纷纷举行示威游行、请愿和罢课，支持北平学生的爱国斗争。工人陆续举行罢工，支援学生斗争。其他爱国人士和团体也成立各界救国会，要求南京政府出兵抗日，停止内战。

一二·九运动标志着全民抗日救亡民主运动新高潮的到来，推动了抗日民族统一战线的形成。一二·九运动中的先进青年，在中国共产党的影响下，后来逐步走上了与工农兵群众相结合的道路。

**1936 年**

5 月 31 日，沈钧儒、邹韬奋等人在上海成立全国各界救国联合会。

11 月 23 日，国民党当局在上海逮捕了沈钧儒、章乃器、邹韬奋、史良、李公朴、王造时、沙千里等七人，史称"七君子事件"。

至江苏高等法院，处以重刑。在当天开庭时，沈钧儒等七人和辩护律师对非法逮捕行径进行了严正抗议，并有力地驳斥了公安局代表对他们的非法指控。在既无证据又无拘传票的事实面前，法院只好责付律师将他们保释。但是，当晚"七君子"再次被捕。消息传出，引起了全国各界的抗议和反对。

11 月 24 日，北平文化教育界李达、许寿裳、许德珩等 109 人联名致电南京政府，要求释放"七君子"。北平大学救国联合会决议罢课两天以示抗议。26 日，宋庆龄严正声明反对毫无根据的非法逮捕。国民党内上层人士出面抗议和营救者也不乏其人。如冯玉祥、于右任、李烈钧等 20 多人联名致电蒋介石，要求他慎重处理该事件。桂系李宗仁、白崇禧致电南京政府，要求无条件释放"七君子"。西安事变后，张学良、杨虎城也把释放上海被捕之爱国领袖列入八项主张。中国共产党的《红色中华》报和《救国时报》也发表社论，反对国民党"爱国有罪的暴政"。另外，旅居国外的部分华侨和一些国际著名学者如爱因斯坦、杜威、罗素等，纷纷致电国民政府，反对"自毁长城"。"七君子"在被羁押期间也与当局进行了针锋相对的斗争。

1937 年 4 月 4 日，江苏省高等法院以《危害民国紧急治罪法》中的第六条，对"七君子"提起"公诉"。《起诉书》指控"七君子"犯有"阻挠根绝'赤祸'之国策"、"作有利共产党之宣传"、"抨击宪法，煽惑工潮"、"组织和参加以危害民国为目的团体"等十大罪状。社会各界对这些所谓的罪状进行了有力地驳斥；同时，上海的爱国律师组成有 21 人参加的律师辩护团，为"七君子"准备《答辩状》。6 月 7 日，《答辩状》送交法院并在上海多家报纸发表。《答辩状》以大量的事实驳斥了《起诉书》中所列的十大罪状，得出十大罪状无一成立的结论。但是南京政府坚持"七君子"抗日救国有罪的谬论，并分别于 6 月 11 日和 25 日两次开庭审判。

在法庭上，沈钧儒等人慷慨陈词，有力地回击了法庭的所有指控。当审判长问道："抗日救国不是共产党的口号吗？""你知道你们被共产党利用吗？"沈钧儒回答说："共产党吃饭，我们也吃饭；难道共产党抗日，我们就不能抗日吗？""假使共产党利用我抗日，我甘愿被他们利用；并且不论谁都可以利用我抗日，我都甘愿被他们为抗日而利用。"当审判长指控章乃器主张抗日救国是被共产党利用时，章乃器回答说："我想审判长也是和我一样主张抗日的吧，难道也被共产党利用了吗?"当法庭指控"救国会"煽动张学良发动西安事变时，沈钧儒和辩护律师一致要求张学良到庭对质，结果审判长被搞得哑口无言。两次审判只好草草收场。

为声援营救"七君子"，宋庆龄等人还在法庭外发起了"爱国入狱运动"。6月26日，他们发表了《救国入狱宣言》和向新闻界的书面谈话。7月5日上午，宋庆龄等到江苏法院"投案"，要求入狱。迫于国内外舆论的压力，南京政府只好授意江苏高等法院对沈钧儒等"具保释放"。8月1日，沈钧儒等"七君子"出狱。

**相关链接**

## 华北事变

华北事变是指1935年日本帝国主义企图把华北从中国分离出去而制造的一系列侵略事件。1935年6月，因"张北事件"，察哈尔代理主席秦德纯与日军特务头子土肥原贤二达成《秦土协定》。7月，因"河北事件"，国民党华北军分会代理委员长何应钦和日本华北驻屯军司令官梅津美治郎秘签《何梅协定》。察哈尔、河北两省的主权大部丧失。此后，日本帝国主义者又大肆收买汉奸，策动所谓"华北五省自治运动"，妄图使河北、山东、山西、察哈尔、绥远脱离国民党政府，变为日本的殖民地。国民党政府既不能完全接受日本的要求，允许华北脱离南京中央政府的管辖，又慑于日本的武力不敢拒绝，12月决定在北平成立冀察政务委员会，由宋哲元任委员长。冀察政务委员会名义上虽属于南京政府，但它实际上具有相当大的独立性。

华北事变是日本灭亡中国的一个重要步骤。华北事变后，中日民族矛盾上升为中国社会的主要矛盾。

# 蒋介石被捉华清池

1936 年

4月9日,周恩来与张学良在延安举行会谈。

6月1日,两广爆发反蒋事变。

12月12日,西安事变爆发,张学良、杨虎城扣押蒋介石。

华清池位于西安东约 30 公里的临潼骊山北麓,是中国著名的温泉胜地。据历史记载,3000 年前的西周时期便有达官贵人在此洗温泉。汉代曾在这里建造帝王贵族的行宫别墅。唐代建有富丽堂皇的"华清宫","华清池"即由此得名。丰厚的历史文化资源,为华清池平添了许多传奇。蒋介石在华清池被捉的故事,就是其中之一。

1936 年,随着日军在华北步步紧逼,国内要求停止内战、一致抗日的呼声一浪高过一浪。但蒋介石不仅不为所动,反而不断督促张学良的东北军和杨虎城的西北军向陕北的红军发动进攻。此时的张学良和杨虎城,在举国抗日声中,对蒋介石的内战政策亦极为不满,总是虚与委蛇。蒋介石曾亲自到西安督师,张、杨不为所动。12 月 4 日,蒋介石再次抵达西安,要求张、杨进攻红军;否则,东北军和西北军都将被调离陕西。

一边是日渐高涨的抗日热潮,一边是固执己见的蒋介石,这让张学良极为头痛。12 月 7 日,张学良又去华清池面谏蒋介石,希望他能顺民意,停内战,联合共产党一致抗日,但张学良的一片苦心遭到蒋介石的严词拒绝。离开华清池后,张学良见到杨虎城诉说了自己和蒋介石谈话的经过。杨虎城说:"蒋介石是一个死不回头的人,哪能劝得回。"

12 月 9 日,一二·九运动一周年纪念日,流亡在此的以及西安的学生举行纪念活动,遭到军警的压制,一名学生被打伤,群情激愤,决定到临潼直接向蒋介石请愿示威。蒋介石强令张学良制止学生运动,并声称:"对于那些青年,除了用枪打是没有办法的。"张学良接到命令后,极力劝说学生回去。请愿学生向张悲愤陈词,东北大学学生高呼"中国人不打中国人"、"东北军打回

延安桥儿沟天主教堂。1936 年 4 月 9 日,周恩来与张学良在此就停止内战、一致抗日等问题举行秘密会谈

老家去，收复东北失地"等口号。张学良大受感动，向学生表示："我是不愿意做亡国奴的人。我与日寇有杀父之仇，失土之恨。我的最后一滴血，一定要留在抗日的战场上，我决不辜负大家的救国心愿。一周之内，用事实作答复，请大家相信我。"

当晚，张学良和杨虎城再度劝说蒋介石，但又被拒绝。苦谏不起作用，也就只有"兵谏"一条路了。为此，张学良和杨虎城作了周密的安排。当时，蒋介石的行辕设在临潼县南门外华清池内，只带了贴身侍卫二三十人，守卫华清池的是张学良的卫队第一营。营长王玉瓒根据张学良的要求，严密监视蒋介石，并派人严防各出口。12月11日下午4点多钟，张学良面谏蒋介石再次失败后，向部下发出了活捉蒋介石的命令，由王玉瓒与张学良的卫士营长孙铭九一起行动。

12日凌晨4点多时，王玉瓒、孙铭九带领100余人趁夜色摸到了华清池的外院门外，让蒋介石的侍卫开门，遭到拒绝后，命令士兵开枪射击，几名卫士很快被打倒。他们冲进外院。守卫二道门的二三十名蒋介石的贴身侍卫们被枪声惊醒，凭借门窗作掩护，拼死抵抗，顿时枪声大作，子弹横飞。毕竟寡不敌众，蒋介石的侍卫伤的伤，死的死，只有且打且退。王玉瓒和孙铭九带领十几个人乘势沿假山小道，直扑华清池内院最后一排蒋介石下榻之处。只见蒋介石住的三号房大门半开着，但屋内空无一人，但蒋介石的衣服、帽子都在，假牙还泡在杯子里，黑斗篷也挂在衣架上。孙铭九摸了摸蒋介石的被褥，发现还有余温，知道他没有逃远。"立即搜山！"孙铭九命令卫队第一营官兵四处寻找。此时，张学良从城内打来电话，听说蒋介石不见了，焦急万分，说："捉不到蒋介石，以叛逆论罪。"

在寻找过程中，一名士兵跑来报告："三号房后墙下发现蒋介石穿的一只鞋子。"孙铭九、王玉瓒立即意识到：蒋介石可能越墙逃上后面的骊山了，当即命令士兵上山搜查。士兵首先在后山搜查到了蒋介石的侍从室主任钱大钧，他已经受了伤，当问及蒋介石的去处，受到惊吓的钱大钧结结巴巴地说不知道。此刻，天色已经放亮。士兵在半山腰的草丛中发现了蒋介石的一名侍卫，喝令道："快说！委员长在哪里？"胆战心惊的侍卫不由自主地看了看不远处的一个山洞。

12月13日，中共中央接受张学良、杨虎城邀请，派周恩来率中共代表团赴西安谈判。

12月25日，张学良、杨虎城释放蒋介石，张并亲自送蒋回南京。

几名卫士迅速上前,对着洞口喊道:"什么人？出来！要不就开枪了！"一个光秃秃的脑袋从洞口探出来:"你们不要开枪,不要开枪！"原来是蒋介石,他浑身颤抖,不知是冻得,还是吓得。士兵马上向孙铭九报告,孙铭九应声赶来,发现蒋介石已完全没有了领袖的威严,他脸色苍白,光着脚,上穿一件古铜色绸袍,下穿一条白色睡裤,浑身沾满了尘土草屑。蒋介石语无伦次地说:"你打死我吧,你打死我吧。"由于没戴假牙,所说的话含混不清。"我们是请委员长来抗日的,为什么打死你,"孙铭九解释并催促蒋介石说,"我们副司令在城里等着你呢！"一听这话,蒋介石口气硬了起来,喊道:"叫你们司令来！我腰疼不能走！"见此情景,孙铭九示意左右卫士把蒋介石从地上挟起来,架着走,随后连推带拉地将他塞进了小汽车。此时已是拂晓6时左右。

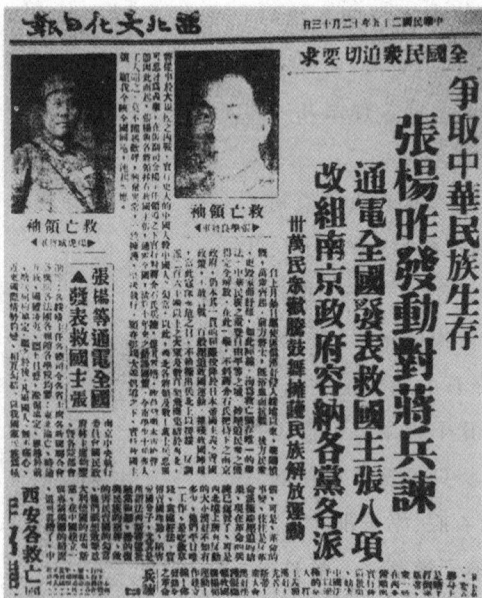
《西北文化日报》报道西安事变的消息

西安事变爆发的当天,张学良、杨虎城向全国发出了关于救国八项主张的通电。在各方力量的积极努力下,蒋介石接受停止剿共、一致抗日的主张。西安事变得以和平解决。

如今,华清池后面骊山的半腰间虎斑石处还有一座"兵谏亭",亭高4米,宽2.5米,水泥钢筋结构,兵谏亭匾额是用贵重的蓝田玉制成的。这个亭子,就是当年这次重大历史事件的见证。

相关链接

西安事变的和平解决

1936年12月12日西安事变发生后,在如何处理事变的问题上,南京政府当局出现了强硬军事解决与和平谈判解决两种截然对立的主张。军政部长何应钦,组织大军准备进攻西安。蒋介石亲属宋美龄、孔祥熙、宋子文等,则希望和平解决西安事变。西安事变同样引起了国内国际舆论的密切关注,大多数人希望和平解决,不希望在日本侵略的紧要关头自相残杀、自毁长城。这对张学良、杨虎城形成很大的压力。

中共中央对西安事变的发生过程一无所知,事变一发生,张学良立刻致电中共中央,希望听取中共的意见。对张、杨发动西安事变的用意和主张,中共中央抱着充分肯定的态度。对西安事变应该怎样解决,中共中央在弄清情况并经过认真研究后认为:如果把南京置于同西安敌对的地位,有可能造成新的大规模内战,这是日本和亲日派所欢迎的;如果能争取和平解决,则可以为结束内战、一致抗日创造条件,这符合民族抗日救亡大计,因此坚决主张用和平方式解决西安事变。

17 日,周恩来率中共代表团应邀到达西安。南京政府当局在了解张、杨和共产党都无意加害蒋介石而希望和平解决事变的态度后,22 日,宋子文、宋美龄到西安同周恩来和张、杨谈判。经过两天商谈,宋美龄等作出了"停止剿共"、"三个月后抗战发动"等承诺。24 日晚,周恩来会见蒋介石,阐述中共抗日救国的政策。在各方面的压力下,蒋介石不得不同意谈判条件,答应停止内战,准备全面抗战。25 日,蒋介石在张学良陪同下乘飞机离开西安,然而一到南京,蒋介石立刻扣留张学良。消息传出后,引起了东北军的混乱。周恩来又做了艰苦的工作,最终保住了西安事变和平解决的成果。

西安事变的和平解决,成为时局转换的枢纽。从此内战基本结束,给国共两党重新合作建立了必要的前提,对推动全国抗日局面的形成起了极大的作用。

# 中华民族的抗日战争

　　1937 年 7 月至 1945 年 8 月的抗日战争是中国近代反侵略斗争史上规模最大、时间最长、动员最广、影响最深的一次民族解放战争，也是自鸦片战争以后一百多年间中国人民反对资本—帝国主义侵略取得的第一次完全胜利的民族解放战争。这场战争是以国共两党合作为基础，社会各界、各族人民、各民主党派、抗日团体、社会各阶层爱国人士和海外侨胞广泛参加的全民族抗战。中国的抗日战争也是世界反法西斯战争的重要组成部分。

　　1937 年 7 月，卢沟桥事变爆发，中国开始全面抗战。国难当头，国共两党成功地实现了第二次合作，并以此为基础建立了广泛的抗日民族统一战线，构成了反侵略战争最后胜利的可靠保证。在抗战中，国民党政府领导正面战场，实行一些有利抗战的政策，特别是在抗日战争初期表现得比较积极。国民党军队的广大爱国官兵在抗日战场上作出大量牺牲。但是，国民党统治集团的片面抗战路线却给抗战带来严重的消极后果。中国共产党明确提出全面抗战路线和持久战的方针，领导人民武装开辟了广大的敌后战场，成为取得抗战胜利的决定性因素。敌后战场的发展壮大，吸引了大量的日本兵力，减轻了国民党正面战场的压力，成为促使国民党抗战到底的一个重要因素，也为赢得全国抗战的胜利作出了重要贡献。

　　抗日战争打得异常艰苦。日本帝国主义凶狠残暴，在中国犯下了滔天罪行。汪精卫等汉奸卖国求荣，与日本侵略者沆瀣一气。统一战线内部也存在着不少分歧与摩擦。但是，觉醒的中国人民团结在抗日民族统一战线的旗帜下，经受住了骇人听闻的打击，同仇敌忾，历经八年浴血奋战，赢得了抗日战争的伟大胜利。抗战的胜利，显示了中华民族的觉醒和民族团结的巨大力量。

**重庆军民欢庆抗战胜利**

　　日本投降后,1945 年 9 月 3 日,重庆市举行了大规模的庆祝胜利游行活动。队伍由在渝美军摩托为先导,共有 4 万多人参加,热闹异常。当天有报纸报道说:"八年来,沉着紧张领导全国抗战之陪都,显已变成一个狂欢之都市。街头巷尾,人群拥挤,交通为之断绝六小时。百万市民陶醉于千载难逢之欢乐中。对于抗战中身受之苦难,似已忘怀。"

# 卢沟桥畔打响全面抗战第一枪

在北京西南约 15 公里的永定河上,有座横跨东西两岸的石拱桥——卢沟桥。卢沟桥建于金代,距今已经有 800 多个年头了。"卢沟晓月"曾是燕京八景之一,桥东的碑亭内,至今仍立有乾隆帝御笔"卢沟晓月"汉白玉碑。卢沟桥栏杆上雕刻的石狮子更是千姿百态,栩栩如生。然而,这样古老而美好的景致却在 1937 年 7 月 7 日被日本侵略军无情的炮火打碎。这一天,日本制造了卢沟桥事变,对华发动全面战争。驻守卢沟桥畔的第二十九军二一九团不畏强暴,在团长吉星文的率领下,奋起反击,打响了全面抗战的第一枪。

日本侵略者自 1931 年九一八事变不断侵吞我国领土,贪得无厌,为进一步挑起全面侵华战争,从 1937 年 6 月起,驻北平丰台的日军连续举行挑衅性的军事演习。1937 年 7 月 7 日夜,日军又到卢沟桥我方警戒线内演习,妄图偷袭宛平城。中国守军戒备森严,日军无机可乘。于是,日军又制造"丢失"一名士兵的谎言,要求进入宛平县城搜查。面对日军的威胁,二一九团团长吉星文当即拒绝。晚上 10 时许,日军突然向二一九团阵地炮击。吉星文立即打电话向二十九军冯治安副军长请示,冯当即表示:"为维护国家主权,寸土不能让,可采取武力自卫。"吉星文立即命令守桥部队还击。日军遭到反击后,竟然派兵杀害我执勤官兵并占领桥头堡。吉星文非常痛心,决心与日军决一死战。他心中只有一个信念:"卢沟桥坚决不能丢。"因为卢沟桥一旦失守,将危及整个平津的局势。

吉星文沉着应对瞬息万变的形势,他一方面请专员王冷斋与要进宛平城搜查的日军周旋,另一方面将宛平城的军事防务交给副团长负责,自己则带随从悄悄出城,直趋前线的第三营营长金振中营部,准备组织敢死队夺回桥头堡。在他

**1937 年**

7 月 7 日,日军发动卢沟桥事变,挑起全面侵华战争。

7 月 8 日,中共中央向全国发布《为日军进攻卢沟桥通电》,呼吁全民族抗战。

7 月 17 日,蒋介石发表"庐山谈话",表示中国准备应战。

7 月 28 日,日军向北平郊区发动进攻,中国守军奋起还击。第二十九军副军长佟麟阁、第一三二师师长赵登禹殉国。29 日,北平沦陷。翌日,天津沦陷。

守卫卢沟桥的中国士兵

的号召下,有 300 多人自愿报名参加敢死队。吉星文亲自挑选出 150 人,每人配备步枪一支,手榴弹四枚,大刀一把,编成 5 个组,由副营长郭震威带领,乘夜色潜行至攻击位置。同时,吉星文命令重机枪连占领桥头堡两侧高地,掩护敢死队,并准备阻击日军的增援部队。4 时 30 分,敢死队员们突然冲进了敌营,霎时间,枪声大作,刀光闪动,日军顿时乱作一团。经过 20 多分钟激战,我方夺回了桥头堡阵地。

7 月 9 日,吃了亏的日军疯狂向二一九团阵地进行炮击,企图再次夺回桥头堡。吉星文率领全团官兵奋勇还击,他鼓励部下:"卢沟桥就是我们光荣的坟墓,守土有责,我们要像桥栏杆上的狮子一样勇猛,决不放弃阵地!"吉星文指挥战士打退了日军一次又一次的进攻。

7 月 10 日,吉星文邀请北平报社记者进行战地采访,向全国人民公布卢沟桥的战况。当吉星文正准备介绍情况时,一发炮弹突然呼啸着落在他身旁数 10 米处爆炸,吉星文颈部被弹片擦伤,血流不止。但他毫不惊慌,一面让士兵包扎伤口,一面向记者谈战况。第二天,北平、天津各大报纸纷纷用特大号标题刊登了二一九团官兵奋勇杀敌的事迹及吉星文的戎装照片。从此,吉星文成了名声大振的抗日英雄。

当时,吉星文还给军政部长何应钦写信,表示决心:"星文等只有抱定牺牲到底之决心,荷枪实弹,以待誓与卢城共存亡,决不以寸土让人。"此后的 10 余天,日军的多次小规模试探性攻击,均被二一九团官兵击退。正当吉星文准备摩拳擦掌,给日军以更大打击的时候,由于南京中央政府和冀察地方当局的妥协,7 月 26 日,吉星文奉命将防务交给地方保安部队。7 月 30 日,吉星文率二一九团官兵挥泪告别宛平父老,撤退到长辛店,卢沟桥旋即沦陷。

吉星文和二一九团保卫卢沟桥的壮举,掀开了全民抗日的序幕,自此,中国开始了艰难的八年全面抗战。

8 月 13 日,日军发动八一三事变,淞沪会战开始。
8 月 14 日,国民政府发表《自卫抗战声明书》,对日应战。
8 月 22 日至 25 日,中共中央召开洛川会议,制定《抗日救国十大纲领》。
9 月 22 日,国民党发表《中共中央为公布国共合作宣言》;23 日,蒋介石发表谈话,承认中共的合法地位。至此,抗日民族统一战线正式形成。
11 月 12 日,上海失陷,淞沪会战结束。

**相关链接**

## 八一三事变

1937 年 7 月 7 日,日军制造卢沟桥事变,悍然向中国发动全面进攻。当时,日本大本营很清楚,尽管日军拥有对中国作战的军事优势和经济实力,但如果不能速战速决,日军将会陷入长期作战的泥潭而无力自拔。为使国民政府尽快投降，日军决定在中国最富庶、最繁华的地区——沪宁杭地区开辟侵华第二战场，矛头直指国民政府所在地南京。

中国军队抵抗进攻上海的日军

为了给战争找一个理由，日军故伎重演，把卢沟桥事变搬到了上海。1937年8月9日，驻上海日本海军陆战队中尉大山勇夫和水兵斋藤，乘军车企图冲入虹桥中国军用机场。守卫机场的中国保安队喝令他们停车，他们不但不加理会，而且还击毙一名保安队士兵。保安队忍无可忍，开枪将二人击毙。事件发生后，中国上海当局当即与日方交涉，要求以外交方式解决。但日军无理要求中国军队撤离上海、拆除军事设施，同时，向上海增派军队。8月11日，日军海军陆战队2000人到达上海，并在上海附近集结了30多艘军舰。8月12日，日本内阁召开秘密军事会议，确定增派陆军赴中国参战，兵犯上海。8月13日晨，6000余名日军海军陆战队突然不宣而战，对上海发动了大规模进攻。中国驻军奋起抵抗，在上海和全国人民的支持下，开始了历时3个月之久的淞沪会战。11月12日，上海失陷，淞沪会战结束。会战中，中国军队歼敌6万余人，给敌人以沉重打击，粉碎了日军"速战速决"的梦想。中国军队也遭受重大损失。上海的失陷对整个战局产生了不利的影响。

# 八路军平型关之战

1937 年

8月25日,主力红军改编为八路军,朱德任总指挥,彭德怀任副总指挥。

9月25日,平型关战斗打响。

10月19日,八路军第一二九师夜袭日军阳明堡机场,烧毁敌机24架。

1938 年

1月6日,新四军军部在南昌成立,叶挺、项英分任正副军长。

平型关,古称"瓶形关",因关前谷地形状如"瓶"而得名。此关东连紫荆,西望雁门,历来系晋、冀北部军事交通要隘,是兵家必争之地。七七事变后不久,一支素有"铁军"称号的八路军雄师与另一支自诩为"钢军"的日本侵略军在此展开一场恶战,八路军击败不可一世的日军,取得了全面抗战以来中国军民的首捷。

全面抗战爆发后,中共中央在洛川举行了具有伟大历史意义的政治局扩大会议。会上,毛泽东为八路军制定了"独立自主的山地游击战"的战略方针。同时,他也采纳了彭德怀的建议,指出八路军还应当抓住战机,集中优势兵力,在有利条件下集中消灭敌人的兵团。打几个大胜仗,扬我军威,振奋国民抗战信心。会议召开当日,八路军不待全部改编就绪,就动身赶赴抗日前线。

当时,日军业已大举进攻华北,山西抗战局势极为严峻。国民党第二战区司令长官、"山西王"阎锡山领导晋军最初严格遵守国民政府的政令,不敢主动去抵抗日军,整个华北国民党军队完全陷于被动挨打的困境中。但是,日军的进攻让山西危如累卵,眼看苦心经营的地盘就要落入敌手,再加上中国共产党统战工作的有力促动,阎锡山心理上发生了变化。一方面,他很想与日军打一仗,以挽回自己在山西的面子,说不准还能保住自己的地盘。另一方面,又怕自己实力不济,便邀请八路军入晋,双方配合作战,共同抗日。

于是,八路军第一一五师等部陆续东渡黄河,进入山西境内,开赴抗日前线。八路军副总指挥彭德怀亲自与阎锡山接洽,商讨联合作战事宜。双方商定在平型关一带与日军打一个大仗,以鼓舞全国军民的士气。

八路军第一一五师主力开赴平型关前线

9 月 16 日,日军板垣师团由天镇县南下广灵,关东军一部也由蔚县西进。阎锡山拟以晋军 14 个团与敌决战,并要八路军第一一五师参战。中共中央同意了阎锡山的请求,朱德、彭德怀即下达了"一一五师应即向平型关、灵丘间出动,机动侧击向平型关进攻之敌"的命令。于是,八路军第一一五师在师长林彪、副师长聂荣臻率领下,风雨兼程,向平型关挺进。

为了打好这次战斗,9 月 23 日,部队刚到达平型关,林彪就开始侦察地形。据林彪的警卫员杨兴桂回忆:"林彪带着团干部侦察,他穿着一件破褂子,随便扎根布腰带,头上戴一顶毡帽,活像当地的农民。路上没饭吃,他和大家一起吃生地瓜。回来大家都很累了,我半夜醒来,看见林彪还盯着地图。"平型关东侧的乔沟是通向灵丘、涞源的土路,仅能通过一辆汽车,两边则是高达 20 米左右的陡崖,沟内没有任何可以躲藏之处。林彪决定埋伏在乔沟两侧,来个瓮中捉鳖。当林彪征求聂荣臻的意见时,聂荣臻果断地说:"这么好的地形,居高临下,伏击气焰骄纵的日军,这是很便宜的事嘛。这是我们与日本侵略军的第一次交锋,一定打出八路军的威风来,给全国人民的抗日情绪来一个振奋!"

9 月 24 日晚上,部队开始进入设伏区域,进行战斗准备。但是天公不作美,突然下起了暴雨,气温骤降,秋寒袭人。此时战士们只着单军装,经半夜冒雨急行军,被汗雨湿透。但林彪、聂荣臻的作战决心毫不动摇,命令部队不能贻误战机,就是天上下刀子也得出击!当然,对于经历万里长征的八路军指战员而言,这点冷风冷雨根本不算什么困难。

25 日凌晨,部队经过一夜风雨行军,按预定时间赶到了目的地。7 点多,日军来了!只见他们慢慢地向前移动。很多辆汽车颠颠簸簸,载满了各种物资;也有拉山炮的大车;还有骑洋马的日军,晃晃荡荡的,漫不在意地朝前走来。战士们屏住了呼吸,眼睛瞪得圆圆的,一动不动地看着鬼子先头部队走过去。当日军全部走进伏击圈后,只听林彪大喊一声:"发信号弹!"顿时,沉默的群山怒吼了!机关枪、迫击炮、手榴弹带着啸音飞向敌群,炸得日本侵略军鬼哭狼嚎,血肉横飞。日军汽车撞汽车,人挤人,马狂奔,指挥系统一下子就被打乱

## 八路军和新四军

八路军全称为国民革命军第八路军。1937年 8 月 22 日,国共两党达成协议,中国共产党领导的主力红军即中国工农红军一、二、四方面军改编为国民革命军第八路军,朱德、彭德怀任正、副总指挥。下辖第一一五师、第一二〇师、第一二九师。同年 9 月改称国民革命军第十八集团军。改名后,除国民政府军委会正式命令称第十八集团军外,传统习惯上一律称八路军。

新四军全称为国民革命军陆军新编第四军。根据同国民党达成的协议,于 1937 年 10 月,将红军北上后留在湘、赣、闽、粤、浙、鄂、豫、皖等地的游击队分别集中,改编为国民革命军陆军新编第四军,叶挺任军长,项英任副军长。下辖 4 个支队。1941 年 1 月,皖南事变爆发,叶挺被扣押,项英等牺牲。中国共产党决定重建新四军军部,任命陈毅为代理军长,刘少奇为政治委员,部队整编为 7 个师和 1 个独立旅。

了。好一阵日军才清醒过来，趴在车下进行顽抗，并且组织兵力抢占有利地形。聂荣臻看到日军很顽固，便和林彪商量，分而歼灭。他们果断命令部队出击，八路军勇士呐喊着向敌人扑去，展开了白刃肉搏战，日军单兵作战的顽强程度大大超出估计，战斗进行得异常惨烈，很多战士同敌人同归于尽。战斗期间，两架日军飞机曾经飞抵战场上空，一看双方绞在一起，没法扔炸弹，转了两圈悻悻飞走了。经过血战，下午3时战斗才逐渐停下来。在战斗中，一一五师指战员共毙伤日军1000余人，击毁汽车100余辆，马车200余辆，我方也伤亡500余人。

5月26日，毛泽东《论持久战》发表。

八路军首战平型关，就取得大捷，中外震惊，这也是中国全面抗战以来的第一个大胜仗。这一仗粉碎了"日本皇军不可战胜"的神话，打出了中华民族的志气，提高了共产党和八路军的声威，增强了全国人民抗战的决心和信心。9月26日，毛泽东致电朱德、彭德怀等，祝贺八路军开赴抗日前线首战告捷。就连蒋介石也兴奋得一天连发两封嘉奖电。阎锡山的部队抬着猪羊来慰问。老百姓更是高兴极了，载歌载舞，庆祝这场胜利。

从平型关战场归来的八路军指战员

**相关链接**

### 敌后战场

中国抗日战争是在第二次国共合作条件下进行的，在反对日本军国主义侵略的统一战略目标下形成正面与敌后两个战场，它们各自独立而又相互依存、相互配合，这一特殊的战场形态在第二次世界大战乃至中外战争史上都是绝无仅有的。全面抗战开始后，以毛泽东为代表的中国共产党人科学地分析了中日战争的形势和各方面的具体情况，认为，由于敌强我弱,日军装备精良,训练有素,中国在军事上单靠正面防御是难以取胜的,必须到敌人后方去发动群众性的游击战争,创建敌后抗日根据地,开辟与正面战场相配合的广阔的敌后战场。到 1938 年 10 月,八路军和新四军先后创建晋察冀、晋西北和大青山、晋冀豫、晋西南、山东、苏南、皖中等抗日根据地。以延安为中心的陕甘宁边区是敌后战场的总后方。

敌后战场的开辟,形成了独当一面的战略格局,打乱了侵华日军作战前线与后方的划分,变战略内线为战略外线,变被动为主动,变战略被包围为战略反包围,形成敌后与正面两个战场夹击日军的有利战略态势。中国共产党领导和创建的敌后战场,从抗战初期配合正面战场作战,到战略相持阶段挑起中国抗日的重担,逐渐上升为主战场,为赢得抗日战争的彻底胜利作出了巨大的贡献。

# 日 本 军 官 的 杀 人 竞 赛

1937 年 11 月，日军用了将近三个月的时间，费尽九牛二虎之力，终于攻下了上海。这让开战前狂妄叫嚣三个月灭亡中国的日本侵略者有些难堪，他们没料到装备如此之差的中国军人能迸发出这么强劲的战斗力。恼羞成怒的日本人决定给中国人制造恐怖气氛。于是，各种惨绝人寰的屠杀和灭绝人性的暴行在中华大地上不断发生。其中，日本两个军官之间以杀人为乐的比赛成了他们宣扬军威的榜样，尤其令人发指。

当时，举行杀人比赛的两个日本军官是日军第十六师团步兵十九旅团第九联队第三大队的两个少尉野田毅和向井敏明。野田毅（又名野田岩），25 岁，鹿儿岛人，当时是富山大队的副官。向井敏明，26 岁，山口县人，任炮兵小队长。两人所在的部队在 1937 年 10 月投入淞沪战役，由于在上海战役中吃了亏，在得到上峰制造恐怖屠杀的指示后，他们的凶残性更加暴露无遗。1937 年 11 月，日军从上海向南京进攻，途中大开杀戒，制造了无数惨案。在无锡时，两人约定，展开杀人竞赛，谁先杀到 100 人，谁就是胜利者，奖品为一瓶葡萄酒。他们还为这个比赛取了一个名字——百人斩。

《东京日日新闻》（即现在的《每日新闻》）连续刊登该报四名随军记者分别从中国江苏省常州、丹阳、句容、南京等地发回的现场报道，详细报道了二人在无锡横林镇，常州车站，丹阳奔牛镇、吕城镇、陵口镇，句容县城，南京紫金山等地刀劈百余人的经过。这些报道不仅时间、地点明确，杀人过程及数字清楚，同时还配发了照片。其中，在常州车站，记者描述了两个嗜血的暴徒在站头会面的光景。当时向井敏明已经杀害了 56 名中国人，野田毅杀了 25 名。向井少尉得意地对野田毅说："照这么下去别说去南京了，到丹阳的时候我就可能斩了 100 名左右了，我的刀砍了 56 人只有一个缺口。"野田毅很不服气地

嗜血恶魔——野田毅（右）和向井敏明

说:"我们两人都不砍逃跑的人,我又是个副官,所以成绩上不去,到丹阳之前一定创下大纪录给你看。"

12月2日,向井敏明与野田毅已随队攻到丹阳县城。为了能战胜对方,他们逢人便杀,老人、儿童皆不放过。他们又砍杀了70名中国人,其中,野田毅杀死了40人,向井敏明杀了30人。12月10日,日军向南京城发起总攻击,第十六师团的主攻方向为中山门。经过激战,日军占领中山门外的制高点紫金山。这两个日本军官拿着刀刃残缺不全的战刀在紫金山下相遇,随军记者又描述了他们见面后的对话——野田毅问向井敏明:"喂,我斩了105个了,你呢?"向井敏明回答:"106个!"两人约定:"算作平手游戏吧,再重新砍150人怎么样?"两人达成一致意见,150人斩的竞赛又要开始了。

南京大屠杀中死难的30多万同胞,大多是在这种毫无人性的屠杀中丢掉了性命。这个触目惊心的数字,代表的是日本侵略者的累累罪行。他们的行为,不仅是对中国人生命的侵犯,更是对人类文明的挑战。

1945年日本投降后,参加东京远东国际军事法庭对日战犯审判的中国代表高文彬在已被盟军封存的日军档案中无意间发现了这个报道,于是立即通知南京,将两名日本军官引渡到中国。在各种证据面前,两个昔日嚣张无比的日本人均承认控罪,经法院审定,被判处死刑。1948年1月28日,两人在南京中华门外雨花台刑场被执行枪决。

---

🐉 相关链接

### 南京大屠杀

1937年12月13日,南京被日本侵略军占领。在华中派遣军司令官松井石根和第六师团长谷寿夫的指挥下,日本侵略者在南京地区烧杀淫掠,无所不为。

13日晨,日军谷寿夫师团首先从中华门进入南京,随即把聚集在中山北路、中央路的难民当作枪杀目标,马路街巷之内顿时血肉狼藉、尸体纵横。由此,一场惨绝人寰的大屠杀拉开了帷幕。第二天,其他三个师团相继进入南京各市区,继续搜杀街巷中的难民,在中山码头、下关车站等处向聚集的难民疯狂射击,枪杀数万人。

日军活埋南京和平居民

15日,中国平民及已解除武装的军人9000余人被押往鱼雷营惨遭屠杀。16日,日军又从中日双方都承认具有中立地位的"安全区"内搜捕数万名青年,绑赴下关煤炭港枪杀,再将尸体推入江中。18日,日军将城郊难民及战俘5.7万余人驱至下关草鞋峡,用机枪扫射,然后在堆积如山的尸体上浇洒煤油纵火焚烧。

大屠杀持续了6个星期,被杀害的我国同胞达30多万人。除了随心所欲地任意枪杀外,日军还用尽了其他各种残忍的手段,如活埋、刀劈、火烧、水溺、挖心、活埋、剁肢等,举凡杀人狂患者所能想象得出来的最残酷的杀人方法,他们几乎都用遍了。

日军除残酷屠杀无辜外,还肆意强奸、轮奸中国妇女。在占领后的一个月中,南京市内就发生2万起左右的强奸事件,许多妇女在遭到蹂躏后又惨遭枪杀、毁尸,惨不忍睹。与此同时,日军到处放火,从中华门到内桥,从太平路到新街口以及夫子庙一带繁华区域,大火连天,几天不熄。全市约有三分之一的房屋被烧毁。日军所到之处,十室九空,即使外国侨民的财产也难以幸免。"日本兵完全像一群被放纵的野蛮人似的来污辱这个城市",他们"单独或者二三人为一小集团在全市游荡,实行杀人、强奸、抢劫、放火"。

侵华日军在南京制造的大屠杀暴行震惊中外,其规模之大,受害人数之众,持续时间之长,杀人手段之残忍,均为人类文明史上所罕见。但是,日本法西斯强盗的兽性,并没有吓住中国人民,相反,更加激起全国人民同仇敌忾,奋起抗战。

# 李宗仁率部血战台儿庄

　　周恩来曾评价道,李宗仁一生做过的两件好事是值得书写并可以拍成电影的,一是1938年他指挥的台儿庄大捷在中国八年抗战史上写下了辉煌的一页;另一件是他晚年不顾险阻,毅然从海外回归祖国。作为桂系的首领,李宗仁一直被蒋介石视为眼中钉。为了拔去这颗眼中钉,蒋介石给他出了各种各样的难题。但在抗日战争中,李宗仁捐弃前嫌,走上抗日战场,领导了震惊中外的台儿庄大战。

　　1937年卢沟桥全面抗战的枪声一响,李宗仁就在广西向全国发出了"请缨抗战"的通电。8月底,李宗仁被蒋介石任命为第五战区司令长官,以徐州为中心,指挥抗战。在第五战区,除了李宗仁自己从广西带出来的三十一军外,其余的全是被蒋介石视为"杂牌军"的地方部队,比如庞炳勋的西北军、于学忠的东北军、韩德勤的地方保安队等,可用的兵力加起来不足七个军,而且装备很差,根本没有补给,训练和士气亦非上乘。李宗仁心里明白,蒋介石一面要抗战,一面要借机抹去这些杂牌军。但李宗仁也看到问题的另一面:这些杂牌军中很多人作战经验丰富。李宗仁认为如果能与之推心置腹,并晓以民族大义,必能激发良知,服从命令,效命疆场。正是李宗仁对来自各地的部队,不含丝毫畛域之见,一律以诚相待,博得各路人马的信任,大家纷纷表示,甘为抗战出力流血。

　　1937年11月12日,上海沦陷。一个月后,南京失守。一时间,日军气焰甚嚣尘上,马上把打通津浦路作为下一步的进攻重点。为此,南方日军北上,北方日军南下,力图在徐州会合。面对危如累卵的徐州,李宗仁想:"抗战至此已是千钧一发的关头,我若能在津浦线上将敌人拖住数月,我军重新部署战局,抗战则可继续。如果在津浦路上我军的抵抗迅速瓦解,则敌人可直趋武汉,囊括中原,则抗战前途不堪设想。"李宗仁深感责任重大,决心要死守徐州,重创日军。

　　1938年2月初,日军板垣、矶谷两师团以台儿庄为会师目标,并策应津浦路南段日军的攻势,企图合攻徐州。板垣、矶谷两师团同为日军中最顽强的部队。其军官、士兵受军国主义影响最深,发动"二·二六"兵变的少壮派,几乎全在这两个师团之内。

**1937 年**

10 月初,日本发动以攻占太原为目标的作战。中国守军在忻口与日军展开会战。11 月初,太原告急,忻口守军撤退。

**1938 年**

1 月 5 日,中国军队同日军在徐州以南与以北两个地区展开会战。5 月 19 日,徐州失陷。

3 月 29 日至 4 月 1 日,国民党临时全国代表大会召开,通过《抗战建国纲领》。

6 月 11 日,国民党军炸毁郑州花园口黄河大堤,以阻止日军进攻。

在鲁南战场,最先迎敌的是驻守临沂的庞炳勋部不到一个军的人马。日军板垣师团不仅兵力占优,而且附属山炮一团、骑兵一旅,向庞部猛攻。在庞部的据城死守下,日军数日夜的冲杀,均不能越雷池一步。3月12日,张自忠率领增援部队抵达,双方里应外合,将板垣师团打回莒县县城,龟缩不出。板垣师团与矶谷师团在台儿庄会师的计划泡汤了。这也造成了台儿庄会战时矶谷师团孤军深入,为我军围歼敌人创造了条件。

3月16日,台儿庄战役揭开序幕,战斗首先在外围打响。日军猛烈进攻滕县,当时防守滕县的是川军王铭章师。在川军进入滕县阵地前,李宗仁亲自到军中鼓舞士气,他列举诸葛亮率蜀军抗司马懿的故事,希望川军效法前贤,杀敌报国。李宗仁还拨发大批枪支弹药给川军,并且给其配备迫击炮。在其后的两天中,王铭章师的三千川军子弟奋勇杀敌,拼死抵御日军疯狂的进攻。18日,王铭章壮烈殉国,滕县失守。但王铭章师以血肉之躯阻击日军两天,为掩护主力部队移动赢得宝贵时间。

3月23日,骄傲的矶谷师团冲到了台儿庄北泥沟车站。日军先以炮火轰我军工事,然后以坦克为前导,发起猛冲。负责防守台儿庄北门的池峰城师伤亡惨重,至4月3日,台儿庄四分之三的阵地已被日军占领。池峰城向集团军长官孙连仲请求让其部退至运河南岸。孙连仲哽咽着对李宗仁说:"可否答应把部队撤到运河南岸,给我们留点种子吧!"李宗仁知道孙连仲的苦衷,但战局正处于关键时刻,如果有一丝一毫的动摇,可能功亏一篑。于是,他断然回答:"敌我在台儿庄已经血战一周,胜负决定于最后五分钟。援军明日即可到达。我本人也将明日亲自督战。部队绝不能后退。如违抗命令,当军法从事。"孙连仲看到李宗仁如此坚决,也表示:"我绝对服从命令,命令整个集团军打完为止。"于是,他又断然向池峰城命令道:"部队绝

台儿庄战役时,中国军队发起攻击

不许撤,打到最后为止。士兵打完了你就填进去,你填上去了,我就来填。"池峰城奉命后,乃以必死决心,逐屋抵抗,任凭日军如何冲杀,也死守不退。午夜,池峰城组成敢死队收复失地,报名请战者上百名。池峰城对官兵的牺牲精神深为感动,决定每人奖大洋 30 元以资鼓励。勇士们把钱扔在地上,对池峰城道:"长官,我们连命都不要了,还要这些钱干什么。留着这些钱,等抗战胜利了,给我们立块碑就行了。"入夜,57 名敢死队员分组冲入敌阵,手持大刀向日军砍杀,日军死伤累累。日军苦战数日占领的多数阵地被中国军队逐一夺回。战斗结束后,敢死队仅剩下 13 人。

经过前线官兵的浴血奋战,胜利的天平开始倾向中国军队。4 月 4 日凌晨,李宗仁率随从连夜赶到台儿庄,指挥对矶谷师团的歼灭战。当日,汤恩伯部增援部队赶到台儿庄,围歼敌军的目标触手可及。6 日,日军狼狈突围逃窜,溃不成军。战后,据李宗仁自己估计,台儿庄一役,日军死伤当在 2 万人以上。

台儿庄捷报传来,举国若狂。此战是抗战以来规模最大的一次胜利,振奋了士气和民心,笼罩全国的悲观空气,至此一扫而空。

---

相关链接

### 正面战场

正面战场是中国控制的连片国土与日军侵华推进线上日控区对峙交战而形成的战场。由于在这个战场上作战的中国军队主要是国民党的军队,因此一般也称其为国民党正面战场。抗战初期,国民党正面战场是抗日的主力。国民政府组织了一系列的大规模会战,如淞沪会战、忻口会战、徐州会战和武汉会战等,给日军以沉重的打击。抗战进入相持阶段后,国民党当局虽然逐步失去抗战初期的抗日积极性,但还在继续抗战,从而保证了抗战的最后胜利。

八年抗战,国民党正面战场共举行过 22 次重大战役,歼灭日军 100 余万,国民党军队伤亡 320 余万。国民党军队的广大爱国官兵在前线与日本侵略者奋勇作战,表现出强烈的爱国主义精神,为中国抗日战争的胜利作出了重大贡献。

# 东方"敦刻尔克大撤退"

1940 年 5 月,30 多万英法联军被德军围困在法国的海滨城市敦刻尔克,面临着灭顶之灾。就在德军狂轰滥炸后稍事休整之际,英国海军调动所有船只用了 9 昼夜时间,悄悄将被围困的联军,通过英吉利海峡全部抢运到了英国。这次撤退,即是世界战争史上著名的"敦刻尔克大撤退"。然而你可知道,在这次大撤退发生一年多前,在中国也发生了一场十分相似的大撤退。那是在 1938 年,由民生轮船公司总经理卢作孚指挥船队,冒着日军的狂轰滥炸,抢运战时物资和人员入川,从而保存了中国民族工业的命脉。

谈论中国近代工商业的发展史,卢作孚是一位无法绕开的人物。20 世纪 50 年代毛泽东就曾说:在中国民族工业发展过程中,有四个实业界人士不能忘记。他们是搞重工业的张之洞,搞化学工业的范旭东,搞交通运输的卢作孚和搞纺织工业的张謇。

卢作孚,1893 年出生于四川省合川县一个普通的农民家庭。卢作孚年轻时,受新思潮的影响,曾加入过同盟会。辛亥革命后,他又先后投身教育和报业。1925 年 10 月,卢作孚在家乡合川又与朋友集资创办航运公司——民生公司。以"民生"为名,就是他认为在孙中山的三民主义中,民生主义更为迫切。民生公司起步非常艰难,卢作孚七拼八凑,才筹集到 8000 元,购买了一艘载重 70 吨的"民生轮"。但困难湮灭不了卢作孚的救国梦想。到 1937 年,民生公司已有轮船 46 艘,总吨位达 1.9 万吨,成为川江上最有实力的轮船公司。

正当民生公司蒸蒸日上之际,1937 年全面抗战爆发了。当时卢作孚正在南京,准备赴欧美考察,被政府留下来帮助制定撤退计划。当时,不仅大量机关需要撤退,还有上海等地的工厂也需要内迁到四川为主的西南地区。于是,运输成为关键,而川江航运又几乎完全要依赖于民生公司。有人为民生公司的前途担忧,认为"国家的对外战争开始了,民生公司的生命就结束了",而卢作孚的想法却与之截然相反,他说:"国家的对外战争开始了,民生公司的事业也就开始了,民生公司应该首先动员起来参加战争。"

1938 年 10 月,武汉失守,长江的咽喉、入川的门户——宜昌危在旦夕。当时宜昌集中了长江中下游转运来的 9 万多吨机器设备和 3 万多名人员，"全中国的兵工工业、航空工业、重工业、轻工业的生命，完全交付在这里了"。而日本飞机不断进行轰炸，日本军队又节节逼近，恐惧和不安笼罩在人们心头。卢作孚目睹的状况是："遍街皆是人员，遍地皆是器材，人心非常恐慌。因为争着抢运的关系，情形尤其紊乱。……管理运输的机关责骂轮船公司，争运器材的人员复相互责骂。"

面对宜昌如此混乱的局面和严峻的形势，卢作孚召集各轮船公司负责人连夜开会，亲自分配有限的运力，制定出运送物资的详细计划，要求各司其职，有秩序、有计划地配合撤退。根据长江枯水期的状况，他采取了"三段航行法"，就是将长江上游宜昌至重庆的航线分为三段，每段根据不同的水位、流速、地形来调整马力、船型、速度合适的轮船分段航行运输。把最重要的物资和最不容易装卸的物资直接运往重庆；其次的物资运到万县就返回；再次的运到奉节、巫山、巴东就返回。这样，航程缩短了一半或者一大半，从而赢得了宝贵的时间。

为了抢时间，多装快跑，卢作孚要求码头、轮船、装卸人员紧密配合，一分一秒也不放过。这是一场激烈、紧张的战斗。卢作孚对此有一段生动的描述："当着轮船刚要抵达码头的时候，舱口盖子早已揭开，窗门早已拉开，起重机的长臂，早已举起，两岸的器材，早已装在驳船上，拖头已靠近驳船。轮船刚抛了锚，驳船即已被拖到轮船边，开始紧张的装货了。两岸照耀着下货的灯光，船上照耀着装货的灯光，彻底映在江上。岸上每数人或数十人一队，抬着沉重的机器，不断的歌唱，拖头往来的汽笛，不断的鸣叫，轮船上起重机的牙齿不断的呼号，配合成了一支极其悲壮的交响曲，写出了中国人动员起来反抗敌人的力量。"

在民生公司上下员工的努力下，奇迹出

卢作孚

现了! 40 天后,滞留在宜昌的人员早已运完,器材运出三分之二。又过 20 天,器材全部运完,江水已低落到不能大规模运输。要是在平常按部就班地运输,以民生公司的运力,搬运这些人员和物资需要一年的时间,但现在仅仅两个月,他们就像蚂蚁搬骨头一样,把堆积如山的物资和成千上万的人员抢运完毕。亲历其间的著名教育家晏阳初对此高度赞扬:"这是中国实业史上的敦刻尔克,在中外战争史上,这样的撤退只此一例。"民生公司为此付出重大代价。据统计,在大撤退运输中,民生公司损失轮船 16 艘,116 名公司员工牺牲,61 人受伤致残,他们以自己的血肉之躯构建了一条挽救民族危亡的钢铁航线。

一位民营企业家,在国家危难的关头,不以牟利为目的,而以国家、以天下兴亡为己任,成为中国近代史上一块须后人仰视的丰碑。诚如梁漱溟对卢作孚的评价:"作孚先生胸怀高旷,公而忘私,为而不有,庶几乎可比古之贤哲焉。"

---

**相关链接**

### 国民政府迁都重庆

国民政府自 1927 年 4 月建立以来,一直以南京为首都。1932 年,日军在上海挑起一·二八事变后,国民政府曾短暂迁都洛阳。1937 年 10 月下旬,上海战事的日益吃紧及日军飞机对南京的频频轰炸,使得首都南京所受威胁愈趋严重,迁移政府及国都之举迫在眉睫。10 月 29 日,蒋介石召集国防最高会议,作了题为《国府迁渝与抗战前途》的讲话,确定四川为抗战的大后方,重庆为国民政府驻地。

11 月 20 日,国民政府发表移驻重庆宣言:"国民政府兹为适应战况,统筹全局,长期抗战起见,本日移驻重庆。此后将以最广大之规模,从事更持久之战斗。"到 1938 年 1 月 11 日,国民政府机关均由南京迁到重庆,但军事及外交部门仍留武汉办公。1938 年 12 月,蒋介石由桂林飞抵重庆,随后国民政府军事委员会亦移渝办公。

重庆战时首都地位的确立,奠定了重庆作为大后方抗战中心的基础。抗战爆发后,东部地区大量工矿企业迁往内地,其中迁到重庆的最多。重庆成为中国抗战时期大后方的政治、军事、经济、文化中心,对整个抗战有着重要的意义。

# 汪 精 卫 叛 逃

一说汉奸,大家很自然地就想起了汪精卫。其实,这位遗臭万年的人物,早年有着光辉的历史,亦有为革命献身的理想。1910年,因刺杀摄政王载沣未成,汪精卫被捕。身陷囹圄的汪精卫写下"引刀成一快,不负少年头"的豪迈诗句。如果当时载沣杀掉他的话,反倒成全了他。

民国建立后,汪精卫不仅远离官场,还一度赴海外留学,博得了不贪恋名位的美名。此后,在追随孙中山的过程中,汪精卫的政治地位日渐提高。1925年3月,孙中山逝世,作为孙中山遗嘱的主要起草者,汪精卫被众人视为孙中山的接班人。

不出众人所料,汪精卫很快就成功地当选广东国民政府主席,政治前途一片光明。1926年3月,蒋介石一手制造了"中山舰事件",作为最高领导人的汪精卫感到尊严受侵犯,一气之下称病出国,希望以退为进,获得更多的权力。汪精卫的出走,为蒋介石夺取国民党的最高统治权创造了良好的条件。1927年国民革命失败后,蒋介石确立在全国的统治地位,汪精卫则在国民党派系斗争中失利。最初,汪精卫心有不甘,不断参与各种反蒋运动,希望夺回最高权力,但均以失败告终。"既生蒋,何生汪",无路可走的汪精卫只能选择与蒋介石合作。

汪精卫与蒋介石合作的日子,恰好是日本人不断侵略挑衅的时候。蒋介石忙于内战,外交上的事务均由汪精卫负责。但作为蒋介石的傀儡,汪精卫不仅没有实际的政治权力,反而还要为蒋介石承担各种骂名。1935年11月1日,汪精卫遭孙凤鸣的刺杀,身中三弹,几乎丧命。汪精卫、陈璧君夫妇以为,这是蒋介石的报复。据说,当蒋介石闻讯赶到现场时,陈璧君情绪十分激动,双手紧紧扭住蒋介石,边哭边喊:"你不要汪先生干,汪先生可以不干,为什么派人下此毒手啊?"蒋介石竟无以应对。自此,汪精卫夫妇对蒋介石更加不满,时时刻刻都梦想借助各种力量,打倒蒋介石,以图东山再起。

1937年7月7日,卢沟桥事变爆发,日本帝国主义发动全面侵华战争。抗战初期,中国军队的节节败退,让一向主张对日妥协的汪精

1937年

12月14日,日本近卫内阁扶持的汉奸政权"中华民国临时政府"在北平成立。

1938年

12月,汪精卫出逃河内,发表臭名昭著的"艳电"。

1939年

1月1日,国民党中常会决定开除汪精卫党籍并撤销其一切职务。

6月8日,国民政府明令通缉汪精卫。

12月30日,汪精卫与日本在上海签订卖国密约《日支新关系调整要纲》。

卫仿佛看到了一些挑战蒋介石的新希望。他表面唱"人人抗战,处处抗战"的高调,但他的头脑里真正想的是:中国战局处于败势,如果他能利用和日本的亲密关系,使战事得以转圜,那么他汪精卫就是中国的"大英雄"、"救世主",蒋介石就得靠边站。1938年10月后,日本政府调整侵略中国的策略,积极拉拢、诱降国民党要员,并特别声明"起用中国第一流人物"。对于日本侵略者的垂青、诱降,汪精卫受宠若惊。同时,周佛海、梅思平、高宗武、陈公博等人组织的"低调俱乐部",也大肆鼓吹投降主义,散播抗日必然亡国的悲观论调。汪精卫就所谓"和平救国"与蒋介石屡次发生争论,遭到蒋的驳斥。

**1940年**
3月30日,汪伪国民政府在南京成立,汪精卫任代主席兼行政院长。

1938年11月3日,日本政府发表了第二次近卫声明,一改过去的"不以国民政府为对手"方针,表示只要国民政府抛弃以前的抗日政策,更换人事组织,参加大东亚共荣圈的新秩序的建设,中日可以结束战争。汪精卫对近卫声明热烈欢迎,他要求蒋介石辞职,以争取和日本实现停战。11月16日,汪和蒋一起吃饭。汪精卫情绪激动,振振有词地责问蒋介石:"自从国父逝世已12余年,党国重任一直落在你我二人肩上。开始是由我主政,但我很惭愧,没有把党国治理好。后来由蒋先生主政,你同样没有把党国治理好。现在战事糜烂,同胞惨遭杀戮,我们有愧国父,有愧国民。因此,我们应迅速连袂辞职,以谢天下。"蒋介石则说:"我们如果辞职,到底由谁负起政治的责任?"两人争得面红耳赤,不欢而散。汪精卫见蒋介石坚持抗战,决定与蒋分道扬镳,单独搞"和平救国"。于是,汪通过自己的亲信周佛海指使高宗武、梅思平同日本的代表影佐帧昭、今井武夫在上海密谈,达成《日华协议记录》及《谅解事项》,并商讨了汪精卫等人的潜逃步骤。

1938年12月初,汪精卫等人本已设计好出逃的计划,可突如其来的变故,打乱了他们的安排。无奈之下,只好改变行程。12月18日,急不可耐的汪精卫借口到昆明演讲,坐飞机从重庆出走。离开时,汪精卫给蒋介石留下了一封诀别信,表示他和蒋介石虽然所走的道路不同,但目的都是为了救国。汪精卫最后写道:"君为其易,我任其难。"在他看来,在当时爱国气氛下,走高唱抗战的道路当然比较容易,而走与日本讲和的道路就比较艰难,大有我不入地狱谁入地狱的气概,但实际上他已经走上了一条投敌叛国的不归路。

抵达云南后,19 日下午,汪精卫、陈璧君、周佛海等乘包租的一架欧亚航空公司的飞机,仓皇逃往河内。为制造假象,在飞机起飞前,汪又煞有介事地给蒋介石打电报,佯称:赴昆明因飞机"飞行过高,身体不适,且脉搏时有间歇现象,决多留一日,再行返渝"。当汪精卫一行到达河内后,日本首相近卫文麿在 12 月 22 日发表了第三次对华声明,提出中日实现"相互善邻友好、共同防共和经济合作"的和平三原则。29 日汪精卫发表"艳电",表示响应,愿意以近卫三原则同日本进行"和平谈判"。从此,汪精卫集团便公开走上投敌卖国的罪恶道路。

汪精卫的出逃,一度让日本人非常兴奋。他们以为,有汪精卫这样的国民党高官归顺,一定会引发连锁效应,投降者接踵而至,他们可以坐收渔利了。的确,在汪精卫的影响下,一些国民党将领和高官纷纷变节,甘心追随汪精卫去做汉奸。但是,更多的中国人依然选择了抵抗。汪精卫的投降,不仅没能消弭中国人民的抗战决心,反而成为激发中国人民抗战热情的反面典型。

**相关链接**

## 汪伪政权

汪精卫是国民党副总裁、国民党内亲日派的首领。抗战开始时就大肆宣扬失败主义,并与日本侵略者秘密往来。1938 年 12 月,在日本的周密策划下,汪精卫率亲信从重庆逃往越南河内,发表"艳电",公开投降日本。1939 年 4 月底,汪精卫一伙抵达上海。同年底,与日本政府签订卖国密约《日支新关系调整要纲》。1940 年 1 月,汪精卫与北平伪临时政府头子、南京伪维新政府头子在青岛召开"联席会议",决定成立南京伪国民政府。1940 年 3 月 30 日,汪伪国民政府宣布成立。汪精卫任代主席兼行政院院长,陈公博任立法院院长,温宗尧任司法院院长,梁鸿志任监察院院长,王揖唐任考试院院长,王克敏任华北政务委员会委员长。

汪伪政权以"和平反共建国"为口号,破坏抗战,残酷镇压和搜刮沦陷区人民,并组织伪军配合日军进攻中国共产党领导的抗日根据地。1944 年汪精卫死后,由陈公博继任伪国民政府主席。1945 年 8 月随着抗日战争的胜利,汪伪政权被摧毁。

# 聂荣臻与日本小女孩的故事

**1940 年**

2 月 23 日，东北抗日联军主要领导人之一杨靖宇壮烈殉国。

### 东北抗日联军

简称"抗联"，是中国共产党领导的东北地区各族人民抗日武装，其前身是东北抗日义勇军余部、东北反日游击队和东北人民革命军。1936 年 2 月，东北各抗日武装领导人联名发表《东北抗日联军统一建制宣言》，各种抗日力量统一建制，称为东北抗日联军。东北抗日联军的艰苦斗争，牵制了数十万日伪正规军，强有力地打击了日本侵略者，动摇了侵略者的大后方。

5 月，枣（阳）宜（昌）会战开始。16 日，第三十三集团军总司令张自忠壮烈殉国。

8 月 20 日至次年 1 月 24 日，八路军发动百团大战。

战争并不都是炮火轰鸣、刀光剑影、冰冷无情的场面，其中也常常发生一些曲折动人的故事。抗日战争时期中国官兵"以德报怨"的人道之举，更是赢得了世界人民的尊重，至今被传为佳话。

1940 年，为了打击华北日军，振奋中国军民的抗战士气，八路军总部决定在华北发起百团大战。8 月的一个夜晚，井陉煤矿车站副站长、日侨加藤清利一家四口被猛烈的枪炮声惊醒。等清醒过来后，他们发现煤矿已经被八路军占领。就在他们一家庆幸躲过一劫时，突然间，一排排夹杂着烧夷弹（燃烧弹）的炮弹从岗头老矿方向飞来。原来，那里的日军见新矿已被八路军占领，便不顾尚未撤离的日侨，疯狂地向新矿开炮。一颗炮弹正落在站长室，加藤一家顿时没入火海。正在打扫战场的八路军战士，听到有小孩子的哭叫声，立即冲进火海。他们发现，加藤夫人已经中弹身亡，便救出加藤和两个孩子。战士们立即对加藤进行救治，但他终因伤势过重，不久死去。被救出的两个孩子中，稍大些的仅受了点轻伤，而那个不满周岁的小女孩伤势却很重，经过八路军医务人员及时抢救和治疗才脱离危险。前线的作战部队不可能总是带着两个孩子，晋察冀军区司令员聂荣臻指示，将两个孩子送到晋察冀军区指挥所。

两个日本小姑娘由参战部队的几位战士和民兵先护送到四分区战地委员会，再由战地委员会派专人用两个箩筐挑着送到聂荣臻的指挥所。看着两个被战火摧残的无辜儿童，聂荣臻的怜爱之心油然而生。他一面吩咐医生和警卫人员好好照顾襁褓中的婴儿，一面又用自己的真情，打动了那个稍大一点的日本女孩，取得了她的信任。

两个小家伙就这样在指挥所住了下来，并很快与聂荣臻等人建立起了深厚的感情。大一点的小姑娘"兴子"（美穗子）一直跟着聂荣臻，常常用小手拽着他的马裤腿，像个小跟屁虫，聂荣臻走到哪里，她跟到哪里。为了不使这两个日本孤儿流落异乡，也为了显示中国人民的宽大仁慈之胸怀，聂荣臻决定将她们送还日方，通过日军让无辜的孩子回家。他找了一个可靠的老乡，准备了一副挑子，嘱咐老乡将两个日本女孩送往石家庄的日军兵营。

多年以后，聂荣臻在回忆录中写道："我是这样考虑的：我们进行抗日战争，这中间不只是打仗的问题，还要注意不失时机地对敌军进行政治工作。这一点非常重要，它涉及到军心的问题。就是将来不论同任何侵略军作战，都不能忽视这项工作。在战争中间，如果你拿着武器同我们打，那我们绝不客气；但是，一旦解除了你的武装，我们就坚决执行'宽待俘虏'的政策。""当然，这两个小孩子，根本不同于解除武装的俘虏。小孩子是战争的受害者。我们八路军决不搞日本侵略军那一套。"

果然，聂荣臻将两个小女孩送交给日方后不久，日军很快回了信，信中说他们很感谢八路军这样做。

两个日本女孩被送走后，聂荣臻心里并不踏实，不知道在这烽烟四起、兵荒马乱的岁月里，那两个小姑娘能否安然回到亲人的身边。

四十年岁月转眼过去了。1980 年 5 月 29 日，得知此事的《人民日报》记者姚远方专门写了一篇感人至深的文章，以《日本小姑娘，你在哪里？》为标题刊发，并配发了当年聂荣臻与美穗子的合影。第二天，日本的《读卖新闻》以《战火里救出孤儿，聂将军 40 年后呼唤兴子姐妹》为

聂荣臻与美穗子(当时名叫兴子)的合影

题，全文转载了姚远方的文章。这个事情一经公开，很快就在中国和日本都引起了很大反响。日本方面经过认真仔细查找，在九州找到了美穗子。当时，她已经是 3 个孩子的母亲了，与丈夫经营着一家小杂货铺。她那个受伤的小妹妹被送回以后，死在石家庄的医院里。

当记者找到美穗子时，她惊喜交加，当场写了一封信，请记者转交给聂荣臻。此后，聂荣臻收到了一大批来自日本各地的电报和书信，有的还送来了礼物。7 月 10 日晚，在一群记者的包围下，美穗子一家五口飞抵北京。14 日，聂荣臻在人民大会堂接见了他们。美穗子看到依稀可见当年面容的聂伯伯，激动得热泪盈眶，一再地表示感谢。美穗子赠给聂荣臻一件精美的工艺品作为礼物，并转交了北海道渔民托她带来的一盒干贝，以表达对中国人民的祝愿。美穗子真诚地对聂荣臻说，当年参加过正太路作战的日本旧军人再三向她表

**"囚笼政策"**

抗战期间，日军在华北抗日根据地进行"扫荡"时所采取的一种战术。就是以"铁路为柱、公路为链、碉堡为锁"，辅之以封锁沟、封锁墙，把敌后抗日根据地分割包围起来，形成"囚笼"，并不断向根据地延伸，企图一举消灭根据地。百团大战就是要摧毁日寇的"囚笼政策"。

示,他们对不起中国人民,非常抱歉。聂荣臻也送给美穗子一幅高达3米的中国画《岁寒三友》,以象征中日两国的友谊经得起考验。

百团大战中这个小小的"插曲",表现了中华民族的人道主义精神。战争无情人有情,此情此景,让那些昔日在中国土地上残杀中国民众的日本军人无地自容。

相关链接

## 百团大战

1939年至1940年,为巩固占领区的统治,日军对敌后抗日根据地进行了"治安肃正"作战,频繁向各抗日根据地"扫荡"进攻。为了粉碎日军的图谋,打破其"囚笼政策",振奋抗战精神,克服妥协危险,华北八路军在彭德怀指挥下,对日军发动了一次大规模的破袭作战。八路军参战部队达到105个团约20余万人,故称"百团大战"。

人民群众热烈欢迎归来的八路军战士

百团大战经历两个主动进攻阶段和一个反"扫荡"阶段。战役第一阶段(1940年8月20日至9月10日)是交通总破袭战,破坏敌人的主要交通线,重点是摧毁正太铁路。第二阶段(9月22日至10月上旬),继续袭击交通线两侧敌人和摧毁深入根据地内部的日军据点。第三阶段(10月6日至1941年1月24日)是反"扫荡"作战。百团大战持续4个多月,总计大小战斗1820多次,毙伤日军2.06万多人、伪军5100多人,俘虏日军280多人、伪军1.8万余人,破坏铁路470多公里、公路1500多公里和桥梁、车站、隧道260多处,缴获大量武器、弹药和物资。

百团大战打出了敌后抗日军民的声威,给日军以沉重打击,增强了全国人民抗战的信心。蒋介石对八路军的百团大战亦是惊喜交加,向八路军总部发出嘉奖电称:"贵部窥此良机,断然出击,予敌甚大打击,特此嘉奖。"

# 叶挺舌战蒋介石

"为人进出的门紧锁着，为狗爬出的洞敞开着，一个声音高叫着：爬出来吧，给你自由！我渴望自由，但我深深地知道——人的身躯怎能从狗洞子里爬出！我希望有一天，地下的烈火，将我连这活棺材一齐烧掉，我应该在烈火与热血中得到永生！"今天每个读起这首诗的人都会感到心潮澎湃，热血沸腾。这首广为传诵的诗名为《囚歌》，其作者是一代名将叶挺。这首诗写于 1942 年，时叶挺因皖南事变被囚，面对蒋介石的威逼利诱，他坚贞不屈，写下《囚歌》以明志。

1941 年 1 月，国民党顽固派制造震惊中外的皖南事变。在遭国民党军重兵包围的严重情况下，叶挺指挥部队奋起突围，浴血奋战七昼夜之久。为了摆脱困境，叶挺亲自去和国民党谈判，却被无理扣押了，"北伐名将"转眼之间变成了"罪人"。

面对叶挺这样的北伐名将，蒋介石亦有怜才之心。在他看来，如能说服叶挺归顺，既可借此打击共产党，又可获得一良将，可谓一箭双雕。为此，蒋介石不惜采取怀柔手段，企图说服叶挺。

首先出马的劝降说客是直接制造皖南事变的顾祝同。顾祝同是叶挺在保定军校时的同学。他先把叶挺单独监禁在江西上饶一个院落内，每天都以美酒佳肴宴请叶挺，而且彬彬有礼。叶挺虽然满腹厌恶，却没有表露出来。不久，在一次筵席上，顾祝同终于把蒋介石的底牌亮了出来。他满脸堆笑地说："昨天，校长从重庆拍来电报，专门问候希夷兄（叶挺字希夷）的情况。并嘱咐小弟，要给予特殊照顾。小弟深感荣幸……"顾祝同接着说："希夷兄，蒋委员长十分器重你，这次事变没有你的责任，是项英不听指挥，违反了军令、政令……"叶挺闻言，义愤填膺，他打断顾祝同的话质问道："新四军是人民抗日军队，你们那么多装备精良的部队，为什么不上前线打日军，却转打艰苦抗战的新四军？我们按照你们指定的路线北撤，怎么是不服从军令？你们做出这种亲者痛仇者快的事，又要把责任推到项英身上，岂不是伤天害理？!"顾祝同本想把蒋介石抬出来能使叶挺服软，但叶挺不仅没吃这一套，还把他痛斥一通，顾祝同感到很没脸面。之后，顾祝同又屡屡出招，但都遭到叶挺的拒绝，弄得他理亏心虚，只好上报

**1940 年**

7 月，国民党五届七中全会在重庆召开，通过蒋介石拟定的"中央提示案"，企图取消陕甘宁边区，缩编八路军及新四军。

**1941 年**

1 月 6 日，国民党发动"皖南事变"，新四军遭受重大损失。蒋介石反诬新四军"叛变"，宣布取消新四军番号。20 日，中共中央军委发布重建新四军军部的命令，任命陈毅为代理军长，刘少奇为政治委员。

3 月 19 日，中国民主政团同盟成立，选举黄炎培为主席。1944 年 9 月改名为中国民主同盟。

蒋介石。

1942 年 1 月，叶挺被辗转关押到重庆。陈诚又是几番"苦口婆心"的劝说，但叶挺根本不为所动。蒋介石看到部下个个黔驴技穷，只好自己出马了。5 月 12 日晚，蒋介石亲自劝降叶挺。

当时蒋介石是如何来劝降叶挺的呢？据事后叶挺写的《劝降笔录》记载，起初，蒋介石为拉近距离，故意问一些无关痛痒的话题，比如说休息怎么样、有什么新的想法之类。进而有点自责地说："……这几年没有很好让你做点事。"叶挺很快便明白了蒋介石的意思，即说国民党没能很好地使用他，才让他跟共产党走上了"邪路"。继而，蒋介石又利用叶挺与新四军的另外一个领导人项英之间的矛盾，故意挑拨他说："你这人太老实，上了人家的当还不觉悟，人家叫你回去就回去，叫你打你就打，人家利用你完了还会杀你，去年（实为前年）为什么不来见我就回去？"

对于蒋介石的挑拨离间，叶挺丝毫没给蒋介石留情面，当面揭露他蓄意制造皖南事变的阴谋。叶挺义正辞严，蒋介石被驳斥得理屈词穷，有些恼羞成怒。蒋介石以命令式的口气威逼说："我指示你一条正路，你能绝对服从我跟我走，你一定可以得到成功，不然你就算完了。"叶挺听了斩钉截铁地说："我早就决定我已经完了。"

蒋介石对叶挺"赐见"劝降失败，只能将其关押在重庆郊外一个"与世隔绝"的山沟。对于一个长于作战的将领来说，国难当头，却被关在监狱里面，还要应付要他甘愿做奴才的种种说服，其中的痛苦与无奈可想而知。愤怒之余，叶挺用"生命和血"写下了《囚歌》，铮铮铁骨，让人钦佩。

1946 年 3 月 4 日，在多方的努力营救下，叶挺终于获释出狱。第二天，他就电告中共中央，要求重新加入中国共产

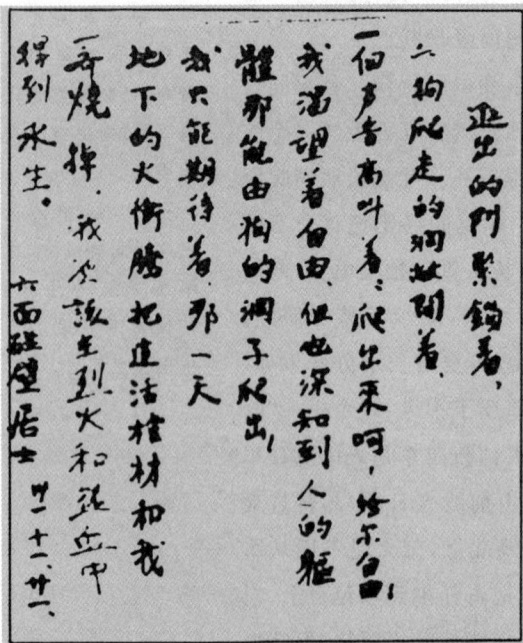

叶挺《囚歌》原稿

党,得到批准。4月8日,叶挺及夫人和王若飞、博古等一起乘飞机由重庆去延安,半途因飞机失事而遇难。一代英杰,就此长眠于山西大地。

---

 相关链接

## 皖南事变

1940 年冬天,日本侵略者集中兵力,在华北地区进攻中国共产党领导的解放区和八路军、新四军,同时加紧对蒋介石的诱降。蒋介石乘机掀起了第二次反共高潮,强令在长江南北和黄河以南坚持抗战的新四军、八路军,在一个月内全部撤到黄河以北。中国共产党拒绝了这种无理要求,揭露了蒋介石的反共阴谋,并号召全国人民提高警惕,随时准备应付突然事变。同时,为了顾全大局,中国共产党也作了必要的让步,决定将皖南新四军撤到长江以北。

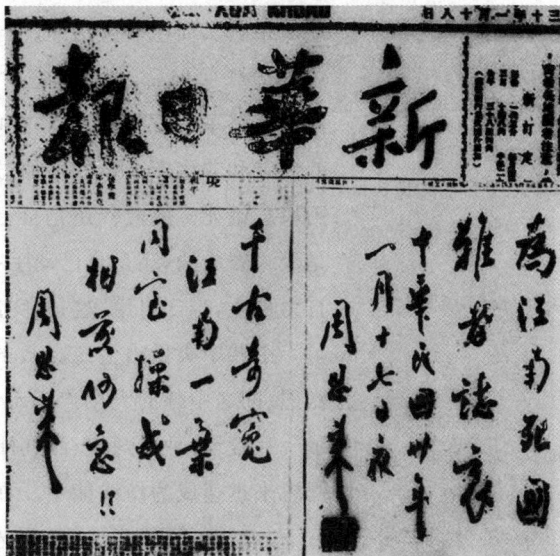

皖南事变发生后周恩来在《新华日报》上的题词

1941 年 1 月 4 日,驻皖南的新四军军部和在皖南的部队 9000 多人,在军长叶挺、副军长项英率领下,由泾县云岭起程北上。1月6日,当部队到达茂林地区时,突然遭到国民党 7 个师 8 万多人的包围袭击。在叶挺指挥下,新四军指战员奋起自卫,英勇抗击,激战七昼夜,终因寡不敌众,弹尽粮绝,除约 2000 人突围外,大部分壮烈牺牲。项英遭叛徒杀害,叶挺前往和国民党谈判时被扣押。这就是震惊中外的皖南事变。

皖南事变发生后,周恩来怀着非常悲愤的心情,写下了"千古奇冤,江南一叶;同室操戈,相煎何急!?"的诗篇,向国内外揭露蒋介石制造皖南事变的真相。对于国民党的反共行径,中共中央给予坚决回击,指示八路军、新四军在军事上自卫,在政治上反攻。1月20日,中共中央革命军事委员会发布重建新四军军部的命令,任命陈毅为代理军长,刘少奇为政治委员。

# 南泥湾的歌声

**1941 年**

3 月,王震率八路军三五九旅进入南泥湾。

5 月,毛泽东作《改造我们的学习》的报告,整风运动首先在党的高级干部中进行。

11 月 6 日至 21 日,陕甘宁边区举行第二届参议会,李鼎铭提出"精兵简政"政策。

从本年春到 1942 年秋,日军在华北接连推行了五次"治安强化运动",对沦陷区人民进行骇人听闻的劫掠和屠杀。与此同时,江南日寇和汪伪政权发动了"清乡运动"。

"花篮的花儿香,听我来唱一唱,唱一呀唱……"这首很多人耳熟能详的歌曲,就是产生于 67 年前,由贺敬之作词、马可作曲的《南泥湾》。歌曲所反映的内容,是抗战时期八路军在各根据地开展大生产运动,以求自力更生,渡过难关的场面。南泥湾,位于延安东南 45 公里处,是一条狭长沟谷,它既是大生产运动的见证者,也是大生产运动成果真实而生动的写照。

1941 年前后,由于日寇的残酷"扫荡"和国民党的包围封锁,延安作为八路军后方中枢,面临严峻考验。由于土地贫瘠,加上自然灾害的侵袭和非生产人员的增加,边区缺衣少食,陷入了物资供给匮乏的困境。饿死?解散?还是自己动手呢?饿死是没人赞成的,解散也是没人赞成的,还是自己动手吧——这是当时中共中央给出的回答。自力更生,生产自给,这是"突出重围"的唯一出路。

中共中央做出生产自救的决策后,各个根据地展开了一场轰轰烈烈、闻名中外的大生产运动。毛泽东在杨家岭的住所前亲手开辟了一片荒地,种上辣椒、西红柿等蔬菜;朱德背着箩筐到处拾粪积肥;周恩来迅速成为纺线能手。在"背枪上战场,荷锄到田庄"的口号感召下,部队也纷纷开展屯田大生产运动,驻扎在边区的三五九旅率先示范。

三五九旅,1939 年秋奉命从华北调回陕甘宁边区,担负坚守黄河河防、保卫边区和中共中央的任务。1941 年 3 月,在旅长王震率领下,全旅指战员高唱"一把镢头一支枪,生产自给保卫党中央"的战歌,分批从绥德警备区出发,斗志昂扬地进军新的"战场"——南泥湾。南泥湾军垦屯田政策,最初是由八路军总指挥朱

八路军开垦荒地

德提出并推行的。1940年5月,朱德从抗日前线返回延安后,正值边区军民面临经济困境。当年,朱德多次前往南泥湾,对当地土壤、水质、森林资源进行勘察。他说:南泥湾是个好地方,我们的部队开进去后,不仅可以守卫边区的南大门,而且可以开展生产。随后,他向毛泽东汇报了开发南泥湾并建议调三五九旅屯垦的打算,毛泽东连声称赞并补充说,延安的中央机关、军委机关、学校和留守部队都要抽人进去。很快,朱德选中的第一块"试验田"——南泥湾,成为以三五九旅为主力的军垦大军拓荒之地。截至1942年底,三五九旅6个团队,共1万余人,全部进驻南泥湾。

南泥湾的垦荒史,是人与自然艰苦抗争的历史。正如歌中所唱:"南泥湾呀烂泥湾,荒山臭水黑泥潭,方圆百里山连山,只见梢林不见天,狼豹黄羊满山窜,一片荒凉少人烟。"重重困难,并没有吓倒三五九旅的官兵,他们用自己的辛勤与汗水,甚至是生命,唤醒了南泥湾沉睡了多年的土地,开辟出万亩良田。在红红火火的开荒竞赛中,涌现出赵占奎、李位、刘顺清等一批劳动模范。旅长王震吃苦在前,成绩卓著,后来被评为陕甘宁边区"有创造精神"的劳动英雄。

正是凭着上下同心、艰苦奋斗的精神,南泥湾这块"试验田",终于在以三五九旅为代表的屯垦官兵手中,焕发出勃勃生机。从1941年开荒万余亩,收粮千余石,到1944年开荒26万多亩,产粮近4万石,三五九旅官兵不仅做到粮食、经费自给自足,而且积存了一年的储备粮,还首次向边区政府上交公粮1万多石。当兵不吃公家粮,并主动向政府上交公粮,这大大缓解了边区面临的经济难题。短短3年时间,昔日"烂泥湾"变成了"米粮川"、"好江南",三五九旅因此成为全军大生产运动的一面旗帜,被誉为"发展经济的先锋"。南泥湾精神研究会会长张本安说,南泥湾开发的成功,标志着大生产运动的全面胜利,也彰显了"自己动手,丰衣足食"的强大威力。

"困难,并不是不可征服的怪物,大家动手征服它,它就低头了。"毛泽东视察南泥湾时的话语,至今打动着人们的心灵。这既是对三五九旅将士的肯定,也是对南泥湾精神的最好诠释。

**精兵简政**

抗战时期中国共产党为克服根据地的物质困难,而采取的精简机关、充实基层的一项重要政策。1941年由著名民主人士李鼎铭首先提出,被中共中央采纳。通过精兵简政,减轻了人民负担,改善了干群关系、军民关系和军政关系,为抗日战争的胜利打下了牢固的基础。

## 大生产运动

1941年前后，日本侵略者企图以破坏敌后抗日根据地的经济来消灭抗日的有生力量，对解放区采取了"蚕食"、"扫荡"、"三光"政策。国民党军队也加强了对陕甘宁边区的军事包围和经济封锁。同时，自然灾害频繁发生。敌后抗日根据地出现了严重的困难局面，军队和工作人员的衣食及日用品得不到供应。

抗日军政大学的学员们在纺纱

为克服严重的物质生活困难，减轻边区人民的负担，巩固抗日根据地，中共中央于1942年12月底提出了"发展经济，保障供给"的方针，号召抗日根据地军民自力更生，克服困难，开展大规模的生产运动。大生产运动实行以农业为主，农业、畜牧业、工业、手工业、运输业和商业全面发展的方针。

各抗日根据地在"自己动手，丰衣足食"的口号鼓舞下，群众生产搞得热火朝天，大生产运动取得了巨大成绩。到1943年，敌后各抗日根据地的机关一般能自给两三个月甚至半年的粮食和蔬菜，实现了丰衣足食的目标。大生产运动，发展了抗日根据地的经济，改善了军民生活，减轻了人民负担，为抗日战争的胜利准备了物质基础。

# 中国远征军被困野人山

在中国、印度、缅甸三国交界处,有一片方圆数百公里的原始森林,缅甸人称之为胡康河谷,意思是"魔鬼居住的地方"。这里,山高林密,河流纵横,瘴疠横行,据说原来曾有野人出没,因此当地人将这片无人区笼统称为"野人山"。1942 年 5 月,数万中国远征军将士,为了摆脱日寇的追杀,慌不择路地走进了野人山。这里,虽然没有硝烟四起、刀光剑影的拼杀,但却是能进不能出的"吃人战场",3 万多名中国远征军将士惨死在此。

1942 年 1 月,英方请求中国派遣远征军赴缅甸协同英军对日作战。为保卫滇缅公路,中国方面同意英方请求,由杜聿明、廖耀湘、戴安澜等率领中国远征军入缅。进入缅甸后,中国军队先后在同古、斯瓦、松山等地同日军激战,在仁安羌战役中还解救了被围英军 7000 余人。然而,4 月底,由于英军溃败,中国远征军在战场上被日军形成包围之势,而且日军迂回至中国远征军后方,切断了中国军队的归国通道。

面对急转直下的形势,杜聿明经向蒋介石请示,决定带领 6 万人穿越野人山退回国内。1942 年 5 月 13 日,杜聿明率大军退入了野人山。临行前,他命令部队炸毁所有辎重徒步进入丛林。几百公里的原始森林,在地图上不过是几厘米的距离,但野人山恶劣凶险的环境远远超出了杜聿明等人的想象。当时,中国军队把旱季干涸的溪谷河道当作交通要道,但在雨季,干涸的河流会由于上游降雨而猝发山洪,洪水来势凶猛,荡涤一切,转瞬之间,人马即无影无踪。不仅如此,冰冷的雨水还带走了人体的热量,蚂蟥成群结队,循着人的气息随时袭来,无孔不入。

部队所带粮食仅维持了 7 天,杜聿明只好下令杀掉战马,但仅维持了 3 天。军人们发挥了对于吃的东西的全部想象力。除了野果、菌类、植物块茎、野芭蕉,他们还捕杀飞鸟、青蛙、老鼠、蛇,掏蜂窝、蚂蚁窝,凡能够下肚的东西都成为寻觅的对象,但饿死的人还是越来越多。饥不择食,不少士兵因吞食了带毒的食物而中毒身亡。当时,有1500 名伤兵实在无法再随军跋涉,他们从大局着想,不愿拖累部队,

**1941 年**

12 月 8 日,日军偷袭珍珠港。美、英对日宣战,太平洋战争爆发。

**1942 年**

5 月 25 日,八路军副参谋长左权牺牲。翌日,中国远征军第二〇〇师师长戴安澜殉国。

**1943 年**

1 月 11 日,中英、中美分别在重庆、华盛顿签约,废除两国在华治外法权及其他有关特权。新约的签订,废除了百年来列强强迫订立的不平等条约,在中国近代史上具有重大的意义。

3 月 10 日,蒋介石《中国之命运》发表。此书宣扬法西斯主义和封建主义,反对自由主义和共产主义,成为国民党系统化的政治理论。

9 月,中、美、英军队开始在缅甸进行反攻,日军逐渐陷于不利境地。

11月22日,中、美、英三国首脑蒋介石、罗斯福、丘吉尔在开罗举行会议。会后发表《开罗宣言》,其中规定将日本占领的台湾、澎湖列岛归还中国。

**滇缅公路**

滇缅公路起点在中国云南省昆明市,终点是缅甸腊戍,全长1453公里,其中中国境内959公里。七七事变以后,日军很快就占领了中国华北、华东、华南地区,国际援华物资的通道中断,中国急需一条新的安全国际运输通道。1937年底,国民政府下令修建滇缅公路。于是,20万云南人民用双手在群山峻岭间用了近10个月时间开辟出了中国境内的公路,并和缅甸段连接上。1938年8月底,滇缅公路通车。在抗日战争的枪林弹雨中,滇缅公路成为中国接受外援物资最重要的通道,战略物资源源不断从滇缅公路运往中国战场。因而,滇缅公路也被世人称为"中国抗日战争的大动脉"。

也不愿受被日寇之辱,集体引火自焚。

疲惫的身躯加上恶劣的环境致使许多士兵患上了疟疾、登革热等疾病,恶性疟疾能在三天夺去一个鲜活的生命,许多士兵身上不止一种病,但他们只要还有力气,就互相搀扶着继续前进,直至倒下被雨林吞没。杜聿明后来在回忆录中写道:"官兵死亡累累,前后相继,沿途尸骨遍野,惨绝人寰。我自己也在打洛患了回归热,昏迷两天,不省人事。全体官兵曾因此暂停行军,等我被救治清醒过来时,已延误了二日路程。我急令各部队继续北进,而沿途护理我的常连长,却因受传染反而不治。"警卫营的营长是杜聿明的老乡,陕西米脂人,他后来回忆说,为了抬自己的军长,沿途就死去了20多人。

这是一次惨烈的死亡之旅,绵延数百里的野人山,许多没有倒在日军枪炮下的中国远征军将士却倒在了这片茫茫不见尽头的热带丛林中。一些人因饥饿、疾病、恐惧而死去;一些人坠入了深山峡谷;一些人被毒蛇猛兽肆虐;一些人被山洪卷走;一些人被沼泽吞噬;还有一些人因忍受不了这种没完没了的折磨,在绝望中相互射杀……据原远征军第五军直属消防连(即防化连)少尉俞舜民回忆:"途中每天都能看到几十具尸体,一般是单个的,而在宿营地则是连片成堆,尸横相聚。人死后,尸体一般是躺着的,但有的是仰卧,有的俯卧,有的侧卧,有的头在山坡上而脚在山坡下,有的头在山坡下而脚在山坡上,有的四肢伸直,有的四肢弯曲,也有的背靠山坡坐着死去的。总之,死姿是各式各样的,只有少数人覆盖着一些树枝树叶。"

死亡与苦难折磨着这支疲惫之师,也在磨炼着这支军队的意志和顽强不息的精神。不少人临终前哆嗦地指向祖国的地方,断断续续地说:"好——想——家!"前面的战友倒下去,跟进的战士拣起了战友的武器,继续向北走,他们要走回祖国,继续和日本鬼子拼命。有一个远征军士兵,他的身上背着十几支步枪,直到自己最后染上了疟疾,走不动了,长官命令他把枪械砸碎丢弃,他大哭着抱着步枪不放,说:我不想拿着大刀和日本鬼子拼命,我把枪带回去,就有十几个弟兄不用拿大刀跟日本鬼子拼命了!最终,这个士兵没有能把枪带回来,他也留在了野人山。一个老兵回忆起这段往事,久久不能释怀。有人问他后悔吗,他说:谁也不会说后悔了,走错路了,出来就是为了抗日,打日本。

这支无援的军队就这样艰难地缓缓向前行进着。幸运的是,半个多月后,一架路过的美军侦察机偶然发现了这支衣衫褴褛的中国军队。很快,从印度机场起飞的运输机便赶到这里,投下大批食品、药品、帐篷和御寒物,并空降了几名美军联络军官。受尽磨难的将士们绝处逢生。据说接到空投食品的那天,有些士兵因吃得太多而撑死了。在美军联络官的带领下,这些远征军终于走出了野人山,来到了印度,还有一部分回到了国内。据统计,在这次死亡之旅中约有3万余名远征军将士牺牲。

野人山的征程对中国远征军来说,无疑是一场灾难,能活着走出野人山无疑也是幸运的。他们在恶劣环境中,忍受各种折磨和痛苦,凭着顽强的毅力与斗志战胜了死亡之境。他们不仅仅是为自己活着,也是为那些埋首异地的远征军将士活着。后来他们成为缅北反攻的中坚力量。

![相关链接]相关链接

## 中国远征军入缅作战

1940年9月,日军侵入越南,加紧向东南亚进行扩张,不仅严重威胁到中国国际交通线滇缅公路的安全,而且把矛头直接指向缅甸、马来亚、新加坡等英国殖民地。于是,中英之间积极开展军事合作。1941年2月,中国、英国连同缅甸拟定了共同防御计划草案。1941年12月,国民政府组建了中国远征军,卫立煌和杜聿明被分别任命为司令长官和副司令长官,准备入缅援英。

中国远征军赴缅作战

1942年1月,为进一步打击东南亚的英军,日军切断滇缅公路,断绝中国西南的国际交通线,以泰国、越南为基地,向缅甸发动进攻。英方屡次请求中国军队入缅,协助英军作战。2月中旬,中国陆续派出3个军约

10万人到缅甸参加对日作战。中国远征军曾先后在同古、斯瓦、腊戍、八莫、密支那等地同日军激战，给日军以沉重打击，并在仁安羌战役中救出英军7000多人及被俘英军、传教士和新闻记者500多人。但终因中英战略不一致，指挥不统一，中国远征军在缅北失败。在后路被日军切断的情况下，杜聿明率部翻越野人山回国，结果造成惨烈伤亡，一部分退到印度的军队整编为中国驻印军。中国远征军第一次入缅作战时约10万人，仅4万人生还。

　1943年下半年，随着世界反法西斯战争的胜利，盟军开始反攻缅甸。11月1日，远征军驻印军在美国空军支援下，向缅北日军发起反攻，先后攻占孟关、孟拱、密支那和八莫等地。1944年5月，在云南重建起来的远征军17个师16万人，强渡怒江，向盘踞滇西一带的日军展开反攻。经过艰苦奋战，接连攻克腾冲、龙陵、芒市、畹町等地。1945年1月，两军会师芒友。远征军第二次入缅作战，歼灭日军两个师团大部和击溃另两个师团的一部，为收复缅北作出贡献。

# 傅斯年"炮轰"孔祥熙

有这样一个人,胡适称他是"人间一个最稀有的天才",李敖则称他是真正的"山东好汉"。他性豪爽,人刚正,身体胖,被朋友亲切地称为"大胖子"。他是五四运动的弄潮儿,也是20世纪中国成就卓著的学术大师。这个人就是傅斯年。他还有一个绰号,叫"傅大炮"。抗战时期,他公开"炮轰"孔祥熙,一时传为佳话。

傅斯年,字孟真,1896年生于山东聊城。傅家是聊城望族,傅斯年的七世祖傅以渐是清朝奠都北京后的第一个状元。五四运动时,傅斯年和罗家伦等人发起成立了"新潮社",创办了《新潮》杂志,5月4日那天他是学生游行的总指挥。其后,他留学英、德,心无旁骛,专心读书,一读就是七年,有人把他与同在德国留学的陈寅恪比作"宁国府大门口的一对石狮子",是最干净的留学生。回国后,他又一心扑在教育和学术上,并长期担任中央研究院历史语言研究所所长。

傅斯年作为"五四"孕育出来的新型知识分子,虽然走的是学术之路,但并不枯守书斋,两耳不闻窗外事,他始终保持着知识分子的独立性和良知,议政而不从政。这一点,在他给亦师亦友的胡适的信中表述得很透彻:"我们自己要有办法,一入政府即全无办法。与其入政府,不如组党;与其组党,不如办报。……我们是要奋斗的,惟其如此,应永远在野,盖一入政府,无法奋斗也。"

抗日战争爆发后,国民政府先后成立国防参议会和国民参政会,作为朝野各方咨询性的参政、议政机构。傅斯年被聘为参议员和参政员。国难当头,但国民政府中的一些达官贵人对于民族的危难并不十分在意,而是利用手中的权力,大发国难财,傅斯年对此异常愤怒。1938年初,国民政府改组中央行政机构,以孔祥熙为行政院长。但这一任命遭到傅斯年的强烈反对。他致函蒋介石,猛烈抨击孔祥熙的为人与为政,指出孔祥熙"无权不揽,无事不自负","举止傲慢,言语无礼,无政治家品格"。此外,傅斯年还列举孔祥熙听任儿子指挥财政部大员,未成年的小女儿管理机要电报,以致物议蜂起,"似此公私不分,未有近代国家可以如此立国者"。孔祥熙很快知道了此事,对于傅斯年的指责又怨又惧。于是以退为进,致信蒋介石,请求

**1944 年**

4 月,日军发动以打通纵贯南北的大陆交通线为目的的豫湘桂战役。国民党军队在各个战场的抵抗均告失败,至12 月战役结束时,中国损失近 60 万人,丧失国土 20 万平方公里。

8 月 21 至 10 月 7 日,中、苏、美、英代表在美国敦巴顿橡树园举行会议,拟订组织联合国的建议案。

9 月 15 日,林伯渠在国民参政会三届三次会议上提出废除国民党一党专政、成立民主联合政府的主张。

辞职。孔祥熙是蒋介石的连襟，而且惟蒋之命是听，深得蒋的喜欢。蒋介石接到孔祥熙的信后，让陈布雷退给孔祥熙并"致慰鼓励"，对傅斯年则置之不理。

傅斯年对蒋介石抱着很大的幻想，没想到上书却如石沉大海，他没有就此罢休。1938年7月，国民参政会第一届会议在武汉召开，傅斯年提前到会，酝酿声讨孔祥熙的文章。不久傅斯年再次给蒋介石上书，痛斥孔祥熙祸国、误国、贪污、任人唯亲，包括对蒋介石不忠、不敬等。上书洋洋数千言，可谓事实充分，证据确凿，读来触目惊心。但这次上书又湮没无闻。傅斯年感到使用这种办法难以奏效，决心采取公开揭露和更大规模联名提案等形式，数箭齐发，将孔祥熙拉下马。

1938年10月28日，国民参政会第一届第二次会议在重庆召开。会前，在国民参政会谈话会上，傅斯年等发表激烈抨击孔祥熙的谈话，得到多人同情。30日，孔祥熙出席参政会作财政报告，受到严重质询。会后举行茶会，孔祥熙故作姿态，"专说笑话"，众人更加不满。于是，傅斯年联名张君劢、左舜生、张澜、罗文干、罗隆基、梁漱溟等52人上书蒋介石，声讨孔祥熙。同年，因物价暴涨，通货贬值，傅斯年又提出《慎选行政院长、财政部长案》，要求蒋介石撤去孔祥熙的职务。提案指出：近两三月之间，财政部每次公布一项办法，必然继之以法币的暴跌。提案尖锐地提出："民怨沸腾，群伦失望。似此情形，未知何以策将来？"

傅斯年公开"炮轰"孔祥熙引起了社会的普遍重视和支持，大多数参政员站到了傅斯年一边，为赶走国家的这个大蛀虫奔走出力。蒋介石也不能不考虑傅斯年等人的意见，于1939年11月免去了孔祥熙的行政院长职务。傅斯年对孔祥熙的连续攻击有了初步结果。

孔祥熙改任行政院副院长后，仍然兼任财政部长及中央银行总裁，因此，傅斯年照旧攻孔不止。1942年，抗战进入相当困难的时期，孔家却乘机大发国难财，贪污数额之巨，贪污手段之恶劣，令人发指。对于孔祥熙的劣迹，傅斯年非常注意搜集并且进行系统整理，准备利用有效途径进行攻击。1944年9月，国民参政会第三届第三次大会在重庆召开，傅斯年决定再次对孔祥熙进行揭露和炮轰。9月7日，张群向参政会作完施政报告后，傅斯年立即发难，指责孔祥熙投机倒把，大发国难财，并贪污受贿。傅斯年郑重声明，他讲的这些话不但

## 国民参政会

国民参政会是抗战时期由国民政府成立，包括国民党、共产党及其他抗日党派和无党派人士代表在内的战时全国最高咨询机关，是第二次国共合作的产物和象征。1938年4月7日，国民党五届四中全会制定并通过了《国民参政会组织条例》。条例阐明了设立国民参政会目的为"集思广益，团结全国力量"。1938年7月6日，国民参政会第一届第一次会议在汉口召开。至1948年撤销时，国民参政会共历4届，举行大会13次。它为中国共产党和其他党派同国民党的政治合作，提供了公开、合法、稳定的场所，客观上有利于抗日民族统一战线的巩固。

在会场内负责,即使到场外他也负责,他愿意到法庭对簿公堂。当时,孔正在美国出席国际货币金融会议。蒋介石得知这一消息后立即召见了傅斯年等人,进行安抚,希望他们出言慎重,以维护政府的威信。为保护孔祥熙,蒋介石还亲自宴请傅斯年,席间,他们之间还有一段这样的对话:

蒋问傅:"你信任我吗?"

傅答:"我绝对信任。"

蒋说:"你既然信任我,那么,就应该信任我所任用的人。"

傅一听,十分激动:"委员长我是信任的,至于说因为信任你也就该信任你所任用的人,那么,砍掉我的脑袋,我也不能这样说!"

蒋介石没办法,不得不派人调查。不久,国民党政府迫使远在美国的孔祥熙辞去财政部长职务。

---

**相关链接**

### 豫湘桂战役

　　1944年,为了挽救侵入南洋的日军,急需打通平汉、粤汉铁路,建立一条纵贯中国大陆至印度支那的交通线,侵华日军拼凑了约50万的兵力,向河南、湖南、广西依次发动进攻。日军称之为"一号作战",中国军队称为"豫湘桂战役"。

　　1944年4月18日,日军从河南中牟强渡黄泛区后,发起河南战役。驻守河南的中国守军以第一战区汤恩伯集团军为主,几十万军队不战而溃,丢失郑州、洛阳等38座城市。日军只用37天即占领河南全省,打通了平汉路。5月下旬,日军集结17万余人沿粤汉路南犯。中国守军在湖南战场上有薛岳等部共35万余人,但未作坚决抵抗。6月18日,长沙沦陷。日军乘胜进攻衡阳,中国守军顽强抵抗,先后两次挫败日军的进攻。8月初,日军再次猛攻,仍未得手,守军军长方先觉却突然下令放下武器,日军占领衡阳。随后,日军沿湘桂线进犯,很快进入广西境内,国民党守军望风溃散。梧州、桂林、柳州相继失守。12月,日军占领南宁,并攻占贵州独山,威迫贵阳,重庆震动。至此,大陆交通线被打通,豫湘桂战役到此结束。

　　豫湘桂战役前后进行了8个月,中国损兵近60万,丧失146座城市、国土20多万平方公里,6000万人民陷于日军铁蹄之下。这是武汉失守以来国民党军队在正面战场上最大一次失败,彻底暴露了国民党政府在政治和军事上的腐败。

# 日本天皇乞降

1945 年，中国的抗日战争进入了第八个年头，中国人民坚持的持久战，拖住了日军三分之二的兵力，而太平洋战争的推进，使得日本彻底丧失了海空优势。可以说，日本人是在四面楚歌中挣扎着进入 1945 年的。

5 月 8 日，德国宣布投降，欧洲战场的战事宣告结束。9 日，日本政府就发表了措辞强硬的声明，声称："日本为求自保自卫与东亚之解放而作战之决心，丝毫未感动摇，德国之投降，不能令日本之作战目标有丝毫之变更。"为了保住本土与朝鲜，日本不惜"本土决战"。当昔日叱咤一时的法西斯盟友向后倒下的时候，日本顽固地苦苦支撑。

鉴于日本军国主义者如此不识时务，反法西斯同盟的几个主要大国感觉有必要进行磋商。7 月 26 日，在德国波茨坦一座避暑别宫里，中、美、英三国联合发布了《波茨坦公告》，敦促日本放下武器，无条件投降，否则，将给予日本"最后之打击"。当时，美国已经研制出了原子弹，美国总统杜鲁门觉得，有了这个杀手锏，结束战争易如反掌，在这种情况下，苏联参战已无必要。因而，在宣布公告的时候，甚至没通知苏联署名，导致了苏联的强烈不满。

1945 年 8 月 6 日，为了尽快结束战争，减少伤亡，并赶在苏联前面占领日本，美国在日本广岛投下了第一颗原子弹，整个城市瞬间被摧毁。8 月 8 日，苏联对日宣战。9 日凌晨，150 万苏联红军开始全面攻击日本驻中国东北的关东军。同一天，美军又在长崎投下了第二颗原子弹。

同样是在 8 月 9 日这一天，在延安枣园的窑洞里，毛泽东发表了《对日寇的最后一战》，命令"八路军、新四军及其他人民军队，应在一切可能条件下，对于一切不愿投降的侵略者及其走狗实行广泛的进攻"。万里敌后战场上，共产党领导的抗日军民向日寇展开了最后一战。

这无疑是日本法西斯深感漫长的一天。原子弹的震慑，苏联红军的重击，中国战场上的全面反攻，在准备举国"玉碎"的日本头上浇了一盆冰水——即使连妇女、儿童也扛着竹竿上阵，即使像他们疯狂宣称的那样死上一亿人，"本土决战"看来也绝不会有任何一丝胜利的希望。

日本皇宫的防空洞里，御前会议一直在沉闷的气氛中进行。除了以陆相阿南惟几为首的少数几个战争狂热分子顽固坚持继续战斗外，其他人大都选择了投降。会议从9日晚一直开到第二天凌晨，44岁的裕仁天皇终于下定决心，接受失败的结局。很快，日本无条件投降的消息随着无线电波传到了全世界。

8月15日，对饱受苦难的中国人民来说是大喜的日子。日本天皇正式通过广播宣布无条件投降。冈村宁次带领侵华日军总司令部的全体人员，集合在广场前聆听天皇"玉音"。直到广播结束，这些在中国土地上曾骄横一时的侵略者们还目光呆滞地站在南京的烈日下，不愿意相信他们所听到的一切。

1945年9月2日，日本外相重光葵代表日本天皇和政府，日本陆军参谋长梅津美治郎代表日本帝国的大本营，于停泊在东京湾的美国"密苏里"号战列舰上正式签署了日本无条件投降书。至此，横行一时的日本帝国主义者在中国人民、亚洲其他各国人民以及苏联、美国等反法西斯同盟国合力打击下彻底败降。当重光葵拖着那条13年前在上海被炸断的残腿步履沉重地走下"密苏里"号时，上千架庆祝胜利的美军飞机从东京湾上空呼啸而过。

9月3日，中国国民政府下令举国庆祝三天，并从第二年开始以每年9月3日作为抗战胜利纪念日。后来，这个日子被全世界公认为世界反法西斯战争胜利日。

多行不义必自毙。侵略战争使日本经济陷于崩溃，使日本人民陷于水深火热之中。日军的侵略罪行也受到国际社会的惩处。东条英机等7名甲级战犯被送上了绞刑架，罪恶滔天的日本军国主义者被永远钉在了历史的耻辱柱上。

8月15日，日本天皇裕仁发布"终战诏书"，宣布无条件投降。

9月9日，中国战区的日本投降仪式在南京举行。

10月25日，台湾日军向台湾省行政长官陈仪递交投降书，台湾光复。

相关链接

## 南京受降

在投降书上签完字后的冈村宁次

1945 年 9 月 9 日，中国受降仪式在南京中国陆军总司令部大礼堂举行。礼堂门外树立一座胜利牌坊，中间缀着一个象征胜利的大红"V"字，旁边悬中、美、英、苏四国国旗。上午 8 时左右，参加受降仪式的各界代表千余人便陆续入场。应邀参加受降仪式的还有美国、英国、苏联、法国、加拿大、澳大利亚等国军事代表和驻华武官，以及中外记者。8 点 56 分，中国战区受降代表、中国陆军总司令何应钦率参加受降的顾祝同、肖毅肃等 4 人庄严就座主席台。8 时 58 分，日军投降代表、驻华日军最高指挥官——中国派遣军总司令官冈村宁次率投降代表 7 人至规定的位置，以立正姿势面向何应钦等人行 45 度的鞠躬礼。礼毕后，冈村宁次解下佩刀，交给何应钦，以示侵华日军正式向中国缴械投降。然后，冈村宁次在投降书上签字。整个仪式仅持续 20 分钟就结束了。

仪式结束后，何应钦发表广播演说："中国战区日军投降签字已于本日上午 9 时在南京顺利完成。这是中国历史上最有意义的一个日子，这是八年抗战艰苦奋斗的结果。"南京受降后，中国各战区受降主官及其部队亦分别到达指定地点，进行受降，共接受日军投降官兵 124 万人，伪军 95 万人。从 1945 年冬至 1946 年夏，国民政府将日俘、日侨 213 万全部遣送回日本。

# 中国命运的决战

　　1945 年 8 月,中国人民迎来了抗日战争的伟大胜利。为了争取和平、民主,毛泽东应邀赴重庆进行和平谈判,国共双方签订了"双十协定"。但以蒋介石为首的国民党统治集团坚持独裁,1946 年 6 月,在美国政府的支持下,悍然发动内战。中国共产党领导解放区军民英勇地进行自卫,国共两党进行最后的对决。

　　从 1946 年 6 月至 1947 年 6 月,人民解放军处于战略防御阶段,战争主要在解放区进行。在中国共产党的领导下,解放区军民先后粉碎国民党军队的全面进攻和重点进攻。同时,国统区人民反饥饿、反内战、反迫害的爱国民主运动也逐步高涨,形成了反对蒋介石统治的第二条战线。从 1947 年 7 月起,人民解放军由战略防御转入战略进攻。辽沈、淮海、平津三大战役后,国民党军主力基本被歼灭。1949 年 4 月,国民党政府拒绝在《国内和平协定》上签字,人民解放军百万雄师过大江,解放南京,国民党在大陆 22 年的统治覆灭。

　　随着在军事上的溃败,国民党在政治上更加陷于孤立,经济上濒于完全崩溃。民族资产阶级的"第三条道路"破产后,日益心向中国共产党。1949 年 9 月,新政协召开。10 月 1 日,中华人民共和国成立。从此,中国进入一个新的历史时期。

**人民解放军占领南京**

　　1949 年 4 月 20 日夜,人民解放军百万雄师在东起江苏江阴,西至江西湖口,长达 500 多公里的战线上发起渡江战役。国民党苦心经营三个多月的长江防线顷刻全线崩溃。4 月 23 日,南京解放,统治中国 22 年的国民党政权垮台。这是一幅人民解放军占领南京政府总统府的照片。解放军战士登上总统府大楼顶端,扯下了青天白日满地红的旗帜,欢呼胜利。

# 《沁园春·雪》发表山城起波澜

1935 年 10 月，中央红军完成长征，胜利到达陕北。1936 年 2 月，毛泽东和朱德率领红军部队到达陕西清涧县高杰村镇袁家沟，准备渡河东征，开赴抗日前线。这一带已经飘了几天的鹅毛大雪，雄浑壮观的北国雪景触动了毛泽东的诗人情怀。他立即挥毫泼墨，写下了脍炙人口、气吞山河的《沁园春·雪》：

> 北国风光，千里冰封，万里雪飘。望长城内外，惟余莽莽；大河上下，顿失滔滔。山舞银蛇，原驰蜡象，欲与天公试比高。须晴日，看红装素裹，分外妖娆。　江山如此多娇，引无数英雄竞折腰。惜秦皇汉武，略输文采；唐宗宋祖，稍逊风骚。一代天骄，成吉思汗，只识弯弓射大雕。俱往矣，数风流人物，还看今朝。

这首词写成之后，毛泽东一直将它雪藏，直到 1945 年 11 月 14 日发表，长达 9 年多的时间里，没有人知道毛泽东曾写了这首词，因为他从没有向任何人提起过。那么这首词是怎样发表的呢？这还要从重庆谈判讲起。

抗日战争胜利后，为制造自己追求和平的假象，蒋介石三次电邀毛泽东到重庆面商"国家大计"。在他看来，毛泽东不敢来，而这恰好为他发动内战提供了借口。但是，毛泽东早已看出蒋介石的鬼把戏，他明确告诉周恩来等人："蒋介石鬼的很，他以为我毛泽东不敢去重庆，想把发动内战的责任推到我们的头上。我要去，让蒋介石假戏真做。我们共产党是真心拥护和平的。"

1945 年 8 月 28 日，毛泽东在美国特使赫尔利和国民党代表张治中的陪同下，飞抵重庆。毛泽东的到来，引起了全国人民的关注，也使得根本没有谈判准备的蒋介石有些手忙脚乱。为了提高中国共产党的影响力，争取民主党派和全国人民的支持，在重庆期间，毛泽东频繁会见各界知名人士，宣传共产党关于和平、民主、团结的方针。在拜访著名诗人柳亚子时，毛泽东将自己写的一首《七律·长征》送给他。10 月 4 日，毛泽东的诗引发了柳亚子的灵感，他随之作诗一首，名为《赠毛润之老友》。诗曰："阔别羊城十九秋，重逢握手喜渝州。弥天大勇诚能格，遍地劳民乱倘休。霖雨苍生新建国，云雷青史

**1945 年**

8 月 25 日，中共中央发表《对目前时局的宣言》，明确提出"和平、民主、团结"三大口号，阐明中共关于"在和平民主团结的基础上，实现全国的统一，建设独立自由与富强的新中国"的主张。

8 月 28 日，毛泽东、周恩来等人飞抵重庆，同国民党进行谈判。

9 月 19 日，中共中央发出指示，提出了"向北发展，向南防御"的战略方针。

10 月 10 日，国共双方签订"双十协定"。

9—10 月，解放区军民在平绥路、上党、平汉路进行了三次大规模的自卫反击战。

12 月 1 日，昆明发生国民党军警杀害进步师生的惨案，史称一二·一惨案。

12 月 28 日，毛泽东发出《建立巩固的东北根据地》的指示。

1946 年

1 月 5 日,国共双方达成《关于停止国内军事冲突办法的协议》;10 日,双方代表签订《关于停止国内冲突的命令和声明》。上述文件通称"国共停战协定",10 日同时公布。

1 月 10 日,政治协商会议在重庆召开。

2 月 10 日,国民党特务在重庆破坏陪都庆祝政协成功大会,殴伤李公朴、郭沫若等 60 余人,制造了"较场口惨案"。

6 月 23 日,上海各界 5 万人集会,欢送上海人民团体联合会及上海学生团体派出的代表赴南京请愿。马叙伦等人当晚抵达下关车站时,国民党特务、暴徒予以围攻、殴打、劫掠达 5 个小时,制造了"下关惨案"。

旧同舟。中山卡尔双源合,一笑昆仑顶上头。"不久,《新华日报》发表了柳亚子这首诗。

10 月 6 日,毛泽东再次访问柳亚子。柳亚子说:"我从润之的诗中明白了共产党人为什么能战胜艰难险阻取得了长征的胜利,也明白了共产党人为什么能在抗战中发展壮大。共产党人有着铁打的精神和无上的乐观精神。中国的民主还需要你们呢。"他又对毛泽东说:"我准备把润之的这首诗编入《民国诗选》,不知润之是否还有大作?"毛泽东说:"大作谈不上,词倒是有旧作一首,似与先生诗格略近。乃是初到陕北看见大雪,聊抒胸怀。一直未敢示人,今天就呈录先生,还请先生指正。"毛泽东说完,便在随身携带的"第十八集团军办事处"的信笺上,用毛笔写下了《沁园春·雪》。柳亚子边看边读,欣喜若狂,直呼:"好气派,好气派啊! 纵横古今,真有气吞山河如虎之感。这种开阔胸怀、远大抱负的词句,只有润之先生才能写得出来。"毛泽东笑着说:"先生见笑了。"

柳亚子得到毛泽东的词后,爱不释手,反复吟诵。10 月 10 日晚,就在"双十协定"在桂园签字时,柳亚子不禁诗兴大发,步毛词韵,和了一首《沁园春》,并作《索句后记》,盛赞毛泽东的这首词是:"展读之余,以为中国有词以来第一作手,虽苏(轼)、辛(弃疾)未能抗,况余子乎。"柳亚子把两首词连同《索句后记》一并抄好送交《新华日报》发表。《新华日报》是中国共产党在重庆公开发行的报纸,报社负责人提出要向延安请示。柳亚子不愿因此延误时日,建议先发表己作。《新华日报》于 10 月 11 日,即毛泽东离开重庆那天刊发了柳亚子的和词。

重庆各界在报纸上只见到柳亚子的和词而不见毛泽东的原词,纷纷好奇地打探。柳亚子便开始把原词向一些友人传看。当时在重庆《新民报》任副刊编辑的吴祖光,先从友人黄苗子处抄得毛泽东词稿,发觉抄稿中遗漏了两三个短句,但大致还能理解词意。吴祖光又跑了几处,连续找了几个人,这才得到了一首完整的《沁园春·雪》。吴祖光如获至宝,感到这首大气磅礴的咏雪之作"睥睨六合,气雄万古",是"可遇难求的最精彩的稿件"。11 月 14 日,吴祖光在《新民报》第二版副刊《西方夜谭》上隆重地推出了这首词,标题是《毛词·沁园春》,并写了一段热情洋溢的"按语":"毛润之先生能诗词,似鲜为人知。客有抄得其《沁园春·雪》一词者,风调独绝,文情并茂,而气魄之大,乃不可及。"毛泽东的《沁园春·雪》公开刊登后,轰动山城,步韵唱和之作接踵而至,一时成为人们谈论的焦点。大多数人未想到,一个带兵打仗的政治人物,竟然还有如此傲人的文学才华。

毛泽东诗词引起的轰动效应让国民党当局惊恐万分。国民党中央宣传部头目恼羞成怒,气急败坏地对《新民报》负责人大加训斥,谩骂他们是为共党"张目"。此事也很快就传到了蒋介石那里,他颇为恼火。为此,他还专门询问他的"文胆"陈布雷,让他评价毛泽东的词。陈布雷如实答道:"气势磅礴、气吞山河,可称盖世之精品。"这个答案令蒋介石更为气恼。他马上授意,组织人马,批判毛泽东在词中表现出来的"帝王"思想,并要求国民党方面的人士,填几首类似的好词,将毛泽东的词给压下去。通知下达后,虽然征得不少词作,但都属平庸之作,没有一首能超过毛泽东之作的。后来,国民党又在南京、上海等地雇佣"高手"作了数首,但仍是拿不出手的"低质品"。由于这次活动是在暗中进行的,又未成功,所以一直秘而不宣。直到上个世纪80年代中期,才由当年参加过这项活动的一位国民党要员透露出来。

毛泽东赴重庆谈判,不仅在政治上取得了主动,而且借助于《沁园春·雪》这首词所表现出的文学素养,使得共产党人的形象得到了有效的提升。蒋介石的如意算盘全部落空,甚至可以说是偷鸡不成反蚀把米。

### 政治协商会议

1946年1月10日至31日,政协会议在重庆召开。参加者有国民党代表8人,共产党代表7人,民主同盟代表9人,青年党代表5人,无党派人士9人,共38人。这次政治协商会议经过激烈的斗争,终于通过了和平建国纲领、关于军事问题的协议、关于国民大会的协议、关于宪草问题的协议、关于改组政府的协议等五项协议。为了区别1949年召开的中国人民政治协商会议,将1946年召开的政协会议称为"旧政协"。

**相关链接**

## 重庆谈判

抗战胜利后,国内外形势随之发生急遽变化。蒋介石为首的国民党妄图独吞抗战胜利果实,维持独裁统治。但迫于全国人民强烈希望和平建国的愿望,蒋介石乃玩弄和平谈判阴谋,为准备内战赢得时间,同时争取有利的舆论,以混淆视听。8月中下旬,蒋介石连续三次致电邀请毛泽东赴重庆"共同商讨国家大计"。8月25日,中共中央政治局决定派毛泽东、周恩来、王若飞为代表,赴重庆同国民党进行谈判。8月28日,毛泽东偕周恩来、

赴重庆谈判的毛泽东、周恩来、王若飞与美国驻华大使赫尔利、国民政府代表张治中离开延安时的合影

王若飞在张治中、赫尔利陪同下乘专机抵达重庆。中国共产党提出的"和平、民主、团结"的口号在国内外引起巨大反响。

在重庆期间,毛泽东直接同蒋介石就两党关系中的重大问题进行过多次商谈。有关国内和平问题的具体谈判,由周恩来、王若飞同国民党政府代表王世杰、张群、张治中、邵力子之间进行。谈判的焦点是军队和解放区问题。为了使谈判能够获得进展,中共方面先后作过多次让步。经过艰苦的努力,10 月 10 日,国共双方代表签订《政府与中共代表会谈纪要》(即"双十协定")。《会谈纪要》就和平建国的基本方针、政治民主化、国民大会、党派合作、军队国家化、解放区地方政府等 12 个问题阐明了国共双方的见解。其中有的达成了协议,有的则未取得一致意见。《会谈纪要》签订后,10 月 11 日,毛泽东返回延安,周恩来等留在重庆就悬而未决的问题继续同国民党方面商谈。11 月 25 日,周恩来返回延安。

重庆谈判的举行和《会谈纪要》的发表,表明国民党方面承认了"中共的地位","承认了各党派和平建国的会议"。中国共产党关于和平建设新中国的政治主张被全国人民所了解,从而推动了全国和平民主运动的发展。对于重庆谈判的意义,毛泽东指出:"谈判的结果,国民党承认了和平团结的方针。这样很好。国民党再发动内战,他们就在全国和全世界面前输了理,我们就更有理由采取自卫战争,粉碎他们的进攻。"

# 毛泽东"蘑菇"胡宗南

解放战争初期,国民党的军队无论从人数上,还是从武器装备上,都占有绝对的优势。因此,蒋介石最初并没有把共产党放在眼里。经过近一年的全面进攻后,国民党虽然占据了许多重要城市,但部队的损失也不少,已经无力再次发动大规模的全面进攻。

1947年3月,蒋介石调整战略,决定对解放区进行重点进攻,山东与陕甘宁边区成为国民党军进攻的重点。对陕北的进攻,由蒋介石的亲信"西北王"胡宗南亲自指挥。胡宗南所属20个旅担任主攻,青海马步芳、宁夏马鸿逵集团12个旅和国民党晋陕绥边区总部的榆林邓宝珊的2个旅,从西、北两个方向进行配合。傲慢的胡宗南叫嚷要"三天占领延安",摧毁中共中央和人民解放军总部等首脑机关,三个月内聚歼解放军于延安及其以北地区,或逼迫解放军东渡黄河,彻底解决陕北问题。

在蒋介石决心要把战火烧到延安,不惜一切代价占领延安,敌我力量对比悬殊过大的危急情况下,延安的命运如何,中共中央和人民解放军总部向何处去,便成了关系全局的一件大事。毛泽东高瞻远瞩,从革命全局出发,从整个战略考虑,决定党中央仍然要留在陕北。这样做,虽然带有"冒险性",但在政治上,不但粉碎了蒋介石的阴谋,灭了敌人的威风,而且对各解放区军民和全国人民是一个极大的鼓舞;在军事上,则可以拖住胡宗南,减轻其他战场的压力。

可是敌我力量过于悬殊,且敌人来势汹汹,怎么办?毛泽东给西北战场的指战员们制定了"蘑菇战术"。所谓蘑菇战术,就是在地形与群众基础均有利的条

毛泽东在转战陕北途中

**1946年**

6月26日,蒋介石下令向中原解放区发动进攻,全面内战由此开始。

7月11日、15日,国民党特务先后枪杀民主人士李公朴、闻一多,制造了骇人听闻的"李闻惨案"。

7月20日,中共中央发出《以自卫战争粉碎蒋介石的进攻》的指示。

8月6日,毛泽东会见美国记者斯特朗,提出"一切反动派都是纸老虎"的著名论断。

12月24日,在北京东单广场发生了美军强奸北大女生的事件。北平、南京、上海、武汉等地学生发起声势浩大的"抗议美军暴行运动"。

件下,针对敌军急于寻求同我方决战的心理,以小部队与敌周旋,疲惫、消耗、饿困对方,而以主力隐蔽等候,不骄不躁,待敌十分疲劳与孤立无援之时,集中主力加以各个歼灭。如毛泽东所言:"陕北地方小,但沟壑纵横,地形险要,只要把敌军的鼻子牵住,在陕北这盘石磨上磨,石碾上碾,就一定能把他几十万军队磨个稀巴烂,将敌磨得精疲力竭,然后消灭之。"蘑菇战术是革命的劣势军队依托革命根据地实行人民战争战胜优势军队的有效战术之一。毛泽东对此战术,可谓颇有心得,因为早在土地革命战争时期,毛泽东等提出的"敌进我退,敌驻我扰,敌疲我打,敌退我追"的十六字方针,就讲到了利用有利的地形和群众条件,同敌人周旋,将敌人拖疲惫后消灭之。

1947 年 3 月 13 日,胡宗南亲自指挥 14 个旅,自洛川、宜川地区分路向延安发起攻击。西北野战军在彭德怀的指挥下,对来犯之敌英勇阻击,激战七天七夜,歼敌 5000 多人。在圆满完成掩护中共中央机关、人民解放军总部和延安群众撤出延安后,3 月 19 日,西北野战军主动撤离延安。在中央首脑机关和延安军民撤离时,彭德怀还亲自到西北局、联防司令部、杨家岭等地检查,看到住房都按照毛泽东主席的吩咐,打扫得干干净净,家具也摆得井井有条,敌人的枪炮声在延安已经清晰可闻,国民党军先头部队已接近宝塔山时,彭德怀才指挥人员从容离去。

能够迅速占领延安,胡宗南兴奋异常,但进城后才发觉,延安其实是一座空城。但胡宗南依然很兴奋,饶有兴趣地到处"参观"。据在胡宗南身边潜伏的中共情报人员熊向晖回忆,在枣园,胡宗南步入毛泽东住过的窑洞,看得很仔细。他居然拉开毛泽东的书桌抽屉,细细检视。他发现抽屉里有一纸条,拿起一看,原来是毛泽东留给他的话,上面写着:"胡宗南到延安,势成骑虎。进又不能进,退又不能退。奈何!奈何!"胡宗南看毕,忍不住大笑起来。据熊向晖在胡宗南身边多年观察,合乎他心意的,他哈哈大笑;道出他心病的,他也哈哈大笑。毛泽东的"势成骑虎"这句话,正是一语道破了胡宗南的心病。他被毛泽东"蘑菇"得很无奈,只能苦笑。

但是,在给蒋介石的战报中,胡宗南却谎报战绩,说中共军队"不堪一击",已经"仓皇北窜"。蒋介石非常高兴,亲自发电给胡宗南,赞扬他"功在党国,雪我十余年来积愤,殊堪嘉尚",并特意授给胡宗南"二等大绶云麾勋章"一枚。国民党陕西省主席祝绍周还在西安挂国旗,放鞭炮,庆祝"陕北大捷"。南京国防部大吹大擂,要组织上海、南京的中外记者到延安参观访问。谎报战绩的胡宗南只好在记者来之前,星夜设立"战俘管理处",挑选城防部队的部分青年化装成战俘,用自己的枪支假冒缴获品,建立"战绩陈列室",在延河两岸建造假坟,说是国民党军阵亡将士,以掩人耳目。

胡宗南志得意满,风光了一把。可没多久,他就在陕北陷入了困境。解放军西北野战兵团按照中央军委和毛泽东的部署,在彭德怀等指挥下,以不足国民党军队十分之一的兵力,在山险路艰的陕北,跟胡宗南"蘑菇",把胡宗南部队磨得又累又饿。胡宗南生怕毛泽东有诈,"每次进攻,全军轻装,携带干粮,布成横直三四十里的方阵,只走山顶,不走大路,天天行军,夜夜露营,每日前进二三十里",但依然到处挨打,到处扑空。陈毅曾打过这样一个生动的比喻:毛主席和蒋介石在陕北这个棋盘上下棋,"黄河为界,举手无悔"。毛泽东认准决不过黄河。他说:"我们不能去那条路,我们要在这里和敌人周旋,牵敌人,磨敌人,来回和敌人兜圈子,直到消灭它!"毛泽东和中共中央前委就是这样牵着敌人的牛鼻子走,令胡宗南数万大军忽而扑向西,忽而扑向东,疲于奔命;而且曾经有两次竟隔着一道小山梁与毛泽东的队伍擦肩而过,却总是捕捉不到中共中央首脑机关的行踪。胡宗南的军队,在蘑菇战术面前出尽了洋相,吃尽了苦头。在同胡宗南的"蘑菇"中,西北解放军先后取得了青化砭、羊马河、蟠龙镇、沙家店等战役的胜利,越战越强,随后转入外线进攻,从根本上改变了西北战场的局势。1947年7月,国民党军队对陕甘宁解放区的重点进攻彻底破产。

蒋介石所依靠的"西北王"胡宗南,变成了连吃败仗的大饭桶。在取得沙家店战役的胜利时,毛泽东就说:"胡宗南是个没有本事的人,阴险恶毒,志大才疏。他那么多军队,打我们没一点办法!我们打了这么多次,就没有吃过败仗。他的本事,就是按我们想的行动。"1949年美国政府发表的《白皮书》曾这样评述胡宗南在陕北的"战绩":"国民党军攻占延安曾经宣扬为一个伟大的胜利,实则是一个既

## 红色"间谍"熊向晖

熊向晖,原名熊汇荃,1919年生于湖北武昌。1936年12月在清华大学秘密加入中国共产党。1937年12月,遵照周恩来的指示,到国民党胡宗南(时任第八战区副司令长官,后任第一战区司令长官)的部队"服务",从事秘密情报工作,取得了胡宗南的信任,官至胡的侍从副官、机要秘书。1943年,熊向晖获得了一份胡宗南为进攻陕北地区而作的战略部署的情报,并立即报告了党组织,中共中央向外界及时揭露了这个阴谋,使之破产。后来,毛泽东称赞熊向晖,说他"一人可以顶几个师"。在胡宗南1947年重点进攻陕北时,熊向晖又把许多重要情报秘传给党中央,为粉碎国民党军队对陕北的重点进攻立下头功。1947年7月,胡宗南派熊向晖赴美国留学后不久,知道了熊向晖的真实身份,气得暴跳如雷。

浪费又空虚的、华而不实的胜利。"1959 年台湾编写的《戡乱战史》也不能不说,在西北战场上,共军"始终凭借其严密的情报封锁,灵活之小后方补给,以避实击虚,钻隙流窜……不利主力决战","我军主力始终被匪牵制于陕北,一无作为,殊为惋惜"。殊不知,战争的胜负,除了实力之外,还需要正确的战略战术和民众的支持。一个得不到民众支持的军队,早晚会倒在自己挖掘的"大坑"之中。

**相关链接**

### 国民党军队的全面进攻与重点进攻

1946 年 6 月 26 日,国民党军队大举围攻中原解放区,挑起了全面内战。当时,得到美国支持的国民党军队在总体上摆出一种战略进攻的姿态,集中了大约 160 万人,几乎同时向全国各个解放区实行全面进攻。国民党狂妄地宣称,可以在 3 至 6 个月内全部消灭人民解放军。面对国民党军队的全面进攻,人民解放军处于战略防御态势,战争主要在解放区进行。在军事上,人民解放军采取"集中优势兵力,在运动中各个歼灭敌人"和"以歼灭敌人有生力量为主,不以保守或夺取城市和地方为主要目标"的作战原则。经过与国民党军队的激烈战斗,各解放区捷报迭传,到 1947 年 2 月,国民党军队虽然占领了解放区的一些城镇,但付出了伤亡 71 万人的沉重代价。国民党军锐气受挫,战线拉长,兵力不足,无力再发动全面进攻。

在全面进攻受挫情况下,从 1947 年 3 月起,蒋介石改变战略方针,由对解放区实行全面进攻转变为重点进攻,即集中兵力对解放区的两翼——陕北和山东实行重点进攻,对晋冀鲁豫、晋察冀、东北等解放区采取守势。在山东,陈毅、粟裕指挥华东野战军,根据中央军委"诱敌深入,持重待机,控制主力于机动位置"的指示,于 4 月底 5 月初,粉碎了国民党军队的第一次进攻。5 月中旬,又抓住战机,在孟良崮全歼美械装备的国民党精锐主力整编第七十四师 3.2 万余人,国民党军队对山东的重点进攻基本被粉碎。在陕北,胡宗南动用 25 万兵力,突袭中共中央、解放军总部所在地延安。3 月 19 日,中共中央主动撤出延安,开始艰苦的陕北转战。在彭德怀、贺龙指挥下,西北野战军采取了"蘑菇战术",将敌"蘑"得筋疲力尽,然后歼灭之,先后取得了青化砭、羊马河、蟠龙镇、沙家店战役的胜利。到 8 月,国民党军对陕北的重点进攻也被粉碎。在四个多月的作战中,解放军共歼敌 40.7 万人。

# 千里跃进大别山

邓小平和刘伯承,两个来自"天府之国"的四川老乡,一对黄金搭档,在长达十几年的戎马生涯中,他们相互支持,可谓珠联璧合,相得益彰,"刘邓大军"更是驰名中外。1947年8、9月间,刘邓大军奉中央命令,驰骋中原,千里跃进大别山,开始了人民解放军的战略进攻。于是,战争的车轮在这里扭转,历史的轨迹在这里转弯。

1947年是解放战争的关键一年。国民党军队倚仗装备精良、兵力较多的优势,向山东和陕北解放区发动重点进攻,并占领了延安。当时有人断言:蒋介石已经稳操胜券,共产党则要败北被剿灭了。然而,蒋介石低估了毛泽东。在当时的形势下,毛泽东不动声色地下出了一招险棋:从蒋介石伸来的虎口般的"钳铰"处实施中央突破,三路大军挺进中原,直逼南京、武汉,彻底打乱蒋介石的战略部署。对此,毛泽东曾做了一个生动的比喻:蒋介石把他的主要兵力集中于陕北、山东,搞"重点进攻",好比两个拳头一张,胸膛就露出来了。这样的兵力部署很像一个哑铃,两头粗,中间细,两头力量强,还有攻势;中间薄弱,处于防御。我们就攻其薄弱部分,从中央突破,像一把尖刀,插入敌人胸膛。毛泽东将主要进攻方向指向敌人战场上最敏感而又最薄弱的地区——大别山,并将这个任务交给了刘邓大军。

1947年7月29日,刚刚指挥部队取得鲁西南战役胜利的刘伯承和邓小平,收到了一封由毛泽东亲自起草的电报,上面标有三个A,这代表最紧急,而且极为机密。电报的大意是:"现陕北情况甚为困难,如陈赓、谢富治及刘伯承、邓小平不能在两个月内以自己有效行动调动胡宗南军一部","陕北不能支持"。当时刘邓大军已经连续作战一个多月,极度疲劳,而且伤亡较重,亟须休整补充。但他们看到"陕北不能支持"等字眼后,心急如焚。二人看完电报,立即复电,表示遵从中央命令。但进军大别山,自断后路,向国民党统治区的心脏地区千里跃进,确是一步险棋。邓小平说:"我们好似一根扁担,挑着陕北和山东两个战场。我们要责无旁贷地打出去,把陕北和山东的敌人拖出来。我们打出去挑的担子愈重,对全局愈有利。"

1947年8月7日的黄昏,刘邓大军12万人从鲁西南出发,开始

**1947 年**

6 月 30 日,刘、邓大军举行鲁西南战役,揭开战略进攻的序幕。

8 月 8 日至 26 日,刘、邓大军千里挺进大别山。

10 月 10 日,中国共产党发表《中国人民解放军宣言》,提出"打倒蒋介石,解放全中国"的口号。

12 月 25 日至 28 日,中共中央在陕北米脂县杨家沟召开"十二月会议",毛泽东作《目前形势和我们的任务》的报告。

了具有历史意义的千里跃进大别山的壮举。出发前，刘、邓指示部队勇往直前，不要后方，不向后看。刘邓大军先是跨过陇海线，接着就到了号称"死亡区"的黄泛区。时任刘、邓司令部军政处处长的杨国宇曾回忆说："没有到过黄泛区的人，是很难想象这里的情景的。这里虽然已成了一片死水，但还是一片汪洋。除了能隐隐约约地看到一些坍塌的民房屋脊和偶尔从空中掠过的几只野鸭之外，再也看不见什么别的东西。即使是无水的地方，也尽是稀烂的胶泥，前脚起，后脚陷。"在过黄泛区的时候，战士们手牵着手，臂挽着臂，踏进没膝深的污泥，像"拔慢步"似的迈一步拔一步，都成了"泥菩萨"。刘伯承和邓小平起先还骑了一段路途的马，但是马脚陷进泥里很难拔出来，他们索性下马，和战士们一起在污泥中深一脚浅一脚地步行。炮兵和汽车部队是特别艰苦的。汽车开进污泥里，就是开不走，战士们只好推的推，拖的拖。许多重炮走不动，炮兵们就把零件拆卸了，一件一件扛着走。有些实在弄不动的汽车和重炮，也只好忍痛扔掉。经过艰苦跋涉，8月18日，刘邓大军成功渡过黄泛区。

8月24日，部队来到了汝河边上。此时前有重兵堵截，后有追兵，形势异常凶险。面对这种情况，刘伯承说：狭路相逢勇者胜，杀开一条血路！邓小平要求部队：不惜一切代价，打过去！到达大别山就是胜利。他们命令部队从即时起，不分白天黑夜，不管飞机大炮、枪林弹雨，片刻不停，强渡汝河。前线指挥员则命令所有的步枪都安上刺刀，每颗手榴弹都揭开盖，看到敌人就打，打完就往前插，并要求先头部队过后，沿途不留一个敌据点和一个敌人。这样，到第二天下午，刘邓大军共有4万多人渡过了汝河。

8月26日晚上，强渡汝河后的刘邓大军风驰电掣般地来到淮河边上。此时正值雨季，淮河上游刚刚下雨，河水上涨。国民党军追兵先头部队已距离仅15公里，如两天不能过河，我军将被迫背水作战。万分危急的情况下，刘伯承借着马灯的光亮，手拿竹竿，亲自探测水深。刘邓大军冒险趟过淮河，刚刚走出五里多地，追兵就赶到淮河北岸，不料此时河水突然暴涨，数十万国民党军队只得望河兴叹。邓小平后来兴奋地说："过淮河，刘伯承去探河，水深在脖子下，刚刚可以过人。这就是机会呀！我们刚过完，水就涨了，就差那么一点点时

## 黄泛区

1938年日军进攻开封、郑州。国民党部队为阻止日军南下，炸开了黄河花园口大堤。此后的8年多，黄河水基本上从花园口下泄，由于没有固定的河道，河水在黄淮平原随性肆虐，这样在豫、苏、皖三省之间就形成了一个沼泽区，即黄泛区。直到1947年3月，花园口缺口才堵上。但是黄泛区的生存环境仍然十分恶劣，直到解放后经过长期的治理，才得到好转。

间,运气好呀。以前,从来不知道淮河能够徒步过去,就这么探出条道路来了,真是天助我也! 好多故事都是神奇得很。"

8月27日,刘邓大军历尽艰辛,终于走到了大别山。这一消息传到陕北,毛泽东欣喜地说:"我们总算熬出头了,二十多年来,革命一直处于防御地位,自刘、邓南征后,我们的革命战争,才在历史上第一次转为战略进攻!"

---

相关链接

## 三路大军挺进中原

1947年7月,解放战争的整个战局发生了有利于人民解放军的重大变化。这时,国民党军队的总兵力已下降到373万人,其中正规军下降到150万人,且士气低落,军心涣散;人民解放军的总兵力则增加为195万人,其中正规军近100万人,虽然数量不及国民党军队,但士气高昂,并得到人民群众的支持。人民解放军由内线作战转入外线作战、由战略防御转入战略进攻的时机已经到来。中共中央和毛泽东当机立断,作出决策:以主力打到外线去,将战争引向国民党区域,在外线大量歼敌;同时以一部分主力和广大地方部队在内线作战,歼灭内线敌人,收复失地。

为了实现这个战略计划,毛泽东作了"三军配合,两翼牵制"的周密部署。所谓"三军配合",就是以刘伯承、邓小平率晋冀鲁豫野战军主力实施中央突破,直趋大别山;以陈毅、粟裕率华东野战军主力为左后一军,在打破敌人对山东的重点进攻后,出鲁西南,向南挺进豫皖苏地区,建立根据地;以陈赓、谢富治率晋冀鲁豫野战军一部为右后一军,由晋南强渡黄河,挺进豫西,建立豫陕鄂根据地。三路大军在南临长江、北枕黄河、西起汉水、东到黄海的广阔大地上,布成"品"字形阵势,协力配合,机动歼敌。"两翼牵制"是:以彭德怀率西北野战军主力出击榆林,调动胡宗南北上,将国民党军队拉向沙漠边缘;以华东野战军4个纵队组成东线兵团,由许世友指挥,在胶东展开攻势,将国民党军队引向海边。以此策应刘邓、陈谢、陈粟三军的中央突破行动。从此,中国人民解放军在中原摆开了"品"字形攻势,把战略进攻尖刀插向了国民党统治区的心脏。

# 蒋介石当总统

蒋介石有很多头衔,像"校长"、"委员长"、"总裁"等,他还有一个头衔——"总统"。那么,蒋介石是如何当上总统的呢?

1948 年 3 月 29 日至 5 月 1 日,国民党在南京召开了所谓"行宪国大",其中心议题是选举总统、副总统。会前人们普遍认为,此次总统选举没有什么悬念,蒋介石必然当选。但事后,人们发现事情并非那么简单。

本来,以蒋介石的权威和地位,没有人能和他竞争总统的职位。所以,"行宪国大"召开前,国民党内桂系领袖李宗仁就决定竞选副总统,并且劝胡适出面竞选总统,以体现民主政治的竞选法则。美国驻华大使司徒雷登也暗中怂恿胡适竞选总统,美国总统杜鲁门更是公开表示,希望国民党政府能够容纳"自由主义分子"。"行宪国大"开幕后,蒋介石决定将计就计,表示准备请胡适出任总统,自己出任行政院院长。为此,他派亲信王世杰向胡适传达意见。起初胡适接受了,到 4 月 1 日,胡适又动摇了,决定不参选。4 月 3 日夜,蒋介石亲自找胡适谈话,胡适受宠若惊,终于又上了圈套。后来,胡适告诉其助手胡颂平:"昨天夜里,蒋先生约我到他的官邸谈了很久。他将于国民党中央执行委员会全体会议里提名我为总统候选人。他说在这部宪法里,国家最高的行政实权在行政院,他这个人不能做没有实权的总统,所以愿将总统让给我,他自己当行政院院长;或者由他当总统,要我担任行政院院长。蒋先生的态度如此诚恳,我很感动,于是我说,'让蒋先生决定吧'。我这个人,可以当皇帝,但不能当宰相。现在这部宪法里,实权是在行政院——我可以当无为的总统,不能当有为的行政院院长。"

4 月 4 日,国民党第六届中央执行委员会在南京召开临时全体会议,专门讨论总统提名人选问题。蒋介石声明自己坚决不做总统候选人,同时提议推举一党外人士参选。但是,这个提议遭到了国民党内绝大多数人的反对,没有通过。会议一致推举蒋介石为总统候选人,但蒋介石拒不接受,而是宁愿当行政院院长。擅长政治权谋的蒋介石葫芦里到底卖的是什么药呢?

其实,蒋介石并非真的不想当总统,而是嫌总统权力太小,因为按照1946年底"制宪国大"通过的《中华民国宪法》的规定,总统权力要受到诸多限制,这令习惯于独裁的蒋介石很不满意。因此,他决定"以退为进",表示宁愿屈就拥有"实权"的行政院院长,也不愿当"有职无权"的总统。这是多年惟蒋介石马首是瞻的人所不能答应的,他们都认定蒋介石必须当总统。这样问题就来了——国民党人认为总统非蒋莫属,而蒋介石又不愿当"有职无权"的总统。怎么办呢?最简单的办法莫过于修宪,以扩大总统职权。但宪法刚刚通过,就予以修正,似乎不妥。

在第二天上午召开的国民党中常会上,蒋介石的老部下张群表示:"总裁并不是不想当总统,而是依据宪法的规定,总统并没有任何实际权力,它只是国家元首,而不是行政首长,他自然不愿任此有名无实的职位。如果常会能想出一种办法,赋予总统以一种特权,则总裁还是愿意当总统候选人的。"于是,中常会随即推举张群、陈布雷、陈立夫三人去见蒋介石,当面征询意见,得到首肯。下午,王宠惠据此在会上提出:"我们可以避开宪法条文的规定,在国民大会中通过一项临时条款,赋予总统在特定时期得为紧急处分的权力。"随后,国民党中常会做出决议:"建议在本届国民大会中,通过宪法增加'戡乱时期临时条款',规定总统在戡乱时期,得为紧急处分。"经过这番安排,蒋介石表示"尊重"和"接受"中常会的决定。

4月18日,国大通过《动员戡乱时期临时条款案》。该案规定:"总统在动员戡乱时期,为避免国家或人民遭遇紧急危难,或应付财政经济上重大变故,得经行政院会议之决议,为紧急处分",而不受宪法相关规定程序的限制。可见,为了把蒋介石推上拥有实权的总统宝座,国民党真乃煞费苦心。

于是,蒋介石成为总统候选人,不过不能唱"独角戏",还得有人来"竞争",以营造民主气氛。蒋介石便属意国民党元老、时任司法院院长的居正和他一起"竞选"。据说,"蒋中正"、"居正"两个名字排在一起,即"蒋中正居正",这对蒋介石来说,很吉利。居正也心知肚明,自己并无实力,既然是一场戏,陪着演就罢了。

1948年4月19日,正式举行总统选举。结果,蒋介石得2430

**1948年**

3月29日至5月1日,国民党在南京召开国民大会,选举蒋介石为总统,李宗仁为副总统。

4月18日,国民大会通过《动员戡乱时期临时条款案》,赋予总统紧急处置权力。

票,居正得 269 票,蒋介石终于如愿以偿,通过"民主"方式当上了"合法"的实权总统。

### "制宪国大"与"行宪国大"

南京国民政府时期名义上代表全国国民行使政权的机关是国民大会,它先后于 1946、1948 年召开。1946 年大会的任务为制定宪法,习惯称之为"制宪国大";1948 年大会的任务为施行宪法,选举总统,习惯上称为"行宪国大"。

1946 年 11 月 15 日,国大正式召开,中心任务是制定宪法,但整个制宪活动缺乏民主基础,中国共产党和民盟等党派都拒绝参加。12 月 25 日,国大通过了《中华民国宪法》,在形式上虽有关于军队国家化、独立外交、发展国民经济、社会福利和文化事业等条款,但实质上与《训政时期约法》一脉相承,只不过用根本大法的形式确立了国民党对全国的集权统治。1947 年 1 月 1 日,国民政府正式颁布这部宪法,规定从本年 12 月 25 日起施行。宪法公布后,立即遭到中国共产党、民盟及全国人民的坚决反对,纷纷发表声明不予承认。

制宪国大之后,国民党于 1948 年 3 月 29 日至 5 月 1 日在南京召开了"行宪国大",主题是选举总统和副总统。蒋介石表示不竞选总统,但愿意担任掌握实权的任何职责。实际上蒋介石的用意是嫌总统权力受到限制,因此国民党中常会通过张群提出的"赋予总统以紧急处置权"的建议。经过这番安排,蒋介石表示接受中常会的决定。4 月 19 日,国民大会选举蒋介石为总统。在选举副总统时,国民党内部各派展开了激烈的争夺,经过四次选举,李宗仁最终当选副总统。5 月 20 日,蒋介石、李宗仁就任国民政府总统和副总统。

# 蒋经国上海"打虎"

　　1948年,南京国民政府的统治陷入穷途末路的困境,具备了末代王朝所具有的各种乱象。在这种泥沙俱下的时代里,越是激烈的措施越容易导致局面的进一步恶化。蒋经国在上海"打虎",就是一个典型事例。

　　抗战刚结束,蒋介石就开始准备打内战。八年抗战,已经让中国的经济千疮百孔,濒临破产。老百姓都希望和平,发展经济,改善民生。1946年,蒋介石无视民意,强行挑起内战。巨大的战争消耗,让本已伤痕累累的中国经济根本无力承担。1948年6月,军费占预算总额的47％,赤字高达950亿元,而财政收入仅及支出的5％左右。1948年1月至8月上海物价竟然上涨了56倍。国统区的经济已到了总崩溃的境地了。当时有民谣讥讽:踏进茅房去拉屎,忽记忘了带手纸,兜里掏出百元钞,擦擦屁股满合适。

　　为挽救财政经济的危机,国民党政府开始实施"币制改革"和"限价政策"。1948年8月19日,颁布《财政经济紧急处分令》及四项挽救办法,其主要内容是:一、从8月19日起,以金圆券为本位币,一元金圆券兑换300万元法币;二、限期以金圆券收兑人民持有的黄金、白银、银币与外汇,逾期任何人不得持有;三、限期登记管理本国人民存放外国的外汇资产,违者制裁;四、整理财政并加强管制经济。

　　上海是中国的经济中心,"币制改革"和"限价政策"如在上海获得成功,即可打开全国的局面,经济状况如获好转,内战就可以打下去,国民党政府就有起死回生的希望。于是,上海成为这次经济管制的重中之重。但年轻时搞过投机交易的蒋介石知道,用缺乏信用的纸币收缴人民手中的硬通货并不容易,非有行政铁腕解决不可。上阵还需父子兵,思前顾后,蒋介石只能把如此重任交给长子蒋经国。为此,蒋介石特别授权成立"经济管制委员会",任命中央银行总裁俞鸿钧为上海经济督导员,蒋经国为副督导员,负实际责任。

　　当时,蒋经国正为国民党政权面临的困境忧心忡忡,得到蒋介石的命令后,一时间信心大增,决定施展铁腕整顿经济,并实行物价管制。蒋经国在当年8月20日的日记中踌躇满志地写道:"今晚离京

**1948年**

8月19日,国民党政府颁布《财政经济紧急处分令》,进行币制改革和限价政策。

8月至11月,历时70多天的蒋经国上海"打虎"以失败告终。

赴沪。今日政府正式公布改革币制的方案,此乃挽救目前经济危局的必要办法,但问题是在于能否认真执行既定的方案,否则无论方案如何完整,还是失败的。督导上海方面的经济管制工作,因为自己从来没有做过经济方面的工作,一点亦没有经验,所以恐难有所成就。但既做之,则必须确实负责,认真去完成应负的责任。"

刚到上海两天,蒋经国就在兆丰公园(今中山公园)举行了十万青年大检阅,宣告成立由3000人组成的"行政院戡乱建国大队"和"大上海青年服务总队",会后举行了声势浩大的游行,沿路高喊"严格执行八一九限价"、"不准囤积居奇"、"打倒奸商"、"只打老虎,不拍苍蝇"。几天后,他又两次率领上海6个军警单位,全副武装地到全市的商品库存房、水陆交通场所进行搜查,命令"凡违背法令及触犯财经紧急措施条文者,商店吊销执照,负责人送刑庭法办,货物没收"。为了掌握真实的物价,他微服私访小菜场,抄录当日的蔬菜鱼肉价格。他还成立了11个"人民服务站",专门接受告密举报。

起初,上海舆论一致认为,蒋经国只会打苍蝇,不敢打老虎。为了向外界显示自己的决心,蒋经国果断地向"大老虎"开刀。财政部秘书陶启明因泄露国家经济机密,串通商人搞股票投机,被逮捕判刑;上海警务部科长张尼亚与上海警备部第六稽查大队队长戚再玉两人因勒索被枪决;华侨王春生因把存款汇往纽约被处死;包括一部分巨商大户在内的64名商人被关进监狱。上海滩黑社会大亨杜月笙的儿子杜维屏,依仗其父与蒋介石良好的私人关系,无视蒋经国的禁令,大肆倒卖黄金,也被蒋经国下令逮捕。

杜维屏被抓,让杜月笙颜面尽失,作为海上闻人,他不可能咽下这口气。他向蒋经国举报,孔祥熙的儿子孔令侃领导的扬子公司,正在顶风作案,囤积居奇。蒋经国二话不说,立即逮捕孔令侃,查封了扬子公司。

可是,孔令侃毕竟不是一般人物。他派人从上海发了一封加急电

印有蒋介石头像的金圆券

报给他在南京的小姨妈宋美龄。宋美龄听说之后,赶忙飞到了上海,把两人约到孔宅面谈和解,蒋经国不从,姨表兄弟大吵一场,不欢而散。宋美龄只好去搬最后一张王牌,打电话给正在东北召开军事会议的蒋介石,要求他命令蒋经国放过扬子公司,释放孔令侃。蒋介石听命照办,赶紧飞到上海,一见面就训斥蒋经国:"干事太露!过火!"令蒋经国停止查办扬子公司,蒋经国无奈接受。当蒋经国的部下问到扬子案究竟办还是不办时,蒋经国十分消沉地说:"我是尽孝不能尽忠,忠孝不能两全啊。"

对真正的大老虎不敢打,让蒋经国在上海的威信一落千丈,被老百姓讽刺为"只拍苍蝇,不打老虎"和"为使一家笑,哪管一路哭"。11月5日,蒋经国离开上海,这场上海"打虎"前后不过70余天。上海人民和全国人民这才明白国民党政府实行的币制改革和限价政策,原来是把财富越来越集中到少数人手中。人们对经济改革的信心崩溃了,对金圆券的美好期望也随之灰飞烟灭,金圆券迅速贬值,国统区的经济彻底崩溃,国民党政权也很快走到了全面败亡的尽头。

**相关链接**

## 金圆券风暴

金圆券是国民党政府在中国大陆发行的一种货币。蒋介石发动内战后,浩大的军政开支导致恶性通货膨胀,法币急剧贬值。国民党为挽救败局,1948年8月19日通过了由翁文灏、王云五提出的货币改革方案。当晚即由蒋介石以总统名义发布《财政经济紧急处分令》,决定弃用法币,改用金圆券。条令规定金圆券由中央银行发行,发行总

报纸对国民政府开始发行金圆券的报道

额定为 20 亿元;1 元折法币 300 万元;禁止私人持有黄金、白银、外汇。凡私人持有者,限于 9 月 30 日前收兑成金圆券,违者没收。国民党政府还规定全国物价冻结在 8 月 19 日的水平,并派出经济督导员到各大城市监督。作为全国金融中枢的上海,则由蒋经国去督导。蒋经国试图在上海严厉"打老虎",但由于蒋介石的干涉,蒋经国上海"打虎"失败。

面对如脱缰野马般重新上涨的物价,国民党政府虽几经改革,但始终无法抑制物价的飞涨。11 月,国民党政府食言,取消了金圆券发行限额,自此金圆券币值一泻千里。资料显示,1948 年 12 月底,金圆券发行量增至 81 亿元,1949 年 4 月增至 5 万亿元,至 6 月更增至 130 万亿元。由于贬值太快,物价早晚都不同。市民及商人为避免损失,不愿持有钞票,交易后或发薪后得金圆券,即尽快将其换成外币或实物,或干脆拒收金圆券。1949 年 7 月,金圆券停止流通。

国民党用发行金圆券挽救经济危机的办法,如同给垂危的病人打了一针强心剂,一时镇静,加速了它的总崩溃。而经济的崩溃又促进了南京政府的灭亡。

# 淮海战役粟裕立首功

粟裕,中华人民共和国的第一大将,其人生颇为传奇,从普通的班长成长为叱咤风云的野战军统帅。他卓越的军事才能更是为人称道,在淮海战役中,如果没有他出神入化的指挥,就没有淮海战役的完胜。对此,毛泽东曾经盛赞道:"淮海战役,粟裕同志立了第一功","我的战友中,数粟裕最会打仗"。毛泽东为什么这么说呢?

淮海战役的最初构想是由粟裕提出来的。1948年初,在当时的中原战场上,刘伯承、邓小平率领的中原野战军,陈赓、谢富治率领的豫西兵团,与陈毅、粟裕率领的华东野战军西线兵团摆开了"品"字形的战略格局。而国民党军队在中原也布下了强大阵势。双方呈反复拉锯的僵持状态。如何扭转胶着状态的战局,身处前线的粟裕一直思考着。1948年1月22日,粟裕致电中央军委以及刘伯承、邓小平,这就是著名的"子养电"(按照电报地支代月、韵目代日的惯例,"子养"即1月22日,故称子养电)。其中第一条就谈到了他对中原战局的设想,他建议"三军(刘邓、陈谢、陈粟)在今后一个时期,采取忽集忽分的作战方式","如能有两三次歼灭战,则(中原)形势可能变化"。粟裕发这个电报是非常慎重的,经过了40多天的深思熟虑,并在电文最后写下了"斗胆直陈"四个字。

粟裕的"子养电"传到中央军委的时候,中共中央已经作出分兵渡江南进的战略决策。1月27日,中央军委电令粟裕,要他率领3个纵队渡江南进,执行机动作战任务。中央的决策是分兵渡江南进,粟裕的建议是集中兵力在中原地区打大歼灭战,与中央的决策显然不同。粟裕经过3天的缜密思考,写出一份长达2000字的电报,给中央军委发了回电,一方面就部队渡江南进的时机、地点和方法谈了意见,另一方面重申了自己在"子养电"中的观点和建议。

接到粟裕的电报,毛泽东特意把正要返回华野的陈毅留下来,一起进行了研究,认为还是分兵渡江南进最能调动中原国民党军回防。2月1日午夜,毛泽东起草了给粟裕的复电。面对毛泽东的来电,粟裕仍然没有停止自己的思考。经过反复权衡比较,他认定集中兵力在中原地区打大歼灭战更为有力。4月18日,粟裕再次"斗胆直陈",

**1948年**

3月23日,毛泽东、周恩来、任弼时率领中共中央领导机关和解放军总部离开陕甘宁边区,5月26日到达西柏坡。

4月22日,人民解放军收复延安。

9月12日至11月2日,东北野战军举行辽沈战役。

9月16日至24日,华东野战军举行济南战役。

11月6日至1949年1月10日,华东、中原野战军等部队举行淮海战役。

11月29日,平津战役开始。

向中央军委建议,华野 3 个纵队暂不渡江南进,而集中兵力在中原黄淮地区打几个大规模的歼灭战。

粟裕关于发展战略进攻、改变中原战局的三次建议,引起了毛泽东等中央领导人的高度重视。4 月底到 5 月初,中共中央在阜平县城南庄召开了书记处扩大会议,听取了粟裕的汇报,决定在既定战略方针不变的前提下,采纳他的建议,华野 3 个纵队暂不渡江南进,而集中兵力在中原黄淮地区打大歼灭战。正是中央的这一决策,为以后淮海战役战略决战决策的形成作了准备。

1948 年 9 月 24 日,率军参加济南战役的粟裕没等济南战役结束,即向中央军委并华东局、中原局发电报,建议立即进行淮海战役。次日,中央军委发出了毛泽东起草的答复电报:"我们认为举行淮海战役,甚为必要。"10 月下旬,陈毅、邓小平指挥的中原野战军先后攻克郑州、开封,进至徐州、蚌埠地区,配合华东野战军作战。粟裕分析战场态势,预见到华东、中原两大野战军将由战略上配合作战发展为战役上协同作战,战役的规模也比原来设想的要大。形势要求必须建立统一的指挥体制,才能统一作战指导思想,协调作战行动,最大限度地发挥两大野战军的整体威力。为此,他建议:"请陈军长、邓政委统一指挥。"粟裕的电报传到西柏坡的时候,毛泽东、周恩来、朱德当即研究同意。随后,由刘伯承、陈毅、邓小平、粟裕、谭震林组成淮海战役总前委,邓小平为书记,统一领导和指挥淮海前线作战和支前工作。

人民解放军进入徐州

11 月初,根据战场形势的变化,粟裕随机应变,毅然决定将淮海战役发起的时间提前两天,即由原定的 11 月 8 日晚发起攻击,改为 11 月 6 日夜间发起攻击,并将作战部署及提前发起攻击的时间上报中央军委。中央军委对此完全赞同。正是在这宝贵的两天里,华野大军完成了对黄百韬兵团的分割包围,打乱了国民党军队的部署,牢牢掌握了战场的主动权。

在淮海战役打响的第二天,即 1948 年 11 月 7 日,粟裕与华野副参谋长张震彻夜长谈,分析全国战略态势,认为应该将淮海战役发展为南线战略决战。次日早晨 7 时,两人的建议化成电波,传向中央军委。由此,淮海战役发展为南线战略大战役,成为轰动中外的大决战。

淮海战役,是决定现代中国命运的关键一战。蒋介石兵败淮海,犹如拿破仑兵败滑铁卢,从此一蹶不振。不久,蒋家王朝灰飞烟灭,蒋介石只能退居台湾一隅。

---

**相关链接**

## 三大战役

解放战争进行了两年,到 1948 年秋,国内局势发生了急剧的变化。军事上,人民解放军已经增加到了 280 万人,一线总兵力则超过了国民党军队。政治上,国民党已空前孤立,不但国统区的人民群众反蒋情绪日益高涨,而且国民党内部矛盾也日益加深。经济上,国统区也是一片混乱,整个经济处于崩溃的绝境。相反,解放区的政治、经济形势却是蒸蒸日上,土改后的群众更是踊跃支前。这些情况表明:人民解放军同国民党军队进行战略决战的时机已经成熟。战略决战首先在东北战场打响。

辽沈战役从 1948 年 9 月 12 日至 11 月 2 日,历时 52 天,共歼灭国民党军队 47 万人,解放了东北全境。此役的胜利,使东北野战军成为人民解放军一支最强大的战略机动力量,也使东北解放区成为夺取整个解放战争胜利可靠而巩固的战略后方。淮海战役从 1948 年 11 月 6 日至 1949 年 1 月 10 日,历时 65 天,共歼灭国民党军队 55.5 万人,解放了长江中下游以北的广大地区。国民党统治的心脏地带南京、上海一带完全暴露于人民解放军的直接威胁之下。平津战役从 1948 年 11 月 29 日至 1949 年 1 月 31 日,历时 64 天,共歼灭和改编国民党军队 52 万余人,华北基本上获得解放,并使华北、东北这两大解放区完全连成一片。

辽沈、淮海、平津三大战役的胜利意味着国民党赖以维持其统治的主要军事力量基本上已被消灭殆尽,奠定了人民解放战争在全国胜利的稳固基础。

# 在父亲身边"卧底"

**1949 年**

1 月 1 日,毛泽东为
新华社撰写新年献
词《将革命进行到
底》。同日,蒋介石
发表新年文告,表示
愿意"商讨停止战
争,恢复和平的具体
办法"。

1 月 14 日,毛泽东
发表《对于时局的声
明》,提出和谈的八
项条件。

1 月 21 日,蒋介石
以"因故不能视事"
之名"引退",副总统
李宗仁"代理"总统。

1 月 31 日,人民解
放军进入北平,北平
宣告和平解放。

2008 年,电视剧《潜伏》红遍大江南北,更是勾起了人们对卧底的浓厚兴趣。透过这部电视剧,我们不仅了解了间谍的工作及生活状况,更重要的是,它向我们揭示了这样一个很真实的问题:国民党的失败,不仅仅是外部力量的反对所导致,其本身的腐败和内耗亦是重要原因。国民党的腐败及内耗,为共产党在其内部大量安插各种"卧底"提供了便利。

在《潜伏》剧中,主人公余则成是共产党安插在国民党特务组织内部的一个卧底,如此重要的机构都被渗透,共产党间谍人员的工作能力可见一斑。其实,这还不算什么,最富传奇色彩的是,女儿曾在亲生父亲身边做"卧底"。这对传奇父女就是北平和平解放的主要人物傅作义和他的女儿傅冬菊。

1948 年,东北野战军取得辽沈战役的胜利以后,在中共中央的部署下,立即入关,与华北野战军共同发起平津战役。通过先打两头、后占中间的策略,人民解放军将北平城变成了一座孤城,傅作义部队西逃之路和海上退路已经被完全切断。尽管如此,北平城内傅作义部队的战斗力依然不容小视。傅作义不是蒋介石的嫡系,他和他的部队在抗战时期就以善打硬仗而名声在外,当时他还有几十万的部队在城内,如果强攻,不仅会对古都造成很大伤害,同时解放军也会有巨大的伤亡。因此,和平解放是最理想的结局。动用各种关系说服傅作义成为问题的关键所在,而傅作义的女儿傅冬菊在这关键的时刻,发挥了关键的作用。

傅冬菊是傅作义的大女儿,虽然父亲是国民党高官,可是她的思想和经历与同样背景下的其他人却大不相同。早在读大学前,她就在重庆加入了进步青年组织号角社。抗战期间,她就读于昆明的西南联大,主攻英语专业。她积极参加学生运动,被当时的中共地下组织列为重点发展对象。几年之后,傅冬菊在昆明加入了中共的外围组织民主青年联盟。大学毕业后,她到天津的《大公报》做了一名编辑。就在傅冬菊准备去天津工作的时候,傅作义的部队与八路军不断发生冲突。当时正值抗日战争结束初期,国共双方军队在"受降"

问题上意见不一,甚至兵戎相见。内战爆发后,傅作义作为国民党的重要将领,是蒋介石重点拉拢的对象,被任命为华北"剿匪"总司令。傅冬菊对父亲充当蒋介石打内战的急先锋,十分不满,父女俩因此进行了激烈的争辩。这场争辩,给傅作义带来很大的触动,他隐约感觉,女儿好像被共产党给统战了。同时,傅冬菊也明白,父亲有身不由己的无奈,只能再等待时机说服他。

国共关系的破裂,没有动摇傅冬菊向中共靠拢的决心。1947年,她到天津《大公报》工作后不久,被正式批准加入了中国共产党。在任天津《大公报》编辑期间,她利用自己的特殊身份,通过"华北剿总"在天津黄家花园设的办事处,把这里变成了一个联络站,保护了一大批平津地下工作人员。后来她接受领导安排,以照顾父亲生活的名义留在北平,毅然劝阻担任华北"剿匪"总司令的父亲不要率部南下,希望他不要再为蒋介石政权卖命,这对傅作义思想转变起了巨大的推动作用。同时,傅冬菊通过北平地下电台,将傅作义给毛泽东的和谈电报传递给中共中央,使中共中央抓住战略时机,令东北野战军提前入关,成功将傅作义军事集团围困在华北,为全国的解放创造了条件。在双方对峙的时候,傅冬菊多次将重要情报及时提供给平津前线指挥部,使得中共方面把握和谈主动权,摸清傅作义的思想动态,确定了和平解决北平问题的方针。

傅作义能够接受和平改编,他的长女傅冬菊在其中起了不可替代的作用。傅作义在得知女儿的身份后,非常感慨。共产党能将一女青年变成父亲身边的"卧底",绝不仅仅是因为间谍人员有超强的工作能力,而在于国民党的倒行逆施导致了青年人对它的唾弃。

---

相关链接

### 北平和平解放

1948年11月2日,辽沈战役胜利结束。盘踞在平津一带的傅作义部已成惊弓之鸟,但鉴于同蒋介石的矛盾,傅作义不愿南撤长江。毛泽东抓住蒋、傅的矛盾,于12月21日,部署军队,完成了对北平、天津、张家口的战略包围和战役分割,傅作义部成为瓮中之鳖。为了保护这座历史古城,中共中央根据形势的变化,力争和平解放北平。傅作义在进行军

1949 年 1 月 31 日，北平宣告和平解放，人民解放军举行进城仪式。这是部队通过朝阳门时的情景

事部署的同时，也通过一些渠道，向中共中央试探和平解决的可能性。

1949 年 1 月 7 日，傅作义派周北峰为代表并偕燕京大学教授、民主同盟北平负责人张东荪，到平津前线司令部同林彪、聂荣臻、罗荣桓、刘亚楼等人谈判。中共提出了改编国民党军的方案，对傅部起义人员一律不咎既往。谈判有很大进展，双方草签了《谈判纪要》。但傅作义仍在犹疑观望。1 月 13 日，傅作义派全权代表邓宝珊同周北峰来到平津前线司令部继续会谈，但心存拖延。1 月 14 日，人民解放军对天津发起总攻，经过 29 个小时激战，于 15 日 15 时攻克了天津，生俘天津警备司令陈长捷。随即，人民解放军以 90 万大军兵临北平城下。北平成了名副其实的一座孤城，傅作义已经没有什么讨价还价的筹码了。16 日，双方谈判取得了成功，达成了初步协议。19 日，双方代表在《关于北平和平解决问题的协议书》上签字。1 月 21 日，傅作义在华北"剿总"机关及军以上人员会议上，宣布了北平城内国民党守军接受和平改编。22 日，傅作义在《关于北平和平解决问题的协议书》上签字，并发表广播讲话。同时，城内国民党守军开始移到城外指定地点听候改编，到 31 日全部移动完毕。1 月 31 日，人民解放军入城接管防务。至此，北平宣告和平解放。

# 徐 悲 鸿 荐 国 歌

国歌、国旗与国徽,是现代民族国家最主要的几个象征性符号,是凝聚与统一民众认同感的重要工具。因此,现代民族国家在建国之初都非常认真地对待这个问题。新中国建立的时候,在这个问题上也花费了巨大的精力,经过多次会议协商后,才确定了今日大家所熟悉的这些符号。

1949 年 6 月 15 日,由中国共产党发起的新政治协商会议筹备会在北平开幕,决定举行隆重的开国大典。既然是开国大典,就要有新的国歌、国旗与国徽,而这一切,就成为政协会议的重要议题。

7 月 6 日,新政协筹备会负责制定国旗、国徽图案及国歌词谱的第六小组,召开第一次小组全体会议,会议决定:一、公开征求国旗、国徽图案和国歌词谱;二、设立国旗国徽图案评选委员会及国歌词谱评选委员会。关于国歌的评选,会遇到很多专业问题,为此,决定除由本组成员参加外,还聘请马思聪、吕骥、贺绿汀、姚锦参加国歌词谱评选委员会。

新政协筹备会公开征求国歌词谱的通知一经发出,在神州大地即引起强烈反响。截止到 9 月下旬,评选委员会共收到国歌稿件 32 件,歌词 694 首。民众的参与热情值得钦佩,但是,绝大多数作品的质量不高,无法打动各位代表。经过多次慎重研究,众代表建议推迟确定国歌的日期。

一个新生的共和国,在宣告成立之日竟没有确定一个体现本国尊严的国歌,这显然不适应当前时代的要求,也不符合世界通行的惯例。

9 月 25 日,毛泽东、周恩来主持召集关于国旗、国徽、国歌、纪年、国都问题的协商座谈会。大家经过热烈讨论,很快就确定下来国旗方案,接下来讨论国歌问题。议题一明确,会议顿时冷场。的确,国歌要求既有大众性、又要有庄严性,更要代表一个国家的民族气质和精神面貌,一时到哪里去寻找符合这样多要求的歌曲呢?

就在各位代表冥思苦想、苦无良策之时,著名爱国人士、享誉海内外的画家徐悲鸿站起来提议,可否用《义勇军进行曲》作为新中国

**1949 年**

3 月,中共七届二中全会召开,毛泽东提出"两个务必"的要求。

4 月 20 日至 6 月 2 日,解放军举行渡江战役。

4 月 21 日,毛泽东、朱德发布《向全国进军的命令》。

4 月 23 日,南京解放。

6 月 15 日至 19 日,新政治协商会议筹备会第一次会议召开。9 月 17 日,第二次会议召开,决定将新政协改名为中国人民政治协商会议。

9 月 21 日,中国人民政治协商会议(新政协)第一届全体会议在北平开幕,制定了《共同纲领》。

10 月 1 日,中华人民共和国宣告成立,并举行开国大典。

## 《义勇军进行曲》的诞生

1934年冬，田汉应上海电通影片公司之约，写了名为《凤凰的再生》的剧本。剧本叙述"九一八"东北沦陷后，大批青年流亡到上海、北平等地献身抗日救亡运动的故事。但不久，田汉被捕入狱。电通公司的孙师毅对剧本进行了改写，在征得田汉的同意后，剧本改名为《风云儿女》。在处理主题歌歌词时，孙师毅读完田汉的歌词，仅仅修改了几个字，即把原词第六句"冒着敌人的飞机大炮前进！"改成了"冒着敌人的炮火前进！"，田汉对此非常满意。

当时，聂耳正准备去日本，得知影片《风云儿女》有首主题歌要写，主动向孙师毅要求把谱曲的任务交给他，并表示决不会耽误影片的摄制。果然，4月底，聂耳就从日本寄回《义勇军进行曲》的歌谱。《义勇军进行曲》就这样诞生了。

的国歌？他还以法国为例，说明自己的意图。他认为，法国人用著名的《马赛曲》当国歌传唱至今，具有相似背景的《义勇军进行曲》也完全可以。

徐悲鸿推荐的《义勇军进行曲》是由田汉作词、聂耳作曲，民国时期进步电影《风云儿女》的主题歌，诞生于1935年。当时，鉴于日军不断侵蚀华北领土，激起了全国人民的愤慨。《义勇军进行曲》以震撼人心的旋律演绎出中华民族保家卫国的英雄气概和争取民族解放的坚强信念，《风云儿女》公映后，这首歌曲也随之传唱神州。在抗战时期，更是成为激励中国人民坚持抗战的有力武器。

徐悲鸿的建议，立即得到了周恩来的赞同。周恩来也认为，《义勇军进行曲》不仅雄壮豪迈，有革命气概，而且节奏鲜明，适于演奏，选择它作为代国歌是很合适的。

接着，梁思成等代表也纷纷表示支持，他们认为，《义勇军进行曲》不仅得到中国人民的喜爱，许多外国友人也非常喜欢。更重要的是，各国的国歌，都有其产生的历史背景，产生于抗战时期的《义勇军进行曲》，唤起中国人民反抗日本侵略者的爱国热情，反映了一百多年来中国人民追求独立与富强的愿望，在新中国百废待兴之机，再合适不过了。而且，这首歌还可以用来纪念中国新音乐运动的创始人聂耳，此乃一举两得之事。

座谈中，也有不少代表提出不同意见。这些代表认为，新中国即将成立了，中华民族作为一个伟大的民族屹立在世界东方，而这首歌当中还有"中华民族到了最危险的时候"这样的句子，是不是有点过时呢？

周恩来对于此说给予反驳，在他看来，还是保留原歌词好，只有这样才能激励斗志，一旦修改，就不会有那种感情了。留下原词，可以起到警世的作用，时刻提醒我们，尽管现在新中国成立了，但今后还有很长的路要走，还要居安思危！

最后时刻，毛泽东的意见起了关键作用。毛泽东也认为，《义勇军进行曲》作国歌最好，可以确定下来，歌词无须修改。"中华民族到了最危险的时候"这句词，没有过时。中国人民经过艰苦的革命斗争，虽然取得了革命的胜利，但是中国仍然受到帝国主义的包围，要争取中国完全独立解放，还要进行艰苦卓绝的斗争，因此，还是保留原词较好。毛泽东的发言，一锤定音。大会宣布，接受徐悲鸿的建议，全场鼓掌表示赞同。

在 9 月 27 日的政协大会上，通过关于国旗的议案，也通过了关于国歌的议案。全体代表一致同意在中华人民共和国的国歌未正式制定前，以《义勇军进行曲》为代国歌。1949 年 10 月 1 日下午 3 时，在北京天安门广场隆重举行开国大典，毛泽东主席用洪亮的声音向全世界庄严宣告："中华人民共和国中央人民政府今天成立了。"接着毛主席按动升旗电钮，伴随五星红旗冉冉上升，《义勇军进行曲》作为国歌第一次在天安门广场响起。

**相关链接**

## 新政协的召开

1948 年 4 月 30 日，中共中央在《纪念五一国际劳动节口号》中，发出召开政治协商会议（新政协）、成立民主联合政府的号召。各民主党派、无党派民主人士等积极响应，纷纷北上进入解放区，同中国共产党一起进行新政协的筹备工作。

1949 年 1 月 31 日，北平宣告和平解放。6 月 15 日，新政治协商会议筹备会第一次会议在北平开幕，参加会议的有 23 个单位，134 名代表。9 月 17 日，筹备会第二次会议召开，正式决定将新政治协商会议定名为"中国人民政治协商会议"。

1949 年 9 月 21 日至 30 日，中国人民政治协商会议第一届全体会议在北平隆重举行，参加会议的有 46 个单位的代表共 662 人。会议通过了《中国人民政治协商会议共同纲领》、《中国人民政治协商会议组织法》、《中华人民共和国中央人民政府组织法》这三个为新中国奠基的历史性文件。会议选举了以毛泽东为主席的中国人民政治协商会议第一届全国委员会，以及中央人民政府委员会，毛泽东为中央人民政府委员会主席，朱德、刘少奇、宋庆龄、李济深、张澜、高岗为副主席。会议还作出了四项决定：（一）中华人民共和国定都于北平，并改名北京；（二）采用公元纪年；（三）国歌未正式制定前，以《义勇军进行曲》为代国歌；（四）国旗为五星红旗。30 日下午，全体代表在天安门广场举行了隆重的人民英雄纪念碑奠基典礼。中国人民政治协商会议在当时还不具备召开普选的全国人民代表大会的条件下，肩负起执行全国人民代表大会职权的重任，完成了建立新中国的历史使命，揭开了新中国历史的第一页。